国家社科基金
后期资助项目
GUOJIA SHEKE JIJIN HOUQI ZIZHU XIANGMU

摩洛哥国家治理的
多维研究（1956~2022年）

张玉友 等 著

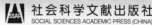

社会科学文献出版社
SOCIAL SCIENCES ACADEMIC PRESS (CHINA)

图书在版编目(CIP)数据

摩洛哥国家治理的多维研究：1956~2022 年 / 张玉
友等著. -- 北京：社会科学文献出版社，2024.6
国家社科基金后期资助项目
ISBN 978-7-5228-3655-3

Ⅰ.①摩⋯ Ⅱ.①张⋯ Ⅲ.①国家-行政管理-研究
-摩洛哥-1956-2022 Ⅳ.①D741.63

中国国家版本馆 CIP 数据核字（2024）第 101755 号

国家社科基金后期资助项目

摩洛哥国家治理的多维研究（1956~2022 年）

著　　者 / 张玉友 等

出 版 人 / 冀祥德
责任编辑 / 李明伟
责任印制 / 王京美

出　　版 / 社会科学文献出版社·区域国别学分社（010）59367078
　　　　　　地址：北京市北三环中路甲 29 号院华龙大厦　邮编：100029
　　　　　　网址：www.ssap.com.cn
发　　行 / 社会科学文献出版社（010）59367028
印　　装 / 三河市龙林印务有限公司

规　　格 / 开 本：787mm×1092mm　1/16
　　　　　　印 张：22.75　字 数：358 千字
版　　次 / 2024 年 6 月第 1 版　2024 年 6 月第 1 次印刷
书　　号 / ISBN 978-7-5228-3655-3
定　　价 / 138.00 元

读者服务电话：4008918866

国家社科基金后期资助项目
出版说明

  后期资助项目是国家社科基金设立的一类重要项目，旨在鼓励广大社科研究者潜心治学，支持基础研究多出优秀成果。它是经过严格评审，从接近完成的科研成果中遴选立项的。为扩大后期资助项目的影响，更好地推动学术发展，促进成果转化，全国哲学社会科学工作办公室按照"统一设计、统一标识、统一版式、形成系列"的总体要求，组织出版国家社科基金后期资助项目成果。

全国哲学社会科学工作办公室

目　　录

绪　论

一　本书选题

自世界上出现"国家"以来，无论是古代的中国、古希腊、罗马帝国，还是近代的大英帝国，抑或当代的主权国家，各国君主或政府都进行着不同程度的国家治理。国家治理是阶级社会存在以来重要的政治现象之一，其本质在于通过国家的属性及职能发挥协调与缓解社会冲突和矛盾的作用，以维持稳定的社会秩序。当然，由于世界各国的发展水平、政治制度、文化习俗不同，国家治理的模式也不尽相同。对于西亚北非地区而言，各国的差异性尤其突出。

2010 年发生在西亚北非地区的阿拉伯剧变，波及了几乎所有的阿拉伯国家。突尼斯、埃及、利比亚等国接连发生了政权更迭，也门、叙利亚、巴林和海湾阿拉伯国家也都发生了不同程度的国内动荡。在这次剧变中，摩洛哥也受到了波及，也发生了所谓的街头政治，民众走上街头，表达诉求，但与其他阿拉伯国家不同的是，摩洛哥没有爆发大规模的流血事件，甚至动荡只持续了几天时间。这就引出了本书的一个重要问题，在 2010 年底发生的阿拉伯剧变中，同样是阿拉伯国家的摩洛哥，为什么受到的影响如此之小？

阿拉伯剧变发生后，北非国家突尼斯、埃及和利比亚均发生了政权更迭，阿尔及利亚则在 20 世纪 90 年代就发生了持续近 10 年的内战，而摩洛哥局势则总体稳定，并最终克服了"阿拉伯革命"的影响。此后，摩洛哥的国家治理模式便引起了人们的广泛关注，成为区域国别研究或国际问题研究的重要案例。西方学界更是出现了"摩洛哥例外论"，该类观点认为摩洛哥是阿拉伯世界，甚至是中东地区的特例，其治理模式也是独特的，其他国家难以复制。

摩洛哥之所以能引起如此关注，主要有以下三个原因。首先，摩洛哥经济社会发展水平不高，但政治稳定性强。摩洛哥属于阿拉伯和伊斯兰国家，它位于非洲西北端。东部连接阿尔及利亚，东南部连接毛里塔尼亚，西濒大西洋，北隔直布罗陀海峡与西班牙相望，扼地中海入大西洋的门户，拥有重要的地理位置。截至 2023 年 5 月，摩洛哥人口总数超过 3800 万，2021 年摩洛哥国民生产总值为 1428.7 亿美元，属于中低等收入国家。① 另外，联合国发布的《人类发展报告》显示，2021 年摩洛哥的人类发展指数仅排 123 名②，低于大多数非洲国家，甚至低于困于内战的利比亚。即便如此，摩洛哥依然保持着较为稳定的政治环境。其次，君主制政权延续时间长达 1000 多年，在世界范围内也属罕见。摩洛哥自公元 8 世纪伊德里斯王朝建立第一个阿拉伯王国起，就一直实行君主制，此后虽历经多个王朝的更迭，但君主制的内核并未发生多大变化。虽然 1956 年独立后，摩洛哥实行了君主立宪制，但国王仍是政治体制的核心要素。最后，摩洛哥社会具有明显的碎片化特征。长期以来，困扰摩洛哥社会发展的主要议题有柏柏尔人问题、民生、妇女、公民教育、恐怖主义威胁等。这些议题看似是社会问题，实则是政治问题，任何一项出问题均可以激起民众的社会运动。在这种情况下，摩洛哥国内的社会秩序和政局并没有受到内外部的剧烈影响，反而自独立后一直保持着相对平稳的发展。其中的缘由，值得深入思考和研究。

关于摩洛哥的研究，国内学者集中研究其历史、政治现状和经济面貌，重描述，轻分析。国外学者主要集中研究政治制度的合法性，政治文化如何促进政治稳定及其国内的社会结构、女权问题。但很少有学者从国家治理的层面来研究摩洛哥，尤其是从国家治理的视角探讨摩洛哥政治稳定问题。

---

① 更多关于摩洛哥的数据参见世界银行数据库，http://data.worldbank.org.cn/country/morocco。

② 参见联合国开发计划署《2021—2022 年人类发展报告：不确定的时代，不稳定的生活：在转型的世界中塑造我们的未来》，2022，第 319 页。

治理是跨学科研究的重要命题。党的十八届三中全会作出的《中共中央关于全面深化改革若干重大问题的决定》首次指出："全面深化改革的总目标是完善和发展中国特色社会主义制度，推进国家治理体系和治理能力现代化。"① 国家治理虽然是一个比较新的概念，但国家无时无刻不进行着"治理"。我们常常能看到大国治理的方略，大国治理已经成为学界研究的重要对象。但世界上绝大多数国家是"小国"。对像中国这样的大国来说，"小国"的治国理政经验同样有参考价值和借鉴意义。而本书对摩洛哥国家治理的研究正是对"小国"治国理政经验梳理的一种尝试。

二　文献综述

作为北非马格里布地区最为重要的国家之一，摩洛哥一直以来受到国内外学者的密切关注，特别是英、法、美等国家，其研究成果丰硕，涉及摩洛哥历史、文学、民族、宗教、政治等领域。本选题隶属国别类研究，涉及政治学和国际关系学科。目前国内外关于摩洛哥国家治理文献较少，本部分对近半个世纪以来国内外学者在摩洛哥政治领域的研究进行了总体概述，主要分为以下三个部分：第一部分综述中文文献，第二部分综述英文文献，第三部分对目前的研究成果进行总体评述和展望。

（一）关于摩洛哥研究的中文文献

新中国成立以来，国内学者对摩洛哥的研究已涉及摩洛哥的民族主义运动、政治制度、政治改革、伊斯兰主义、经济发展等领域。新中国成立不久，时任外交部部长周恩来就对北非阿拉伯国家的民族主义运动尤为关注。从那时起，我国就有学者撰写有关摩洛哥方面的文章，如1951年史真在《摩洛哥在斗争中》一文中，详细描述了当时以法国为首的殖民主义者如何对待摩洛哥人民以及摩洛哥人民的民族解放斗争。② 除此之外，还有王止戈撰写的《北非两个走上独立道路的国家》（载《世界知识》，1956年）、南开大学历史系范涌撰写的《摩洛哥突尼斯阿尔及利亚的民族

---

① 参见《中共中央关于全面深化改革若干重大问题的决定》，人民出版社，2013，第1页。
② 史真：《摩洛哥在斗争中》，《世界知识》1951年第15期，第14～15页。

解放斗争》（上海人民出版社，1957 年）。在当时的国际背景下，尽管这类研究具有意识形态色彩，但也从侧面反映了当时国家和学界对北非地区的关注。

到了 20 世纪 70 年代，随着中国对海外优秀著作进行大量翻译，有关摩洛哥方面的作品也被引入国内，如由上海师范大学负责翻译的《马格里布通史：从古代到今天的摩洛哥、阿尔及利亚、突尼斯》①（1974 年），该书极其翔实地展现了马格里布的摩洛哥、阿尔及利亚和突尼斯从古代至20 世纪 70 年代的历史演进；由上海外国语大学法语系翻译的《摩洛哥史》②，至今仍然是学界从事摩洛哥研究的必读书目；由西北大学地理系翻译组翻译、苏联学者所著的《摩洛哥：自然地理和经济概要》（陕西人民出版社，1977 年）也是当时重要的普及读物之一。20 世纪八九十年代，随着改革开放的推进，国内的科研工作者，无论是在自然科学领域还是在社会科学领域，都非常活跃。该时期摩洛哥研究也进入发展期，如朱安琪 1986 年发表于《阿拉伯世界》的《摩洛哥的外债问题》③，该文对摩洛哥的经济和政治问题进行了深入探讨，这是国内最早对摩洛哥的内政开展的研究。次年，由张俊彦主编的《中东国家经济发展战略研究》④ 出版，标志着国内学者研究中东国家经济发展的开始，该书也对摩洛哥的经济发展以及经济发展的政治环境和改革进行了分析。1992 年，张俊彦在《变化中的中东经济：现状与前景》（1992 年）中，再次将摩洛哥经济发展作为重要一章纳入其中。

国内学者对摩洛哥政治人物以及宗教与政治的关系也进行了探索，如李荣的《摩洛哥国王哈桑二世》（载《现代国际关系》，1992 年）和王俊荣的《战后摩洛哥的宗教与政治》（载《世界宗教资料》，1993 年）。这一时期国内学界对摩洛哥政治改革也有一定的研究，如陈晓红的《突尼斯、摩洛哥近代化改革初探》（载《西亚非洲》，1992 年）和《近代摩洛哥对外

---

① 〔法〕马塞尔·佩鲁东：《马格里布通史：从古代到今天的摩洛哥、阿尔及利亚、突尼斯》，上海师范大学《马格里布通史》翻译组译，上海人民出版社，1974。
② 〔法〕亨利·康崩：《摩洛哥史》，上海外国语大学法语系翻译组译，上海人民出版社，1975。
③ 朱安琪：《摩洛哥的外债问题》，《阿拉伯世界》1986 年第 2 期。
④ 张俊彦主编《中东国家经济发展战略研究》，北京大学出版社，1987。

开放受挫探源》（载《湘潭大学学报》，1995 年）。在中文文献中，除了大陆学者的摩洛哥研究外，中国台湾和香港的学者也有涉足，如光复书局编著的《世界百科全书 14，非洲 I—摩洛哥、阿尔及利亚、突尼西亚、利比亚、埃及、苏丹》（1987 年）和香港学者黄玉枝等人编著的《埃及·摩洛哥·阿尔及利亚·突尼斯》（香港博益出版集团公司，1993 年）。

进入 21 世纪，国内学者对摩洛哥的研究开始涉及政治制度、合法性、议会等领域，研究的深度和广度均有所提升。在著作方面，肖克编著的《列国志·摩洛哥》分为国土与人民、历史、政治、经济、军事等七章内容，其中对政治的介绍，不仅分析了当前摩洛哥的政党分布情况，还重点分析了摩洛哥的政治制度和政党制度等。① 在论文方面，成果比较丰富，主要代表人物有北京大学的潘蓓英、中国国际问题研究院的曾爱平和中国社会科学院的肖克。

2002 年潘蓓英在《外交学院学报》上发表了《摩洛哥的经济发展与政治改革》一文，她认为，自独立以来，摩洛哥一直重视经济发展，为实现经济的快速发展，国王哈桑二世对摩洛哥的政治体制进行了诸多改革，特别是 1996 年恢复议会的两院制，为国内经济发展提供了良好的政治保证。②

2009 年，曾爱平发表了《君主制主导下的摩洛哥议会政党体制》《摩洛哥阿拉维君主制统治合法性分析》《国际学术界对摩洛哥政治研究概述》三篇摩洛哥研究论文。在第一篇文章中，作者通过分析摩洛哥自 1956 年独立以来宪法和议会的演变认为，摩洛哥是一个君主制主导下的议会政党体制，具有两个显著的特征：①摩洛哥实行选举制和代表制分离的原则；②西方意义的议会政党体制与摩洛哥的君主制之间存在根本性冲突。③ 在第二篇文章中，作者从历史与传统、现代与理性、宗教与国王个人魅力等方面分析了 1956 年独立后摩洛哥阿拉维君主制统治合法性的基础和来源。作者通过分析指出，摩洛哥阿拉维君主制的统治反映了马克

① 肖克编著《列国志·摩洛哥》，社会科学文献出版社，2008。
② 潘蓓英：《摩洛哥的经济发展与政治改革》，《外交学院学报》2002 年第 2 期，第 55～60 页。
③ 曾爱平：《君主制主导下的摩洛哥议会政党体制》，《当代世界》2009 年第 7 期，第 46～48 页。

斯·韦伯（Max Weber）关于合法统治的三种类型，即合理型、传统型和魅力型，其中传统型占主导地位并与伊斯兰教紧密相连。① 在第三篇文章中，作者对国际学界的摩洛哥政治研究做了较为详细的综述。作者从摩洛哥独立后的政治发展史、摩洛哥宪法和君主制政体、伊斯兰教与摩洛哥政治和摩洛哥政治文化四个领域进行了综述，并且指出了国际学界摩洛哥研究的四个特点，即传统与现代的二分法、研究的内容有所侧重、理论与解释的多样性和研究方法的多样性，以及注重多学科交叉研究。②

肖克在 2009 年比曾爱平稍早时候也发表了有关摩洛哥研究的综述，《摩洛哥内政外交研究综述》（载《西亚非洲》，2009 年）。除此之外，还有一些其他非摩洛哥专家的学者也涉足摩洛哥的政治研究。如王建平的《摩洛哥伊斯兰激进组织、活动及政治主张》和李杉的《浅析北非剧变与摩洛哥政治改革》。前者发表于 2004 年，正值摩洛哥境内伊斯兰主义运动此起彼伏，作者全面分析了摩洛哥伊斯兰激进势力产生的社会背景、摩洛哥的主要伊斯兰激进组织、激进组织的社会活动和政治主张以及宗教极端主义势力。③ 后者发表于 2013 年，作者基于摩洛哥在 2010 年底肇始于北非的阿拉伯剧变中的应对背景，分析了摩洛哥在此次剧变中的表现与其他北非国家的区别，并探讨了摩洛哥主要政治力量的发展变化及其与摩洛哥王室之间的互动。作者指出摩洛哥的应对措施有以下几点：①保持相对克制；②回应社会诉求；③承诺进行政治改革。最后，作者通过分析认为，经过 2011 年的选举和政治改革后，表面上民主化得到了一定改善，但实际上摩洛哥王室仍然掌握着国家的绝对权力，公正与发展党领导的政府仍然没有实际的行政权。④

2016 年以来，张玉友、高文洋、黄麟、王献等人从国家治理、外交政策、部落社会和政治稳定等层面对摩洛哥进行了更深入的研究。其中

① 曾爱平：《摩洛哥阿拉维君主制统治合法性分析》，《阿拉伯世界》2009 年第 4 期，第 17～23 页。
② 曾爱平：《国际学术界对摩洛哥政治研究概述》，《西亚非洲》2009 年第 11 期，第 72～78 页。
③ 王建平：《摩洛哥伊斯兰激进组织、活动及政治主张》，《西亚非洲》2004 年第 2 期，第 53～57 页。
④ 李彬：《浅析北非剧变与摩洛哥政治改革》，《西亚非洲》2013 年第 2 期，第 134～149 页。

2020 年出版的《"一带一路"国别研究报告：摩洛哥卷》（中国社会科学出版社，2020 年）是国内首部全面展现摩洛哥政治、经济、社会、宗教、文化等领域的学术性报告。

除此之外，一些优秀的硕博学位论文也有涉及摩洛哥的研究。从中国知网所收录的情况来看，2007～2022 年，有 20 多篇硕博学位论文是有关摩洛哥的研究。其中关于摩洛哥政治发展研究有赵琦的《摩洛哥独立党权力嬗变研究》（西北大学硕士学位论文，2013 年）、王菊的《当代君主制国家的君主政体研究》（云南大学硕士学位论文，2013 年）、相艳的《摩洛哥王国的经济调整与政治改革研究》（西北大学博士学位论文，2007 年）、张玉友的《摩洛哥国家治理研究》（上海外国语大学硕士学位论文，2016 年）、王文君的《阿拉伯剧变后摩洛哥自由主义意识形态研究——以〈新闻报〉为例》（北京外国语大学硕士学位论文，2021 年）等。当然，在中文文献中，关于摩洛哥国家治理的研究不仅限于学术研究，还有诸如政府工作报告、新闻深度报道，都为中国的摩洛哥研究提供了资料来源，限于篇幅在此就不一一列举。

（二）关于摩洛哥研究的英文文献

在英文文献中，关于摩洛哥政治发展研究的成果可谓浩如烟海，涉及摩洛哥的宪法、政党、议会、政体、市民社会、伊斯兰主义、政治文化等方面。自 1956 年摩洛哥独立后，英法等国学者就率先对摩洛哥的历史和政治进行全面而翔实的研究。随后，由于美国在北非地区的利益，尤其与摩洛哥的特殊关系，美国学者也加入对摩洛哥内政外交研究的行列，成果也尤为丰硕。在摩洛哥研究的英文文献中，不仅有英美学者的著述，还有西班牙、法国、南非、澳大利亚、阿尔及利亚、比利时、德国等国的学者的著述，国际学界对摩洛哥研究的重视程度可见一斑。基于对相关英文文献的阅读和整理，笔者拟从 8 个方面对摩洛哥政治研究进行综述。

第一，摩洛哥独立后的民族国家构建研究。1956 年 3 月 12 日摩洛哥宣布独立，随后进入了国家建设阶段。这一阶段，摩洛哥国内最大的争论就是关于建立什么样的政治体制以及权力如何分配等问题。学界最早关于其国家建设的研究成果是由道格拉斯·阿什福德（Douglas E. Ashford）于 1961 年出版的《摩洛哥政治变迁》，该书从制度主义的理论视角分析摩洛哥独立初期各政治行为体的互动，阐述了摩洛哥在国家建设过程中国王、王室、独立党以及政党内部等行为体之间的斗争与合作。① 1970 年，约翰·沃特伯里（John Waterbury）的《信士的长官：摩洛哥政治精英——一项分支型政治研究》② （*The Commander of the Faithful： The Moroccan Political Elite-A Study in Segmented Politic*）详细地论述了摩洛哥政治精英在国家建设过程中扮演的角色以及他们之间的互动，特别是对重要的政治人物的政治活动进行了细致的分析，作者认为分支型政治有利于国家稳定。1987 年，由威廉姆·扎特曼（William Zartman）主编的《摩洛哥政治经济》（*The Political Economy of Morocco*）一书收录的《政党与权力分享》（Political Parties and Power Sharing）也是这一领域的研究成果。2001 年，斯蒂芬·休斯（Stephen O. Hughes）的《国王哈桑二世治下的摩洛哥》（*Morocco Under King Hassan*）全面地展现了哈桑二世统治摩洛哥的 38 年里，摩洛哥发生的巨大社会和政治变迁，以及国王采取何种策略进行国家建设。③ 其他涉及摩洛哥国家建设的书籍或论文有理查德·彭内尔（Richard Pennell）的《1830 年以来的摩洛哥历史》（*Morocco Since 1830: A History*）、约瑟夫·柯斯蒂纳（Joseph Kostiner）的《中东君主制国家：现代化的挑战》（*Middle East Monarchies: The Challenge of Modernity*）、塞讷姆·阿斯兰（Senem Aslan）的《土耳其和摩洛哥国家构建：库尔德人和柏柏尔人的治理》（Nation-Building in Turkey and Morocco: Governing Kurdish and Berber Dissent）等。

第二，摩洛哥政党研究。摩洛哥是一个多党制国家，一直以来政党在国家政治生活中扮演着重要的角色。多年来，摩洛哥的政党与议会研究是学界研究摩洛哥的重要领域之一。1961～1970 年，约翰·沃特伯里在《政府与反对派》（*Government and Opposition*）杂志上发表了两篇有关摩洛哥政党研究的文章，分别为《摩洛哥的反对派》（Opposition in Morocco）和《摩洛哥王国建设和控制反对派：君主对司法的利用》（Kingdom-Building and the Control of the Opposition in Morocco：The Monarchical Uses of Justice）。

---

① Douglas E. Ashford, *Political Change in Morocco*, Princeton：Princeton University Press, 1961.

② John Waterbury, *The Commander of the Faithful: The Moroccan Elite－A Study in Segmented Politics*, London：Weidenfeld and Nicolson, 1970.

③ Stephen O. Hughes, *Morocco Under King Hassan*, London：Ithaca Press, 2001.

1970 年，威廉姆·扎特曼在该刊物上也发表一篇有关摩洛哥政党研究的文章《摩洛哥的政治多元主义》（Political Pluralism in Morocco）。上述三篇文章均将政党作为反对派进行研究，体现了 20 世纪 70 年代摩洛哥政治斗争的时代背景。到了 20 世纪 90 年代，学界开始从整体视角研究摩洛哥政党。如 1993 年，威廉姆·扎特曼发表了一系列关于摩洛哥政党的研究成果。进入 21 世纪，牛津大学中东研究中心的迈克尔·威利斯（Michael J. Willis）教授发表了《马格里布政党：意识形态和政党认同——一个建议的类型学》《马格里布政党：意义的幻想》《通过北非国家的政治进程遏制激进主义》三篇论文，这些研究从政党理论和比较政治的视角对包括摩洛哥在内的马格里布三国的政党进行了深入的研究。①

此外，专门进行摩洛哥政党研究的学术作品还有伊玛贾拉达·斯兹摩尔卡（Inmaculada Szmolka）的《摩洛哥政党系统的碎片化》（Party System Fragmentation in Morocco）、尼科尔·伯勒耶（Nicole Bolleyer）的《混合政体中的政党援助问题：以摩洛哥为例》（Problems of Party Assistance in Hybrid Regimes：The Case of Morocco）、法里德·博斯萨伊德（Farid Boussaid）的《摩洛哥真实性与现代党的兴起：践踏政治局面或沉溺其中?》（The Rise of the PAM in Morocco：Trampling the Political Soene or Stumbling into It）。近年来，学界对于具有伊斯兰性质的公正与发展党（Party of Justice and Development, PJD）的研究成果也比较多，如阿麦尔·哈姆扎威（Amr A. Hamzawy）的《摩洛哥的公正与发展党：参与及其不满》（Party for Justice and Development in Morocco：Participation and Its Discontents）以及伊娃·韦格纳（Eva Wegner）和米格勒·皮里赛尔（Miquel Pellicer）合写的《非民主化的伊斯兰温和派：摩洛哥公正与发展党到来的时代?》（Islamist Moderation without Democratization：The Coming of Age of the Moroccan Party of Justice and Development?）。其中，伊娃·韦

---

① Michael J. Willis, "Political Parties in the Maghrib：Ideology and Identification, A Suggested Typology," *Journal of North African Studies*, Vol. 7, No. 3, 2002, pp. 1–28; "Political Parties in the Maghrib：The Illusion of Significance?" *Journal of North African Studies*, Vol. 7, No. 2, 2002, pp. 1–22; Michael J. Willis, "Containing Radicalism Through the Political Process in North Africa," *Mediterranean Politics*, Vol. 11, No. 2, 2006.

格纳在 2011 年出版的《威权政体下的伊斯兰反对派：摩洛哥公正与发展党》是目前学界研究摩洛哥公正与发展党最重要的学术文献。该书以摩洛哥为案例探讨伊斯兰主义运动的发展，并基于作者 2003 年和 2007 年在摩洛哥进行的田野调查结果进行研究，采用了定量和定性结合的方法来分析伊斯兰社会运动与威权政体的关系。①

第三，摩洛哥议会与选举研究。摩洛哥历史上第一部宪法规定了国家实行君主立宪制，1962 年宪法公投的次年，摩洛哥进行了历史上第一次议会选举。独立以来，摩洛哥共选举形成了 11 届议会，其中 1965~1996 年采用的是一院制。② 摩洛哥的议会与选举研究，常与政党政治、伊斯兰主义和威权主义联系在一起。由于 1997 年的选举制度发生了变化，摩洛哥的政治制度也受到了一定的影响，学界对此做了大量的研究，如乔治·乔夫埃（George Joffé）的《摩洛哥的选举改革》（Elections in Reform in Morocco）和《摩洛哥选举之后的政治制度》（The Moroccan Political System after the Elections）。1999 年阿瑟丁·拉亚齐（Azzedine Layachi）发表《摩洛哥经济改革和难以捉摸的政治变迁》一文，对摩洛哥的议会选举及选举对政治变迁的影响进行了深入研究。③ 2002 年，迈克尔·威利斯发表《摩洛哥伊斯兰主义和 2002 年的议会选举：一个不想赢得选举的政党的奇怪案例》一文，首次研究了伊斯兰主义政党在议会以及选举中的表现。④ 2003 年，詹姆斯·萨特尔（James Sater）发表了《2002 年议会选举后的摩洛哥》（Morocco after the Parliamentary Elections of 2002）一文，以及戴勒耶和伊哈勒（Y. Deloye, and O. Ihl）的《摩洛哥选举的台前幕后：2002 年立法》（Stage and Backstage of the Election in Morocco:

---

① Eva Wegner, *Islamist Opposition in Authoritarian Regimes：The Party of Justice and Development in Morocco*, Syacuse：Syrause University Press, 2011.

② 参见摩洛哥政府网，http://www.parlement.ma/en/_historic.php? filename = 2011030 71119000。

③ Azzedine Layachi, "Economic Reform and Elusive Political Change in Morocco," in Yahia H. Zoubir, ed., *North Africa in Transition*, Gainesville/Fla.：University Press of Florida, 1999, pp. 43-60.

④ Michael J. Willis, "Morocco's Islamists and the Legislative Elections of 2002：The Strange Case of the Party that Did not Want to Win," *Mediterranean Politics*, Vol. 9, No. 1, March 2004, pp. 53-81.

Legislatives 2002），丰富了 2002 年的议会选举的研究。

2007 年摩洛哥第七次选举后，学界对此进行了研究。例如，克里斯蒂娜·考斯琪（Kristina Kausch）的《2007 年选举：摩洛哥历史上最为透明的状态》（Elections 2007: The Most Transparent Status Quo in Moroccan History）、阿米纳·梅斯萨欧迪（Amina Messaoudi）的《摩洛哥的选举》（Morocco's Elections）、詹姆斯·萨特尔的《考验摩洛哥：2007 年 9 月的议会选举》（Testing Morocco: The Parliamentary Elections of September 2007）和《摩洛哥的议会选举与威权主义统治》（Parliamentary Elections and Authoritarian Rule in Morocco）、穆罕默德·达阿道维（Mohamed Daadaoui）的《摩洛哥的政党政治与选举》（Party Politics and Elections in Morocco）、安德鲁·巴尔韦格（Andrew Barwig）的《"新皇宫卫队"：摩洛哥和约旦的选举和政治精英》（The "New Palace Guards": Elections and Elites In Morocco and Jordan）和《选举规则如何起作用：2007 年摩洛哥议会选举中的选民投票率》（How Electoral Rules Matter: Voter Turnout in Morocco's 2007 Parliamentary Elections）。此外，也有学者对摩洛哥的议会"转型"和议会的发展做了研究，如詹姆斯·科特赖尔（James P. Kettere）的《从一院制到两院制：以摩洛哥为例》（From One Chamber to Two: The Case of Morocco）及吉兰·德侬厄（Guilain Denoeux）和海伦·德斯佛斯赛斯（Hellen R. Desfosses）的《摩洛哥议会的再思考：王国立法势在必行》（Rethinking the Moroccan Parliament: The Kingdom's Legislative Development Imperative）。2011 年阿拉伯剧变之后，马特·布厄哈赖尔（Matt Buehler）的《安全阀选举和"阿拉伯之春"：摩洛哥伊斯兰反对党的削弱与复兴》［*Safety-Valve Elections and the Arab Spring: The Weakening（and Resurgence）of Morocco's Islamist Opposition Party*］对摩洛哥议会政治的新形势进行了研究。

第四，摩洛哥宪法研究。摩洛哥从 1962 年颁布第一部宪法以来，共出台了 6 部宪法。[①] 近年来，学界对于摩洛哥的宪法研究大多集中在其宪

---

① 参见摩洛哥政府网，http://www.parlement.ma/en/_historic.php?filename=2011030 71119000。

法改革的角度，而早期的研究更多地关注宪法的构成及其影响。如威拉尔德·贝林（Williard A. Beling）的《摩洛哥新君主立宪制的一些含义》（Some Implications of the New Constitutional Monarchy in Morocco）、约翰·达米斯（John Damis）的《摩洛哥：政治和经济前景》（Morocco: Political and Economic Prospects）。关于摩洛哥宪法改革的研究有尤纳斯·阿卜尤布（Younes Abouyoub）的《摩洛哥：宪法改革和认同分裂》（Morocco: Reforming the Constitution, Fragmenting Identities）、德里斯·马格哈维（Driss Maghraoui）的《摩洛哥宪法改革：介于共识与庶民政治之间》（Constitutional Reforms in Morocco: Between Consensus and Subaltern Politics）。

第五，摩洛哥军队研究。与大多数中东国家都发生过军事政变一样，摩洛哥曾经发生过两次军事政变，但这两次都以失败而告终。独立至今，军队在摩洛哥独立后的历史中并没有对君主政权造成重大影响。这是为什么？摩洛哥是如何避免的？学界开展了大量的研究与探讨。1997 年阿卜杜拉·罕默欧迪（Abdellah Hammoudi）出版的《主人与仆人：摩洛哥威权主义的文化根源》分析了摩洛哥国王借助传统文化属性"吸纳"军队、规训政治，从而确保了威权主义政治的稳定。可以说，摩洛哥的传统文化是威权主义得以生存的重要因素。[1] 这以斯蒂芬·休斯的《国王哈桑二世治下的摩洛哥》、威廉姆·扎特曼的《北非政党》和《摩洛哥政治经济》、安东尼·科德斯曼（Anthony Cordesman）的《暴风雨过后：中东变局中的军队平衡》（After the Storm: The Changing Military Balance in the Middle East）和《武装的悲剧：马格里布的军队和安全发展》（A Tragedy of Arms: Military and Security Developments in the Maghreb）、迈克尔·威利斯的《马格里布的政治和权力：从独立到"阿拉伯之春"时期的阿尔及利亚、突尼斯和摩洛哥》（Politics and Power in the Maghreb: Algeria, Tunisia and Morocco from Independence to the Arab Spring）等研究为代表。

第六，摩洛哥民主化与民主转型研究。美国著名政治学家拉里·戴蒙

---

[1]　Abdellah Hammoudi, *Master and Disciple: The Cultural Foundations of Moroccan Authoritarianism*, Chicago: University of Chicago Press, 1997.

德（Larry Damond）在《民主的精神》中论及中东民主的可能性时提到了摩洛哥。他认为，摩洛哥是中东阿拉伯国家中最有可能实现民主的国家。① 无论从摩洛哥的宪法文本还是民主实践来看，摩洛哥的民主化和民主转型都极具研究价值。20世纪90年代以前，中东国家常被冠以"民主赤字""例外论"等刻板化、片面化的标签，意在说明中东地区不可能实现民主。1990年以后，随着塞缪尔·亨廷顿（Samuel P. Huntington）的民主"第三波"（the Third Wave）理论的兴起，学界开始关注中东地区，特别是北非地区的民主化研究。

关于摩洛哥民主化研究的重要学术作品大多发表在《民主杂志》（Journal of Democracy）上。1996年西方学者奥马尔·本杜鲁（Omar Bendourou）在《民主杂志》上发表了《中东的民主化：摩洛哥的权力和反对派》。在该文的最后一部分，作者谈到了1996年宪法公投和即将到来的1997年议会选举，考问摩洛哥能否走向真正的民主，摆脱"哈桑式民主"（Hassanian Democracy）。② 其他在《民主杂志》发表的论文还有阿卜德斯拉姆·马格拉维（Abdeslam Maghraoui）的《摩洛哥的君主制和政治改革》（Monarchy and Political Reform in Morocco）和《摩洛哥的去政治化》（Depoliticization in Morocco）、迈克尔·麦克福勒（Michael McFual）和塔马哈·考夫曼（Tamara Cofman）的《摩洛哥选举：有限改革的不足》（Moroc's Elections：The Limits of Limited Reform）等。上述发表在《民主杂志》上的研究主要是对摩洛哥的民主现状进行讨论。在其他杂志或期刊上也有不少关于摩洛哥民主研究的学术论文。例如，格雷戈里·怀特（Gregory White）的《摩洛哥选举民主的到来？1996年公投》（The Advent of Electoral Democracy in Morocco？The Referendum of 1996）、凯瑟琳·斯维特（Catherine Sweet）的《没有民主的民主化：现代摩洛哥的政治开放与封闭》（Democratization Without Democracy：Political Openings and Closures in Modern Morocco）、摩西·切沙维奇（Moshe Gershovich）的《摩洛哥的民主化：一个北非王国的政治转型》

---

① 〔美〕拉里·戴蒙德：《民主的精神》，张大军译，群言出版社，2013，第329~332页。

② Omar Bendourou, "Democratization in the Middle East：Power and Opposition in Morocco," *Journal of Democracy*, Vol. 7, No. 3, 1996, pp. 108-122.

（Democratization in Morocco：Political Transition of a North African Kingdom）等。

2012 年，阿什拉福·纳比·谢里夫（Ashraf Nabih Sherif）发表的《公正与发展党的制度化和重建意识形态：摩洛哥的民主伊斯兰问题》，探讨了公正与发展党成为摩洛哥执政党后，摩洛哥的民主化与伊斯兰是否存在"融合"的可能性。① 摩洛哥的民主化除了有内部压力，域外压力也是推动摩洛哥民主化的重要动因之一。例如，劳拉·菲柳（Laura Feliu）的《双层博弈：西班牙与摩洛哥民主进程和人权保护》（A Two-Level Game：Spain and the Promotion of Democracy and Human Rights in Morocco）和维拉·范-许伦（Vera Van Hüllen）的《通过合作实现欧洲化？欧盟在摩洛哥和突尼斯推动民主化》（Europeanisation Through Cooperation？EU Democracy Promotion in Morocco and Tunisia）。此外，欧盟智库对摩洛哥的民主化问题也有较多的研究，主要以报告的形式公开发表。例如，欧洲外交关系协会（ECFR）于 2011 年发布的《改革的机遇：欧盟如何促进摩洛哥的民主化进程》政策简报，首先分析了摩洛哥的民主、人权、经济发展等基本情况，随后指出欧盟和摩洛哥的重要关系，以及一个稳定的摩洛哥对欧盟的重要性。文章最后指出，虽然"阿拉伯之春"带来了改革的可能性，但摩洛哥却需要进行渐进式的民主改革。要做到这一点，摩洛哥的改革一方面需要国际压力来推动，另一方面需要给予摩洛哥国内民主运动以及温和伊斯兰运动的支持。如果欧盟按照该思路对摩洛哥进行民主化改革，那么就有可能改善摩洛哥对欧关系。② 此外，布鲁金斯学会在 2011 年发表了评估和展望摩洛哥民主化的工作论文，即《摩洛哥的"民主化"进程：进展、阻碍和伊斯兰主义-世俗主义的影响》，该文对 1990～2011 年摩洛哥的民主状况进行了全面的论述，包括宪法改革、议会改革与选举、社会改革

---

① Ashraf Nabih Sherif, "Institutional and Ideological Re-construction of the Justice and Development Party (PJD)：The Question of Democratic Islamism in Morocco," *The Middle East Journal*, Vol. 66, No. 4, 2012, pp. 660-682.

② Susi Dennison, Nicu Popescu and Jose Ignacio Torreblanca, "A Change to Reform：How the EU Can Support Democratic Evolution in Morocco," *European Council on Foreign Relations*, 2011, pp. 1-12.

以及伊斯兰主义和世俗主义对民主进程的影响等。[①]

　　上述关于摩洛哥的民主研究均是以论文或报告的形式呈现，近年来也有以专著来探讨摩洛哥的民主化。其中的代表作是英国埃克塞特大学利斯·斯托姆（Lise Storm）教授在 2007 年出版的《摩洛哥的民主化：后独立时代的政治精英和权力斗争》。与其他研究民主化的学者不一样，首先，利斯教授对民主这一概念进行可操作化处理。具体来讲，作者将之界定为三个核心原则，分别为：①自由公平、无大范围欺骗、广泛的普选权；②公民自由权；③独立政府。其次，作者特别关注了政治行为者的动态博弈，构建了政府（自由派/强硬派）和反对派（温和派/激进派）的互动模型。最后，作者将摩洛哥的民主化研究分为三个历史阶段进行分阶段考察。[②]

　　第七，摩洛哥政治伊斯兰研究。与北非其他国家相比，摩洛哥被认为对伊斯兰主义运动具有很强的"免疫力"。摩洛哥是如何处理宗教问题以及伊斯兰主义运动的？学界对此有大量的研究，在这里笔者对主要的文献进行梳理。在著作方面，有亨利·蒙森（Henry Munson）的《摩洛哥的宗教与权力》（*Religion and Power in Morocco*）、哈马·布尔齐亚（Rahma Bourqia）和苏珊·吉尔森·米勒（Susan Gilson Miller）的《素丹的阴影之下：摩洛哥的文化、权力和政治》（*In the Shadow of the Sultan：Culture，Power and Politics in Morocco*）、马尔维纳·豪威（Marvine Howe）的《摩洛哥：伊斯兰主义的苏醒和其他挑战》（*Morocco: The Islamist Awakening and Other Challenges*）、马利卡·泽加勒（Malika Zeghal）的《摩洛哥的伊斯兰主义：宗教、威权主义和选举政治》（*Islamism in Morocco: Religion，Authoritarianism，and Electoral Politics*）、埃迪·戴莱姆（Etty Terem）的《旧文本、新实践：现代摩洛哥的伊斯兰改革》（*Old Texts，New Practices: Islamic Reform in Modern Morocco*）等。

---

① Maati Monjib, "The 'Democratization' Process in Morocco: Progress, Obstacles, and the Impact of the Islamist-Secularist Divide," The Saban Center for Middle East Policy at the Brookings Institution, No. 5, 2011, pp. 1-24.

② 参见 Lise Storm, *Democratization in Morocco: The Political Elite and Struggles for Power in the Post-Independence State*, London：Routledge, 2007。

摩洛哥学者穆罕默德·达阿道维教授在 2011 年出版的《摩洛哥君主制与伊斯兰主义的挑战：维护"马赫赞"的权力》一书中探讨了摩洛哥君主如何利用"权力仪式化"削弱反对派对君主制的威胁，作者指出"权力仪式化"是摩洛哥政治伊斯兰的重要特征。他认为"权力仪式化"是摩洛哥政教合一的体制下保持政治秩序和社会秩序稳定的重要因素。① 在论文方面，迈克尔·威利斯在 1996～2012 年发表的若干学术论文，有不少是关于摩洛哥的伊斯兰主义研究，他重点关注伊斯兰主义政党的运行情况，如《介于政权更替和"马赫赞"：公正与发展党进入摩洛哥政治》（*Between Alternance and the Makhzen: At-Tawhid wa Al-Islah's Entry into Moroccan Politics*）。除此之外，还有穆罕默德·图兹（Mohamed Tozy）的《伊斯兰主义、官僚和皇宫》（Islamists, Technocrats, and the Palace）、穆罕默德·马劳尤福（Mohammed Maarouf）的《摩洛哥伊斯兰主义慈善实践的文化基础》（The Cultural Foundations of the Islamist Practice of Charity in Morocco）等。

第八，摩洛哥社会和族群问题研究。除了上述 7 个方面的研究，社会和族群问题也是与本书相关的研究。具体而言，主要包括以下几方面。①摩洛哥市民社会研究。摩洛哥市民社会与政治发展息息相关。2007 年詹姆斯·萨特尔出版的《市民社会与摩洛哥的政治变迁》一书，论述了摩洛哥市民社会的发展与政治变迁之间的关系，作者认为市民社会的发展在一定程度上推动了摩洛哥的政治发展，同时政治发展也能够为市民社会创造一定的生存条件。② ②摩洛哥柏柏尔人问题的研究。柏柏尔人问题一直是摩洛哥的核心政治问题。这一领域的研究主要有布鲁斯·马迪-维特兹曼（Bruce Maddy-Weitzman）的《柏柏尔民族认同及其对北非国家的挑战》（*The Berber Identity Movement and the Challenge to North African States*）和大卫·克劳福德（David Crawford）的《地方文化中的王室利益：柏柏尔文化和摩洛哥》（*Royal Interest in Local Culture: Amazigh Culture and the Moroccan State*）。③摩洛哥公民权利研究。人权、妇女权和非伊斯兰教公民的权利问题是摩洛哥政治研究的主要议题。主要的研究有扎基亚·萨利姆（Zakia

---

① Mohamed Daadaoui, *Moroccan Monarchy and the Islamist Challenge: Maintaining Makhzen Power*, New York: Palgrave Macmillan, 2011.

② James N. Sater, *Civil Society and Political Change in Morocco*, London: Routledge, 2007.

Salim）的《介于女性主义与伊斯兰：摩洛哥的人权和沙里亚法》（*Between Feminism and Islam: Human Rights and Sharia Law in Morocco*）、珍妮·克拉克（Janine A. Clark）和艾米·杨（Amy E. Young）的《摩洛哥和约旦的伊斯兰主义和家庭法改革》（*Islamism and Family Law Reform in Morocco and Jordan*）。

根据以上综述，我们可以总结出目前国内外学者在摩洛哥政治研究领域的优势与不足。

首先，在成就方面。第一，从研究队伍来看，从事摩洛哥政治发展研究的学者背景具有多样性，既有与摩洛哥相近的法国和西班牙的学者，也有与摩洛哥相隔万里的美国、中国和日本的学者。正由于这样，学者的研究视角也有较大不同，丰富了摩洛哥的政治研究。此外，学者的学科背景包括了历史学、政治学、经济学、宗教学等学科，体现了背景的跨学科性。第二，从研究内容来看，目前对摩洛哥的政治发展研究已囊括了政党、军队、君主政体、政治伊斯兰、议会与选举、民主化与民主转型、市民社会与政治变迁等领域的研究。研究重点明确，主要集中在政治变迁、宗教与政治和民主化研究三个领域。第三，从研究成果来看，学界对摩洛哥的政治前景整体持积极态度，认为摩洛哥正走在民主化道路上，但对摩洛哥政治研究的解释路径和结论存在差异性，如研究市民社会的詹姆斯·萨特尔认为市民社会的发展是促进摩洛哥稳定和推动民主化的关键领域，而研究摩洛哥威权主义的学者则认为摩洛哥的政治环境决定了它可以使选举威权主义在摩洛哥良好地运转下去。再如摩洛哥学者穆罕默德·达阿道维教授认为摩洛哥的"权力仪式化"为国王应对反对派的挑战提供了天然条件，从而使国家保持政治稳定。第四，从研究的视角和方法来看，既有政治学理论的视角，如政党理论、理性选择、选举理论以及民主理论，又有社会学理论的视角，如社会学习论、结构功能论以及冲突理论；同时，田野调查已经成为研究摩洛哥的重要方法。

其次，不足之处。虽然目前摩洛哥的政治发展研究成果丰硕，但与其他较为成熟的国别研究相比，无论研究的规模还是精细程度都存在一定的不足之处。第一，缺少专门做摩洛哥政治发展研究的专家。大多数学者都是将摩洛哥作为验证理论的一个案例来研究。非摩洛哥专家缺少反映摩洛哥真实现状的材料，其研究结论可能出现偏差。第二，研究主题都较为宏大，缺少有关摩洛哥政治的小议题研究。第三，研究方法上侧重描述性研究，缺乏理论性研究。另外，对摩洛哥研究的定量研究也较为缺乏，这也从侧面说明学界对摩洛哥政治发展研究的相关数据库建设还存在不足。

从当前解释摩洛哥政治稳定问题的现有研究来看，西方学者长于探索影响摩洛哥政治稳定的结构性因素和策略因素，如民主化、宗教、经济等。国内学者与西方学者在研究问题、思路和方法上存在相似性，同时还存在将历史与现实、理论与实践割裂的现象，也缺乏以综合性视角分析摩洛哥的政治稳定性问题的研究。总之，虽然国内学界已经尝试从中国视角、话语和立场来探究该问题，但在深度和广度上仍有待进一步挖掘。本书从国家治理的视角对摩洛哥政治稳定问题进行研究，既是理论上的创新，也是中国式话语下区域国别研究的尝试。

三 研究意义

深入研究摩洛哥国家治理具有重要的学术意义和现实价值。

第一，研究摩洛哥国家治理丰富了国内中东研究、比较政治研究和国家治理研究。国家治理研究是近 10 年以来，国内哲学社会科学领域重要的研究议题。当前研究的对象多集中在中国以及一些西方发达国家，而对其他发展中国家的国家治理比较研究尚不成熟。因此，本书对摩洛哥国家治理的研究是对中东小国治国理政研究的一次重要尝试，具有重要的学术意义。本书从摩洛哥政治、经济、宗教和社会文化入手综合考察国家治理的各个维度，为丰富中国的中东学研究、中东比较政治研究和国别研究，起到了添砖加瓦的作用。

第二，对以摩洛哥为典型的阿拉伯君主制政体的整体研究有助于挖掘全球史发展过程中阿拉伯世界的独特性与普遍性。作为世界史发展的一部分，阿拉伯国家不仅在宗教领域发挥了巨大影响力，而且在政体类型上贡献了极佳的研究案例。本书以政治发展和国家治理为视角，通过对摩洛哥政治、经济、宗教和社会领域的考察，试图剖析阿拉伯国家的特殊贡献及其与发展中国家的异同点，凸显了世界政治文明的多样性特征。

第三，研究摩洛哥国家治理有助于深刻理解与认识当代阿拉伯国家政治发展的困境与潜在出路。政治稳定是中东变局以来各国关注的核心议题。本书通过国家治理对政治稳定的影响开展辩证研究，不仅试图探究政权稳定的背后动因，发掘政治稳定的一般模式，而且还要分析潜在的不稳定因素以及"稳定的负面效应"，找出阿拉伯政局发展的症结所在。

第四，丰富和推动世界史、政治学以及区域国别等学科中的马格里布问题研究，为共建"一带一路"助力。长期以来，该地区往往既不被非洲研究学术圈所接纳，也不被中东研究学术圈所重视，成为中东和非洲研究之间的"灰色地带"，也是公认的学术冷门领域。本书的研究有助于推动该研究，进而为新时代中国对接摩洛哥的战略发展提供知识储备。此外，本书还有利于把握整个中东地区的局势，更有利于中国在中东地区开展政治、经济和文化外交，也有助于中国推动国家治理体系和国家治理能力的现代化，推动中国国家治理与摩洛哥国家治理的比较研究和互学互鉴。

四　研究方法

为深入研究摩洛哥的国家治理问题，本书尝试采用历史研究、案例研究和比较研究的方法研究摩洛哥的国家治理，进而探索出摩洛哥的国家治理模式。具体来说，就是运用历史研究法考察摩洛哥从独立至今的国家治理过程中，其在政治、经济以及社会领域的变迁过程以及统治阶层采取的应对措施；运用案例研究将摩洛哥的国家治理分为几个时间阶段，检验摩洛哥国家治理的理论假设；运用比较方法分析不同阶段政治、经济、宗教和社会变化治理各自的关系，从而得出摩洛哥国家治理的基本模式。

五　研究思路

摩洛哥是一个君主立宪制的多党制国家，国王手握实权，议会的权力有限。从宗教属性来看，摩洛哥是一个政教合一的伊斯兰国家。从民族属性来看，摩洛哥主要有两大民族，分别为阿拉伯民族和柏柏尔民族，其中阿拉伯人多生活在城市地区，而柏柏尔人则大多居住于较为贫困的农村地区。从经济状况来看，自20世纪80年代实行新自由主义政策以来，摩洛哥的经济一直处于世界平均水平以下，失业率更是长期居高不下。即使在这种情况下，摩洛哥仍然保持着基本的政局稳定，这是为什么？

本书认为，摩洛哥具有如此之高的政治稳定性与其王室集团一直以来良好的国家治理有很大的关系。为了验证该研究假设，笔者从宏观和微观两个视角进行研究。首先，宏观地观察摩洛哥自 1956 年独立至今的各个历史阶段，国内社会或政治运动与政治稳定性的关联，即在发生民众运动的情况下，国内政局是否保持稳定；其次，通过微观地研究王室集团（政府）在各个历史阶段对"问题"的反应和应对举措，来探究政治稳定的核心动因；最后，在具体操作上，从每个历史阶段王室集团国家治理的议题选择和路径选择两个维度来探究摩洛哥的国家治理问题。

具体而言，本书从国家治理的视角考察了摩洛哥自 1956 年独立以来的政治稳定性问题，以议题为核心研究国家治理，剖析王室集团在路径选择和议题选择上的同质性，然后分析其"耦合"的效果。为了全面考察摩洛哥国家治理的理念与实践，本书结构安排如下。

绪论部分旨在讨论本书的选题、文献综述、研究意义、研究方法等。第一章到第三章为本书的理论部分，主要讨论了摩洛哥国家治理的概念、议题、路径，以及国家治理与社会稳定的逻辑关系。第四章到第十章为本书的案例部分，分别从政党治理、宗教治理、极端主义治理、经济治理、边境治理等方面详细考察摩洛哥国家治理，通过多维角度审视摩洛哥国家治理的理念与实践。最后一部分是结论。结论部分首先总结了摩洛哥国家治理的一般特征和总体的治理效果；其次分析和评估了穆罕默德六世（Mohammed Ⅵ）执政以来摩洛哥国家治理的实践；最后本书指出了摩洛哥国家治理仍存在的挑战。

第一章

摩洛哥国家治理概念、议题和路径

国家治理是摩洛哥政治发展的重要内容，也是其维护君主政体、政权稳定与经济社会发展的重要保障。摩洛哥国家治理的议题设置在宏观层面具有强合法性、渐进式、温和式与离岸式特点；在微观层面具有合理性、及时性与连续性特征。在路径选择上，摩洛哥国家治理具有针对性、灵活性与保守性三个鲜明特征。通过国家治理，摩洛哥较好地处理了改革、发展与稳定的关系，在过去数十年时间里维持了国内政局总体稳定与经济平稳发展，避免了类似阿尔及利亚、利比亚、突尼斯和埃及等其他北非国家周期性政治动荡的问题。本章从理论和概念上对摩洛哥国家治理进行界定。

第一节　摩洛哥国家治理的概念

一　治理内涵的演变

在汉语语境下，"治理"一词的含义可以追溯至春秋时期。根据《康熙字典》的记载：

> 【左传·庄九年】鲍叔曰：管夷吾治于高傒，使相可也。【注】言管仲治理政事之才多于敬仲。①

---

① 《康熙字典》，北京燕山出版社，第7、614页。

　　这里的"治理政事之才"，就是指管理国家事务的能力，而"治理"在这里更多地体现了一种管理的职能，即一方面能够维持社会的稳定，另一方面可以提高人民的生活水平。而在 1000 多年后的欧洲，"治理"一词才正式出现在法语中，意思是"统治的手段或方式"（Act or Manner of Governing），后来该词被英语所用，"治理"一词就进一步引申出统治、操纵或控制等意思。① 在之后的很长一段时间内，治理都与统治一词混合使用，如在《现代汉语大词典》中对治理的解释是统治，并引用了巴金的《秋》："圣人之书乃是立身之大本，半部《论语》可以治天下。"② 《现代汉语常用词用法词典》中关于治理的解释有两层意思：第一层就是统治管理；第二层是处理、整修的意思。③ 由此看来，"治理"一词的含义时至今日已发生了较大的变化，该词常见于各类自然科学和人文科学领域，其含义也远远超出其经典意义。④

　　学界对治理的研究始于 1989 年，世界银行在描述当时非洲的情形时首次使用了"治理危机"的表述，后来"治理"一词便广泛地用于政治发展研究中，特别是用来描述后殖民地和发展中国家的政治状况。⑤ 然而，至今学界对治理的定义都没有一个统一的概念解释，可谓不同学者有不同的解释。当然，这也不难理解，因为政治学家有政治学视角的解释，而经济学家有经济学视角的解释。在政治学界，20 世纪 90 年代，英国南安普顿大学政治系教授格里·斯托克（Gerry Stoker）对"治理"一词进行了高度概括，主要有以下四点。

　　1. 治理意味着一系列来自政府，但又不限于政府的社会公共机构和行为者；

---

① 在线词源词典：Online Etymology Dictionary，http：//www. etymonline. com/index. php? allowed_in_frame = 0&search = governance&searchmode = none。
② 《现代汉语大词典》（上册），上海辞书出版社，2006，第 1466 页。
③ 顾士熙主编《现代汉语常用词用法词典》，中国书籍出版社，2002，第 1111 页。
④ 俞可平：《治理和善治：一种新的政治分析框架》，《南京社会科学》2001 年第 9 期，第 40 页。
⑤ 俞可平：《治理和善治：一种新的政治分析框架》，《南京社会科学》2001 年第 9 期，第 40 页。

2. 治理意味着在为社会和经济问题寻求解决方案的过程中，存在着界限和责任方面的模糊性；

3. 治理明确肯定了在涉及集体行动的各个社会公共机构之间存在着权力依赖；

4. 治理意味着参与者最终将形成一个独立的网络。

治理意味着，办好事情的能力并不仅限于政府的权力，不限于政府发号施令或运用权威。治理能力不是体现在基于行使权力或者某种权威，而在于是否能使用新管理技术和方法。①

事实上，斯托克关于治理的研究，并没有对治理进行定义，而是描述了其基本的特质，以及在什么情况下会用到治理。2000 年以后，随着经济全球化的发展，全球公共问题显现，诸多发展中国家开始出现治理危机，学界对其研究进入井喷期。研究的出发点大多落在国际治理和国家治理两个层面，各种关于治理的概念层出不穷，以致有学者调侃道："治理犹如一个不稳的滑梯……常被社会学家、经济学家、政治学家等基于一个大家都不认可的概念而使用该词。"② 其中治理研究的代表人物是来自新

---

① Gerry Stoker, "Governance as Theory: Five Propositions," *International Social Science Journal*, Vol. 50, No. 155, 1998, p. 18; 俞可平：《治理和善治：一种新的政治分析框架》，《南京社会科学》2001 年第 9 期，第 40~41 页。

② Richard Shaw, "'Meaning Just What I Choose It to Mean-Neither More Nor Less': The Search for Governance in Political Science," *Political Science*, Vol. 65, No. 2, 2013, p. 181. 关于治理研究的文献可参见 William Walters, "Some Critical Notes on 'Governance'," *Studies in Political Economy*, Vol. 73, 2004, p. 27; Christopher Pollitt and Peter Hupe, "Taking about Government: The Role of Magic Concepts," *Public Management Review*, Vol. 13, No. 5, 2011, pp. 641 - 658; Ian, "Introduction," in Thomas Kuhn, ed., *The Structure of Scientific Revolutions*, Chicago: The University of Chicago Press, 2012, p. XIX; Jon Pierre and B. Guy Peters, *Governance, Politics and the State*, Basingstoke, Hampshire: Macmillan Press, 2000; Anne Mette Kjaer, *Governance*, Cambridge: Polity Press, 2004; Rosamond Rhodes, *Understanding Governance Policy Networks, Governance, Reflexivity, and Accountability*, Buckingham and Philadelphia, PA: Open University Press, 1997; Rod Rhodes, "Governance and Public Administration," in John Pierre, ed., *Debating Governance*, Oxford: Oxford University Press, 2007; Rod Rhodes, "Understanding Governance: Ten Years on," *Organization Studies*, Vol. 28, No. 8, 2007, pp. 1243 - 1264; Mark Bevir, Rod Rhodes and Patrick Weller, "Traditions of Governance: Interpreting the Changing Role of the Public Sector," *Public Administration*, Vol. 81, No. 1, 2003, pp. 1 - 17; B. Guy Peters, "Governance as Political Theory," *Critical Poliey Studies*, Vol. 5, No. 1, 2011, pp. 63 - 72。

西兰梅西大学的副教授理查德·肖（Richard Shaw），他对学界中"治理"的内涵，从层次上进行了分类，即修辞、结构以及程序三个层次，进而给予一定的解释（见表 1-1）。

表 1-1　治理的层次分类解释

解释类别		范例
修辞视角	概念	网络治理、善治等
结构视角	层次 模型 形式	向上、向下以及横向治理 层级、市场、网络、社区 公共机构、公司、董事会、信任治理等
程序视角	规则 实践 结果	正式（如管理条例）和非正式（如惯例） 提供信息、咨询，共同管理等 合作、替代等

资料来源：Richard Shaw, "'Meaning Just What I Choose It to Mean-Neither More Nor Less': The Search for Governance in *Political Science*," *Political Science*, Vol. 65, No. 2, 2013, p. 185。

表 1-1 几乎涵盖了学界关于治理的所有内涵解释，可以看出：第一，从治理的修辞视角来看，治理往往是一种"好"的方法，是能够达到善治的最佳途径；第二，结构视角主要是从制度层面来解释治理，并由层次、模型和形式三个组件构成了结构性治理；第三，程序视角主要涉及参与治理的行为者互动要素，因为行为者的有效互动需要有一定的正式或非正式的规则，需要有充足的信息，从而达到治理的效用最大化。时代在变，治理的内涵也在发生变化。概言之，变化既体现在"细节"方面，如对参与其中的行为者的解释，又体现在"广度"方面，如治理不断被赋予新的解释。但无论怎么变，治理所追求的目标是统一的：维持行为体内部的秩序稳定。

二　治理的定义

正如前文所言，关于治理的定义，在学界没有一个统一的共识，事实上国家治理更是如此。然而，为了理解本书的研究逻辑，笔者依然需要从学理上对治理和国家治理进行界定。联合国开发计划署（The United Nations Development Programme，UNDP）和世界银行（The World Bank）

对治理的定义分别如下。

> 治理是指行使政治、经济以及行政权威来管理国家事务。它涉及公民或成员界定利益、行使合法权利和义务以及调解分歧所生成的复杂的机制、过程和体系。①

> 治理是指"……一国政权当局通过行使传统和社会公共机构的权力来追求各方的共同利益。它包括：第一，选择、监督和替代政权当局的过程；第二，政府有效管理资源和实施明智政策的能力；第三，尊重公民与国家在经济和社会领域的互动"。②

从以上两处定义可以看出，治理一般会涉及某一群体行使各种形式的权力，包括意识形态权力、法律、军事、经济、行政等，而且这些权力均由政府所拥有。值得注意的是，这些治理的定义一开始大多集中在政治领域（如意识形态、军事、行政等），特别是公共管理领域，然后随着经济学家对治理的研究，治理的领域开始扩展到经济领域。从国家的层面来看，在所有可以行使的权力中，行使经济权力已经成为政府进行国家治理时至关重要的手段。此外，世界银行所关注的治理就是希望一国能够同时进行政治和经济上的自由化，因为它认为这能够给一个国家带来政治稳定和经济发展，特别是发展中国家。③ 基于以上分析，本书认为治理是指某一行为体通过直接或间接地行使政治、经济、军事等权力，以使体系内各行为体的互动达到一种平衡状态。具体来说，本书所认为的治理主要包括：第一，治理的主导者是某一群体，既可以是政府，也可以是一国君主，更可以是全球治理中的国际组织等；第二，治理的主导者拥有独一无二的权威；第三，治理不仅是一种手段，而且是一个过程，这个过程既可能是激进的也可以循序渐进；第四，治理追求的核心目标就是体系内行为体互动的平衡。

---

① 参考联合国开发计划署网，http：//www.undp.org/content/undp/en/home/search.html?q＝governance。

② 参考世界银行官方网，http：//www.worldbank.org/。

③ Abdon Yezi, "Political Governance Study in Zambia," *YEZI Consulting & Associates*, March 2013, p. 12.

三　摩洛哥国家治理的概念

就国家治理一词来说，学界虽然进行了诸多研究，但尚未形成共识性的定义。查找相关学术搜索工具可以发现，中文里提及国家治理的文献浩如烟海，其常常与政治改革、政治发展相联系。[①] 英文中提及 "National Governance" 的文献虽然不少，但是对国家治理的理解也存在一定的差别。总的来说，大致有两种研究，第一种是研究一个国家的国家治理，第二种是研究外部势力参与某国的政治进程（治理）。[②] 本书研究采用的正是第一种研究，即研究摩洛哥的国家治理。正如本书的绪论部分所提及的，本研究是一项关于摩洛哥政治稳定性的研究，基本观点是多年来摩洛哥的政治稳定与其 1956 年独立以来良好的国家治理有很大的关联性。

根据本书对治理概念的界定，笔者将国家治理界定为：一国占主导地位的政权集团，通过直接或间接地行使政治、经济、军事等权力，使得一国内的公民与政府、公民内部以及政府内部达到平衡状态，亦即达到政治稳定的目的。此外，就摩洛哥的国家治理而言，长久以来占据主导地位的政权集团是以国王为核心的王室集团，亦即 "马赫赞"[③]（Makhzen）集团，它所追求的政治稳定实际上就是以国王领导的君主制政体的稳定性。从摩洛哥国家治理的时间维度来看，本书主要探讨的是 1956 年独立后摩洛哥王室及政府为维护政治稳定、经济社会发展所采取的各类国家治理措施。需要注意的是，摩洛哥的政治稳定包含了两层内涵：第一层内涵指摩洛哥自 17 世纪中叶阿拉维王朝建立以来，始终维持着君主制政权的稳定，展现了近代以来摩洛哥政治发展的 "超稳定结构"；第二层内涵主要是指

---

① 徐向梅：《普京的政治治理和俄罗斯政治走势分析》，《当代世界与社会主义》2007 年第 1 期，第 131~135。

② Filip Reyntjens, *Political Governance in Post-genocide Rwanda*, Cambridge: Cambridge University Press, 2013; Abdon Yezi, "Political Governance Study in Zambia," *YEZI Consulting & Associates*, March 2013; Robert D. Lamb, *Political Governance and Strategy in Afghanistan*, Center for Strategic & International Studies, April 2012.

③ 当摩洛哥于 12 世纪从阿拔斯王朝分离出来时，马赫赞首先指 "整个政府"，其中包括 "军队和政府"。在 16 世纪，它指负责向国库收取税款并将其转移到国库的机构。当代，该词指的是一个中央集权的政治体系：国王处于由军队、官僚机构、乌莱玛和不同的苏非道堂组成的结构的中心。

摩洛哥自 1956 年以来现代君主立宪制政权的稳定性。本书从摩洛哥君主制政权长期稳定的历史现象出发，以当代摩洛哥君主立宪制政权为考察核心，对摩洛哥国家治理进行多维研究。

笔者认为，良好的国家治理涉及以下三个层面。第一，议题的设置。国家治理的议题选择往往需要治理主导者根据当时所面临的威胁进行评估后设置，如 20 世纪 70 年代，伊斯兰主义运动的崛起，使得哈桑二世立即将伊斯兰主义作为重要的治理议题。此外，议题还需要有延续性，因为治理本身就是一个过程，因此对于已经成为治理议题的对象，在下一阶段治理中应该继续关注，除非威胁已经彻底解除。第二，路径的选择。治理路径的选择是进行有效治理的关键，与设置议题一样，路径的选择也应该遵循"因地制宜"的原则。第三，时机的选择。在政治学经典理论中有一种被称作"转折点"（Turning Point）的理论，意在强调善于利用关键时刻的重要性。国家治理同样也需要把握关键时刻，亦即时机的选择。① 此外，时机的选择不仅体现在议题设置上，对路径选择也尤为重要。基于以上分析，本书对摩洛哥国家治理研究从议题设置和路径选择两个层面进行考察。②

第二节　摩洛哥国家治理的议题设置

国家治理的议题是指国家治理的对象是什么，亦即所要解决的问题。此外，国家治理的议题也会随着挑战的不同而发生变化，且治理议题的设置要遵循时机性、顺序性以及延续性，其中顺序性是指根据议题的重要性和紧急程度进行排序，延续性是指有些议题应该长期关注。如摩洛哥自 1956 年独立至今，共经历了三个阶段的国家治理：第一阶段面临国家建设时都会遇到的问题，如机制不完善、合法性不健全等；第二阶段进入国家的改革时期，左翼的反对派势力是其最大的阻挠和挑战；而到近期的第三阶段，进入所谓的深化改革时期，国家治理又面临公民运动和伊斯兰主

---

① Mark Robinson, "The Politics of Successful Governance Reforms: Lessons of Design and Implementation," *Commonwealth & Comparative Politics*, Vol. 45, No. 4, 2007, p. 523.

② 时机选择更多是一种"注意事项"，而不是一种分析层次。

义运动等新挑战。由此看出，三个阶段所遇到的挑战均不同，所以针对性的议题也不尽相同。笔者认为，国家治理的议题可以分为结构性议题和对象性议题（又称行为体议题），其中结构性议题往往是特指机制建设，一般出现在一国国家治理的前期，如摩洛哥在第一阶段的军队和警备系统的建设；对象性议题是指一国对治理主导者具有挑战性的群体，如贯穿摩洛哥国家治理三个阶段的反对派势力。

一　摩洛哥国家治理的结构性议题

在摩洛哥国家治理过程中，结构性议题主要体现在合法性构建和制度建设两个方面，而制度建设又有规范性和实体性之分。实际上，合法性构建和实体性制度建设虽是第一阶段的重点治理议题，但它们实际上也是贯穿于每个阶段的国家治理。而作为规范性制度建设的民主改革尽管是第三阶段的重要治理议题，但它在国家治理的第一和第二阶段也得以体现。下面从概念的层面，对摩洛哥国家治理中出现的议题进行界定。

第一，合法性。在政治学科中，合法性是一个极为常用的词，但同时它也是一个概念难以准确界定的词。实际上，合法性的概念在柏拉图时期就出现了，其间经历了亚里士多德、中世纪经院哲学家阿奎那、"主权"创造者不丹、霍布斯、卢梭以及后来的马克斯·韦伯等人的传承与发展，合法性不仅在概念上扩展了，而且使用范围也扩大至涵盖政治学、经济学、哲学、法学等诸多学科。① 总的来说，合法性大致可以分为规范主义的合法性、经验主义的合法性以及哈贝马斯的"重建性的合法性"。② 这三者的根本区别在于，规范主义者所要回答的问题是"什么样的统治应该被建立起来"，特指"公意的统治"；而在经验主义看来，真正重要的问题是"统治应该怎样被建立起来"，特指"经同意而统治"；哈贝马斯

① 〔古希腊〕亚里士多德：《政治学》，吴寿彭译，商务印书馆，1965；S. Thomas Aquinas, *Selected Political Writings*, Oxford：Basil Blackwell, 1959；卢梭：《社会契约论》，何兆武译，商务印书馆，1980。
② 孙建光：《西方政治合法性理论辨析》，《求实》2004 年第 2 期，第 59 页。

事实上是综合了前两者。① 现代政治学和社会学一般都采用以马克斯·韦伯为代表的经验主义，注重形式主义的合法性，亦即成为法理型的合法性才能带来真正的稳定。当然，韦伯总结出的其他两个合法性来源：领袖型和传统型，也广泛运用于现代政治学和社会学分析中。② 所以，一般情况下，合法性是指政治系统客观上获得了社会成员给予的内心资源的认同、支持与服从，反映的是统治者与被统治者之间的一种互动和共认理念。③

第二，制度建设。近几十年来，制度一词广泛运用于社会科学中，反映了经济学中制度经济的发展，以及制度一词在政治学、哲学、社会学中的使用。这同时也导致了一个问题，即关于制度的概念在学科内以及学科之间所进行的激烈争论。④ 但总的来说，制度一词主要有两层含义，一层是规范意义上的，它实际上是代表一种广义上的制度，意指能够约束行为体以及行为体之间互动的一组规则、规范的集合体。如一国进行民主化改革，其中一个很重要的组成部分是选举制度和宪法修订。这种制度事实上是解决"什么能做和什么不能做的问题"。⑤ 另外一层是现实意义中的制度，它是看得着的"实体"，类似于实体机构，如一国的暴力系统就是一种制度，而事实上制度也是一种权力。摩洛哥在建国初期，穆罕默德五世意识到只有建立一套完备的暴力系统，才能在国家的政治生活中拥有强有力的话语权。

二　摩洛哥国家治理的对象性议题

在摩洛哥国家治理过程中，结构性议题主要是解决"定基调"的问题，因为结构可以内化行为者，从而影响行为者的行为。而对象性议题则是解决"各个击破"的问题，是一种细化了的治理方式。从 1956 年至

① 孙建光：《西方政治合法性理论辨析》，《求实》2004 年第 2 期，第 61 页。
② 〔法〕让-马克·夸克：《合法性与政治》，佟心平、王远飞译，中央编译出版社，2002。
③ 孙建光：《西方政治合法性理论辨析》，《求实》2004 年第 2 期，第 59 页。
④ Geoffrey M. Hodgson, "Economics and Institutions?" *Journal of Economics Issues*, Vol. 6, No. 1, 2006, p. 11.
⑤ Masahiko Aoki, *Toward a Comparative Institutional Analysis*, Cambridge: MIT Press, 2001, pp. 20-25.

今，摩洛哥国家治理过程中需要设为对象性议题的主要有以政党为代表的反对派势力、包括青年社会组织在内的市民社会、经济领域、边境冲突、重点外交对象以及伊斯兰主义运动和极端主义等。本部分重点对政党、市民社会和伊斯兰主义运动进行概念上的界定。

首先，左翼反对派势力。从政党结构来看，摩洛哥自从独立至今主要有：第一，保皇派，即亲王室的右翼政党，组成了"威法克"集团，其主要成员有真实性与现代党（Authenticity and Modernity Party）、人民运动（Popular Movement）、宪政联盟（Constitution Union）和全国民主党（National Democratic Party）等；第二，中右派，主要有全国独立人士党（National Independent Rally）、全国人民运动党（National Popular Movement）以及民主与社会运动党（Democratic and Social Movement）等；第三，左翼反对派组成的"库特拉"（Kutla），主导政党是独立党（Istiqlal Party）、人民力量社会主义联盟（Socialist Union of Popular Forces）。其他还有摩洛哥社会主义政党——进步与社会主义党（Progress and Socialism Party）。① 其中，包括独立党和人民力量社会主义联盟在内的左翼反对派是摩洛哥长期的对象性治理议题。从政治理论的角度来看，摩洛哥的政党生存取决于它们与中央权威的关系以及效忠王室政权。而至于一个政党是不是反对派，需视情况而定。一般情况下，在 1996 年摩洛哥实行"交替政府"以前，摩洛哥反对派是指那些民族主义运动时期的继承者和生存者，他们为国家的独立倾注了无与伦比的热情，并作出了巨大的牺牲。独立后，他们不遗余力地反对国王集权，保卫民主。但是随着摩洛哥的政党多元化，摩洛哥反对派（Opposition Party）的概念在过去的几十年里，已经发生了一定的演变。② 反对派一直扮演王室政权质疑者和异见者的角色，然而到了 20 世纪 90 年代，反对派的角色发生了 180 度大转变，他们

---

① Gregory W. White, "Kingdom of Morocco," in David E. Long, Bernard Reich and Mark Gasiorowski, eds., *Government and Politics of the Middle East and North Africa (the Sixth Edition)*, Philadelphia: Westview Press, 2011, p.464; Mohamed Daadaoui, "Party Politics and Elections in Morocco," *The Middle East Institute Policy Brief*, No. 29, 2010, pp.5-6.

② Laura Feliu and M. Angustias Parejo, "Morocco: The Reinvention of an Authoritarian System," in Ferran Izquierdo Brichs, ed., *Political Regimes in the Arab World: Society and the Exercise of Power*, London: Routledge, 2012, p.81.

一方面转向与国王政权寻求政治共识，另一方面将注意力集中在提高自身的政党"现代化"，从而争取自身的政治地位，无心与国王维持敌对状态。[①] 1996 年后，联合政府在摩洛哥政治中的作用愈来愈大，摩洛哥就出现了政治反对派，如 2011 年公正与发展党领导成立政府后，独立党和真实性与现代党均声称其是政治反对派。

其次，市民社会。市民社会，又称民间社会，由英语 Civil Society 翻译而来，起源于西方。几百年以来，哲学家、政治学家和社会学家关于市民社会的思考和理论研究一直未断，如雅典时期的柏拉图和亚里士多德、18 世纪的霍布斯和洛克、19 世纪的斯宾塞，以及近现代的葛兰西等，他们为市民社会的发展贡献了丰富的理论基础。然而，正是由于学者的背景和所处时代不同，学界对于市民社会的解释也不尽相同。总体而言，目前学界对市民社会有三种解释。第一，作为国家的对立面。这一解释起源于18 世纪后期，代表为苏格兰思想家亚当·弗格森（Adam Ferguson）的《市民社会史》（*An Essay on the History of Civil Society*）和美国思想家托马斯·潘恩（Thomas Paine）的《人的权利》（*Rights of Man*）。他们认为市民社会是一种对抗权力滥用的手段。[②] 放到中东地区这一背景下，市民社会的"国家对立面"解释有较大的空间，因为大多数中东国家是非西方式民主政体，而市民社会常常扮演民主的变身。[③] 第二，作为国家和社会的媒介，这是一种统治者与公民之间的"交互式"解释。这种解释实际上打破了对市民社会的二分法理解，其起源于康德将社会团体纳入国家的活动系统中。[④] 在实践中，国家通过市民社会这一媒介来加强其统治，而公民可以通过市民社会来表达诉求。在这里，市民社会事实上成了权力系

① Laura Feliu and M. Angustias Parejo, "Morocco: The Reinvention of an Authoritarian System," in Ferran Izquierdo Brichs, ed., *Political Regimes in the Arab World: Society and the Exercise of Power*, London: Routledge, 2012, p. 80.

② 参见 Adam Ferguson, *An Essay on the History of Civil Society*, Edinburgh: Edinburgh University Press, 1966; Thomas Paine, *The Rights of Man*, London: Everyman's Library, 1915; 关于这一解释的研究还有 Alexis de Toqueville, *Democracy in America*, New York: New American Library, 1956。

③ Augustus Richard Norton, "Introduction," in Augustus Richard, ed., *Civil Society in the Middle East*, Vol. II, Leiden: Brill, 1996.

④ Hegel, *Philosophy of Right*, Translated by T. M. Knox, London: Oxford University Press, 1952, pp. 122-155.

统的一个"组件"。① 第三，作为公共领域。市民社会的公共领域解释主
要是根据哈贝马斯的市民社会思想，他认为公共领域可以为市民社会组
织影响决策流程的同时保持向国家的独立性提供可能性。② 这种公共领域
实际上是权力的横向（平等）和纵向（等级）的结合体，意指一种介于
市民社会中日常生活的私人利益与国家权力领域之间的空间和时间，也就
是独立于政治构建之外的公共交往和公众舆论平台，它们对于政治权力是
具有批判性的，同时又是政治合法性的基础。③

　　本书关于摩洛哥市民社会的理解正是基于哈贝马斯对公共领域的解
释。但是从治理的对象性议题来看，本书所理解的市民社会还要作以下限
制：关注市民社会中的正式组织；这些组织具有固定的行动领域；既不试
图改变政治现状，也不参与权力斗争。④ 从国家治理的角度来看，公共领
域的公共运动既能够为政权提供一定的合法性，但同时也是一种潜在的威
胁，至少在某种意义上是一种"阻碍"。所以，统治者必须给予一定的回
应。事实上，关于摩洛哥是否存在市民社会，学界也存在较大的争议。有
的学者认为摩洛哥的君主立宪体制阻碍了市民社会的发展，还有的学者认
为摩洛哥虽然缺乏民主，但其公民运动的发展已经较为成熟，正在促进市
民社会的发展。⑤ 虽然摩洛哥的公民运动几乎涉及各个领域，但本书主要
集中在人权、妇女和柏柏尔人权利三个领域。

　　最后，伊斯兰主义运动。伊斯兰主义是一种伊斯兰宗教思潮和社会运
动，常常以追求"真实的"和"失去的"伊斯兰为目标，通过社会动员
改造社会甚至国家。⑥ 伊斯兰主义运动一般发展于伊斯兰教盛行的国家。

---

① Norberto Bobbio, "Gramsci and the Concept of Civil Society," in John Keane, ed., *Civil Society and the State*, London: Verso, 1988, p. 84.

② James N. Sater, *Civil Society and Political Change in Morocco*, London: Routedge, 2007, p. 7.

③ 〔德〕尤尔根·哈贝马斯：《公共领域的结构转型——论资产阶级社会的类型》，曹卫东等译，学林出版社，1999，第 10~20 页。

④ James N. Sater, *Civil Society and Political Change in Morocco*, London: Routedge, 2007, pp. 11-12.

⑤ James N. Sater, *Civil Society and Political Change in Morocco*, London: Routedge, 2007, pp. 20-25.

⑥ Asef Bayat, "Islamism and Social Movement Theory," *Third World Quarterly*, Vol. 26, No. 6, 2005, pp. 891-893.

历史上，自公元 8 世纪伊德里斯一世（Idriss Ⅰ）起，摩洛哥就是一个伊斯兰王国，一直延续至今，各代国王都宣称自己是先知穆罕默德的后裔以及"信士的长官"（the Command of Faith）。① 经过几百年的发展，从类别学的角度来看，摩洛哥的伊斯兰可以分为以下三种。第一，伊斯兰教苏非派（Sufi Islam），这是一种神秘主义伊斯兰教派，它是由摩洛哥传统社会的宗教因素构成，主要包括伊斯兰神秘主义者、苏非道堂和隐士。长期以来，苏非派与君主建立了坚固的宗教联盟，因而它的存在也具有长期合法性。苏非派主要以民间伊斯兰（Folkloric）自称，同时服从官方宗教的管理。② 第二，官方伊斯兰派（Official Islam）。官方伊斯兰派由一群代表国家和捍卫宗教权威的宗教精英组成，他们完全依附于王室政权。为此，国王还建立了一系列机制，控制和发展官方伊斯兰派，如城市委员会（City Council）、大穆夫提（Grand Muftis）、管理乌莱玛（Ulama）的宗教基金与伊斯兰事务部（Minister of Religious Endowments and Islamic Affairs）等。③ 第三，伊斯兰主义组织派（Islamist Groups）。与苏非派和官方伊斯兰派不同，伊斯兰主义组织派是由不同特征的"个体"组成的一个集合体，它们拥有基本相似的担忧和追求，即担忧现代伊斯兰社会的处境，号召用伊斯兰法管理社会。

但是它们的行动策略却不尽相同，据此又可分为三类。①宣教（Da'wa）。它是一种关注社会运动的伊斯兰派且极少涉及政治活动，如泰卜里厄哲玛提组织（Jama'at'al a-Da'wa wa Tabligh，即"宣教团"）。④ 该组织主要是受巴基斯坦伊斯兰思想家也是伊斯兰主义的奠基人之一毛杜迪的影响，不针对君主政权以及君主的合法性。摩洛哥的著名宣教派人物是

---

① Marvine Howe, Morocco: *The Islamist Awakening and Other Challenges*, New York: Oxford University Press, 2005, pp. 125-126.

② Mohamed Daadaoui, *Moroccan Monarchy and The Islamist Challenge: Maintaining Makhzen Power*, New York: Palgrave Macmillan, 2011, p. 124.

③ Mohamed Daadaoui, *Moroccan Monarchy and The Islamist Challenge: Maintaining Makhzen Power*, New York: Palgrave Macmillan, 2011, pp. 124-125.

④ 这是来自巴基斯坦官方语言乌尔都语的音译，它的写法也是遵循乌尔都语，拉丁语可以写作 Tablighi Jama'at，简写：TJ。详细可参见马强《泰卜里厄哲玛提研究评述》，《世界宗教研究》2012 年第 2 期，第 126 页。

来自丹吉尔的扎玛扎米（Fqih Abd al-Bari al-Zamzami）。① ②政治参与派。该派以政治改革为优先议题，采用的是"后伊斯兰教育策略"，旨在追求一个真正的伊斯兰社会。但这并不意味着所有的政治参与派都会选择加入政权体制，如正义与慈善会（Adl Wal Ihsane）就一直游离于体制外。② ③伊斯兰好战派。该派别的产生主要是受到"基地"组织领导的国际萨拉菲运动影响。近年来，伊斯兰好战派虽然在摩洛哥开始蔓延，但是它仍然只占极少的一部分。萨拉菲运动最大的特征就是极端暴力的破坏方式，2003 年卡萨布兰卡的恐怖主义袭击就是"基地"组织马格里布分支所为。③

虽然摩洛哥境内有不同的伊斯兰主义派别，且对摩洛哥的社会都产生了较大的影响，但是本书只关注"有形"的伊斯兰主义运动，即政治参与派。政治参与派是一种非暴力性的伊斯兰主义运动，所以其大部分行动受到了官方的认可。然而，这同时也会带来一定风险，即行动易于扩大化，从而对王室政权产生威胁。④

第三节　摩洛哥国家治理的路径选择

如果说国家治理的议题是解决治理内容的问题，那么路径选择就是解决如何进行有效治理的问题。在多年的国家治理过程中，摩洛哥王室政权已经形成了一套行之有效的国家治理路径。笔者认为，一套行之有效的治理路径需要具备以下三个原则：①针对性，即治理路径的选择与该时期的

---

① Bruce Maddy-Weitzman and Meir Litvak, "Islamist and the State in North Africa," in Barry M. Rubin, ed., *Revolutionaries and Reformers: Contemporary Islamist Movements in the Middle East*, Albany: State University of New York Press, 2003, pp. 73-74.

② Mohamed Daadaoui, *Moroccan Monarchy and The Islamist Challenge: Maintaining Makhzen Power*, New York: Palgrave Macmillan, 2011, p. 126.

③ Mohamed Daadaoui, *Moroccan Monarchy and The Islamist Challenge: Maintaining Makhzen Power*, New York: Palgrave Macmillan, 2011, p. 126.

④ Mohammed Masbah, "The Ongoing Marginalization of Morocco's Largest Islamist Opposition Group," Carnegie Middle East Center, June 3, 2015, http://carnegie-mec.org/2015/06/03/ongoing-marginalization-of-morocco-s-largest-islamist-opposition-group/i9er, accessed: 2022-06-05.

治理议题相匹配；②时机性，即治理路径的选择需要根据治理的议题特征进行时间上的正确抉择；③关联性，即治理路径的选择需要与其他路径有机地结合在一起。本书的研究表明，摩洛哥在国家治理路径的选择基本上遵循了上述三个原则，取得了较好的治理效果。根据摩洛哥国家治理过程中路径选择类别的不同，本书将其分为"策略性"路径和"民主性"路径。

一　"策略性"路径

从词义的角度来看，策略一词在中文词典里有以下几个意思：①可以实现目标的方案集合；②计谋，谋略，这一含义来自古文中"策略"一词，如三国时期，刘劭在《人物志·接识》中写道："术谋之人以思谟为度，故能成策略之奇，而不识遵法之良"，[①] 又如明朝时期，陈汝元在《金莲记·射策》中描写道："诸生有何策略，就此披宣"，[②] 等等；③根据形势发展而制订的行动方针和斗争方法，这一含义来自毛泽东的《反对本本主义》："社会经济调查，是为了得到正确的阶级估量，接着定出正确的斗争策略"；[③] ④有斗争艺术，能注意方式方法。例如，"你做这件事时要注意策略"。[④] 本书所指的"策略性"涵盖了以上四个意思，实际上就是一种较为"聪明"的处理事情的办法。由此可见，"策略性"路径具有临时性、针对性和及时性的特点，具体来说就是这一类路径一般只考虑解决当前问题，寻求短期效果。

在多年的国家治理过程中，摩洛哥王室政权多次采用了"策略性"路径。根据治理阶段的不同，摩洛哥使用过的"策略性"路径主要有以下三个。第一，续建庇护主义网络。庇护主义（Clientism 或 Patron-Client）是研究拉丁美洲、东欧、中东、东南亚等不发达地区的常用政治学概念。事实上在 20 世纪 50 年代前后，庇护主义一词还处于社会学和人类学研究的边缘地带，但随着政治社会学的发展，政治庇护主义越

---

① 参见刘劭《人物志·接识》。
② 参见陈汝元《金莲记·射策》。
③ 《毛泽东农村调查文集》，人民出版社，1982，第5页。
④ 参见汉典网站，http://www.zdic.net/c/6/143/314078.htm。

来越受到重视。① 从其含义来看，庇护主义系指形成于"政治买家"（跟随者）和"政治卖家"（领导集团）之间的一种垂直权力关系。有以下几个特征：①庇护主义是一种不平等的权力关系；②基于互惠主义原则；③具有排他性和私人性，仅受部分法律和公共规则约束。② 摩洛哥的庇护主义网络始建于法国保护国时期，1956 年独立后，摩洛哥面临中央势力和地方势力的不均等化问题，国王穆罕默德五世巧妙地运用了庇护主义的治理路径，"收编"了地方传统势力，从而为国家建设奠定了基础。

第二，政治威逼。政治威逼是执政当局针对威胁对象（包括潜在威胁、叛乱分子、破坏性社会运动以及政治异见者等）采取武力、限制自由、剥夺政治权利等方式获得暂时"和平"的一种方法。③ 相关研究表明，政治威逼一般更容易出现在人均收入低下、人口集中、政治集权以及国际压力较大的国家。④ 1956 年刚刚获得独立的摩洛哥正是处于这种境地，国内常常发生罢工、反抗以及左翼势力提出政治诉求等问题。在这种情况下，国王哈桑二世大胆采用了政治威逼的方式。从某种意义上讲，这是一种"策略性"的路径，因为在当时的背景下，国内经济低迷，新国王刚登基，再加上左翼势力中激进分子的煽动，政治威逼就成为哈桑二世有效的"救急"方式。

第三，1975 年的"绿色进军"行动。"绿色进军"（Green March）是指摩洛哥政府在 1975 年 11 月发起的一次大型群众游行活动，目的是迫使

---

① Shmuel Noah Eisenstadt and Louis Roniger, "Patron-Client Relations as a Model of Structuring Social Exchange," *Comparative Studies in Society and History*, Vol. 22, No. 1, 1980, pp. 42-43.

② Robert R. Kaufman, "The Patron-Client and Macro-Politics: Prospects and Problems," *Comparative Studies in Society and History*, Vol. 16, No. 3, 1974, p. 285; Frances Rothstein, "The Class Basis of Patron-Client Relations," *Latin American Perspectives*, Vol. 6, No. 2, 1979, p. 25; James C. Scott, "Patron-Client Politics and Political Change in Southeast Asia," *American Political Science Review*, Vol. 66, No. 1, 1972, p. 92.

③ Christian Davenport, "Introduction," in Christian Davenport, ed., *Path to State Repression: Human Rights Violations and Contentions Politics*, Lanham, MD: Rowman and Littlefield, 2000, pp. 1-24.

④ Abel Escribà-Folch, "Repression, Political Threats, and Survival under Autocracy," *International Political Science Review*, Vol. 34, No. 5, 2013, pp. 1-18.

西班牙放弃对西撒哈拉地区的控制。同时这也是针对性极强的一种"策略性"治理路径，因为哈桑二世借此一方面提升了自己的政治合法性，另一方面在一定程度上"政治吸纳"了一部分左翼势力。

二　"民主性"路径

"民主性"路径，顾名思义，就是通过民主的方法进行国家治理。几十年来，民主和民主化研究一直是政治学研究的重要组成部分。目前学界关于民主和民主化的研究主要有以下三个方面。第一，关于民主的内涵研究，代表性人物是美国著名政治学家罗伯特·达尔（Robert A. Dahl），他根据民主的理想类型和现实类型分别界定了民主。①从理想型角度来看，判断政治过程是否民主，至少需要五项标准，即有效参与、平等投票、充分知情、对议程的最终控制以及成年人的公民资格；②从现实角度来看，民主的实现需要一定的制度、安排和惯例，主要有六项：能够通过选举产生官员的制度，自由、公正，定期选举安排，表达意见自由，信息的开放，社团的自治。此外，达尔还从制度和参与两个维度，分析了多头政体的产生。① 第二，民主作为自变量或因变量的研究，也就是研究民主的形成动因，如经济发展与民主的关系，主要代表性人物有拉里·戴蒙德、亚当·普沃斯基（Adam Przeworski）等人。② 第三，民主作为一种治理手段的研究。自从亨廷顿的民主第三波理论提出后，民主不仅是一种追求，而且已经被视为一种国家治理的方式，特别是研究非洲、南亚以

---

① 参见 Robert A. Dahl, *A Preface to Democratic Theory*, Expanded Edition Chicago：University of Chicago Press, 2013；Robert A. Dahl, *Polyarchy: Participation and Opposition*, New Haven：Yale University Press, 1972；Robert A. Dahl, *On Democracy*, New Haven：Yale University Press, 2000。关于民主内涵的研究还有 Robert D. Putnam, Robert Leonardi and Raffaella Y. Nanetti, *Making Democracy Work: Civic Traditions in Modern Italy*, New Jersey：Princeton University Press；Larry Diamond, *Developing Democracy: Toward Consolidation*, Baltimore：JHU Press, 1999。

② 这方面研究可以参见 Adam Przeworski, "Democracy and Economic Development," in Mansfied and R. Sisson, eds., *The Evolution of Political Knowledge: Democracy, Autonomy, and Conflict in Comparative and International Politics*, Columbus：The Ohio State University Press, 2004, pp. 300–324。

及拉美等地区时，学者倾向于将民主治理作为一种解决其政治失败的方式。[①]

在民主内涵的研究中，大卫·科利尔（David Collier）和斯蒂文·列维斯基（Stephen Levitsky）在他们合作的论文《"带形容词"的民主：比较研究中的概念创新》中对民主内涵研究进行了如下分类：①选举重视型研究；②民主程序的重要性；③拓展程序型（加入了选举竞争等要素）；④民主的马克思主义定义；⑤工业民主（关注社会、经济和政治各个方面）。[②] 但是，在本书的研究中，民主的内涵不属于以上任何一类，而是集中在民主的核心原则，囊括了以上前三点的民主研究分类。本书采用英国埃克塞特大学利斯·斯托姆教授在研究摩洛哥民主化时对民主的界定：第一，竞争性选举，包括较高的公投参与率以及透明的选举过程；第二，基本的公民权，如自由、言论和集会等；第三，有效地管理民选政府。[③] 此外，这里的民主是一种过程，也就是说民主不是"是"与"否"的问题，而是达到的程度问题。从治理的角度来看，民主化的改革应该是渐进的，它可能是首先达到竞争性选举的程度，而后进行公民权利的开放等。

在摩洛哥的国家治理过程中，"民主性"路径贯穿于三个阶段的国家治理，主要有三种表现形式。第一，宪法改革和议会选举。该路径从国王哈桑二世刚上任时 1962 年第一部宪法出台开始便得以运用，后来每当遇到重大危机，都会使用"宪法改革+议会选举"的方式平息危机。第二，政治多元化。这一路径是早期为了应对民族主义政党势力而启用的，事实证明它给摩洛哥的国家治理带来了利大于弊的效果。第三，自由化改革。这一路径肇始于 20 世纪 80 年代末期，它是一种更接近民主化的治理方式，涉及经济、政治、社会等各个领域。但是需要注意的是，虽然"民主性"路径是摩洛哥国家治理过程中常用的策略，但这并不能表明王室政权实施这些策略是为了追求实际上的民主。长期以来，国际社

①　参见 Stephen SF. Knack, *Democracy, Governance, and Growth*, Michigan：University of Michigan Press, 2003。

②　David Collier and Steven Levitsky, "Democracy with Adjectives：Conceptual Innovation in Comparative Research," *World Politics*, Vol. 49, No. 3, 1997, p. 446.

③　Lise Storm, *Democratization in Morocco: The Political Elite and Struggles for Power in the Post-independence State*, New York：Routledge, 2010, p. 7.

会，特别是西欧国家，频频对摩洛哥施加压力，促使其深化改革。① 所以，对于摩洛哥的执政当局来说，这事实上是一种潜在的威胁，而"民主化"的治理路径，既能"践行"民主又能维稳，是最佳的生存策略。

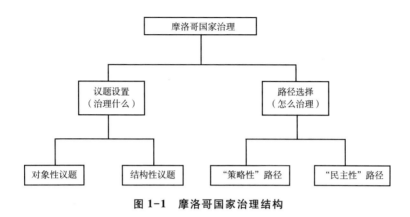

图1-1　摩洛哥国家治理结构

小　结

本章从议题设置和路径选择的视角，通过理论考察初步发现摩洛哥的国家治理模式在宏观层面和微观层面具有如下特征。

从宏观层面来看，摩洛哥的国家治理在议题设置上具有以下特点。第一，合法性强，指摩洛哥通过君主传统和宪政理念的双重保障来确保其政权合法性；第二，渐进式治理，指摩洛哥在现有政治制度基础上推行国家治理，强调利用已有的组织资源推进改革，在总体不触动既得利益格局的前提下实行增量改革；第三，"温和式"治理，指在国家治理过程中不以极端或者武力的方式处理治理议题；第四，"离岸式"治理，指国家治理的主体在具体的治理过程中扮演"操控者"而不是"棋子"的角色，简单地说就是国家政府承担"调解者"的角色。

---

① Susi Dennison, Nicu Popescu and José Ignacio Torreblanca, "A Chance to Reform: How the EU Can Support Democratic Evolution in Morocco," *European Council on Foreign Relations: Policy Brief*, May 2011, http://www.ecfr.eu/publications/summary/a_chance_to_reform_how_the_eu_can_support_democratic_evolution_in_morocco, accessed: 2022-06-05.

从微观层面来看，摩洛哥国家治理在议题设置上具有以下特点。第一，合理性，摩洛哥国王能够洞察到国家稳定的潜在威胁以及潜在的可靠依靠者，亦即能够按照议题的紧迫性进行轻重缓急的排序；第二，及时性，摩洛哥国王能够及时判断应治理的议题；第三，连续性，议题设置的连续性事实上与渐进式治理相呼应，因为针对某一议题的治理不能一蹴而就，而是分阶段进行。

在路径选择上，摩洛哥国家治理具有以下特点。第一，针对性。它是路径选择上的首要原则，同时也是摩洛哥国家治理过程中最重要的特征。第二，灵活性。指摩洛哥国王在治理期间能够灵活运用治理策略。第三，保守性。指统治者在治理路径的选择和实施过程中具有一定的保守性。1956 年以来，虽然摩洛哥三任国王都进行了诸多的政治改革，但他们在国家治理的路径选择上均具有一定的保守色彩，如无论是政治多元化、自由化还是平衡策略，都限制在国王可控的范围内进行。

第二章

摩洛哥社会稳定与国家治理的实践逻辑

本书对国家治理研究的核心目的在于透过国家治理来窥视摩洛哥采取何种措施维持社会稳定。几个世纪以来，摩洛哥一直是西亚、北非、西非和伊比利亚半岛之间进行宗教和商业交流的重要枢纽。政治方面，相比于西亚北非其他陷入内战、恐怖主义蔓延和持续动荡的国家，摩洛哥在阿拉伯剧变期间和之后的稳定使其被学界视为"例外"。经济方面，摩洛哥的GDP 从 1999 年至 2019 年实现了稳定增长，年均增速为 4.09%。① 1999 年，大约 16%的总人口和 30%的农村居民生活在贫困线以下。2019 年，这些数据分别是 4%和 19%。② 外交方面，摩洛哥在巩固与传统同盟地区（欧洲和海湾地区）伙伴关系的同时，积极发展同中国和俄罗斯的战略伙伴关系。近 10 年来，摩洛哥也加强了和撒哈拉以南非洲的关系。新时期，中摩两国的外交关系正加速向前发展。新冠疫情期间，中摩两国在抗疫工作中的合作堪称南南抗疫合作的典范。摩洛哥的稳定对于中国在西亚北非地区推进"一带一路"倡议至关重要。通过对摩洛哥当代历史（1956 年独立后至今）的梳理，我们发现摩洛哥的稳定不是偶然现象。本章借助社会契约这一理论，从摩洛哥政府在安全、经济社会治理和政治参与这三个领域的实践出发，分析当代摩洛哥是如何通过履行社会契约，有效地维持社会整体稳定发展的。

---

① GDP 增速按照世界银行数据库不变价数据计算，https：//databank. shihang. org/databases，最后访问日期：2020 年 9 月 10 日。

② Celia Konstantellou, "Morocco's King Mohammed VI Celebrates 20 Years on the Throne," July 27, 2019, https：//www. moroccoworldnews. com/2019/07/279212/moroccos – king – mohammed – iv-throne-day/, accessed：2020 – 08 – 10.

第一节　摩洛哥社会稳定与社会契约的逻辑关系

一　对摩洛哥社会稳定的既有解释

国内外对摩洛哥社会稳定原因的分析有很多，这些解释可以分为以下四个维度。①宗教治理的视角，即摩洛哥宗教因素和宗教机构的制度化建构巩固了政权的合法性基础，抵抗并打击了极端思潮与恐怖主义，从而维持了平衡稳定的政治秩序。① ②政治多元化的视角，即摩洛哥对政党的治理、政治议题的设置和对政治联盟的巩固增强了政权的弹性。② ③经济改革的视角，即摩洛哥对经济的结构性调整增强了国家经受内外各种震荡的能力，巩固了政权的统治基础，确保了政局的基本稳定。③ ④外部因素的视角，即以法国为首的欧洲国家、美国和沙特共同组成了维护摩洛哥安全

---

① Malika Zeghal, *Islamism in Morocco: Religion, Authoritarianism, and Electoral Politics*, Princeton: Markus Wiener Publishers, 2008; Mohamed Daadaoui, *Moroccan Monarchy and the Islamist Challenge: Maintaining Makhzen Power*, New York: Palgrave Macmillan, 2011; 李睿恒:《摩洛哥政治治理中的伊斯兰因素》，北京外国语大学，硕士学位论文，2017。

② Laura Guazzone and Daniela Pioppi, eds., *The Arab State and Neo-Liberal Globalization: The Restructuring of State Power in the Middle East*, New York: Ithaca Press, 2012, pp. 299–324; Irene Fernández Molina, "The Monarchy vs. the 20 February Movement: Who Holds the Reins of Political Change in Morocco?" *Mediterranean Politics*, Vol. 16, No. 3, November 2011, pp. 435 – 441; Larbi Sadiki, ed., *Routledge Handbook of the Arab Spring: Rethinking Democratization*, New York: Routledge, 2014, pp. 435–450; Raymond Hinnebusch, "Change and Continuity after the Arab Uprising: The Consequences of State Formation in Arab North African States," *British Journal of Middle Eastern Studies*, Vol. 42, No. 1, 2015, pp. 12–30; J. N. C. Hill, "Authoritarian Resilience and Regime Cohesion in Morocco after the Arab Spring," *Middle Eastern Studies*, Vol. 55, No. 2, 2019, pp. 276–288;曾爱平:《国际学术界对摩洛哥政治研究概述》，《西亚非洲》2009年第11期，第78页;王献:《非政治化改革——摩洛哥政治稳定的一种解释》，《区域与全球发展》2020年第3期，第126页。

③ Tom P. Najem, "Privatization and the State in Morocco: Nominal Objectives and Problematic Realities," *Mediterranean Politics*, Vol. 6, No. 2, 2001, pp. 51 – 67; Laura Guazzone and Daniela Pioppi, eds., *The Arab State and Neo-Liberal Globalization: The Restructuring of State Power in the Middle East*, New York: Ithaca Press, 2012, pp. 185–216;相艳:《摩洛哥王国的经济调整与政治改革研究》，西北大学，博士学位论文，2007，第55页;李楠:《摩洛哥历史研究》，上海外国语大学，博士学位论文，2012，第75页。

的重要外部力量，这些力量的援助和支持有利于摩洛哥政局的稳定。①

　　综观学者们的这四个分析维度，我们发现，虽然宗教因素维护了摩洛哥统治者的合法性，但是哈桑二世时期发生的两次军事政变以及穆罕默德六世时期伊斯兰反对派带来的挑战表明，宗教的维系力量似乎并不适用于所有群体。政治多元化的策略使政权缓和了国内外的改革压力，但政党多元化带来的政治格局使庇护主义逐渐成为政党谋利的工具，由此产生的腐败问题以及行政效率低下引发了多次社会抗议。经济改革帮助摩洛哥解决了债务危机，使政权获得了丰厚的经济资源以维系统治基础，但新自由主义改革带来的社会贫富差距问题是摩洛哥数次社会抗议的导火索。对比北非邻国，摩洛哥在阿拉伯剧变中的幸免得益于西方国家的"不干涉"，而西方国家的这种态度是摩洛哥多年采取平衡外交的结果。通过对比社会抗议中群众的示威口号，我们发现摩洛哥民众并没有质疑国王的地位，他们更多的是抗议社会经济问题，所以外部力量的"支持"顶多是助力因素而不是决定因素。因此，单纯的政治、经济、文化和外交因素无法解释摩洛哥社会长期稳定的原因。本书试图从更宏观的角度，即国家与社会的关系，运用社会契约这一理论，探究当代摩洛哥是如何巩固其合法性，使其政权在宏观层面得到社会民众的支持，实现国家长期稳定发展的。

二　社会契约的概念及内容

　　综观社会契约理论的相关文献，学说创立者们对社会契约并没有给出一致性的界定，后继的学者则赋予了其丰富而复杂的内涵。从本质上说，社会契约是一种用来说明国家与社会制度的合法性与正当性的理论学说。在该理论看来，国家与法律以及与之相关的权利与义务都是人们基于一定的目的相互订立契约的结果。② 近年来，有几位学者将该理论用于分析国家

---

① Sean L. Yom and F. Gregory Gause Ⅲ, "Resilient Royals: How Arab Monarchies Hang on," *Journal of Democracy*, Vol. 23, No. 4, 2012, pp. 74-88; Milinda Banerjee, Charlotte Backerra and Cathleen Sarti, eds., *Transnational Histories of the 'Royal Nation'*, New York: Palgrave Macmillan, 2017, pp. 109-130; 张玉友、王泽壮：《王权安全与联盟外交：摩洛哥结盟政策的国内根源探析》，《世界经济与政治论坛》2019年第2期，第40页；胡雨：《"阿拉伯之春"与中东君主制国家政治稳定》，《国际论坛》2014年第2期，第68页。

② 赵迅：《弱势群体保护的社会契约基础》，湖南大学，博士学位论文，2008，第13页。

与社会的关系。他们认为，社会契约在本质上是当权者与社会其他成员之间的"给予"与"获取"的平衡，反映了权力的分配。① 马库斯·洛威（Markus Loewe）等将社会契约定义为所有相关社会群体与主权国家（政府或任何其他当权方）之间的全部显性或隐性的协议，这些协议定义了彼此之间的权利和义务。② 该协议要求个人遵守国家的法律法规和惯例，以换取国家保护普遍的人权和安全及提供充分的公共物品和服务。社会契约的有效性和合法性可以通过它在不断变化的环境中创造并维持社会的期望和义务与国家政权和机构的期望和义务之间的平衡程度来衡量。③

　　社会契约的内容来自主要社会群体与当权者之间反复的互动，这种互动使相互的期望和义务制度化。④ 通常，社会契约要求当权者提供三类可交付成果。①保护。即防止来自其他国家的外部因素威胁集体安全，个人免受物理威胁（例如，他人的犯罪或出于政治动机的攻击、抢劫、谋杀、疾病或环境破坏）的安全和法律安全（即法治，它包括法律本身的存在及执行，尤其是人权和公民权利的执行）。②基本的服务。例如，获得资源（土地、水等）、基础设施（公用事业、交通、通信等）、社会服务（教育、卫生、社会保障等）和经济机会（工作、良好的商业环境、政府采购等）。③参与不同级别的政治决策过程。⑤ 通过在一定程度上满足这

① Sam Hickey, "The Politics of Social Protection: What do We Get from a 'Social Contract' Approach?" *Canadian Journal of Development Studies*, Vol. 32, No. 4, 2011, pp. 426-438; Justin P. Bruner, "Diversity, Tolerance and the Social Contract," *Politics, Philosophy & Economics*, Vol. 14, No. 4, 2015, pp. 429-448; Gerald Gaus, "Self-organizing Moral Systems: Beyond Social Contract Theory," *Politics, Philosophy & Economics*, Vol. 17, No. 2, 2017, pp. 119-147.

② Markus Loewe, Tina Zintl and Annabelle Houdret, "The Social Contract as a Tool of Analysis: Introduction to the Special Issue on 'Framing the Evolution of New Social Contracts in Middle Eastern and North African Countries'," May 4, 2020, https://doi.org/10.1016/j.worlddev.2020.104982, accessed: 2020-06-20.

③ UNDP & NOREF, *The Social Contract in Situations of Conflict and Fragility*, New York, 2016, p.9.

④ Douglass C. North, *Institutions, Institutional Change and Economic Performance*, Cambridge: Cambridge University Press, 1990; Sabina Avdagic, Martin Rhodes and Jelle Visser, eds., *Social Pacts in Europe: Emergence, Evolution, and Institutionalization*, Oxford: Oxford University Press, 2011.

⑤ Markus Loewe, Tina Zintl and Annabelle Houdret, eds., "The Social Contract as a Tool of Analysis: Introduction to the Special Issue on 'Framing the Evolution of New Social Contracts in Middle Eastern and North African Countries'," May 4, 2020, https://doi.org/10.1016/j.worlddev.2020.104982, accessed: 2020-06-20.

三个条件，当权者将获得合法性，进而可以减少对武力的依赖。反之，即使社会契约仍然存在，无法提供这些交付成果中的任何一项或多项都会导致社会的不稳定。作为提供可交付成果的回报，当权者期望社会成员遵守其制定的规则，承认（或至少不反对）其规则的合法性，并保持忠诚。①当大量公民公开拒绝当权者时，现有的社会契约就会瓦解。

本章使用社会契约这一理论，意在从国家与社会的关系方面出发，为分析摩洛哥的整体稳定提供一个视角。虽然社会契约的核心是国家与社会之间彼此"让"与"予"的平衡，但是如何才能实现这种平衡却是该理论未能详细阐述的。由于平衡涉及社会的不同组成部分，以及该篇的字数限制，本章将从社会契约的内容出发，即分析摩洛哥国家对安全、基本服务和政治参与的交付情况，以论证社会契约与当代摩洛哥社会稳定的关系。在摩洛哥的社会契约具有包容性的时期，即社会契约可以惠及广大中下阶层时，摩洛哥社会是稳定发展的；在摩洛哥的社会契约具有排他性的时期，摩洛哥的社会则出现了动乱。为应对这些动乱，摩洛哥会诉诸政治经济改革和镇压的方式维护国家的整体稳定。下文给出了摩洛哥社会契约呈排他性的具体历史时期。本章的重点不是对摩洛哥的发展历程进行梳理，较大的篇幅放在了摩洛哥是如何履行社会契约的，以及在具体的历史时期，摩洛哥履行包容性的社会契约后，社会稳定的变化。

三 用社会契约理论分析摩洛哥社会稳定的可行性

独立后，摩洛哥社会出现动乱的时间和相应的事件分别为：穆罕默德五世统治时期，1957~1958 年发生在摩洛哥农村地区的动乱；哈桑二世统治时期，对政治制度不满的民众于 1965 年发动的社会抗议、1971 年和1972 年的未遂军事政变和 1980~1993 年新自由主义经济改革期间发生的社会抗议；穆罕默德六世统治时期，2003 年发生在卡萨布兰卡的恐怖袭击、2011~2012 年的"2·20"运动和 2016~2017 年的希拉克运动（Hirak Movement）。通过分析这些动乱发生前后摩洛哥对社会契约的履行

① OECD, "Concepts and Dilemmas of State Building in Fragile Situations: From Fragility to Resilience," *OECD Journal on Development*, Vol. 9, No. 3, 2009, pp. 61-148.

程度，我们发现，每当摩洛哥王室对安全、基本服务和政治参与的交付不足，社会契约具有排他性时，相关的社会群体会通过街头抗议或武力的方式表达自身的诉求。而在其他的时间里，摩洛哥对社会契约的履行使之逐渐减少了对镇压的依赖，维护了社会的整体稳定。①

此外，摩洛哥本身就有悠久的契约传统。在宗教领域，每年在摩洛哥举行的"效忠仪式"被视为民众与国王之间的契约。近年来，摩洛哥经济的参与者，如摩洛哥企业家联合会（General Confederation of Moroccan Enterprises），提出了有关新社会契约的建议。② 2020 年 8 月，摩洛哥国家人权委员会（National Human Rights Council）向发展模式特别委员会提交了题为《摩洛哥权利和自由的效力：为了新的社会契约》的备忘录。该备忘录从权利和自由的效力以及设计新的基于人权的社会契约的角度出发，提供了有关新发展模式的愿景。③ 因此，结合国家稳定与社会契约的关系，摩洛哥社会出现不稳定时王室对社会契约履行的程度以及摩洛哥文化中的契约特征，我们发现，分析摩洛哥的社会稳定需要借助社会契约这一宏观的理论框架，探究在国家与社会的互动中，摩洛哥是如何维护社会的整体稳定的。

第二节　摩洛哥国家治理与政权安全

摩洛哥在安全领域最大的挑战来自宗教极端主义和政治反对派中以正义与慈善会为代表的伊斯兰主义力量，前者制造的恐怖主义袭击威胁着摩洛哥民众的人身安全，后者在哈桑二世时期对国王地位合法性的挑战威胁

---

① 本书论述的摩洛哥的稳定指的是该国社会的整体稳定，即使当该国发生了上述社会动乱，该国政权依旧可以实现政治、经济、社会的平稳发展，因此可以说该国自独立以来，社会是呈整体稳定的状态。

② "Nouveau contrat social pour le Maroc：Les axes de réflexion de la CGEM," Avril 2018，（"摩洛哥的新社会契约：CGEM 提出的思路"，2018 年 4 月），https：//www.medias24.com/MAROC/ECONOMIE/ECONOMIE/182249 - Nouveau - contrat - social - pour - le - Maroc - les - axes-de-reflexion-de-la-CGEM.html，accessed：2020-05-20。

③ "The Effectiveness of Rights and Freedoms in Morocco... For a New Social Contract：CNDH Memorandum on the New Development Model," https：//www.cndh.org.ma/an/press - releases/effectiveness - rights - and - freedoms - morocco - new - social - contract - cndh - memorandum-new，accessed：2020-08-15.

着摩洛哥王室的安全。针对宗教极端主义，摩洛哥采用国内治理和外交合作相结合的方式，基本上消除了摩洛哥本土的恐怖主义袭击。针对以正义与慈善会为代表的伊斯兰主义力量，摩洛哥以国家治理为基础通过宗教、政治和武力镇压的手段削弱了其带来的潜在威胁。此外，摩洛哥通过一系列法律改革，逐渐改善了该国的人权状况。

一 摩洛哥社会文化中的契约特征

（一）摩洛哥宗教文化中的契约特征

在摩洛哥，国王的特权主要来自其宗教头衔——"信士的长官"、谢里夫（Sharif）血统、巴拉卡（Baraka）以及精心策划的年度"效忠仪式"（Bay'a）。哈桑二世在摩洛哥独立后的第一部宪法中，以立法的形式确立了国王"信士的长官"的身份。在宗教方面，"信士的长官"等同于伊玛目，需要"维护伊斯兰教及伊斯兰教法、致力于依照伊斯兰教经典及其原则落实教法"，信士们需要"对'信士的长官'表示效忠与服从"。在世俗方面，"信士的长官"的职责"与国家首脑是等同的"。马克斯·韦伯认为，个人魅力是合法性的重要来源之一。这种魅力来自"个人的特殊神圣性，英雄主义或模范品格，以及他所规定的规范性模式或秩序"。[1] 在摩洛哥，这种魅力体现为巴拉卡。[2] 国王宣称是先知穆罕默德的后裔，拥有谢里夫血统，这一血统使他获得了巴拉卡。"效忠仪式"[3] 的契约基础加强了国王作为维护国家秩序的精神上和世俗上的负责人的权威，构成了其地位合法性的另一个来源。在该仪式中，被统治者与统治者签订契约，其内容是后者要履行维护秩序和安全的义务。[4]

（二）摩洛哥在维护安全方面的总体特征

在维护安全方面，摩洛哥采用内外相结合的治理方式，在加强国内安

---

[1] Max Weber, *Economy and Society: An Outline of Interpretive Sociology*, Berkley: University of California Press, 1978, p. 215.

[2] "巴拉卡"被视为具有超凡魅力的领导者所拥有的抽象权力。

[3] "效忠仪式"被视为先知的后代与他的臣民之间的契约。每年国王都要举行一次精心的续约仪式。

[4] Mohamed Daadaoui, *Moroccan Monarchy and the Islamist Challenge: Maintaining Makhzen Power*, New York: Palgrave Macmillan, 2011, pp. 83-87.

全治理的同时，营造了良好的外部发展空间。在对国内安全的治理方面，摩洛哥通过加强与苏非主义（sufism）力量的同盟关系，垄断宗教机构，将伊斯兰主义者纳入政治体系，加强安全机构的建设和宗教改革，有效地削弱了以正义与慈善会为代表的伊斯兰主义力量，并打击了宗教极端主义。同时，通过对一系列法律的改革，摩洛哥在促进性别平等、改善人权和完善安全机构的治理等方面取得了明显的进展。在外交层面，摩洛哥在巩固与传统盟友（欧美和海湾国家）关系的同时，逐渐使外交战略伙伴多元化，扩大和加深了与具有强大国际地位的新兴国家和大国（俄罗斯和中国）以及与非洲国家的关系，以免过度依赖其传统盟友，为自身的发展营造了良好的外部空间。通过与西方国家和地区国家在宗教和军事方面的反恐合作，加之国内的安全治理，自 2003 年以来（除 2007 年和 2011 年的两次恐怖袭击外），摩洛哥基本上成功遏制了极端分子在本土实施恐怖袭击的行动。

二　摩洛哥安全治理的成效

（一）对国内安全的治理

摩洛哥对国内安全的治理主要体现在削弱以正义与慈善会为代表的伊斯兰主义力量和打击宗教极端主义。哈桑二世在位期间，摩洛哥在国内的世俗主义与宗教之间建立了平衡，形成了一种"宗教-民族主义的综合体"。这种特定的文化综合体在摩洛哥多元社会的不同群体之间产生了广泛的吸引力，削弱了伊斯兰反对派团体的力量。[1] 此外，摩洛哥加强了与苏非主义力量的同盟关系和对宗教机构的垄断。长期以来，苏非主义与摩洛哥王室保持着较为稳固的同盟关系，苏非主义的精神象征是王室权力仪式中的一部分。官方伊斯兰力量是国王"信士的长官"与谢里夫身份的实体化表现，摩洛哥通过设立一系列宗教机构，将官方伊斯兰力量官僚化。[2] 同时，摩洛哥还通过将伊斯兰主义者纳入政治体系以及加强安全机

---

① Richard Hrair Dekmejian, *Islam in Revolution: Fundamentalism in the Arab World*, New York：Syracuse University Press, 1995, p. 209.

② Bruce Maddy-Weitzman and Daniel Zisenwine, *Contemporary Morocco: State, Politics and Society under Mohammed VI*, New York：Routledge, 2013, pp. 25-26.

构的建设等方式化解了以正义与慈善会为代表的伊斯兰反对派团体构成的潜在威胁。

穆罕默德六世继位后，摩洛哥通过开启对宗教领域的改革，净化了该国的宗教环境。宗教领域的改革是摩洛哥打击极端主义和激进主义的战略框架中关键的组成部分，旨在维护摩洛哥的"精神安全"和国家安全。[①]摩洛哥在宗教领域的改革主要包括以下措施。第一，重组主要的宗教机构，包括宗教基金与伊斯兰事务部、最高乌莱玛理事会（Supreme Council of Ulema）和穆罕默德乌莱玛联合会（Rabita Mohammadia of Ulemas）。改组内容涉及机制、立法和社会等诸多方面，改革的目的是扩大每个机构的功能和责任，进而涵盖摩洛哥宗教生活的各个方面。第二，实施针对伊玛目和训导师的培训和教育计划，旨在提高摩洛哥宗教教育的现代化，协助去极端化政策的实施。在课程设置上，培训伊玛目的课程已多样化，包括心理学、哲学、比较宗教学和外语，以促进开放和温和的思想。[②] 在授课群体方面，改革越来越注重女性的力量。2006 年启动的女性"训导师计划"（Mourchidat Program）试图发挥女性的宗教软实力，在暴力发生之前将其化解。[③] 第三，法特瓦（Fatwa，伊斯兰教令）发行的制度化，以避免出现相互矛盾和冲突的法特瓦，防止国内和外部势力损害国家利益。2004 年，最高乌莱玛理事会设立了全国唯一的法特瓦发布单位——教令委员会（ Ifta Committee）。[④] 第四，通过媒体传播温和的马利克派（Maliki school）的思想。摩洛哥开设了宗教广播电视频道（Assadissa TV）和网站，这些媒体

---

① Driss Maghraoui, "The Strengths and Limits of Religious Reforms in Morocco," *Mediterranean Politics*, Vol. 14, No. 2, July 2009, p. 197.

② Assia Bensalah Alaoui, "Morocco's Security Strategy: Preventing Terrorism and Countering Extremism," *European View*, Vol. 16, No. 1, 2017, p. 109.

③ Samantha Harrington, "Women Provide 'Spiritual Security' in Morocco," December 12, 2013, https://news. trust. org/item/20131212010325-jkva6/, accessed: 2020-08-17.

④ "Discours Royal Relatif à la Restructuration du Champ Religieux au Maroc," Ministere des Habous et des Affaires Islamiques, Avril 30, 2004（"关于摩洛哥宗教领域改组的王室讲话"，宗教基金与伊斯兰事务部，2004 年 4 月 30 日），http://www. habous. gov. ma/fr/Islam-au-maroc/29-Activités-d-Amir-Al-moumimine/574-Discours-royal-relatif-à-la-restructuration-du-champ-religieux-au-Maroc. html, accessed: 2020-09-09.

通过图像以及简洁的语言，向广大摩洛哥公民传播官方的伊斯兰思想。①
通过这些改革，摩洛哥巧妙地抵制了国内的宗教激进主义和恐怖主义。

（二）在维护公民权利方面的法律建设

通过一系列法律改革，摩洛哥逐步完善了对公民权利的保护。摩洛哥
独立后的第一部宪法——1962 年宪法规定公民享有广泛的权利，如平等
权、自由权、财产权以及在政治、经济和社会等领域的权利。② 之后的法
律进一步完善了对公民权利的保护。在促进性别平等方面，1993 年和
2004 年对《家庭法》（Moudwana）的改革逐步提升了女性的地位，扩大
了其在监护、结婚和离婚等方面的权利。2002 年和 2011 年的《选举法》
（Electoral Law）将女性在议会中的配额席位由 30 个增加到了 60 个。③
2019 年，在摩洛哥的议会席位中，女性的比重为 17%，对比 15 年前的
1%有了显著的提升。④ 此外，性别平等是许多法律规定的核心，如 2003
年的《劳动法典》（Labor Code）和 2008 年的《国籍法》（Nationality
Law）。⑤ 在改善人权方面，1990 年，摩洛哥通过了《国家人权宪章》
（National Charter for Human Rights），从 1991 年至 1993 年释放了数百名政
治犯。⑥ 穆罕默德六世执政后，开启了对过去权力滥用的讨论，平等与和
解委员会（Equity and Reconciliation Commission）的建立是该国司法过渡
进程中的重要一步。在完善安全机构的治理方面，2011 年宪法不仅将安
全政策和实践提交议会监督，而且还规定安全部门的人员须尊重人权，以
履行摩洛哥在该领域的国际义务。摩洛哥政府通过的《国家民主与人权

---

① Mohammed El-Katiri, "The Institutionalisation of Religious Affairs: Religious Reform in Morocco," *The Journal of North African Studies*, Vol. 18, No. 1, 2013, pp. 57-62.

② *Maroc: Constitution du 7 décembre 1962*（摩洛哥：1962 年宪法），https://mjp.univ-perp.fr/constit/ma1962.htm#1, accessed: 2020-09-09。

③ Anouk Lloren, "Gender Quotas in Morocco: Lessons for Women's Descriptive and Symbolic Representation," *Representation*, Vol. 50, No. 4, 2014, p. 3.

④ Celia Konstantellou, "Morocco's King Mohammed VI Celebrates 20 Years on the Throne," July 27, 2019, https://www.moroccoworldnews.com/2019/07/279212/moroccos-king-mohammed-iv-throne-day/, accessed: 2020-07-29.

⑤ Jean-Pierre Chauffour, *Morocco 2040: Emerging by Investing in Intangible Capital*, Washington: The World Bank, p. 280.

⑥ Azzedine Layachi, *State, Society and Democracy in Morocco: The Limits of Associative Life*, Washington. OC: The Center for Contemporary Arab Studies, 1999, p. 56.

行动计划（2018—2021 年）》（National Action Plan for Democracy and Human Rights 2018-2021）重申了其建立永久性机制以使安全部门民主化的政策，旨在通过维护公共秩序和保护人权来提升安全服务。①

（三）在外交层面对国家安全的维护

在外交层面，为维护国家安全，摩洛哥加强了战略伙伴关系的多元化和在安全领域的外交合作。在战略伙伴关系的多元化方面，哈桑二世执政时期，摩洛哥不断发展与美国、欧盟、以色列以及海湾君主制国家的关系。穆罕默德六世执政以来，战略伙伴关系的多元化和加强多维度的南南合作构成了摩洛哥外交政策的主要特点。在 2016 年海湾合作委员会峰会期间，穆罕默德六世提出摩洛哥致力于维护与传统伙伴的战略关系，同时寻求发展与中国、俄罗斯、巴西和印度等新兴经济体的全面战略伙伴关系。② 2016 年 3 月，穆罕默德六世访问了俄罗斯，两国元首宣布深化两国的战略伙伴关系。③ 同年 5 月，中国和摩洛哥两国的关系提升为战略伙伴关系。2017 年，摩洛哥成为马格里布地区首个同中国签署共建"一带一路"谅解备忘录的国家。2018 年，摩洛哥成为亚洲基础设施投资银行的成员。此外，摩洛哥还加强了与非洲国家的伙伴关系。2017 年，摩洛哥重返非洲联盟并申请加入西非国家经济共同体。通过落实战略伙伴关系的多元化，摩洛哥增强了国家外交的自主性，即不过多依赖传统盟友，从而加大了国家安全的谈判砝码。

在安全领域的合作方面，"9·11"事件之后，摩洛哥加强了和美国在反恐方面的合作。在 2003 年和 2007 年摩洛哥发生恐怖袭击事件后，美国加强了对摩洛哥的军事援助。随着恐怖主义和极端主义在马格里布地区蔓延，摩洛哥越来越注重与非洲国家在安全领域的合作。自 2012 年

---

① Ahmed El Morabety, "Is there a Conflict between Security and Democracy in Morocco?" *Contemporary Arab Affairs*, Vol. 12, No. 4, 2019, p. 30.

② Yasmina Abouzzohour, Beatriz Tomé-Alonso, "Moroccan Foreign Policy after the Arab Spring: A turn for the Islamists or Persistence of Royal Leadership?" *The Journal of North African Studies*, Vol. 24, No. 3, 2018, https://www.tandfonline.com/doi/full/10.1080/13629387.2018.1454652, accessed: 2020-07-29.

③ 《摩洛哥国王访问俄罗斯》，中华人民共和国驻摩洛哥王国大使馆经济商务处，2016 年 3 月 23 日，http://ma.mofcom.gov.cn/article/jmxw/201603/20160301280659.shtml，最后访问日期：2020 年 7 月 25 日。

初以来，摩洛哥一直在领导复兴和改组萨赫勒－撒哈拉国家共同体
（Community of Sahel-Saharan States）的工作，以解决该地区不稳定的安全
局势。摩洛哥还通过培训本地宗教学者来满足非洲国家的需求，旨在通过
对抗瓦哈比主义的影响来预防宗教极端主义。为了应对对宗教工作人员培
训需求的增长，2015 年，摩洛哥成立了穆罕默德六世伊玛目与训导师学院
（Mohammed VI Institute for the Training of Imams, Mourchidines and
Mourchidates）和穆罕默德六世非洲乌莱玛基金会（Mohammed VI
Foundation of African Ulemas）。① 此外，摩洛哥还加入了沙特组建的"打
击恐怖主义伊斯兰军事联盟"（Islamic Military Alliance to Fight Terrorism），
以打击各类伊斯兰极端组织。自 2003 年以来，恐怖主义和极端主义不时
威胁着摩洛哥的国家安全，给该国的社会和经济带来了严重的负面影响。
通过与地区国家及域外大国在安全领域开展合作，摩洛哥为社会的整体稳
定营造了良好的内外环境。

第三节　摩洛哥国家治理与经济社会安全

　　独立后，摩洛哥对基本服务的交付随着经济发展模式的变化经历了三
个不同阶段。20 世纪 50~70 年代，国家主导的发展使摩洛哥在经济和社
会领域为不同的社会群体提供了丰富的可交付资源。20 世纪八九十年代，
新自由主义改革时期，统治者将经济社会资源更多地分配给对其统治至关
重要的精英群体。20 世纪 90 年代以后，国家的私有化进程导致资产阶级
对经济社会资源的垄断，加剧了社会的不平等和民众的不满，最终引发了
摩洛哥的"2·20"运动。后阿拉伯剧变阶段，摩洛哥实施了一系列经济
措施和社会计划，旨在缓和国家与社会的紧张关系。经济和社会领域的不
平等依旧存在，引发了近年来农村地区大规模的社会抗议。新冠疫情期
间，摩洛哥夯实国家治理，加大了对基本服务的投入，缓和了国家与社会
的关系，维持了国家的整体稳定。

---

① Mohammed El-Katiri, *From Assistance to Partnership: Morocco and Its Foreign Policy in West
Africa*, Carlisle: U. S. Army War College Press, 2015, p.25.

一　摩洛哥在基本服务交付方面的总体特征

(一)　摩洛哥经济模式的发展历程

20世纪50~70年代，进口替代工业化（Import Substitution Industrialization）是摩洛哥经济政策的普遍范式。该政策实施初期，经济的增长率和社会经济指标得到了显著的提高。然而，过高的保护率和由此导致的市场效率低下以及国有公司缺乏竞争力等一系列因素最终导致了财政赤字和贸易赤字。国际磷酸盐价格的下跌外加不可持续的金融结构导致了1978年和1983年的国际收支危机。1980~1993年，在国际货币基金组织的干预下，摩洛哥采取了新自由主义的政策。[1] 20世纪90年代初，摩洛哥正式启动了私有化进程。从2000年起，摩洛哥政府侧重于推进促进战略能力、投资和创造就业机会的产业政策。2009~2015年实施的《国家工业崛起公约》（National Pact for Industrial Emergence）旨在增加工业部门对国内生产总值（GDP）、出口和投资的贡献率，并创造更多的就业机会，以降低失业率。2014~2020年实施的"工业加速计划"（Industrial Acceleration Plan）旨在将制造业部门的产值占GDP的比重从14%增加到23%，创造50万个就业机会，并减少贸易逆差。[2]

(二)　摩洛哥经济社会治理的特征

在经济领域，摩洛哥对基本服务的交付特点如下。第一，维护各阶层间的平衡。摩洛哥政府为了巩固自身的地位，通过向农村精英、城市精英和中产阶级提供不同的经济成果，在"购买"他们的忠诚的同时，维持着各个群体之间的竞争和平衡。此外，通过扶持技术官僚精英，允许他们从其他收益与便利中受益，摩洛哥确保了对技术官僚的控制，并使他们与社会上的其他群体（例如工人阶级、农村地主阶级以及新兴的私营企业精英）形成了平衡。[3]第二，逐步提高社会契约的包容性。1980~1993年，

---

[1] 如大幅削减公共支出、投资和消费者补贴，限制大众工资，更高的税收等。

[2] MCINET, "Plan d'Accélération Industrielle 2014-2020," http://www.mcinet.gov.ma/fr/content/plan-d'accélération-industrielle-2014-2020-0, accessed：2020-08-10.

[3] Heba Handoussa, *Economic Transition in the Middle East: Global Challenges and Adjustment Strategies*, Cairo：American University in Cairo Press, 1997, pp. 204-205.

新自由主义政策使该国遭受了数次全国范围的抗议浪潮。1993年，摩洛哥终止了该政策。穆罕默德六世执政以来，摩洛哥致力于以市场为导向的增长并在减贫和提高就业率方面实施了多项改革。"无贫民窟城市"（Cities without Slums）计划和"国家人类发展倡议"（National Human Development Initiative）旨在将每个公民纳入竞争的市场社会，并防止其再次退出。① 后阿拉伯剧变时期，摩洛哥通过反腐败计划、支持中小企业的措施、雇用失业的毕业生、降低电价以及从食品和银行等行业撤离王室的资本等措施，以促进中下阶层民众的发展。②

在社会领域，摩洛哥对基本服务的交付特点如下。第一，提供社会福利的方式逐渐多元化。20世纪50～70年代，宏观经济的稳定增长为摩洛哥提供了可观的公共支出资源，这使其向民众提供了丰厚的社会福利。20世纪70年代以后，为了降低宏观经济恶化导致的社会福利减少而给社会稳定带来的负面影响，王室先后设立了穆罕默德五世社会福利基金（Mohammed V Fund for Social Welfare Provision）和哈桑二世基金（Hassan II Fund）。这些基金通过调动社会资源和整合国家在私有化进程中的收益，向弱势群体直接提供援助。③ 第二，逐渐缩小社会群体之间在获得基本服务上的差距。摩洛哥的贫富群体和城乡之间在获得社会资源方面呈现明显的不平等现象，这也是近年来社会抗议的主要导火索。摩洛哥通过一系列改革试图满足民众在社会领域的需求，如推进教育改革、完善基础设施网络和扩大社会保障体系的覆盖范围等，以使社会契约更具包容性。

二　摩洛哥经济社会治理的成效

（一）经济治理成效

1. 提供经济资源

在经济资源方面，精英阶层在获得土地、企业资源和银行贷款方面

① Koenraad Bogaert, *Globalized Authoritarianism: Megaprojects, Slums, and Class Relations in Urban Morocco*, Minnesota: University of Minnesota Press, 2018, pp. 227-228.

② Irene Fernández Molina, "The Monarchy vs. the 20 February Movement: Who Holds the Reins of Political Change in Morocco?" *Mediterranean Politics*, Vol. 16, No. 3, 2011, p. 438.

③ Jane Harrigan, Hamed El-Said, *Economic Liberalisation, Social Capital and Islamic Welfare Provision*, New York: Palgrave Macmillan, 2009, p. 113.

具有明显的优势。在提供土地资源方面，独立初期，为了获得农村精英的支持，维护农村社会的稳定，摩洛哥将收回的殖民地土地分配给不用交税的农村名流、官员和地主，使他们保留了对 2/3 灌溉土地的控制权，体现了对农村精英的支持。[①] 在提供企业资源方面，20 世纪六七十年代，为了进一步获得政治经济各个领域精英的支持，摩洛哥通过保护主义的制度，促进了当地私营企业的扩张。"摩洛哥化"（Morocconization）是在此期间采取的最重要的政策，该政策规定，对于任何指定的商业、金融和工业公司，当地人必须占有至少 50% 的资本和管理职位。[②] 20 世纪 90 年代，随着国家在私有化的进程中以低价出售其经济资产并采取新自由主义政策，摩洛哥的资产阶级得到了充分的发展。在提供银行贷款方面，摩洛哥通过商业银行系统向精英阶层提供信贷支持。1982 年，国王哈桑二世从法国所有者手中接管了本国最大的私人企业集团——北非证券集团（Omnium Nord-Africain），该集团收购了摩洛哥主要的商业银行的大部分股份。[③] 2010 年，北非证券集团与国家投资集团（National Investment Company）合并，王室对经济的控制范围进一步扩大。摩洛哥主要家族的成员在银行系统中担任重要职务，他们垄断了对私营部门的信贷分配。[④]

对于中产及以下阶层，他们对经济资源的获取体现在就业和政府对企业的支持方面。在提供就业方面，20 世纪 50~70 年代，国家获得的经济效益被投资于公共部门的扩张。这一时期，摩洛哥将新兴的城市中下阶层和越来越多受过教育的年轻人纳入社会契约。[⑤] 后阿拉伯剧变时期，通过在不同阶段实施经济改革计划，摩洛哥致力于在私营部门提供更多的就业岗位。经济、社会及环境理事会（Economic, Social and Environmental

---

① Melani Claire Cammett, *Globalization and Business Politics in Arab North Africa: A Comparative Perspective*, Cambridge: Cambridge University Press, 2010, p. 86

② Melani Claire Cammett, *Globalization and Business Politics in Arab North Africa: A Comparative Perspective*, Cambridge: Cambridge University Press, 2010, p. 95.

③ Clement Moore Henry and Robert Springborg, *Globalization and the Politics of Development in the Middle East*, Cambridge: Cambridge University Press, 2010, pp. 172-173.

④ Mehdi Michbal, "Big Bang Royal," *TelQuel*, No. 418, April 2010, pp. 18-28.

⑤ James N. Sater, *Morocco: Challenges to Tradition and Modernity*, New York: Routledge, 2010, pp. 30-52.

Council）的建立旨在帮助摩洛哥青年融入劳动力队伍，并提供必要的技能培训，以增加他们获得工作的机会。在政府的努力下，摩洛哥总体的失业率从 1999 年的 13.94% 降到了 2019 年的 9.02%。[①] 在为企业提供支持方面，市场的自由化使更多的年轻人成为企业家，但财富的集中以及政治和商业精英的相互交织，限制了中小企业家在整个私营部门内部获得更大影响力的能力。后阿拉伯剧变时期，摩洛哥政府在支持中小企业的发展上实施了多项改革政策。通过创建"工业生态系统"，摩洛哥政府鼓励中小企业建立互惠互利的伙伴关系，查明供应链中的差距并找到办法弥合它们。由于政策壁垒，中小企业通常很难进入某些部门。2018 年摩洛哥政府重启竞争委员会（Competition Council），旨在促进私营部门中小企业的发展。[②]

2. 营造良好的商业环境

后阿拉伯剧变时期，摩洛哥完善了法律和经济部门的相关建设，为营造良好的商业环境奠定了基础。在法律层面，旨在改善投资条件的法律建设为私营企业的经营者提供了更好的保护，使摩洛哥成功地吸引了持续的外国资本。此外，近年来摩洛哥与主要经济体（包括美国和欧盟）的自由贸易协定得到了一系列双边投资条约的补充。[③] 2014 年颁布新的《公私合营法》（Public-Private Partnership Law）为交通部门获得投资提供了保障，主要道路、铁路、机场和港口等基础设施的升级将按照摩洛哥政府设定的长期基础设施战略目标继续推进。[④] 在升级经济部门结构方面，《国家工业崛起公约》和"工业加速计划"旨在加强当地的工业基础并增加工业部门对 GDP、出口和投资的贡献。摩洛哥最终希望进一步融入全球市场，并将自己定位为有望促进增长的非洲地区的商业中心与连接非洲

[①] "Unemployment Rate in Morocco 2019," July 21, 2020, https：//www. statista. com/statistics/502794/unemployment-rate-in-morocco/, accessed：2020-08-18.

[②] Babacar Sarr, Mokhtar Benlamine, Zsuzsa Munkacsi, *The Macroeconomic Effects of Labor and Product Market Reforms in Morocco*, IMF Working Paper, October 2019, p. 11.

[③] Babacar Sarr, Mokhtar Benlamine, and Zsuzsa Munkacsi, *The Macroeconomic Effects of Labor and Product Market Reforms in Morocco*, IMF Working Paper, October 2019, p. 10.

[④] Castlereagh Associates, *Morocco: An Emerging Economic Force*, Opportunities Series No. 3, December 2019, p. 9.

和欧洲的牢固纽带。[①] 2020 年，摩洛哥在世界银行的营商环境便利度中排名第 53，在西亚北非地区排名第 3，仅次于阿联酋和巴林。[②] 相比之下，2010 年摩洛哥该指标的全球排名第 128。新冠疫情期间，为了维持受影响的企业，摩洛哥政府激活了银行和中央担保基金（Central Guarantee Fund）的额外信贷额度，提供 5000 万美元的特殊担保机制。摩洛哥工贸部发起了支持中小企业投资抗疫产品生产的倡议，以生产抗击疫情的产品和设备。[③] 此外，修订版财政法案以支持逐步重启经济活动、保障私营领域就业、加速推进行政改革三大领域为主线，规定为小微企业提供高达 95% 的担保比重，国家投资总预算增至 860 亿迪拉姆以刺激经济复苏，强化金融包容性以改善营商环境。[④]

（二）社会治理成效

1. 普及教育

1999 年至今，摩洛哥为普及教育、提高教育质量、加强教育的公平性及促进教育和就业的衔接先后实施了多项教育改革，政府先后颁布了《国家教育与培训章程（2000—2009 年）》（National Education And Training Charter, 2000-2009）、《国家教育紧急计划（2009—2012 年）》（National Education Emergency Support Program, 2009-2012）、《教育行动计划（2013—2016 年）》（Education Action Plan, 2013-2016）和《摩洛哥学校改革的战略构想（2015—2030 年）》（The Strategic Vision of the Moroccan School Reform, 2015-2030）。经过多年的教育改革，摩洛哥在降低文盲率、普及教育、提高教育公平性等方面取得了显著的进展。在降低文盲率方面，摩洛哥 15 岁及以上人口的识字率从 2008 年的 55.15% 上升到 2018 年的 73.8%。[⑤] 在普及教育方面，

---

① Amirah El-Haddad, "Redefining the Social Contract in the Wake of the Arab Spring: The Experiences of Egypt, Morocco and Tunisia," *World Development*, Vol. 127, March 2020, p. 9.

② World Bank, *Doing Business 2020*, p. 4.

③ Data-Pop Alliance, "Morocco–C–19," May 2020, https://datapopalliance.org/covid19/c19globalsouthobservatory/morocco-c19/, accessed: 2020-05-30.

④ 《摩政府通过 2020 财政法案修订案》，中华人民共和国驻摩洛哥王国大使馆经济商务处，2020 年 7 月 11 日，http://ma.mofcom.gov.cn/article/jmxw/202007/20200702982102.shtml，最后访问日期：2020 年 7 月 14 日。

⑤ UNESCO, "Education and Literacy," http://uis.unesco.org/country/MA, accessed: 2020-08-18.

2010～2019 年，初等、中等和高等教育的入学率稳步上升。2019 年，初等教育的毛入学率达到 100%，中等和高等教育的毛入学率分别为 81.2% 和 38.5%。[①] 在缩小城乡教育差距方面，2008～2014 年，摩洛哥的小学生数量从 386.4 万人增至 403 万人。该时期建造的小学校大多数都在农村地区，证明了摩洛哥愿意实现普及初等教育的意愿。在性别平等方面，初等教育中的性别平等指数从 1999 年的 0.82 增加到 2018 年的 0.96[②]，15～24 岁的青年识字群体中的性别平等指数由 2011 年的 0.8 上升为 2018 年的 1.0。[③] 从以上几个角度分析可知，自 1999 年以来，摩洛哥在教育改革方面取得的成就是显著的，但要想全方位实现教育改革的目标，还需付出更多努力。

2. 加强基础设施建设

在运输和物流基础设施的建设上，摩洛哥在过去 20 年中的平均年支出约为 400 亿迪拉姆（约合 42 亿美元），占该国总投资的 10%，占投资预算的 20%～25%。[④] 该国的公路、铁路、空运和水运等基础设施均在非洲国家中名列前茅。在电力基础设施建设上，农村社区实现了 100% 通电，而 1999 年这一比重仅为 18%。[⑤] 在推动大规模电气化之后，摩洛哥着手进行了可再生能源开发的项目，世界上最大的光热电站——努奥项目的二期和三期均已完成。在通信基础设施领域，摩洛哥拥有良好的有线和无线通信系统。2019 年，该国的互联网用户达 2257 万，占全国人口的比

---

① UNESCO, "Education and Literacy," http：//uis. unesco. org/country/MA, accessed：2020-08-18.

② Nabil Morchid, "Investigating Quality Education in Moroccan Educational Reforms from 1999 to 2019," *IOSR Journal of Research & Method in Education*, Vol. 10, No. 1, 2020, pp. 58-59.

③ Doris Dokua Sasu, "Gender Parity Index in Youth Literacy in Morocco 1982-2018," October 21, 2020, https：//www. statista. com/statistics/1171997/gender-parity-index-in-youth-literacy-in-morocco/, accessed：2020-10-30.

④ Oxford Business Group, "Upgrades to Morocco's Transport and Logistics Infrastructure Set to Drive Economic Growth," https：//oxfordbusinessgroup. com/overview/expansion-plans-investments-aimed-increasing-connectivity-between-major-cities-are-set-boost-sector, accessed：2020-08-18.

⑤ Celia Konstantellou, "Morocco's King Mohammed VI Celebrates 20 Years on the Throne," July 27, 2019, https：//www. moroccoworldnews. com/2019/07/279212/moroccos-king-mohammed-iv-throne-day/, accessed：2020-08-18.

重为 62%，全国的网络普及率为 55%，在全球以及非洲的平均水平之
上。① 在医疗基础设施领域，摩洛哥在发展其卫生系统能力方面取得了重
大进步。在城市地区，100% 的人口生活在医疗机构 5 千米范围内，而在
农村地区，这一数字为 30%。② 近年来，要求改善农村地区医疗卫生条
件已成为社会抗议活动的主要口号之一。为解决主要城市以外地区的基
础设施短缺问题，2019 年 7 月，摩洛哥首相萨阿德丁·欧斯曼尼
（Saadeddine Othmani）宣布，到 2021 年，摩洛哥政府将向区域基础设施
项目投入 10 亿美元，将精力集中在最需要改进的特定基础设施领域，以
实现更公平的发展。③

3. 完善社会保障

摩洛哥的社会保障体系由大约 140 个保险或社会援助计划组成，
涵盖公共和私营部门的雇员，提供家庭、保健、生育、退休、伤残和
死亡津贴。④ 在从业者中，根据摩洛哥高级计划委员会于 2019 年发布
的报告，全国范围内 45.3% 的雇员受益于雇主提供的医疗保险，这一
比重在城市地区为 52.4%，农村地区为 24.5%。42.4% 的雇员被纳入
了养老金体系，这一比重在城市地区为 50%，农村地区为 19.2%。⑤ 新
冠疫情期间，对于正规部门，在国家社会保障基金（National Social
Security Fund）注册的暂时停工的工人每月可获得 2000 迪拉姆（约合

---

① 中华人民共和国商务部：《对外投资合作国别（地区）指南——摩洛哥（2019 年
版）》，第 26 页。

② Barclay Ballard, "Morocco's Infrastructural Investment Gap Is Hitting Rural Areas Hardest,"
January 31, 2020, https：//www.worldfinance.com/featured/moroccos-infrastructural-investment-
gap-is-hitting-rural-areas-hardest, accessed：2020-08-23.

③ Barclay Ballard, "Morocco's Infrastructural Investment Gap Is Hitting Rural Areas Hardest,"
January 31, 2020, https：//www.worldfinance.com/featured/moroccos-infrastructural-investment-
gap-is-hitting-rural-areas-hardest, accessed：2020-08-23.

④ Najat Mouhssine, "Morocco—The Social Security System both Covers Employees in the Public
Sector and the Private Sector," March 17, 2014, https：//www.eversheds-sutherland.com/
global/en/what/articles/index.page？ArticleID = en/Africa _ group/The - social - security -
system-covers-employees-in-the-public-and-private-sector, accessed：2020-09-06.

⑤ Haut Commissariat au Plan, "Note d'information du Haut-commissariat au Plan sur les
principales caractéristiques de la population active occupée en 2019," p.6（高级计划委员会，
《高级计划委员会关于 2019 年就业人口主要特征的信息说明》）。

200 美元）①的补贴，受益人口约为 90 万。此外，2020 年 6 月 30 日之前，他们不用偿还贷款和消费信贷。对于非正规部门，受国家医疗救助计划（Medical Assistance Scheme）资助的家庭，根据家庭的人口规模，每月可获得 800～1200 迪拉姆的补贴，受益家庭约为 230 万个。对于在线申请求助、不在国家医疗救助计划覆盖范围内的人，他们可以通过在电子平台上填写要求以从该政策中受益。② 由于当前 1/3 的摩洛哥公民无法从社会保障体系中受益，摩洛哥政府于 2021 年 1 月 1 日着手普及社会保障，以覆盖所有摩洛哥人。③

第四节　摩洛哥国家治理与政治安全

纵观当代摩洛哥的政治发展，每当社会契约以排他性为特点，即社会群体政治参与的进程受阻时，相关群体会以抗议示威的形式宣泄不满情绪。穆罕默德五世执政时期，独立党对其他政党和农村人口的排斥和疏远导致摩洛哥许多地区发生动乱。随着独立党内部的分裂和政党的多元化，国王逐步稳定了政局。哈桑二世执政时期，当政党被压制，民众的不满情绪以骚乱的形式蔓延到街头时，摩洛哥平息社会动乱的主要方式之一是军事威逼。军事政变发生后，摩洛哥通过增加政党政治参与的方式，逐渐减少了对武力威逼的依赖。穆罕默德六世执政时期，摩洛哥的政治自由化得到了进一步的发展。但随着政党越来越脱离社会，公众的不满得不到有效解决时，社会抗议再一次成为社会群体表达政治诉求的方式。摩洛哥通过一系列改革，加强了市民社会的政治参与，提高了社会契约的包容性，维护了后阿拉伯剧变时期摩洛哥的总体稳定。

---

① 2018 年摩洛哥人的平均工资为每月 541.63 美元，收入中位数为 284.28 美元。

② OECD, "The COVID-19 Crisis in Morocco," May 6, 2020, https://www.oecd.org/mena/competitiveness/The-Covid-19-Crisis-in-Morocco.pdf, accessed: 2020-06-10.

③ Yahia Hatim, "Morocco's Government to Work on Social Security Reform Starting 2021," August 4, 2020, https://www.moroccoworldnews.com/2020/08/314062/moroccos-government-to-work-on-social-security-reform-starting-2021/, accessed: 2020-09-06.

一　摩洛哥政治参与的总体特征

（一）摩洛哥的权力结构

独立以来，摩洛哥的权力结构以两种权力体系之间的显著共生为主要特征。其中一种对应官僚和行政管理的现代国家职能；另一种则对应传统的权力机构——"马赫赞"。马赫赞由国王及其在政府内外的亲密伙伴、宫殿内的官方机构和公职人员组成，它包括皇家内阁、宪法委员会以及经济、社会及环境理事会。皇家内阁由国王的亲密顾问组成，他们就国家各个领域的活动向国王提供建议。宪法委员会的成员有一半是国王任命的，其余由参众两院选举产生，它对选举和宪法事项做最终且具有约束力的裁决。经济、社会及环境理事会就经济和社会政策向国王和议会提供建议。[1] 摩洛哥的宪法有效地将马赫赞的权力分散在三个独立的部门：行政部门、立法部门和司法部门。国王通过皇家法令、协商、授权和仲裁等传统政府的治理模式，在这三个部门行使决定权。皇家法令是摩洛哥立法的最重要来源，摩洛哥的第一部宪法是根据皇家法令颁布的。议会是国王权力的协商部门，使国王的权力合法化。政府由首相领导，首相通过被国王授予的权力履行职责。仲裁权是国王的特权，国王担任传统的最高仲裁者的角色，是高于所有政党的国家元首和宪法的监护人。[2] 这种二元的权力结构使得摩洛哥的政治结构看起来是现代的，但实际上将所有权力置于国王的控制之下。摩洛哥政治制度结构见图2-1。

（二）摩洛哥的政治体制

摩洛哥实行君主立宪制，议会实行参众两院制，国王拥有最高权力，是国家元首、宗教领袖和武装部队的最高统帅。首相是政府首脑，由议会选举中得票最多的政党任命，拥有提名和罢免大臣、解散议会等重要权

---

[1]　Jennifer Rosenblum and William Zartman, "The Far West of the Near East: The Foreign Policy of Morocco," in Bahgat Korany and Ali E. Hillal Dessouki, eds., *The Foreign Policies of Arab States: The Challenge of Globalization*, Cairo: American University in Cairo Press, 2008, pp. 328-329.

[2]　Mohamed Daadaoui, *Moroccan Monarchy and the Islamist Challenge: Maintaining Makhzen Power*, New York: Palgrave Macmillan, 2011, pp. 63-66.

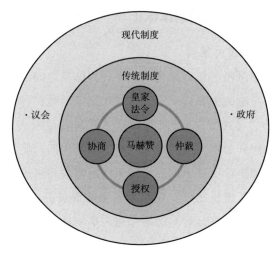

图 2-1　摩洛哥政治制度结构

资料来源：笔者自制。

力，议会拥有唯一立法权，众议院占主导地位。① 在该政治体制中，国王拥有高于国家机构的绝对权力，官僚机构处于王权的掌控之下。通过对各党派的轮流支持，国王掌控着政治局面。此外，国王还是庇护体系的核心，这使他能够抑制或使任何可能挑战他权力的政党或工会处于不利地位。这种行使权力的形式建立并加强了以国王和王室为中心的网络。国王作为庇护者，拥有许多庇护群体。他维持着网络之间的竞争，并作为必不可少的调解者和庇护的独特来源存在。②

（三）摩洛哥政治参与的总体特点

在政治参与方面，摩洛哥社会契约的主要缔约方是以国王为中心的政权、政党和市民社会。摩洛哥政党政治参与的特点如下。第一，政党的多元化。摩洛哥 1962 年宪法明确确立了多党制的原则，目前摩洛哥有 35 个

---

① 中华人民共和国商务部：《对外投资合作国别（地区）指南——摩洛哥（2019 年版）》，第 3~4 页。

② Abdellah Hammoudi, *Master and Disciple: The Cultural Foundations of Moroccan Authoritarianism*, Chicago：University of Chicago Press, 1997, p. 33.

政党。这些政党可以被分为三大类：保皇党、左翼政党和伊斯兰政党。[①] 国王用"分而治之"、政治威逼、政治多元化、笼络与平衡的策略[②]，削弱了政党的实力，使党派之间形成了相互制衡的格局，巩固了国王的统治地位。第二，政党推进政治改革的作用逐渐减弱，逐渐形成了共识政治（Consensus Politics）。独立初期至 20 世纪 90 年代，反对派可以在公共领域提出替代性的政治构想。针对宪法的修改（1970 年、1972 年、1992 年和1996 年宪法的修改），反对派曾多次抵制全民公投。这一时期，反对派政党在和国王的政治博弈中，推动了摩洛哥政治的自由化。反对派内部的异质性和国王的政治操纵削弱了反对派政党的实力，政党间寻求更多共识成为一个明显的迹象。阿拉伯剧变后，2011 年宪法赋予了议会和首相更多的权力，并为司法独立提供了更多的空间，但摩洛哥的权力分配并未发生实质性的变化。国王保留了主要的行政权力，可以通过皇家法令继续行使其法律权力。这一时期，政党提供的政策建议与国王的政治议程基本保持一致。

摩洛哥市民社会政治参与的特点如下。第一，市民社会的独立性逐渐增强。1956 年至 20 世纪 80 年代，国王与政党之间的政治博弈使市民社会缺乏独立性，阻碍了市民社会利益的明确表达。20 世纪 90 年代至今，政治自由化进程缓解了摩洛哥国内的政治压力，市民社会得到了进一步的发展，对公共政策领域进行了更有效的干预。第二，市民社会的政治性逐渐增强。政党与社会大众之间的距离使公众与政党和选举疏远，导致市民社会组织的政治色彩有所增强。阿拉伯剧变期间，市民社会组织参与了摩洛哥许多城市和地区的抗议运动，表达了民众的政治诉求，推动了政治改革。2011年宪法加强了市民社会的地位，近几年的社会抗议活动以及市民社会组织对政府应对抗议活动措施的反对，体现了市民社会在监督政府方面的作用。

二　摩洛哥国家治理成效

（一）摩洛哥政党的政治参与

在政党政治参与的过程中，摩洛哥国王和政党之间的互动使双方在不

---

① Thierry Desrues, Eduardo Moyano, "Social Change and Political Transition in Morocco," *Mediterranean Politics*, Vol. 6, No. 1, 2001, pp. 29-30.

② 具体见第一章详述。

同程度上履行着社会契约中各自的责任和义务。通过让更多的政党加入摩洛哥的政治体系，摩洛哥国王在确立其统治地位的同时，缓解了国内的政治压力，促进了政治的自由化。随着政党间共识政治的确立，政党提供的政策建议与国王的政治议程基本一致。

1. 王室主导下的政党多元化

独立初期，国王与独立党的政治斗争推动了摩洛哥政党的多元化。摩洛哥的民族解放运动是由国王和民族主义政党独立党共同领导的，在独立初期，两者之间的合作关系逐渐转变为竞争关系。穆罕默德五世执政时期，独立党曾在国家一级的官方政治机构中占据主导地位。由于该党对摩洛哥其他政党、农村精英和农村人口的排斥和疏远，摩洛哥某些地区曾因对该党的不满而一度出现动乱。[1] 政府无法用政治手段平息动乱，当时身为皇家武装部队总参谋的哈桑二世运用军事力量平息了武装叛乱，增强了王室的威望。为了抵制独立党对地方事务的介入，由农村地区的领导人成立的政党——人民运动，连同被独立党排斥的民主独立党及其他组织，成为对抗独立党的主要力量。这些政党在与独立党的斗争中，成为国王重要的盟友。独立党是一个由各种利益组成的庞大而难以控制的集团，该党内部激进势力和保守势力之间的对抗逐渐加剧。1958 年，国王先后从这两个派别中任命首相，从而加剧了独立党内部的矛盾。1958 年后，独立党的分裂和其他政党的兴起，以及 1962 年宪法允许多党存在后，国王几乎掌握了所有的政治权力。1962 年宪法规定的多党制也被视为在政权和政党之间缔结了契约，该契约承诺以议会选举的形式正式引入政治竞争。

政党的多元化，国王"分而治之"及笼络与平衡的策略在削弱政党力量的同时，使各党派处于相互制衡的状态，确保了政局的稳定。在削弱政党的力量方面，针对反对派政党，在"分而治之"的策略之下，主要政党人民力量全国联盟（National Union of Popular Forces）、民主与人民行动组织（Organization of Democratic and Popular Action）以及进步与社会主义党（Party of Progress and Socialism）均未摆脱分裂的局面。同样地，保

---

[1] Michael J. Willis, *Politics and Power in the Maghreb: Algeria, Tunisia and Morocco from Independence to the Arab Spring*, Oxford: Oxford University Press, 2014, p. 44.

皇党内部也出现了裂痕，并产生了新的政治团体。全国人民运动党于1991年脱离人民运动，之后民主与社会运动党于1996年从全国人民运动党中分裂出来。[1] 在制衡政党方面，穆罕默德六世执政期间，为了遏制公正与发展党的发展，国王推动成立了新的政党——真实性与现代党。[2] 此外，军事镇压在不同的历史时期，在巩固政权稳定方面也发挥着重要的作用。在1965～1970年国家进入紧急状态期间，哈桑二世运用军事镇压的方式维持和巩固政治权力。

2. 政治的自由化

哈桑二世执政时期，政党通过提出替代性的政治构想，在与政权的互动中推动了政治自由化。1962～1972年，国王对反对派政党采取压制的措施。许多摩洛哥人不再把议会视为表达反对声音的有用工具，不满情绪以骚乱的形式蔓延到了街头。随着情况变得越来越失控，国王宣布国家进入紧急状态。其间，国王实行了严厉的统治，他对国内局势的把控基于军方的支持。1970年，由于不满宪法在选举制度、议会的架构和国王的权力等方面的规定，反对派政党呼吁公民抵制宪法公投，并随后组建了全国行动委员会[3]（National Action Bloc），以期抗衡国王。1972年，全国行动委员会再次对哈桑二世举行的宪法公投进行了抵制，这使国王感到政治孤立。同年的军事政变发生后，国王似乎意识到，要维持其作为国家权威的地位，就必须与各政党分享政治权力。[4] 从1972年到1990年，国王试图将反对派政党重新纳入政治体系，促进政治体系的进一步开放。在20世纪90年代初，传统反对派实力的增强、海湾战争期间的民众示威、伊斯兰运动的发展等一系列事件使哈桑二世推出了"有限的"政治自由化措施，以争取民众的支持，恢复摩洛哥政府丧失的部分合法性。这些措施包

---

[1] Inmaculada Szmolka, "Party System Fragmentation in Morocco," *The Journal of North African Studies*, Vol. 15, No. 1, March 2010, p. 16.

[2] Driss Maghraoui, "Working Under Constraints: The PJD in the Aftermath of the 2016 Elections," May 29, 2018, https://www.bakerinstitute.org/media/files/files/9d75aeca/bi-brief-052918-cme-carnegie-morocco3.pdf, accessed: 2020-07-15.

[3] "全国行动委员会"又称"库特拉"或"集团"。

[4] Lise Storm, *Democratization in Morocco: The Political Elite and Struggles for Power in the Post-independence State*, New York: Routledge, 2007, p. 36.

括：在 1992 年和 1996 年进行宪法改革，与反对派进行对话和谈判，将反对派的独立党、人民力量社会主义联盟和进步与社会主义党纳入政府，任命人民力量社会主义联盟的领导人阿卜杜勒·拉赫曼·优素菲（Abderrahmane Youssoufi）为首相。通过"有限的"政治自由化进程，摩洛哥国内的政治压力得到了有效的缓解。穆罕默德六世执政时期，摩洛哥继续推动政治自由化的进程，实施了自上而下和受控的政治开放，政府对选举和政党的干预明显减少。

3. 政策建议的共识化

随着反对派逐渐被纳入政府，以及反对派政党实力的削弱，摩洛哥的主要政党之间逐渐形成了共识政治。它们不再就国王的地位和权力进行辩论，提供的政策建议与国王的政治议程基本保持一致。[1] 穆罕默德六世统治时期，一些政党和议会成员将注意力集中在参与官方政治进程的经济利益，而不是政治利益上。竞选者要在摩洛哥大选中获胜与政党动员当地庇护网络的努力紧密联系在一起，而与它们的政策纲领和动员社会各阶层的能力无关。[2] 一些反对党在很大程度上能够避开庇护主义，并明确表述了合理的纲领，但政府对它们施加的压力常常抑制它们提出一套广泛而连贯的政策的能力。还有一些政党则根据政权的态度改变了自身的立场，公正与发展党就属于这种情况。由于担心政府可能利用极端分子在 2003 年发动的恐怖袭击作为取缔该党的借口，公正与发展党减少了在 2007 年选举议程中更具特色的方面。政党脱离社会使得越来越多的公众与政党和选举疏远。在 2007 年的议会选举中，投票率仅为 37%。[3] 后阿拉伯剧变时期，虽然 2011 年宪法赋予了首相和议会更大的权力，两者在执政和立法的进程中发挥的作用更大了，但摩洛哥的权力分配机制并未发生实质的变化。国王仍然是摩洛哥政治体系的中心，他继续主持内阁会议，并保留了对军队、外交以及新的国家安全委员会的领导权力。各政党都意识到必须向马

---

① 参见 Abdellah Boudahrain, *Le Nouveau Maroc Politique, Quel Avenir?* （《摩洛哥的新政策，未来如何？》），Casablanca：Al Madariss, 1999, pp. 61-73。

② Michael J. Willis, *Politics and Power in the Maghreb: Algeria, Tunisia and Morocco from Independence to the Arab Spring*, Oxford：Oxford University Press, 2014, p. 51.

③ Michael J. Willis, *Politics and Power in the Maghreb: Algeria, Tunisia and Morocco from Independence to the Arab Spring*, Oxford：Oxford University Press, 2014, p. 56.

赫赞靠近才能生存[1]，国王的演讲已成为各政党的主要参考，并且经常被用作政府和政党的指导方针，是每一次政治变革的动力，也是建构共识政治的中心。[2]

（二）摩洛哥市民社会的政治参与

在政治领域，市民社会是国家权力与私人领域之间的缓冲地带。安东尼奥·葛兰西（Antonio Gramsci）将市民社会描述为位于国家后方的"强大的堡垒和防御体系"，赋予国家稳定和权力。[3]摩洛哥的市民社会在参与公共领域的建设和监督政府方面发挥了重要的作用。

1. 参与公共领域的建设

在摩洛哥独立后的30年中，尽管市民社会组织因缺乏自主性而阻碍了市民社会利益的表达，但它们间接地参与了公共领域的建设。1956年至20世纪80年代，政党与市民社会组织之间的垂直权力关系抑制了后者利益的自由表达。工会、人权组织、青年组织、妇女权利协会和伊斯兰组织等市民社会组织被反对派政党用作与中央政府和王室对抗的工具，其中，摩洛哥人权协会（Moroccan Association of Human Rights）就曾反对政府侵犯人权的行为，并拒绝承认国王的传统合法性和他手中的权力，直接挑战了政权的合法性。[4] 为了化解反对派政党的挑战，摩洛哥创建了自己的协会，以扩大其在社会中的影响力。其中，最引人瞩目的策略是设立"综合理事会"，如人权咨询委员会（Advisory Council on Human Rights），以鼓励个人和团体参与公共领域的建设，并扩大政府在人权和妇女权利领域的话语权。在20世纪80年代摩洛哥进行经济结构调整期间，官方市民社会组织的设立不仅旨在提供管控与稳定的机制，还试图组建新的精英群体。这些组织的核心作用在于吸纳与整合，尤其是将新的精英带入政党和

---

[1] Intissar Fakir, "Morocco's Islamist Party: Redefining Politics Under Pressure," December 28, 2017, https://carnegieendowment.org/2017/12/28/morocco-s-islamist-party-redefining-politics-under-pressure-pub-75121, accessed: 2020-07-24。

[2] Driss Maghraoui, "Constitutional Reforms in Morocco: Between Consensus and Subaltern Politics," *The Journal of North African Studies*, Vol. 16, No. 4, December 2011, p. 691.

[3] Antonio Gramsci, *Selections from the Prison Notebooks*, London: Lawrence and Wishart, 1971, p. 238.

[4] James Sater, *Civil Society and Political Change in Morocco*, New York: Routledge, 2007, pp. 40-44.

行政部门。①

20 世纪 90 年代以后，摩洛哥的市民社会组织在建设公共领域方面发挥了重要的作用，推动了摩洛哥的政治改革。穆罕默德六世执政初期，市民社会组织得到了进一步的发展，柏柏尔文化运动的发展被视为政府吸纳市民社会组织建议的主要案例之一。21 世纪初，柏柏尔运动的成员草拟了"柏柏尔宣言"。该宣言要求将柏柏尔语定为官方语言，并引入行政和教育体系，在官方历史和经济发展计划中，柏柏尔人应享有比以前更高的地位。为回应这些要求，国王下令于 2001 年建立皇家阿马齐格文化研究院（Royal Institute of the Amazigh Culture）。2011 年，在摩洛哥的"2·20"运动中，柏柏尔主义者发挥了突出的作用，他们要求在宪法中将柏柏尔语列为官方语言。此外，此次示威运动也得到了伊斯兰主义组织、学生组织、工会等市民社会组织的支持。该运动也提出了许多政治方面的要求，即实现深刻而彻底的宪法和政治变革，进行以法治、自由和独立的法律制度为基础的国家建设，拥有议会制君主立宪制的政治体系。② 在主要城市的抗议活动结束之后，穆罕默德六世将民众的不满情绪转化为正式的机构程序。他在新宪法中加入了承认柏柏尔语为官方语言的条款，并进行了一系列政治改革，以回应市民社会的改革诉求。

2. 监督政府

后阿拉伯剧变阶段，摩洛哥市民社会的地位得到了法律的保障，对政府实施了有力的监督。摩洛哥 2011 年宪法加强了市民社会的地位：宪法规定非政府组织应参与国家制度的起草、实施和评估（第 12 条）。国家有义务建立使非国家行为体发挥这些职能的制度（第 13 条）。公民有权提出法律草案（第 14 条）和提出请愿书（第 15 条）。③ 新宪法为市民社会提供了很大的空间来扩大其政治参与，在不越过政治红线的前提下，摩

---

① Ahmed Ghazali, "Contribution à l'analyse du phénomène associatif au Maroc," *Annuaire de l'Afrique du Nord*, Vol. 28, 1989, pp. 252-253.

② Irene Fernández Molina, "The Monarchy vs. the 20 February Movement: Who Holds the Reins of Political Change in Morocco?" *Mediterranean Politics*, Vol. 16, No. 3, 2011, p. 436.

③ "Dahir n° 1-11-91 du 27 chaabane 1432（29 juillet 2011）portant promulgation du texte de la Constitution," http://www.maroc.ma/en/system/files/documents_page/bo_5964bis_fr_3.pdf, accessed: 2020-06-10.

洛哥对市民社会的活动也多采取宽容的态度。① 2016 年，摩洛哥北部里夫（Rif）地区爆发了旨在消除政治腐败和改变里夫地区边缘化地位的希拉克运动。随后，吉拉达（Jerada）及其周边地区和扎戈拉（Zagora）也爆发了新的抗议活动。里夫地区和该国其他地区的骚乱是市民社会对政府忽视地区不平等、民众不满和地方治理不足的反映。尽管有时受到严厉镇压，但公众动员起来支持一些地方和全国运动，表明人们对公共事务表现出极大的兴趣，并关注政府的政策。②

骚乱在 2017 年 5 月下旬加剧，许多人走上街头，要求改善道路和医院状况，他们认为政府腐败无能。③ 国王在 2017 年 7 月 29 日的演说中，回应了里夫地区的骚乱以及对地区发展差距和公共服务不佳的广泛批评，承认了许多结构性的问题，谴责当选的政客们未能改善地区发展环境，未能实施 2011 年宪法规定的改革，并要求进行改变，如更好地提高公共机构的透明度、改善问责制以及实施更具参与性的决策。④ 2017 年 10 月，与希拉克运动有关的 400 多名抗议人员被捕。该运动过后，许多市民社会组织的活动家呼吁有必要通过拟定总体的社会经济替代方案而不是对抗议者采取镇压措施来解决这一问题。2018 年，由 21 个市民社会组织组成的联盟呼吁释放希拉克运动中的被拘留者。这种批评和呼吁表明，市民社会组织正在监督政府对社会抗议活动的应对。⑤ 同年 8 月，国王下令释放与该运动有关的 188 名被拘留者。2019 年 7 月，国王指派新发展模式特别委员会（Special Commission for the New Development Model）研究并提出实质性和变革性的解决方案以应对国内的社会和经济问题。

---

① Dörthe Engelcke, "Morocco's Changing Civil Society," January 7, 2016, https：// carnegieendowment. org/sada/62417, accessed：2020-06-10.

② Annabelle Houdret and Astrid Harnisch, "Decentralisation in Morocco：A Solution to the 'Arab Spring'？" *The Journal of North African Studies*, Vol. 24, No. 6, 2019, p. 952.

③ Samia Errazzouki, "Thousands Rally in North Morocco Protest March," May 2017, https：// www. reuters. com/article/us-morocco-protests/thousands-rally-in-north-morocco-protest- march-idUSKCN18E336, accessed：2020-04-20.

④ Mohammed VI, "Royal Speech on the Occasion of the Throne Day," July 2017, http：// www. maroc. ma/en/royal-speeches/full-text-royal-speech-occasion-throne-day, accessed： 2020-04-20.

⑤ Kathya Berrada, " 'Independent' Civil Society's Struggle for Impact," April 19, 2019, https：//mipa. institute/6713, accessed：2020-06-10.

第五节　社会契约的局限性

社会契约很少是静态的，它在时空上通常发展出不同的特征。出于以下三个原因中的一个或多个，它会进行重新谈判和调整。一是缔约方之间权力的相对分配发生了改变。例如，政府不再能够在不增加税收的情况下履行其义务。[①] 二是缔约方发现其他各方不再履行其义务。从该方的观点来看，现有的社会契约已经失效。例如，在西亚北非的部分国家发生的阿拉伯剧变。[②] 三是任何一方都可以意识到现有的社会契约不再满足其期望，如社会或经济的剧烈变化。[③] 影响社会契约有效性的因素可以概括为国内的正式和非正式结构、国内经济因素和外部因素。

一　影响社会契约的因素

（一）正式和非正式结构

国家和政治通常涉及正式和非正式的规则和惯例，"非正式的网络和个人关系影响着权力的分配和使用方式"[④]。正式的、可依法强制执行的规则与其他具有竞争性的社会政治规则并存，这些规则源于依靠社会关系网建立的信任和互惠。[⑤] 非正式的威权体系在一些国家的历史上助长了社会排斥和国家制度的弱化，阻碍了少数群体和其他人获得基本服务的机会。家族、部族和非正式协会之间的"契约"不一定有利于稳固的社会契约，有时可能带来不平等的权力关系和排斥。

---

① 参见 Albert Weale, *Democratic Justice and the Social Contract*, Oxford：Oxford University Press, 2013。

② Shanta Devarajan, "An Exposition of the New Strategy：Promoting Peace and Stability in the Middle East and North Africa," 2015, http：//pubdocs. worldbank. org/en/418471453478675951/MENA-Strategy-Final-Dec-2015. pdf, accessed：2020-06-22.

③ Jane Kinninmont, "Vision 2030 and Saudi Arabia's Social Contract：Austerity and Transformation," Chatham House, July 2017, https：//www. chathamhouse. org/sites/default/files/publications/research/2017-07-20-vision-2030-saudi-kinninmont. pdf, accessed：2020-06-15.

④ OECD, "International Support to Statebuilding in Situations of Fragility and Conflict," 2010, p. 17.

⑤ OECD, "The State's Legitimacy in Fragile Situations：Unpacking Complexity," 2010, pp. 17-19.

（二）国内经济因素

政治上的考虑常常主导着关于社会契约的辩论，但同时也需要考虑经济利益在政治过渡期间暴力和脆弱的环境中发挥的关键作用，以及国家与政体互动的方式。获得社会保护和基本公共卫生与教育服务、住房、土地、信贷和工作机会是达成社会契约的基础：这些一起被称为"经济社会契约"，其中暗示着私营部门的责任。包容和公平的经济是社会契约的基本要素，税收和支出政策通常是公共当局可获得的最有效的中短期工具。财政政策可以通过重新分配收入和财富来影响和平前景。非精英群体公共服务的改善是维持牢固的社会契约的重要组成部分。①

（三）外部因素

国际盟约、安全公约、贸易制度、金融协定、治理机构和社会运动都为国家社会契约的最终形态和范围增加了具体的界限和压力。例如，欧洲联盟（European Union，EU）和国际货币基金组织（International Monetary Fund，IMF）迫使一些国家进行了一揽子财政和公共支出改革，而绕开了相关国家的国内辩论。由于这些政策，有关国家的政府承受了相当大的内部压力，但实际的谈判过程并未在其国内进行。一旦将财政、货币和贸易政策锁定在具有约束力的协议上，或者控制权已经简单地转移到国际权力中心，那么公众的辩论将变得无关紧要，除非采取大规模的暴力手段。在这方面，国际货币基金组织的经济干预历史悠久，最终导致有关国家现有社会契约的崩溃和新契约的兴起。②

二　摩洛哥的"2·20"运动

摩洛哥爆发"2·20"运动前的几年，非正规经济的参与者抗议他们被排斥在正规经济之外，并反对腐败和安全机构的镇压。政党未能传达和表达公众的不满，导致其他组织顶替了这一角色。地方协会和市民社会成员的政治色彩有所增强，人权协会发挥的作用尤为突出。被边缘化的群体

---

① UNDP & NOREF, "The Social Contract in Situations of Conflict and Fragility," April 2016, p. 14.

② UNDP & NOREF, "The Social Contract in Situations of Conflict and Fragility," April 2016, p. 13.

意识到他们被排除在这份契约之外，被政府的社会计划和暴力机关所压制。他们对契约的理解产生了蝴蝶效应，这种效应不断地与对精英有利的社会契约形成对抗，最终引发了摩洛哥的"2·20"运动。

与该地区其他国家相比，摩洛哥人民和反对派对该地区反政权抗议浪潮的反应是渐进和谨慎的，在第一阶段对突尼斯和埃及革命的反应仅限于保持国际关注。第二阶段，摩洛哥年轻人在互联网上创建了不同的平台，共同呼吁进行大规模的全国动员。在这些年轻人提出的要求中，有些具有社会经济特征，其他要求是政治性的：实现深刻而彻底的宪法和政治变革，以法治、自由和独立的法律制度为基础的国家建设，拥有议会君主制的政治体系。① 使他们与该地区其他国家的抗议活动区分开的是，他们没有对国家的君主制政权以及穆罕默德六世的君主地位产生怀疑。

在主要城市的抗议活动结束之后，穆罕默德六世将民众的不满情绪转化为正式的机构改革。他宣布将在新宪法中进行一系列政治改革，以增加政治自由化和多元化。新宪法赋予了首相和议会更大的权力，增加了权力下放的相关条文，并将柏柏尔语设为官方语言。通过对新宪法举行全民公决，国王成功地在两个方面稳定了政权：一方面，他通过全民公决获得了民众的支持；另一方面，他向政府施压，要求其随后实施改革，一旦发生失败或延误，政府应"承担所有责任"。② 宪法改革后，首相、政府和议会在立法和执政进程中发挥的作用更大了，但政权的权力结构定义了决策过程和政策结果的边界，权力分配没有实质性变化。国王仍然是所有政治和机构的中心，他继续主持内阁会议，并且保留了对军队和外交政策以及新的国家安全委员会的控制。

小　结

独立以来，当摩洛哥能够在安全、经济社会和政治参与方面提供惠及

---

① Irene Fernández Molina, "The Monarchy vs. the 20 February Movement: Who Holds the Reins of Political Change in Morocco?" *Mediterranean Politics*, Vol. 16, No. 3, 2011, p. 436.

② Myriam Catusse, "Au-delà de《 l'opposition à sa Majesté》: mobilisations, contestations et conflits politiques au Maroc," 2013, https://www.cairn.info/revue-pouvoirs-2013-2-page-31.htm, accessed: 2020-04-20.

不同社会群体的治理成效时，摩洛哥社会就能维持稳定的发展环境。反之，摩洛哥就会出现社会动乱。在安全领域，摩洛哥采用内外相结合的治理方式，在削弱伊斯兰反对派团体的力量、打击宗教极端主义、维护公民权利的同时，营造了良好的外部发展空间。在提供基本服务方面，如经济领域，摩洛哥向不同的社会群体提供了土地、就业、企业支持等不同的经济政策，在维持各个群体之间的竞争与平衡的同时，逐渐提高了社会契约的包容性。在社会领域，摩洛哥提供社会福利的方式逐渐多元化，并逐渐缩小了社会群体之间在获得教育、基础设施和社会保障等基本服务上的差距。新冠疫情暴发之前，经济和社会领域的问题引发了多次群众抗议。新冠疫情期间，摩洛哥通过包容性的社会契约，缓和了国家和社会之间紧张的关系。在政治参与方面，摩洛哥政党在与国家政权的互动中，实现了政党的多元化和政治的自由化。随着反对派政党实力的削弱，各政党之间逐渐形成了共识政治。这使得政党逐渐脱离民众，加剧了民众的不满，最终引发了大规模的社会抗议。与此同时，市民社会的独立性和政治色彩逐步得到加强，并在后阿拉伯剧变时期发挥着监督政府的作用，缓和了国家和社会的紧张关系。此外，政权的国家治理和对政治诉求的及时反馈对摩洛哥的整体稳定也发挥了重要作用。

综观受阿拉伯剧变影响的西亚北非国家，大规模的社会抗议、政权的迅速倒台和更迭与之没有将社会契约惠及广大中下层阶级有着直接的关联。虽然其中一些国家目前的政权维护了社会的整体稳定，如突尼斯和埃及，但可持续的稳定发展离不开国家与社会之间的良性互动，而不是仅靠军事力量的镇压和简单地照搬西方的民主模式。对于依靠石油红利向社会提供丰厚社会福利的国家，如沙特和科威特，国际油价的波动和未来绿色能源的发展是这些国家不得不面对的现实问题。如何优化产业结构，完善政权对基本服务的交付制度是这些国家目前经济改革的关注点。殖民的历史影响、教派冲突、域内外大国的博弈等因素左右着西亚北非国家的社会稳定状况。虽然外部力量在一定程度上是不可控的因素，如西方国家对该区域国家内政的强制性干涉，但如何发挥自身能动性，对内完善国家和社会的关系，对外寻求外交的平衡环境是该地区许多国家需要进一步去实践的。

第三章
摩洛哥国家治理的政治背景考察

国家治理与政治发展息息相关。政治发展既反映了国家治理的水平，又奠定了治理的策略。自摩洛哥独立以来，其政治发展道路虽然短暂，却极具特点，其政治演变正是其发展道路的根本写照。在政治上，摩洛哥政体由独立初期的巩固王权到 20 世纪 70 年代的专制集权再到 20 世纪 90 年代的政治开放，它是摩洛哥在不同历史时期面对困难与挑战的选择。这些困难与挑战是摩洛哥进行国家治理的背景和重要基础。本章试图对该问题进行探讨。

第一节　摩洛哥政治改革的发展演变

摩洛哥自 1956 年独立至今走出了一条独特的政治发展道路，虽然它自独立起就确立了君主立宪制，但经历了由专制集权到政治开放的政治演变。其大致可分为三个阶段：第一阶段 1956~1970 年，这是摩洛哥专制集权形成的时期；第二阶段 1972~1999 年，这是摩洛哥由专制集权向政治开放过渡的时期；第三阶段 1999 年至今，这是摩洛哥曲折的政治开放时期。

一　从强化王权到专制集权（1956~1970 年）

独立之初的摩洛哥面临诸多挑战，急需一个坚强的领导人带领国家走出困境。国王穆罕默德五世凭借正统的身份和独立斗争中的威望成功成为国家的掌舵人，带领国家克服了独立初期的困难，并建立了一套较为成熟的政治体系。但到了其子哈桑二世时期，国内反对派的抗议和社会矛盾的激化造成了社会动荡，国王被迫解散了议会，实行长达 5 年的集权统治。

刚刚独立的摩洛哥面临许多挑战：在政治上，摩洛哥国王和独立党之间为争夺政治权力而展开明争暗斗；在经济上，法国长达 44 年的殖民统治将财富集中到了少数人手中，占全国人口 70% 的农民大都成为无地的佃农，面临贫困的威胁；在社会上，教育成为独立初期的痼疾，绝大多数摩洛哥人都是文盲，学龄儿童的入学率只有 15%[①]；在军事上，摩洛哥缺乏一支正规军，美国、法国和西班牙的驻军以及各地的民间武装成了社会稳定的巨大隐患；在外交上，摩洛哥因为边界问题与邻国阿尔及利亚发生冲突。在这种困境之下甚至有人断言："独立的摩洛哥是活不长久的。"[②]

摩洛哥国王穆罕默德五世在上述政治、经济困境之下成功稳定了局面。在政治上，他继承和发展了保护国政府的组织结构。在中央，他模仿保护国政府建立了议会、政府、法院以及各部。在地方管理上，他将国家划分为多个省份，并向各省派驻官员以实现中央的直接控制。他还借助法国的帮助建立了许多干部培训所，以此来弥补行政官员不足的问题。在社会问题上，穆罕默德五世致力于恢复社会秩序。社会的稳定是国家安全的重中之重，独立初期的摩洛哥缺乏一支正规军，导致全国的治安状况堪忧。国王穆罕默德五世将里夫山区的摩洛哥解放军（Armée de Libération Marocaine）收编为皇家军队和警察部队，并以此镇压各地的匪帮，恢复了摩洛哥的秩序。在领土问题上，穆罕默德五世力图实现王国的领土统一，并要求撤除外国在摩洛哥领土上的军事基地。他与美国、法国和西班牙就撤军问题展开多次协商，最终在 20 世纪 60 年代初使其撤出。

虽然穆罕默德五世在独立初期稳定了社会局面、实现了平稳过渡，但在摩洛哥政治道路选择的问题上，国内各政治势力却出现了分歧。以穆罕默德五世为首的国王一方提出建立一个保证君主绝对权力的君主立宪制国家，以大多数独立党成员为首的一方提出建立一个君主"统而不治"的君主立宪制国家，摩洛哥共产党（Moroccan Communist Party）和部分左派

---

① 〔美〕苏珊·吉尔森·米勒：《摩洛哥史》，刘云译，东方出版中心，2015，第 191 页。
② 〔摩洛哥〕哈桑二世：《挑战——哈桑二世回忆录》，季仲华译，新华出版社，1983，第 97 页。

人士则提出要建立一个共和国。在这三方博弈中，国王一方最终取得了胜利。

当 1961 年穆罕默德五世之子哈桑二世继位后，他遵循其父的政策，继续巩固国王的权力。1962 年，哈桑二世仿照法国 1958 年宪法拟定的宪法草案得到了通过，建立以自由立法选举为基础的开放民主制度的规则，但同时将广泛的权力赋予国王。根据宪法第 19 条，国王是国家统一的象征，也是伊斯兰教、宪法、公民权利和自由的保护者，负有维护国家独立和领土完整的责任。[①] 国王还控制着行政权和立法权，根据宪法，国王有权任免首相及内阁，政府成员优先对国王负责，其次对议会负责。宪法还规定国王有解散议会之权，宣布紧急状态之权。[②] 除此之外，国王还有权任命所有省长、各部秘书、公共机构和企业负责人、法官以及包括主席在内的宪法委员会的一半成员。国家重要部门，如司法部、国防部、外交部、宗教基金与伊斯兰事务部和内政部的负责人也由国王任免。[③] 如上所述，国王的权力远大于首相。在中央，他对行政、立法、司法三权具有较强的影响力，还有权任命各主要部门的负责人。在地方，他有权任命各地的长官。根据 1962 年宪法，虽然摩洛哥是一个君主立宪制国家，但摩洛哥国王并不是一个没有实权的"虚君"，而是一个掌握大权的君主。哈桑二世将国王的权力通过宪法固定下来，成功巩固了王权，但也为后来国王的专制埋下了伏笔。

当哈桑二世成功巩固王权之后，他的下一个目标就转向了从独立党中分裂出来的人民力量全国联盟，他认为这个政党有着严重的反政府倾向，必须严厉打击。人民力量全国联盟是一个倾向社会主义的政党，其成员非常欣赏刚刚独立的阿尔及利亚和突尼斯的政体，并与许多第三世界社会主义国家的领导人有密切接触。其政治理念与王室格格不入，因此屡屡遭到打击。哈桑二世上台之后，王室与人民力量全国联盟之间的矛盾更加激

---

① Abdeslam Maghraoui, "Monarchy and Political Reform in Morocco," *Journal of Democracy*, Vol. 12, No. 1, 2001, p. 79.

② "Maroc Constitution du 7 décembre 1962," https：//mjp. univ-perp. fr/constit/ma1962. htm, accessed：2020-12-05.

③ "Maroc Constitution du 7 décembre 1962," https：//mjp. univ-perp. fr/constit/ma1962. htm, accessed：2020-12-05.

化。当 1962 年制订新宪法的计划颁布之后，人民力量全国联盟的领袖本·巴尔卡（Ben Barka）立即向全国呼吁抵制宪法，并宣称"摩洛哥人民的首要任务，是与这个完全封建的政府作斗争"。① 此事引起了王室的警觉，并决定要彻底铲除该党。在 1963 年的议会选举之后，王室突然指责人民力量全国联盟计划暗杀国王哈桑二世，并将当时身在国外的本·巴尔卡列为主要嫌疑人。警方突袭了该党在卡萨布兰卡的总部，逮捕了该党数百名成员和多名领导人，甚至连阿布德拉希姆·布阿比德（Abderrahim Bouabid）和阿卜杜勒·拉赫曼·优素福也未能幸免。② 次年冬天，法院对约 200 名人民力量全国联盟的成员进行审判，判处 11 人死刑，包括已经流亡国外的本·巴尔卡。虽然最终没有一个人被执行死刑，但此次镇压是对人民力量全国联盟的一次重大打击，也消除了它对王权的威胁。

反抗不只集中在上层，下层的部分民众和学生也同样成了政府的反对者，最后甚至掀起了一场抗议运动。这次抗议的领导者是摩洛哥全国学生联合会（The Moroccan National Students' Union，UNEM），它是人民力量全国联盟在大学生中设立的组织，该组织的宗旨是实行民主化、消除殖民主义残余、限制国王的权力。当 1963 年警方突袭人民力量全国联盟时，摩洛哥全国学生联合会的许多骨干也被牵连其中，于是其成员奋起抗议，并呼吁"取消政府"。但此举遭到了政府的无情打击，许多成员被逮捕，部分基层组织被捣毁。③ 虽然这次抗议活动以失败而告终，但它却为 1965 年的大抗议埋下了伏笔。1965 年，拉巴特、卡萨布兰卡等地的高中生响应摩洛哥全国学生联合会社会变革的号召，再次发起了反政府抗议活动，此次抗议还得到了工人和城市贫民的支持。1965 年 3 月 21 日，游行示威达到高潮，摩洛哥的许多大城市都爆发了抗议，成千上万的人焚毁车辆、抢劫商铺，这场抗议开始迅速演变成骚乱，城市宛如战场。哈桑二世公开谴责这次抗议事件，并在不久后动用安全部队将之镇压，此事件

---

① Zakya Daoud, Maâti Monjib, *Ben Barka : une vie une mort*, Paris：Michalon, 1996, p. 299.

② Belkassem Belouchi, *Portraits d'hommes Politiques du Maroc*, Casablanca：Afrique Orient, 2002, p. 65.

③ John Waterbury, *The Commander of the Faithful: The Moroccan Political Elite—A Study in Segmented Politics*, New York：Columbia University Press, 1970, pp. 214-215.

最终导致数百人死亡。

在 1965 年骚乱之后，哈桑二世解散议会并暂停宪法，宣布国家进入紧急状态，开始了长达 5 年的君主集权时期。哈桑二世几乎掌握了所有政治权力，并依靠政府、军队和情报机构实施对社会的控制。他将自己信任的官员安插在国家的各个重要部门中，并极力拉拢城市和乡村名流，把政府机关当作自己的手脚，以实现对各地的控制；他利用情报部门编织了一张巨大的情报网，用来监督各级官员的行为及各地区的状况，将其视为自己的耳目；他加强对军队的控制，笼络军队上层官员，利用军队来威慑和打击转入地下的反对派，将其视为自己的利剑。与此同时，虽然政府大肆搜捕反对派，但并没有彻底根除他们。反对派大都转入地下，学校、工会、沙龙等非正式场合成了他们新的活动阵地和形式。部分组织在镇压下甚至变得更加激进和活跃，如 1970 年成立的伊拉阿玛姆（Ila al-Amam，意为"前沿"）组织就是反对派中最活跃的组织之一，他们强烈反对国王，认为自己是人民革命的"先锋"。[①] 该组织很快就遭到了摩洛哥政府的镇压，组织的领导人和大量成员被捕，许多人甚至被判处终身监禁。由此可见，虽然哈桑二世通过强有力的国家机器来巩固其君主集权，但潜藏在民间的反对派仍然在坚持斗争，集权统治不能给摩洛哥带来稳定，该国的政治体制仍需向前发展。

二　从集权到有限的政治开放（1972~1999 年）

在哈桑二世长达 5 年的集权统治之后，由于国内的政治动荡和社会问题频繁出现，致使国王不得不重新向反对派伸出橄榄枝，试图将其重新纳入政治轨道。20 世纪 90 年代初，随着国内外局势的进一步变化，哈桑二世在执政末期实行了有限的政治开放。此次政治开放是一个包括立法、行政和社会的全方位改革，是摩洛哥政治史上的一次重大转折。

在哈桑二世"铁拳"重压下的摩洛哥社会潜藏着诸多政治和社会问题：反对派仍在秘密活动；逐渐扩大的贫富差距正在撕裂整个社会；军队内部也开始出现不稳定因素。在经过了数年的压制后，这些问题终于以一种极端的方式展现出来：哈桑二世曾经最信任的军队在 1971 年和 1972 年

---

① Pierre Vermeren, *Histoire du Maroc Depuis L'indépendance*, Paris：Découverte, 2006, pp. 52-53.

接连发动了两次政变。① 据称这两次政变的原因是部分军官不满上层人士的腐败和社会贫富差距的不断扩大，这给哈桑二世敲响了警钟：如果不改变现状以缓解公众的不满，类似的事件可能还会出现，因此哈桑二世一方面开始整顿军队，另一方面则试图将反对派纳入政治体系中。

在经历了多年无议会的紧急状态之后，哈桑二世开始利用西撒哈拉问题拉拢反对派。1974 年，西班牙开始撤出其殖民地西撒哈拉，哈桑二世和反对派都认为西撒哈拉是摩洛哥不可分割的一部分，在这一点上双方达成了共识。哈桑二世成为西撒哈拉问题的首席代表，在他身边聚集了一大批原属反对派的政党，除了人民力量全国联盟之外，独立党、从人民力量全国联盟分裂出来的人民力量社会主义联盟和进步与社会主义党都与国王站在了一起，哈桑二世利用争取领土完整所带来的民族主义情绪成功团结了部分反对派政党，并将其他反对派与分裂国家者联系在一起，以此孤立其他反对派。在西撒哈拉问题之后，哈桑二世逐渐在政治准入门槛上设置了三条红线：国王、伊斯兰教以及领土完整，任何质疑这三者之一的个人或团体都不能参与政治。

自此之后，哈桑二世开始有意接纳反对派，反对派也开始参与政治。在 1976 年的地方选举和 1977 年的全国选举中，出现了许多反对派政党的身影，甚至连缺席 15 年的独立党也参加了选举。但此时反对派已经无法像独立初期那样成为政府中举足轻重的力量，取而代之的是忠于国王的政党联盟。在 1977 年的议会选举中，忠于国王的"独立派"候选人占据了议会 52.5% 的席位，独立党只占据 19% 的席位，人民力量社会主义联盟占据 5.7% 的席位，进步与社会主义党占据 0.4% 的席位。② 由于遭到反对

---

① 第一次政变发生于 1971 年 7 月 10 日，当时 1200 名荷枪实弹的军事学院学员冲进了哈桑二世在斯希拉特（Skhirat）宫殿的生日会场，并向在场的人员开枪射击，哈桑二世侥幸逃脱。参见 Ernest Gellner, Charles Micaud, eds., *Arabs and Berbers: From Tribe to Nation in North Africa*, London: Duckworth, 1973, pp. 406-413。第二次政变发生于 1972 年 8 月 16 日，当哈桑二世结束对法国的访问回国时，他所乘坐的飞机遭到了 4 架摩洛哥战机的袭击。虽然国王的飞机受损严重，但它仍然平安降落在拉巴特的塞拉机场，机内的皇家人员毫发无损。参见〔美〕苏珊·吉尔森·米勒《摩洛哥史》，刘云译，东方出版中心，2015，第 220 页。

② Lise Storm, *Democratization in Morocco: The Political Elite and Struggles for Power in the Post-Independence State*, New York: Routledge, 2007, p. 41.

派政党的抗议，在1984年的议会选举中，虽然国王禁止"独立派"候选人参选，每位候选人必须归属政党，但选举结果仍与1977年类似，忠于国王的宪政联盟、全国自由人士联盟（National Rally of Independents）、人民运动占据了议会62.4%的席位，而独立党、人民力量社会主义联盟和进步与社会主义党只占据25.9%的席位。① 由此可见，哈桑二世虽然将反对派政党纳入议会，但限制了它们的席位，而让忠于国王的政党掌控议会。此举既分化了20世纪70年代以来建立的反对派联盟，削弱了反对派的力量，也扩大了政府的统治基础，平息了民众的不满，还成功束缚了加入政府的反对派的手脚，可谓一举多得。在失去话语权的情况下，独立党和人民力量社会主义联盟退出了政府，计划重组反对派联盟。虽然哈桑二世此次拉拢反对派的行动以失败告终，但为20世纪90年代双方的和解打下了基础。

20世纪90年代初，摩洛哥国内外出现的两个事件迫使哈桑二世进行政治开放。首先是国内政治伊斯兰崛起的暴力威胁。随着邻国阿尔及利亚政治伊斯兰主义者与军方内战的不断恶化，摩洛哥境内的政治伊斯兰越发令人担忧。② 许多民众由于对现有的政治参与不满，纷纷加入了政治伊斯兰组织。其次是海湾战争引发的大规模抗议。当战争爆发时，许多民众对政府支持美国感到不满，纷纷上街游行。这两件事情令国王感到有必要进行政治开放以避免危机。于是他开始向反对派伸出橄榄枝，邀请其加入政府。20世纪90年代初哈桑二世多次发表讲话，邀请反对派联盟民主集团（Koutla al-Demouqratiyya）加入政府。③ 而反对派联盟此时也面临压力：一方面，国内政治伊斯兰组织不断发展壮大，逐渐成为其强劲的竞争对手；另一方面，摩洛哥不断恶化的经济问题导致社会动荡，这也同样影响了反对派联盟的利益。因此反对派联盟同意与哈桑国王和解，再次进入政府。

1998年2月4日，哈桑二世任命人民力量社会主义联盟的领袖阿卜

---

① Lise Storm, *Democratization in Morocco: The Political Elite and Struggles for Power in the Post-Independence State*, New York: Routledge, 2007, p. 49.

② Catherine Sweet, "Democratization without Democracy: Political Openings and Closures in Modern Morocco," *Middle East Report*, No. 218, 2001, p. 23.

③ Sami Zemni and Koenraad Bogaert, "Morocco and the Mirages of Democracy and Good Governance," *UNISCI Discussion Papers*, No. 12, 2006, p. 105.

杜勒·拉赫曼·优素福为首相，并组建"交替政府"，实现了国王与反对派的再次和解。对国王来说，这个举措不仅将反对派拉入政府，有效削弱了社会上对王室不满的声音，而且还扩大了政府执政的基础。但对于人民力量社会主义联盟来说，在国王和亲国王政党的掣肘之下，优素福政府的效率低下和软弱的问题很快就充分暴露出来。在执政后，优素福政府制订了许多雄心勃勃的改革计划，如关注经济的一项小额信贷法律，关注劳工权利的劳工法，以及改善妇女和失业者状况的政策。但它们并没有取得预期的成果，摩洛哥学界和评论人士一直认为优素福政府的表现非常糟糕。造成这一结果的原因有二。其一是国王的权力较之前并未减少，国王仍然能够直接任命如内政部、外交部和司法部的大臣，他对国家重大事务仍有最终决定权，如西撒哈拉事务和经济改革事务。这种二元性的政治必然会对优素福政府的某些政策造成不利影响。其二是优素福政府内部斗争影响了政策的连续性和有效性。优素福政府由 7 个来自不同政党的成员组成，他们之间政见不同，很难达成一致，这就造成优素福政府的效率低下。加之行政官员大都由国王任命，政策实践的连续性和有效性难以得到保证，这就体现出优素福政府的软弱。哈桑二世的政治开放并不彻底，他给了反对派政党执政的机会，精心设计了一个政治系统，但国王才是它真正的掌舵人，执政的政党和首相总会受到国王的掣肘。但哈桑二世打开了摩洛哥政治开放的大门，为摩洛哥未来的政治发展指明了方向。

三　渐进的改革之路（1999 年至今）

1999 年，穆罕默德六世即位后继承了其父哈桑二世的政治开放政策，并引导摩洛哥走上了一条渐进的改革之路。在执政之初他着重社会改革，特别是在女权、人权等问题上。他的改革在一定程度上满足了弱势群体的要求，成功实现了王位交替的过渡。在 2011 年阿拉伯剧变席卷摩洛哥之时，国王提出以宪法改革为主的政治改革计划，成功使国家免遭动乱之苦。之后在国王与上台执政的公正与发展党的合作下，又接连实行了司法改革、打击贪污腐败和经济结构性调整等政策。虽然摩洛哥改革的脚步略显缓慢，但格外谨慎而坚实。

在穆罕默德六世即位之初，他就向公众展现出一个拥抱民主和现代化的君主形象。在他的第一次全国讲话中，他曾毫不避讳地表达了他对君主立宪制、经济自由化、依法治国、捍卫人权与自由、国家安全与稳定的热情。① 他的做法也证明了这一点。他解雇了内政大臣德里斯·巴斯里（Driss Basri），因为后者曾经多次镇压反对派运动，也曾过多干预政党活动和选举。② 他的这一行为被认为是对反对派的支持，特别是对"交替政府"的支持。

除此之外，国王还进行了一系列社会改革。首先是加强女性权利。在摩洛哥独立之初国家曾编纂过一部《个人身份法典》（Personal Status Code），其中对婚姻有以下规定：丈夫为一家之主，妻子必须服从丈夫；一夫多妻制合法；女子在结婚前由父亲监护，结婚后由丈夫监护；丈夫有权单方面要求与妻子离婚。③ 20 世纪 90 年代许多民间团体开始批评这部法典，指责它无视妇女的正当权利，并多次提出修改意见。2001 年，国王召集诸多专家学者着手进行法典的修改工作，2004 年，国王向公众公布了修改后的内容。法典中明确涉及妇女权利的内容包括：夫妻双方在婚姻中权利与责任平等；女子一旦成年就不再受到男子的监护；离婚是夫妻双方共有的权利；一夫多妻制仍然存在，但丈夫再娶妻需经过严格的法律审查和法官的批准。④ 国王的这一政策得到了民众的称赞，民间一句流传甚广的话就反映了这一点："穆罕默德五世解放了摩洛哥，穆罕默德六世解放了你的母亲。"⑤

其次是捍卫人权，进行社会和解。在哈桑二世执政时期，由于其多次对反对派进行大规模镇压，导致许多人入狱。20 世纪 90 年代后，许多出狱者将自己在狱中的经历写成书，痛陈在监狱中受到的百般折磨。这引起

---

① Anouar Boukhars, *Politics in Morocco: Executive Monarchy and Enlightened Authoritarianism*, New York：Routledge, 2011, p. 48.

② Bruce Maddy-Weitzman, Daniel Zisenwine, eds., *Contemporary Morocco: State, Politics and Society under Mohammed VI*, New York：Routledge, 2013, p. 14.

③ Oriana Wuerth, "The Reform of the Moudawana: The Role of Women's Civil Society Organizations in Changing the Personal Status Code in Morocco," *Hawwa*, Vol. 3, No. 3, 2005, p. 312.

④ Vishvini A. Sakthivel, *The 2004 Moroccan Moudawana Reforms: Outcomes for Moroccan Women*, Master, dissertation, Georgetown University, 2013, p. 4.

⑤ Anouar Boukhars, *Politics in Morocco: Executive Monarchy and Enlightened Authoritarianism*, New York：Routledge, 2011, p. 34.

了摩洛哥国内外媒体的广泛关注，国内舆论纷纷要求政府为此负责，甚至许多国际组织也向摩洛哥政府施压，要求其保护人权。在此背景下，穆罕默德六世于 1999 年正式成立了独立仲裁委员会（Instance d'Arbitrage Indépendante，IAI），该委员会负责处理失踪及非法拘禁受害者的赔偿问题。2003 年独立仲裁委员会解散，国王于次年建立了平等与和解委员会，该委员会集调查、赔偿、和解、善后于一体，是摩洛哥目前较为完善的官方人权机构。① 此政策虽然因未对当年施暴者深究而遭人诟病，但其对受害者的物质补偿和精神抚慰，以及其以史为鉴，避免重蹈覆辙的态度仍然令人称道。

2011 年，由阿拉伯剧变所引发的抗议浪潮席卷摩洛哥，该国也爆发了大规模抗议活动，即"2·20"运动。该运动在摩洛哥持续近两年，对摩洛哥的政治、经济和社会产生了重大影响，也进一步推动了摩洛哥的政治改革。国王穆罕默德六世为平息抗议，于 3 月 9 日的公开演讲中宣布将对宪法进行深入和全面的审查，以便在本质上加速该国政治的宪政化和制度化。② 7 月通过的新宪法基本满足了抗议者的要求，得到了民众的支持。该宪法主要在三个方面进行了改革。第一，权力分配方面，新宪法重申了三权分立的重要性，加强了首相和议会的权力，限制了国王的行政权力。与之前国王可以任意任命首相不同，新宪法规定国王只能在议会选举中赢得最多席位的政党中任命首相；以前由国王任命高级官员的权力现在需要国王和首相协商决定；议会则获得了原属国王的特赦权。第二，公民权利方面，公民权利在原有的言论自由、流动自由和结社自由的基础上增加了思想、艺术表达和创作自由。第三，语言文化方面，宪法规定柏柏尔人使用的柏柏尔语成为官方语言，并将摩洛哥文化中所有语言成分视为国家的遗产。此次宪法改革是穆罕默德六世继位初期改革的延续。在政治上，它将国王的权力逐渐向议会和首相倾斜，给予了首相更多的政治权力，也提升了议会

---

① Luke Wilcox, "Reshaping Civil Society through a Truth Commission: Human Rights in Morocco's Process of Political Reform," *The International Journal of Transitional Justice*, Vol. 3, No. 1, 2008, pp. 57-58.

② Mohamad al-Akhssassi, "Reforms in Morocco: Monitoring the Orbit and Reading the Trajectory," *Contemporary Arab Affairs*, Vol. 10, No. 4, 2017, pp. 485-486.

的影响力，这是政治开放的延续。在社会上，它保证了公民的思想和创作
自由，又肯定了柏柏尔文化的地位，这是社会改革的延续。

在"2·20"运动平息之后，国王穆罕默德六世和新上台的公正与发
展党合作推进了一系列改革计划，这既是对"2·20"运动抗议者的许
诺，也是摩洛哥改革计划的延续。首先是打击腐败。在"2·20"运动
中，清除腐败是抗议者们的诉求之一，他们控诉社会中存在的腐败现象，
甚至将矛头指向了政府和皇家企业。在国王的支持下，2014 年底司法大
臣穆斯塔法·拉米德（Mustapha Ramid）宣布了政府解决腐败问题的计
划，其中包括加强金融监督、提高信息透明度、完善相关法律法规、扩大
舆论宣传等。[1] 同年，政府宣布将中央防贪总局（Central Body for the
Prevention of Corruption）改为国家廉洁、预防和反腐总局（National Body
for Integrity, Prevention, and the Fight Against Corruption, INPPLC）。此举
加强了它的独立性，使其能在调查腐败案件中起到更为积极的作用。[2] 其
次是司法改革。司法改革的目的是在保证国王对司法控制的同时，提高其
独立性和效率。2013 年 9 月司法大臣拉米德曾公布了一份司法改革的具
体草案，其中包括颁布新法律、调整预算、清除腐败等一系列措施。经过
数年的努力，2016 年拉米德宣称已经实现了草案中规定的 78%，具体包
括通过提高法官工资来避免贪污，并加强对其财产的监督；减少酷刑数
量，并加强对与酷刑相关案件的问责；重审部分有关贪污的大案要案。[3]

第二节　摩洛哥政治发展的特征

一　王权的二重性：政治与宗教合法性

在摩洛哥的政治体系中，国王毫无疑问是最关键的组成部分。他是摩

---

[1] "L'ambassade de France et l'ICPC Distribuent des Bandes Dessinées Contre la Corruption,"
Huffpost Maroc, March 3, 2015, http://www.huffpostmaghreb.com/2015/03/03/story_n_67
92916.html, accessed：2020-12-14.

[2] "Lutte Contre la Corruption：Le Maroc Fait du Surplace," Le Matin, January 6, 2017,
https：//lematin.ma/journal/2017/luttel-contre-la-corruption-le-fait-du-surplace/
264713.html, accessed：2020-12-14.

[3] Intissar Fakir, "Morocco's Islamist Party：Redefining Politics Under Pressure," *Carnegie
Endowment for International Peace*, 2018, p.17.

洛哥政治的掌控者，是政党和民间协会的调停者，是国家最高军事统帅，是这个君主立宪制国家中权力最大的人。虽然摩洛哥独立以来，历任国王遇到了许多挑战，但王权却始终屹立不倒。即使在席卷阿拉伯世界的阿拉伯剧变的冲击下，摩洛哥国王仍然得以幸存。其原因与王权的二重性密切相关，王权的二重性指的是其政治和宗教合法性，它们构成了王权的基础。正是这两点使得摩洛哥国王能够在风云变幻的国内外局势中维持其地位，并引领国家的发展。

摩洛哥国王的合法性由两部分组成：在政治上体现为历史悠久的马赫赞，它是王朝时期国家政治秩序的集中体现；在宗教上体现为王室"圣裔"家族的血脉和国王"信士的长官"的头衔，它们是国王高贵血统和宗教地位的体现。在摩洛哥历史上诸多的王朝中，每一位统治者都会特意强调这两点以宣扬自身的合法性，即使到了今天，摩洛哥国王仍然将其作为王权的支柱。

提到摩洛哥国王的政治合法性，首先应该提到马赫赞，因为它是王朝时期国王政治权力的集中体现。在中央，它规范了君臣人伦；在地方，它维持了当地部落的秩序，并与所谓的异见地区（Bled es-Siba）保持着微妙的平衡。马赫赞这个词最早出现在 12 世纪的摩洛哥，用来指代政府收缴税收的金库，后来经过不断的发展演变，它逐渐代指一个权力系统，包括国王、行政部门、军队、乌莱玛、苏非教团等。[①] 它已经从一个"金库"转变成了一个"权力库"。

在中央，国王利用马赫赞及其编织的权力网络维持其地位；在地方，国王将摩洛哥的土地划分为两个部分：统治地区（Bled al Makhzen）和异见地区。统治地区处在马赫赞的有效控制之下，并向马赫赞缴税；异见地区虽然名义上归属马赫赞统治，但不允许马赫赞派遣官员，也不向马赫赞缴税，它们只承认摩洛哥国王的合法性。摩洛哥国王往往通过调解、庇护、征伐等手段维持其在异见地区的影响力。虽然前保护国时期摩洛哥国王的统治力没有今天那样强大，但通过国王的精神权力和马赫赞构建的权

---

① Mohamed Daadaoui, *Moroccan Monarchy and the Islamist Challenge: Maintaining Makhzen Power*, New York：Palgrave Macmillan, 2011, p. 42.

力网络，摩洛哥政局维持着一种微妙的平衡。

在1912 年摩洛哥沦为法国保护国之后，摩洛哥国王的政治权力被削弱，但法国人仍然保留了他的宗教权力和地位。1912 年签订的《非斯条约》规定："这一制度（指保护国制度）要维护现存的宗教状况、素丹①的传统尊严和威望、穆斯林的宗教信仰及宗教组织，尤其要保护宗教基金管理机构。它将允许组织经过改革的谢里夫马赫赞（摩洛哥政府）。"②不仅如此，法国人还通过十几年的战争征服了异见地区的诸多部落，为独立后摩洛哥真正意义上的统一打下基础。除了战争和掠夺之外，法国人还给摩洛哥带来了现代政治制度，他们夺取了摩洛哥国王的政治权力，在摩洛哥进行了大规模的政治改革。在中央，他们将之前模糊不清的立法权、行政权、司法权分离，并制定内阁制度，设立官员分管农业、金融、教育等事务。在地方一级，他们设立民政管理局和土著事务局，以管理城市和乡村的事务。③ 可以说，虽然法国的殖民政策和对各部落的残忍镇压给摩洛哥民众带来了深重的苦难，但它也在摩洛哥播下了现代政治的种子，并将历史上长期处在马赫赞控制之外的异见地区彻底纳入其管辖范围，为当代摩洛哥政府的形成打下了基础。

独立后的摩洛哥政府可以说是传统的马赫赞系统和现代政治相结合的产物，而国王则是这套政治体系的核心。虽然摩洛哥仿效西方实行君主立宪制度，并颁布宪法，实行三权分立，但为国王留下了极大的政治空间。国王的传统权力仍旧被保留，马赫赞也改头换面重新出现在政治舞台上。自摩洛哥1962 年第一部宪法颁布以来，对国王的权力就有明确规定。国王是国家统一的象征，有维护国家独立和领土完整的责任；国王有权任免首相，有权解散议会，有权宣布紧急状态；国王还有权任命各省省长和主要部门的负责人。虽然在短短的几十年中宪法经过多次修改，国王的权力也不断被削弱，但这些基本权力却丝毫没有遭到动摇。

---

① 即摩洛哥国王。

② 潘光、朱威烈主编《阿拉伯非洲历史文选（18 世纪末~20 世纪中）》，华东师范大学出版社，1992，第150 页。

③ Mohamed Daadaoui, *Rituals of Power and the Islamist Challenge: Maintaining the Makhzen in Morocco*, Ph. D. dissertation, The University of Oklahoma, 2008, p. 99.

当代摩洛哥国王的政治权力实际上是王朝时期马赫赞权力的延续和发展。从前国王利用马赫赞在中央控制官员、行政部门、军队、乌莱玛，现在国王利用宪法赋予的权力影响行政、立法、司法等部门。从前国王利用马赫赞在地方行使职能，并利用军队和外交维持在异见地区的影响力，如今国王通过加强地方控制、任命地方官员来维持国家统一和社会稳定。马赫赞虽然经历了法国人的改革，但在它现代政治的外衣下仍然隐藏着传统的内核。正是这一内核赋予了当今摩洛哥国王的政治权力，也为之提供了政治合法性。

摩洛哥国王的宗教合法性来源主要集中在以下两点：首先是国王"圣裔"的神圣血统；其次是民众对国王"巴拉卡"的崇拜。在伊斯兰教传入摩洛哥 100 多年后，摩洛哥第一个王朝的创始人穆莱·伊德里斯（Moulay Idris）开始在此地推广伊斯兰传统，并规定只有拥有先知家族血统的人（即"谢里夫"）才能统治国家。[1] 现今统治摩洛哥的阿拉维家族也同样遵循这一传统，他们声称自己来自麦加附近的一个小村庄，是先知穆罕默德之女法蒂玛和阿里的后裔，当今的国王穆罕默德六世是先知的第 36 代传人。[2] 为此王室还专门编纂了一份家谱来证明其血统的神圣，并在每年的登基纪念日大肆宣传。[3] 王室想方设法论证其家族与先知之间的血统联系的目的是将其神圣的血统转化为合法性。在摩洛哥的宪法中将国王称为"信士的长官"，这一称呼最早来自第二任哈里发欧麦尔，其意为"安拉使者继任人的继任人"，此后便成为穆斯林对哈里发的尊称，也被历代伊斯兰教王朝统治者所沿袭。也就是说，"信士的长官"这一称呼是摩洛哥穆斯林对其国王政治权力和宗教地位的认同。而王室通过不断强调其家族血统与先知的联系来加强其神圣地位，使其获得"先知继任者"的头衔，这一认同将其权力的来源与先知等同，成为真主直接授予的权柄。摩洛哥国王与周边的阿拉伯共和国领导人相比，其权力要远大于后

---

① Abdelilah Bouasria, *Sufism and Politics in Morocco: Activism and Dissent*, New York: Routledge, 2015, p. 44.

② Hassan II, *Le Défi*, Paris: Albin Michel, 1976, pp. 203-204.

③ Mohamed Tozy, *Monarchie et Islam Politique au Maroc*, Paris: Les Presses de Sciences Po, 1999, p. 84.

者，政权的稳定性也相对较强。这一点可以在席卷中东的阿拉伯剧变中看到，与埃及、利比亚等国的政府纷纷被颠覆不同，摩洛哥虽然也爆发了抗议，但只有很少的抗议者将矛头指向国王，也没有发生政权更迭，其中国王外化的宗教权力起了很大的作用，不论是官员还是百姓都慑于国王的宗教权威而止步于颠覆政权。

　　"巴拉卡"来源于摩洛哥柏柏尔人的自然崇拜和圣人崇拜，在柏柏尔人的原始信仰中，不论日月星辰还是山川草木都有"巴拉卡"，它们中许多具有特点的还会被柏柏尔人当作神灵崇拜。当伊斯兰教传入摩洛哥之后，柏柏尔人的原始信仰便开始与伊斯兰教相融合，开始崇拜圣人。柏柏尔人认为先知穆罕默德是世上拥有最多"巴拉卡"的人，他的后裔们都或多或少地继承了他的"巴拉卡"，而其中那些拥有较多"巴拉卡"的人就会被人们当作圣人来崇拜。圣人们在活着的时候享受着信徒们的供奉，他们死后的墓地则会被当作圣墓来供人参拜。① 这种传统一直流传到今天。作为"圣裔"的摩洛哥国王同样备受人们崇拜，他被摩洛哥民众称为"真主在大地上的影子"，他的"巴拉卡"由 40 位圣人守护，甚至可以护国安邦。摩洛哥人相信国王的"巴拉卡"与整个国家的福祉相联系，如果国王公正廉明，那么国家就会风调雨顺、繁荣昌盛；反之，如果国王昏庸无道，那么国家就会陷入灾难之中。② 人们相信国王的"巴拉卡"有如此强大的力量，以至于古代毛里塔尼亚和努米底亚的柏柏尔人将国王当作神明。今天的摩洛哥仍然存在着对国王的崇拜，人们相信通过与国王的身体接触可以将后者的部分"巴拉卡"转移到自己身上，这被视作一种祝福。人们认为与国王握手或拥抱是一种赐福，甚至接受国王的赏赐也是一种恩赐。且不论国王的这种"巴拉卡"究竟是否存在，这令他更加神秘和威严，民众渴望得到国王的赐福，害怕遭到他的诅咒，这相当于在人们心中种下"国王神圣不可侵犯"的理念，从而巩固了国王的宗教合法性。

---

① Edward Westermarck, *Ritual and Belief in Morocco Volume I*, New York：Routledge，2013，p. 36.

② Edward Westermarck, *Ritual and Belief in Morocco Volume I*, New York：Routledge，2013，p. 39.

分析摩洛哥王权的二重性有利于了解其稳定性，王权的基础是由以马赫赞为内核的政治基础和通过血缘、"巴拉卡"和宗教仪式所塑造的宗教基础所构成，它既保留了国王的传统权力，又使王权凌驾于一切政治团体之上。举例来说，宪法赋予国王任免首相、统领军队、主持外交等一系列大权，国王对政府施策也有很大的影响力，但当政策不力而遭到民众批评时，民众的指责对象却往往是政府而非国王。这一方面是因为摩洛哥宪法中规定禁止批评国王；另一方面则是因为民众对国王的崇拜。由于国王神圣的血脉和"巴拉卡"，大多数摩洛哥人即使在国王下台后也依旧尊重和崇拜他。在 1953 年国王穆罕默德五世被法国人废黜之后，许多摩洛哥人仍然冒着被法国人处罚的风险在家中藏着国王的画像，更有传言声称人们曾经看到国王和他的女儿在月亮上出现。正是国王手中的大权和民众的崇拜，使得摩洛哥王室在席卷中东的阿拉伯剧变中得以幸存。

二　摩洛哥国王对政府的"离岸平衡"：政党的弱化与投机

随着摩洛哥国王对政党的"驯化"和控制不断加强，各政党逐渐成为国王政治游戏中的"治理对象"，这也给各政党带来两个严重问题。一是政党作用的弱化。其原因是国王通过不断创建忠于国王的新政党以分裂旧政党，导致摩洛哥政坛碎片化，没有任何一个政党能够单独执政。它的后果是各政党陷入不断的争吵中，体现在政治上就是效率低下。二是政党内部投机之风日盛，许多政党成员为追求政治利益而不断改换门庭，导致政党的凝聚力下降，其力量也大不如前。

摩洛哥国王在几十年的时间内不断试图控制和削弱政党，现在已经基本达成目标，至少政府内部的政党已经唯国王马首是瞻。摩洛哥左翼政党"民主之路"（Annahj Addimouqrati）的创始人之一阿里·阿夫基尔（Ali Afkir）把政府中的所有政党归为一类。他认为在政府中的左派政党、伊斯兰政党等虽然有意识形态上的种种差别，但这些差别在国王创立的政治规则中常常是微不足道的。他曾经这样评价党派之间的竞争："发生在人民力量社会主义联盟和公正与发展党之间的大多数敌意，就像国王后宫里的妻子之间的敌意一样，前者想要一些不会改变当前局势本质的微小改变，而公正与发展党则需要其他一些与伊斯兰相关的微小改变。"① 也就是说，在国王创立的政治规则之下，各政党能够做出的改变是微不足道的，即使是被民众寄予厚望的公正与发展党也只能够在政治框架内做出极小的改变。那些真正试图在政治上做出重大改变的团体，如正义与慈善会，则根本不在国王制定的政治框架之中。国王控制的政党被政治规则所束缚，无法提出力度较大的改革意见，有改革意见的政治团体却被排除在政治框架之外，国王本人成为政治的主导者。除此之外，国王通过扶持和建立忠于国王的政党，以及对选举的控制以削弱政党的力量，最终使任何一个政党都不能主导政府。各政党内部成员频繁转变立场也成为政党衰弱的一个主要原因。

摩洛哥政党的形成并不像欧洲国家那样与代议制的起源有关，而是与争取独立的斗争息息相关，独立斗争中的各个政治派别在独立之后逐渐形成了摩洛哥的各个政党。② 而在法国殖民摩洛哥的过程中，曾有意分化城市中的阿拉伯人和农村中的柏柏尔人，这种分化造成独立初期城市居民与农村居民、阿拉伯人与柏柏尔人之间相互不信任，这种不信任给摩洛哥国王分化政党提供了条件。

在独立之初独立党与国王穆罕默德五世争夺权力的斗争中，国王就利用代表农村柏柏尔人利益的政党人民运动来制衡独立党。穆罕默德五世利用城市阿拉伯人和农村柏柏尔人之间的不和，成功拉拢人民运动，并以其抵制独立党在农村的渗透，削弱了后者在农村的势力。③ 国王不仅扶持政党制衡政治反对派，而且必要的时候还会亲自创建政党，如保卫宪法制度阵线、全国自由人士联盟和宪政联盟。④ 这些忠于国王的政党不仅起到制衡反对派的作用，而且是国王政治意愿的传达者和对外反映摩洛哥政治民主的一面镜子。最重要的一点是，这些新增的政党与从老牌政党中分裂出

① Maâti Monjib, *Islamists Versus Seculars: Confrontations and Dialogues in Morocco*, Rabat: Centre Averroes for Studies and Communications, 2007, p. 28.

② Inmaculada Szmolka, "Party System Fragmentation in Morocco," *The Journal of North African Studies*, Vol. 15, No. 1, 2010, p. 15.

③ Khalil Dahbi, "The Historical Emergence and Transformation of the Moroccan Political Party Field," *British Journal of Middle Eastern Studies*, Vol. 44, No. 2, 2017, p. 7.

④ Inmaculada Szmolka, "Party System Fragmentation in Morocco," *The Journal of North African Studies*, Vol. 15, No. 1, 2010, p. 15.

来的政党共同导致了摩洛哥政坛的进一步分裂。其结果是任何一个政党都不能主导政府，以 1998 年的优素福政府为例，其政府由来自 7 个不同政党的成员组成，其中还有亲国王的政党成员与独立派人士。各政党政治立场不同，在许多关键问题上的态度不一，导致政府效率低下。此外，政党的分裂也催生了许多政治投机者，他们为追求政治利益而不断转换政党，这种行为进一步加剧了政党的软弱和分裂。

所谓政治投机，就是政党成员为追求政治利益而不断转换政党的行为。这种行为在摩洛哥屡见不鲜，他们不是因为政治信仰的变化而转变政党，而是基于政治利益，或是追求晋升，或是谋求更高的职位。[①] 造成这种情况的原因，一方面国王是政治游戏的幕后操盘手，国王决定各政党在议会中的地位。所以在摩洛哥政坛，政党的地位是在不断变化的，某些政党失宠的速度就如同它得宠的速度一样快。在这种情况下，某些人认为长期跟随某个政党并不能保证自身的政治利益，于是就催生了政治投机。另一方面，摩洛哥的选举具有浓重的个人色彩。大多数摩洛哥选民的投票并非基于意识形态的相似性、政党的归属或选举宣言，他们更喜欢能够为其提供服务的候选人。鉴于此，许多政党取消了传统的以政党和意识形态为中心的竞选方式，转而以候选人为中心展开竞选。[②] 这就提高了候选人在竞选中的地位，许多政党利用各种资源树立候选者的形象，候选者本人也充分利用个人魅力和物质财富等拉拢选民。这就使候选者与选民直接建立了一种联系，这种联系打破了传统政党与选民之间的联系，候选者本人成为政党的象征，随之而来的则是政党提供的政治资源和选民提供的民意资源，这两种资源成为候选者的政治资本。一旦民意资源超过政治资源，部分候选人就会希望得到政治地位更高的政党的青睐，以获得更多的政治资源。这就是政治投机的另一个原因。

政治投机进一步削弱了政党的力量，因为许多政党内部的精英成员会因此而转向其他政党，这造成了政党人才的流失。另外，忠于王室的政党

---

① Anouar Boukhars, *Politics in Morocco: Executive Monarchy and Enlightened Authoritarianism*, New York：Routledge, 2011, p. 75.

② Anouar Boukhars, *Politics in Morocco: Executive Monarchy and Enlightened Authoritarianism*, New York：Routledge, 2011, p. 76.

往往会以国王巨大的政治资源为诱饵，吸引其他政党成员加入，以此削弱反对派政党的势力。2008 年由穆罕默德六世的朋友福阿德·阿里·希玛（Fouad Ali El Himma）所创建的真实性与现代党就是最好的例子。真实性与现代党主要由三类人组成：第一类是想要追求权力的机会主义者；第二类是亲国王的政治家；第三类是对左翼政党的分裂感到不满的原左翼人士。① 可以看出，追求权力的机会主义者是真实性与现代党中重要的组成部分，希玛也正是利用这些机会主义者的权力欲来加强其政党的权力。他在宣传中曾不遗余力地暗示得到了国王的支持，他曾经说过："我与国王的友谊是一回事，我为国家服务是另一回事。"② 虽然他此话看似将他的政治理想与国王分开，但也肯定了国王与他的友谊，这就足以吸引那些渴望得到国王青睐的人群。

摩洛哥政党的软弱主要体现在政党的分裂和政党成员的政治投机上。摩洛哥国王扶持和创建亲国王的政党，打击反对派政党的行为加剧了政党的分裂，其结果是摩洛哥政府的碎片化，没有一个政党能够主导政府，最终导致政府在处理关键问题上的效率低下和不作为，影响了政府信誉和形象。政治投机则破坏了各政党的稳定，加剧了政党的分裂。各政党的成员对政党缺乏归属感和认同感，这也影响了政党在民众心中的形象。

三　摩洛哥经济发展治理的阻碍：腐败

正如"2·20"运动的抗议者所提到的，腐败问题在摩洛哥已经严重到必须铲除的地步。对政府官员来说，它破坏了政治秩序；对企业家来说，它扰乱了经济秩序；对民众来说，它增加了生活的负担。尽管摩洛哥政府在 20 世纪 90 年代陆续出台了打击腐败的相关措施，但收效甚微。摩洛哥的政治生活中存在着诸多腐败行为，这些问题已经引起了民众的不满，动摇了社会的根基。

---

① Anouar Boukhars, *Politics in Morocco: Executive Monarchy and Enlightened Authoritarianism*, New York：Routledge, 2011, p.77.

② Anouar Boukhars, *Politics in Morocco: Executive Monarchy and Enlightened Authoritarianism*, New York：Routledge, 2011, p.77.

　　摩洛哥腐败的根源可以追溯到前保护国时期。正如上文所述，王朝时期的马赫赞权力有限，许多由部落控制的异见地区仅在名义上服从马赫赞的统治。在某些情况下，国王会通过利益交换的方法，如金钱、地位等换取异见地区部落的忠心，部落首领有时也会通过上贡的方式换取特权。这就在国王和部落首领之间形成了一种交易关系，在这个关系中，忠心和特权都成了可以用金钱或地位衡量的筹码。虽然此种方式为日后埋下了腐败的隐疾，但在摩洛哥国王权力触角未深入的地区，通过利益交换的方式有利于王国的统一和稳定。

　　这种政治与利益交换的政策在独立之后不但没有消失，反而更加深入人心。1956年摩洛哥独立之后，国王为巩固自身权力，在农村扶植了一批政治精英以对抗反对派政党。法国殖民时期约有100万公顷的优良农地在独立后成了国王与农村精英交易的砝码。1956~1963年，许多农村精英获得了购买土地的资质，他们通过土地得到了财产和地位，但由于这些特权来自国王，他们只能服从国王以寻求庇护。城市资产阶级同样也在经营许可、公共信贷、进口许可、公共合同、优惠等领域享受着不同程度的特权，而这些都在加强其对中央当局的依赖和服从。[1] 在利益交换政策下形成的交易关系中，在其内部的人往往比其他人享有更多的资源和特权，这实际上造成了一种二元对立的情况：在交易关系外部的民众厌恶在内部的精英享有的特权，却想方设法要进入内部；在内部的精英得不到民众的支持，只能依靠国王的庇护。这种二元对立的情况又使得这种交易关系极难被打破，因为在其外部的民众对此关系存在矛盾心理，很难团结一致打破它，内部的精英又因为自身利益而不愿打破它。因此，这种交易关系得以在摩洛哥长期存在。

　　在这种交易关系的影响下，人们往往认为在其内部的公务员或政府官员会腐败。事实上，腐败确实存在于某些部门，小到地方警察局，大到中央政府，都有或多或少的腐败现象出现。2007年7月初在拉巴特和卡萨布兰卡进行的采访中，独立专家、社会活动家以及记者始终使用以下词汇

---

① John Waterbury, "Corruption, Political Stability and Development: Comparative Evidence from Egypt and Morocco," *Government and Opposition*, Vol. 11, 1976, pp. 432-433.

来概括摩洛哥的腐败问题："司空见惯"、"系统化"、"根深蒂固"、"制度化"和"地方化"。① 虽然这些话有些夸张，但也在一定程度上描述了摩洛哥的腐败迹象，即在基层的公务人员中仍然存在着腐败问题。在一次采访中，一位居住在法国的摩洛哥公民优素福（Youssef）讲述了他被摩洛哥交警索贿的经过。他在开车时被一位交警拦下，交警认为他没有在进入十字路口前让出路权，需要暂扣他的驾照，但并未出具正式的罚单。当优素福向交警索要证件的时候，交警却说："要么给我 200 迪拉姆，要么给警察局 400 迪拉姆。"优素福拒绝了，并在警察局花了一天时间来取回自己的证件。②

　　虽然摩洛哥的腐败现象十分严重，但政府的反腐措施却起步较晚。在20 世纪 90 年代以前，摩洛哥国内几乎很少使用"腐败"一词，而用"道德问题"来代替它。1996 年 7 月，摩洛哥主要宣传团体之一"摩洛哥2020"（Maroc 2020）组织了第一次专门讨论腐败问题的研究会。这次会议提出反腐败斗争的要求，并指出国家应采取哪些措施以遏制腐败。③ 民间团体不断努力，逐渐引起了政府对反腐败问题的重视。1998 年，首相阿卜杜勒·拉赫曼·优素福制定了打击腐败的政策，这是该国历史上第一次公开承认国内的腐败问题。在此基础上，政府于 1998 年 12 月通过了一项法令，改进了公共采购合同的投标、审查和授予程序，使其更加透明，并鼓励民间组织和新闻界对其进行监督。不仅如此，摩洛哥政府还积极寻求国际合作。1999 年 6 月 22 日，首相优素福与世界银行合作组织了一次广为宣传的研讨会，题为"反腐败：追求现代方法——国际经验与摩洛哥的利害关系"。④ 摩洛哥政府还允许 1996 年建立的透明摩洛哥（Transparency Maroc，透明国际的摩洛哥分支）进行活动，并允许其公布

① Guilain Denoeux, "Corruption in Morocco: Old Forces, New Dynamics and a Way Forward," *Middle East Policy*, Vol. 14, No. 4, 2007, p. 134.

② Mustapha Kadimi, "Global Integrity Report 2008 - Corruption Notebook-Morocco," https://www.globalintegrity.org/resource/gir2008-morocco/, accessed: 2020-07-11.

③ Guilain Denoeux, "The Politics of Morocco's 'Fight Against Corruption'," *Middle East Policy*, Vol. 7, No. 2, 2000, p. 168.

④ Guilain Denoeux, "The Politics of Morocco's 'Fight Against Corruption'," *Middle East Policy*, Vol. 7, No. 2, 2000, p. 167.

调查结果。首相优素福在 1999 年 1 月会见了透明摩洛哥的代表，并在 2001 年允许后者与教育部合作，向在校学生宣传腐败的危害。①

除了民间倡议和对外合作之外，摩洛哥政府还着力制定反腐法规，建立反腐机构。2003 年 6 月，在卡萨布兰卡爆炸案发生之后，摩洛哥通过了一项反恐怖活动洗钱的立法，规定与恐怖主义相关的银行账户会被冻结或查封。同年 12 月，摩洛哥中央银行下属所有银行被要求全面检查客户交易记录。2007 年 3 月，摩洛哥正式通过了反洗钱法案，该法案规定洗钱活动为非法，并要求银行和金融机构对客户进行实名制认证，不得开立匿名账户和虚构账户。同年，官员财务公开法案也得以通过，该法案要求法官、高级公务员、议员和地方官员等几类人员公开其资产，还包括其配偶和未成年子女的资产。② 2010 年摩洛哥还制订了预防和打击腐败的国家计划，主要基于以下六个主题：①在行政部门与其用户之间建立透明的关系；②在行政当局内建立价值和诚信标准；③加强公共行政的内部控制；④加强财政管理和公共采购的透明度；⑤继续推进监管体制改革；⑥鼓励利益攸关方在国家和国际一级建立伙伴关系。③ 如果说立法制定了反腐标准，那么反腐机构就是惩治腐败的利剑。2007 年 1 月 31 日，由国王主持的内阁通过了一项法令，要求成立中央防贪总局，这是一个专门负责预防、发现和制裁腐败的机构。它的职能包括：①协调、执行和监督与反腐败有关的政府政策；②教育和宣传反腐败相关知识；③发现、调查、检举腐败行为。④ 虽然摩洛哥反腐行动起步较晚，但在接近 20 年的时间内，摩洛哥逐渐形成了一套较为完善的反腐体系，这套体系以反腐立法为核心，以反腐机构为基础，结合民间监督和外部合作等方式，逐渐形成了一套具有摩洛哥特色的反腐体系，这对打击摩洛哥积弊已久的腐败问题

---

① Guilain Denoeux, "Corruption in Morocco: Old Forces, New Dynamics and a Way Forward," *Middle East Policy*, Vol. 14, No. 4, 2007, p. 140.

② Guilain Denoeux, "Corruption in Morocco: Old Forces, New Dynamics and a Way Forward," *Middle East Policy*, Vol. 14, No. 4, 2007, pp. 140-141.

③ Ktit Jalal, Machrafi Mustapha, "Corruption Impacts on Growth and Development of the Moroccan Society," *IOSR Journal of Economics and Finance*, Vol. 7, No. 1, 2016, p. 28.

④ Guilain Denoeux, "Corruption in Morocco: Old Forces, New Dynamics and a Way Forward," *Middle East Policy*, Vol. 14, No. 4, 2007, p. 146.

非常有利。美中不足的是，摩洛哥反腐措施起步较晚，虽然其体系较为完备，但在执行方面仍困难重重，如某些反腐机构权限不足，无法彻查牵涉面较广的腐败案件。加之摩洛哥长期存在的腐败乱象，反腐之路仍任重道远。

小　结

纵观摩洛哥数十年的政治发展，它既是摩洛哥民族性的外化，也是摩洛哥政治文化的体现。独立初期的摩洛哥面临内忧外患，急需一个强有力的中央政府来掌控全局，而穆罕默德五世国王在与独立党的斗争中取胜，成功奠定了王权的基础。但随着王权的逐渐强大，君主集权之风日盛，这引起了国内许多政治势力的不满，甚至出现了刺杀国王的事件。继任者哈桑二世开始调整策略，积极与反对派和解，并试图重新将其引入政治舞台。20 世纪 90 年代摩洛哥国内外政局发生重大变化，哈桑二世将政治开放作为缓和国内矛盾、保障统治的策略，不仅使反对派成功组阁，还开始关注民间组织的诉求。进入 21 世纪，新任国王穆罕默德六世又面临许多新的挑战，他响应民众的诉求，部分满足了后者在人权、女权和柏柏尔人权利方面的要求，并在 2011 年 "2·20" 运动过后启动了一系列改革措施。此举不仅延续了其父哈桑二世的政治开放政策，也为摩洛哥之后的政治发展道路指明了方向。

摩洛哥政治道路的发展同样也引起了人们的一些思考。首先，摩洛哥是一个君主立宪制国家，掌握权力的本应是议会，但该国实际的最高掌权者却是国王。要解答这一问题，就必须清楚国王的权力基础和合法性。摩洛哥国王的权力由政治和宗教两部分组成，其政治权力的来源主要是王朝时期马赫赞的传统遗存和法国殖民时期现代政治体系。在当今的政治生活中，国王利用传统权威和宪法巩固了自身的权力与地位，成了该国最高政治领袖。国王宗教权力的来源则要追溯到王室家族的神圣血脉、国王拥有的 "巴拉卡" 和传统的宗教仪式。阿拉维家族与先知穆罕默德的血脉联系赋予了其高贵地位和领导摩洛哥穆斯林的权力，"巴拉卡" 则是国王神圣性的外化，传统的宗教仪式则强化了国王的威严。正是国王至高无上的政治和宗教权威赋予了其最高掌权者的地位。

其次是摩洛哥政治上的顽疾，即政党的软弱与投机。在摩洛哥独立初期，国王穆罕默德五世为巩固王权曾与民族主义政党独立党争夺政治权力，最终国王取得了胜利，而独立党则成为被边缘化的政治反对派。在哈桑二世 1962 年颁布的宪法中明确规定摩洛哥禁止一党执政，这开启了削弱政党的先河。此后，各种各样被国王扶植的亲王党走上政治舞台，并在一定时间内占据着议会的绝大多数席位。这种情况直到 20 世纪 90 年代末原属反对派的人民力量社会主义联盟组阁才得以结束。虽然国王的多党联合执政政策有助于加强王权，避免议会一党独大，但其长期对政党的压制与分裂也造成了严重的后果。由于议会中党派分裂，出现了效率低下、决策迟缓等问题，政府相关部门也往往因此遭到民众指责。另外，政党成员为了自身利益，往往进行政治投机，流连于数个政党之间。这不仅抹杀了政党的凝聚力和公信力，也不利于其进一步发展。

最后是摩洛哥经济上的腐败问题。摩洛哥的腐败由来已久，甚至发生在每一个人身边，摩洛哥民众对此深恶痛绝，将其视为民生问题上的恶疾。摩洛哥的腐败可以归因于王朝时期的庇护政策和独立初期国王收买地方实力派的笼络政策。在摩洛哥官场，小到警察大到王室顾问，都存在或多或少的腐败行为。商业领域则更加泛滥，甚至影响到摩洛哥的对外贸易。虽然摩洛哥政府在 20 世纪 90 年代起开始打击腐败，但由于其起步较晚、缺乏相关经验、政策落实不到位等问题，难以在短时间内遏制住腐败的势头。自 2011 年公正与发展党上台执政之后，政府制定了一系列反腐措施，相信在未来治理腐败问题上会有所成效。

第四章

摩洛哥政党治理的理念与实践

摩洛哥是北非马格里布地区唯一的君主立宪制国家。2021 年 9 月，摩洛哥举行了阿拉伯剧变以来的第三次议会选举。此次选举中，由独立人士组成的全国自由人士联盟首次成为议会第一大党，其党主席阿齐兹·阿赫努什（Aziz Akhnouch）担任首相。在前两次选举中，伊斯兰主义政党公正与发展党均胜出。但由于该党在政府治理成效方面表现一般，多次被迫进行政府重组。这一现象在摩洛哥政党历史上曾多次上演，即每当一个政党占主导地位时，在下一次政府组阁时就会因出现"钟摆效应"而逐渐式微。例如，2016 年 10 月 8 日，摩洛哥众议院选举结果揭晓，公正与发展党获得 125 个议席，再次成为议会第一大党，其党首阿卜杜拉·班基兰（Abdelillah Benkirane）再次当选首相，负责组建政府。然而仅 5 个月后，摩洛哥国王穆罕默德六世以班基兰组建政府不力为由解除了其首相职务，重新任命萨阿德丁·欧斯曼尼为首相，并于 2017 年 4 月 5 日组建新的联合政府。从这届政府成员构成来看，除首相一职外，公正与发展党的影响力已远不如 2012 年。

1956 年独立后，摩洛哥实行君主立宪制，被西方国家称为中东地区民主化程度最高的国家之一。与该地区利比亚、阿尔及利亚和突尼斯的一党制不同，从 20 世纪 60 年代起摩洛哥就实行多党制，定期举行选举，并持续至今。这种制度安排为摩洛哥赢得了包括法国和美国等西方国家的支持与认可。多党制的存在必然需要对国家的政治权力进行分享，因此势必会威胁到国王作为摩洛哥最高权力中心的权威。然而，从摩洛哥独立后60 多年的历史来看，政党不仅是摩洛哥民主政治的体现，而且"国王-政党"这种中心与边缘的关系基本维持不变。本章探讨的"政党治理"是指摩洛哥独立建国后,以国王为代表的王室力量通过必要的政治手段,鼓励各政党参与政府事务,维护国家的改革、发展与稳定,巩固君主立宪制的理念和机制的总和,借此将摩洛哥各种政治势力纳入国王设定的战略发展轨道。基于此,本章试图从摩洛哥政党的历史发展与治理路径来探讨摩洛哥政党治理的模式。

第一节　摩洛哥独立后政党治理的历史演变

独立以来,摩洛哥国内政治的发展大体上经历了三个阶段,即独立初期至第二次未遂军事政变的国家重建时期(1956~1972年)、第三次成功修宪至第四次成功修宪的"政治多元化"时期(1972~1992年)、开启"交替政府"至今的深化改革时期(1992年至今)。政党治理也随着摩洛哥政治的发展而发生演变。

一　国家重建时期(1956~1972年)

1912年《非斯条约》签订后,法国开启了对摩洛哥长达40余年的委任统治。1944年,摩洛哥独立党发表独立宣言,独立党与法国委任统治者之间的矛盾迅速成为摩洛哥的主要矛盾。1956年3月,摩洛哥脱离法国的委任统治正式独立,其后民族主义运动的内部矛盾上升为国内主要矛盾。独立初期,摩洛哥国内有两大政治力量主导国家政局:一派是以国王为中心的王室集团,即马赫赞;另一派是具有民族主义特色的独立党。[1]20世纪50年代后期,摩洛哥的国内政治以这两大政治力量争夺中央政权为主要特征。虽然国王和独立党在民众心目中都具有一定的合法性,但双方对独立后权力追求的目标却存在差异,国王寻求维持自始至终至高无上的权力,而独立党深知国王的历史地位从而寻求分享权力。[2]从原则上

---

[1]　David Michael Mednicoff, *The King's Dilemma Resolved? The Politics of Symbols and Pluralism in Contemporary Arab Monarchy*, Ph. D. dissertation, Harvard University, May 2007, p. 44.

[2]　Rika El-Mossadeq, "Political Parties and Power-Sharing," in I. William Zartman, ed. , *The Political Economy of Morocco*, New York: Praeger, 1987, p. 60.

讲，国王作为摩洛哥的象征性权力代表，所拥有的权力要远远大于独立党。但现实并非如此简单，因为在民族主义运动期间，以国王为首的整个王室家族被流放至法国数年，且自法国委任统治以来，王室的政治动员能力早已大不如从前，而独立党则在民族主义运动期间给民众留下了积极的形象。此外，对于通过民族解放斗争实现独立的新生国家来说，一党制国家也符合众多发展中国家的国情，所以独立党自认为可以在独立后与国王共享权力。①

在摩洛哥独立后仅一年，独立党就开始针对摩洛哥未来的国家建设目标展开了内部讨论，党内学者还撰写了《21 世纪黎明时的摩洛哥政府》②一书。该书重点阐述了"素丹/哈里发"（事实上是代指"国王"）在未来政府中的角色，认为"独立前素丹/哈里发的使命是保卫法律和国家"。为实现这一目标，他必须在重大事务中与乌莱玛进行协商，然后才能发布诏令。该书指出，素丹/哈里发是"管理者"，而非"立法者"，政府的权力应该掌握在由人民选举的代表手中，如果素丹/哈里发没有完成这一使命，那么他应该被替换。③ 独立党的另一位领袖阿拉·法西（Allal al-Fassi）也在公开场合表示，"目前，摩洛哥只有三支力量：首先是独立党；其次是摩洛哥解放军；最后是王室力量。考虑到解放军的后台是独立党，实际上摩洛哥只有两股力量，即国王与独立党。"④ 事实上，当时解放军并非自愿受独立党控制。1957 年 10 月，解放军领导人阿卜杜拉·卡里姆·哈提卜（Abdelkrim al-Khatib）和马赫朱比·阿赫尔敦（Mahjoubi Aherdan）着手建立人民运动，当时该党实际上已站到了王室集团这一边。

1958 年，独立党要求国王穆罕默德五世为该党在政府中安排包括内政大臣和政府首相在内的更多职位。国王穆罕默德五世满足了独立党的诉

---

① David Michael Mednicoff, *The King's Dilemma Resolved? The Politics of Symbols and Pluralism in Contemporary Arab Monarchy*, p. 44.

② Mohamed Lahbabi, *Le Gouvernement marocain à l'aube du xxe siècle*, deuxième édition, Rabat: Les Éditions Maghrébines, 1975.

③ Mohamed Lahbabi, *Le Gouvernement marocain à l'aube du xxe siècle*, deuxième édition, Rabat: Les Éditions Maghrébines, 1975, p. 39.

④ C. R. Pennell, *Morocco since 1830: A History*, New York: New York University Press, 2000, p. 300.

求，如任命独立党成员阿卜杜拉·易卜拉欣（Abdallah Ibrahim）为第三届政府首相，任命本·巴尔卡为全国临时协商大会（National Consultative Assembly）主席等。由此可见，国王在 1958 年就已找到了应对独立党的方式。[①] 1958 年底，独立党内部实际上已分裂成以巴尔卡为代表的激进势力和以法西为代表的保守势力。此前，除王室力量外，摩洛哥国内没有任何力量可以与独立党抗衡。[②] 但 1958 年后，独立党的分裂以及其他政党的兴起，特别是 1962 年宪法允许多党制存在后，民族主义力量已逐渐淡出摩洛哥的历史舞台，被更为激进的左翼势力取代。1958~1972 年，左翼势力包括从独立党中独立出来的人民力量全国联盟和摩洛哥共产党等社会主义政党。

综上所述，1956~1972 年，摩洛哥国王在推动国家政治建设时，需要在不同时期平衡不同的政治力量，即 1956~1958 年主要以抗衡民族主义力量独立党为主，1969~1972 年则侧重对抗以人民力量全国联盟为首的左翼势力。

二　"政治多元化"时期（1972~1992 年）

自摩洛哥第一部宪法出台后，摩洛哥的政党开始趋于多元化。在摩洛哥政党政治中，政党主要分为两大派（1992 年以前）：反对派和保皇派。在国家重建时期，随着人民力量全国联盟和摩洛哥共产党的成立，摩洛哥国内基本上形成了三大反对派力量。1970 年，哈桑二世国王主导的宪法草案依然将国王的权力置于最高地位，引起了反对派的不满。因此，在宪法公投通过之后，主要反对派独立党和人民力量全国联盟决定组建反对派联盟，并达成正式协议，成立全国行动委员会，旨在建立一个完全民主的摩洛哥。[③] 在"政治多元化"时期，摩洛哥国内的反对派势力基本上是以全国行动委员会的名义开展行动的。1972 年 3 月，哈桑二世国王举行了

---

① C. R. Pennell, *Morocco since 1830: A History*, New York: New York University Press, 2000, p. 303.

② Rika El-Mossadeq, "Political Parties and Power-Sharing," in I. William Zartman, ed., *The Political Economy of Morocco*, New York: Praeger, 1987, p. 61.

③ Michael J. Willis, *Politics and Power in the Maghreb: Algeria, Tunisia, and Morocco from Independence to the Arab Spring*, London: C. Hurst & Co. Ltd., 2012, p. 126.

第三次宪法公投，希望通过新宪法的出台达成更多的政治共识，但新成立的反对派联盟全国行动委员会号召所有党内外人士进行抵制。① 反对派联盟对这次公投的抵制使哈桑二世首次感到政治孤立，在1972年未遂军事政变后，这种政治孤独感变得更加强烈。②

　　1973年，西撒哈拉问题开始升温，为国王提供了与反对派达成政治共识的契机。1974~1980年，反对派与国王开展了长达7年的合作。③ 1975年爆发的"绿色进军"行动④使摩洛哥国内的民族主义情绪异常高涨，这种情绪进而演变为该时期反对派主要的政治主张，并促使反对派首次加入了国王主导的政府组织。民族主义情绪的持续高涨令人民力量全国联盟内部出现了分裂，该党派在拉巴特的分支机构独自成立了更加务实和更具民族主义特点的政党人民力量社会主义联盟。1974年，该党加入摩洛哥政府，其成员担任国家的诸多重要职位，参与"绿色进军"行动。⑤ 至1976年，人民力量社会主义联盟几乎完全取代了人民力量全国联盟在摩洛哥的影响力。⑥

　　1977年的摩洛哥议会选举使得人民力量社会主义联盟与国王的关系再次出现破裂，因该党与新成立的政府存在较大分歧，导致党内众多成员退出政府，再次回到了反对派阵营。⑦ 至1980年修宪公投时期，包括独立党和进步与社会主义党在内的反对派再次站在了国王势力的对立面。在为期两天的宪法公投过程中，人民力量社会主义联盟和进步与社会主义党都对公投进行了不同程度的抵制，尤其是人民力量社会主义联盟甚至召回

① C. R. Pennell, *Morocco since 1830: A History*, New York: New York University Press, 2000, p. 332.

② Stephen O. Hughes, *Morocco Under King Hassan*, New York: Ithaca Press, 2001, p. 130.

③ David Michael Mednicoff, *The King's Dilemma Resolved? The Politics of Symbols and Pluralism in Contemporary Arab Monarchy*, Ph. D. dissertation, Harvard University, May 2007, p. 82.

④ "How the US and Morocco Seized the Spanish Sahara," Le Monde diplomatique, January 2006, http://mondediplo.com/2006/01/12asahara, accessed: 2017-08-02.

⑤ Ira William Zartman, "Opposition as Support of the State," in Giacomo Luciani, ed., *The Arab State*, London: Routledge, p. 226.

⑥ Michael J. Willis, *Politics and Power in the Maghreb: Algeria, Tunisia and Morocco from Independence to the Arab Spring*, Oxford: Oxford University Press, 2014, p. 126.

⑦ Ira William Zartman, "Opposition as Support of the State," in Giacomo Luciani, ed., *The Arab State*, London: Routledge, p. 227.

了该党在议会中的成员，这一举动令哈桑二世国王大怒，国王对此进行了言辞激烈的批评，最终人民力量社会主义联盟同意部分党员回归议会，才使风波平息。[1] 1983 年，摩洛哥举行了久违的地方选举与议会选举，但选举的结果再次点燃了反对派的愤怒之火，尤其是引起反对派党内强硬派的不满。在 1984 年的新一届政府中，由于党内强硬派的反对，人民力量社会主义联盟拒绝了哈桑二世参加议会的邀请。[2]

20 世纪 80 年代的两次选举之后，虽然人民力量社会主义联盟和独立党拒绝加入政府，但全国行动委员会并没有按预期实现复兴。1984 ~ 1987 年，反对派集团主要的关切是经济改革和西撒哈拉问题。1987 年后，随着西撒哈拉问题公投成为板上钉钉的事，反对派内部将注意力转移到了制度改革问题上，开始考虑民主化议题。[3] 至 20 世纪 90 年代初期，反对派内部出现了大量温和派力量，提倡与国王进行一定程度的"合作"，因此在 20 世纪 70 年代成立的全国行动委员会一直没有得到复兴。然而到了 1992 年，原反对派党成员组建了新"民主联盟"（Democratic Bloc），旨在推动哈桑二世国王进行民主改革。[4]

三　深化改革时期（1992 至今）

20 世纪 80 年代，虽然哈桑二世领导下的摩洛哥进行了宪法修订和两次选举，但结果却令反对派大失所望，这主要体现在国王与议会权力改革、选举制度、选举公平性等方面[5]，再加上经济不景气，民众对政府表现出极大的不满，再次给反对派极大的勇气与保皇派叫板。1992 年，独立党、人民力量社会主义联盟和摩洛哥共产党联合其他左翼小党重新组建

① Lise Storm, *Democratization in Morocco: The Political Elite and Struggles for Power in the Post-Independence State*, London: Routledge, 2007, p. 43.

② Ira William Zartman, "Opposition as Support of the State," in Giacomo Luciani, ed., *The Arab State*, London: Routledge, p. 228.

③ Jean-Claude, "Maroc: Chronique Politique," *Annuaire de L'Afrique du Nord*, Vol. 26, 1987, Paris: Center National de Recherche Scientifique, p. 607.

④ Omar Bendourou, "Power and Opposition in Morocco," *Journal of Democracy*, Vol. 7, No. 3, 1996, p. 111.

⑤ Lise Storm, *Democratization in Morocco: The Political Elite and Struggles for Power in the Post-Independence State*, London: Routledge, 2007, p. 54.

了所谓的民主联盟"库特拉"，标志着独立党和人民力量社会主义联盟又重新站在了国王和政府的对立面。但 20 世纪 90 年代组建的"库特拉"与 70 年代时形成的"库特拉"存在本质区别。

第一，从组成来看，20 世纪 90 年代的"库特拉"有更多的政党同盟，不仅有独立党和人民力量社会主义联盟，还包括进步与社会主义党、民主工人联盟等。相比 70 年代的"库特拉"，90 年代"库特拉"的主导者已是独立党和人民力量社会主义联盟。

第二，从形成动因来看，20 世纪 70 年代的"库特拉"其实在 1970年议会选举前就已形成，其目标是联合左翼政党抗衡国王以及保皇派；而 90 年代初反对派并没有面临来自王室威逼的压力，所以这一时期"库特拉"虽存在推动国家民主化进程的目的，但最主要的原因是为了左翼政党自身能够在其后的议会选举中获得更多席位。20 世纪 80 年代的两次选举后，左翼政党已在摩洛哥政坛失去了应有的地位，在国家政治活动中拥有的话语权也逐渐减少。相反，由于王室的幕后支持，中立和右翼党派已逐渐取得优势地位，对摩洛哥国内反对派形成了一定挑战。在此情况下，左翼政党很难推行其政治目标，更不可能在议会投票中取得优势。

第三，从行动目标来看，20 世纪 90 年代的"库特拉"更多是为了推进摩洛哥的政治改革，包括法治建设、司法独立、增强议会和政府的独立性以及限制国王的权力等。事实上，成立于 1989 年的"库特拉"直到 1992 年才真正引起摩洛哥政界的关注，当时该集团采取了一系列向王室和政府施压的行动，希望 1992 年的宪法修订能够朝着更为民主化的方向发展。①

第四，从与王室的关系来看，20 世纪 70 年代形成的"库特拉"可以被视作"敌意反对派"，这是因为摩洛哥的反对派经历了 60 年代王室的镇压后，形成的联盟阵线无论从心理上还是从行动上都具有一定的攻击性；而 90 年代形成的"库特拉"虽时常谴责王室和政府缺乏民主，但此时已无意无力公开对抗君主政权，已然成为"忠诚反对派"，更多的是扮

---

① Lise Storm, *Democratization in Morocco: The Political Elite and Struggles for Power in the Post-Independence State*, London: Routledge, 2007, pp. 55 - 57; Omar Bendourou, "Power and Opposition in Morocco," *Journal of Democracy*, Vol. 7, No. 3, 1996, p. 111.

演"温和改革派"的角色。[1]

从政党治理议题的角度来看，虽然 20 世纪 90 年代反对派的威胁不如 60 年代，但是若不对反对派激进改革的思想加以控制，其对君主政体和王权统治将产生一定的威胁。诚然，摩洛哥是北非地区乃至中东地区民主化程度最高的国家之一，但是以国王为核心的政权结构在意识形态上仍呈现保守主义的特征。进入 20 世纪 90 年代后，哈桑二世国王深知自己的身体状况不能维持多久，为了让自己的儿子顺利登基且使国家政权平稳过渡，如何应对反对派的改革诉求便成为哈桑二世晚年国家治理的重要议题之一。[2]

1999 年 7 月，统治摩洛哥长达 38 年的哈桑二世逝世，其长子穆罕默德六世继承王位。2000~2022 年，由于穆罕默德六世在即位之初采取了开放政策，摩洛哥政党的发展在这一时期达到了顶峰，已有政党的政治参与度不断提高，新政党的注册数量大幅增加。在 2002 年和 2022 年全国选举中，参选政党的数量均超过 30 个，获得议会席位的政党超过 25 个。与此同时，政党政治参与的负面影响也开始显现。一方面，政党之间的意识形态斗争日益公开化，导致民众逐渐丧失了对政党的信心，摩洛哥民主开始受到质疑，其直接后果是投票率从 2002 年的 51% 锐减至 2007 年的 37%；另一方面，由于政党精英的老龄化趋势，加之政府诸多要职均掌握在独立党和人民力量社会主义联盟等手中，这大大限制了摩洛哥国家治理的人才队伍建设。[3] 尽管如此，随着穆罕默德六世自 2016 年以来加强对政党领域的治理，民众对政治参与的热情又进一步提升，投票率在 2016 年达到 43%，2021 年上升至 50.35%。[4]

---

[1] Michael J. Willis, *Politics and Power in the Maghreb: Algeria, Tunisia and Morocco from Independence to the Arab Spring*, London：C. Hurst & Co. Ltd., 2012, p. 127.

[2] Michael J. Willis, *Politics and Power in the Maghreb: Algeria, Tunisia and Morocco from Independence to the Arab Spring*, London：C. Hurst & Co. Ltd., 2012, p. 141.

[3] Jams N. Sater, "New Wine in Old Bottles：Political Parties under Mohammed VI," in Bruce Maddy-Weitzman and Daniel Zisenwine, eds., *Contemporary Morocco: State, Politics and Society under Mohammed VI*, New York：Routledge, 2012, pp. 14-17.

[4] "2021 Elections：High Turnout in Southern Provinces, Tangible Proof of Attachment to Morocco-Mauritanian Political Parties," MAP, September 14, 2021, https：//www.mapnews.ma/en/actualites/politics/2021 - elections - high - turnout - southern - provinces - tangible - proof - attachment-morocco, accessed：2023-05-29.

第二节　摩洛哥政党治理的主要途径

数十年来，摩洛哥国王为推动国家治理，将各种政治力量纳入自身发展轨道，把拥有不同意识形态和利益诉求的政党作为国家治理的重要对象，并采取了诸多措施。

一　"分而治之"

"分而治之"是摩洛哥开国君主穆罕默德五世开创的遏制政党力量无序扩张、威胁君主政体的重要策略。1956年摩洛哥独立后，独立党势力逐渐压过国王，遏制独立党因而成为穆罕默德五世的当务之急。独立党分裂最重要的原因是独立党内部年轻的激进派和传统的保守派之间存在严重分歧。[1] 对于国王来说，只要运用一定的策略就可以加速独立党的分裂。1958年3月，国王穆罕默德五世任命独立党保守派艾哈迈德·贝拉弗里杰（Ahmed Balafrej）为第二任政府首相，而在7个月后任命更加激进的阿卜杜拉·易卜拉欣代替贝拉弗里杰为第三任政府首相。国王的这一举动加剧了独立党的分裂。[2]

1959年，由激进派人士本·巴尔卡和易卜拉欣领导的人民力量全国联盟成立后，独立党正式宣告分裂，民族主义力量遭受重挫。独立党分裂不久后的1960年3月，国王穆罕默德五世宣布解除易卜拉欣的职务，任命自己为政府首相，集大权于一身。到了1963年1月，政府中所有的民族主义势力几乎全部被清除，代之以亲王室势力。[3] 自此，"独立党的分裂为王室的攻势扫清了障碍，所有政府的政策立场都逐渐直接或间接地偏

①　Lise Storm, *Democratization in Morocco: The Political Elite and Struggles for Power in the Post-Independence State*, New York：Routledge, 2007, p. 17.

②　Rika El-Mossadeq, "Political Parties and Power-Sharing," in I. William Zartman, ed., *The Political Economy of Morocco*, New York：Praeger, 1987, p. 62.

③　Michael J. Willis, *Politics and Power in the Maghreb: Algeria, Tunisia and Morocco from Independence to the Arab Spring*, Oxford：Oxford University Press, 2014, p. 45.

向于王室"①。

哈桑二世和穆罕默德六世在位期间，"分而治之"的策略常被用来遏制各类政党势力的挑战。第一，针对左翼政党。在政府"分而治之"的政策下，摩洛哥一些左翼政党开始出现离心离德的趋势。1972年，人民力量全国联盟分裂成人民力量社会主义联盟和其他若干小党派。20世纪90年代，社会主义政党民主与人民行动组织和摩洛哥共产党均未摆脱分裂的结局。第二，针对保皇党。1991年，人民运动开始出现分裂倾向，分裂出了全国人民运动党。再如2006年，宪政联盟分裂出了摩洛哥民主联盟党（Moroccan Union for Democracy）。第三，针对中立政党。该类政党的典型代表是势力一直较大的全国自由人士联盟，由于党内人士背景复杂，组织涣散，常年存在分歧，1982年和2001年该联盟经历了两次分裂。②

二　政治威逼

政治威逼是君主制政体惯用的强制治理手段，摩洛哥也不例外。从1957年被正式封为王储开始至1972年，哈桑二世国王的政治生涯可分为三个阶段：第一个阶段是作为王储任皇家军队总参谋阶段；第二个阶段是国王进行宪法改革阶段；第三个阶段是国家处于紧急状态阶段。

早在哈桑二世作为王储和军队总参谋时期，就曾多次运用政治威逼的手段。③摩洛哥独立初期，全国各地特别是中阿特拉山脉（Middle Atlas Mountains）和里夫地区频繁爆发民兵暴动，且大多是带有分裂主义倾向的暴动。皇家军队成立后，哈桑二世开始亲自领导军队在上述区域打击叛乱武装，维护国家统一。④哈桑二世对里夫地区反政府武装组织的威逼，

①　John Waterbury, *Commander of the Faithful: The Moroccan Political Elite—A Study of Segmented Politics*, London: Weidenfeld & Nicolson, 1970, p. 195.

②　Inmaculada Szmolka, "Party System Fragmentation in Morocco," *The Journal of North African Studies*, Vol. 15, No. 1, 2010, p. 16.

③　Moshe Gershovich, "Democratization in Morocco: Political Transition of a North African Kingdom," *The Middle Eas Institute Policy Brief*, No. 7, February 2008, p. 2.

④　David M. Hart, "Rural and Tribal Uprisings in Post-Colonial Morocco, 1957-60: An Overview and a Reappraisal," in *Tribe and Society in Rural Morocco*, Special Issue of *the Journal of North African Studies*, Vol. 4, No. 2, 1999, pp. 84-102.

导致他多年后数次突然缺席安排好的前往该地区考察的计划。① 除武力打压叛乱分子外，哈桑二世还对反对派中的极端分子采取强制处置措施。1959 年 12 月，人民力量全国联盟官方报纸的两位编辑穆罕默德·巴斯里和阿卜杜勒·拉赫曼·优素福因发表攻击国王的文章，遭警方逮捕。② 1960 年 1 月，人民力量全国联盟领袖本·巴尔卡被迫流亡至法国，最终甚至惨遭谋杀。③

　　哈桑二世登基后，着手进行民主改革。在改革过程中，由于独立党、人民力量全国联盟和摩洛哥共产党等反对派力量在政府和社会影响力较大，哈桑二世为充分掌控议会选举进程，不惜动用武力威逼的手段强行让效忠于王室的宪法机构"防御阵线"获得更多的席位，从而组建亲国王政府。④ 由于哈桑二世国王没有按照"民主"的方式组建"民主政府"和进行"民主选举"，1963 年成立的巴赫尼尼政府并没有获得反对派的认可。1965 年，摩洛哥局势进一步恶化，人民力量全国联盟公然支持卡萨布兰卡反政府的激进分子，甚至支持反对派领导的政变，哈桑二世被迫宣布国家进入紧急状态。从 1965 年至 1970 年，哈桑二世国王将其国家治理策略从较为温和的手段转为更为暴力的手段——威逼，以此来维持和巩固政治权力。1965 年底，哈桑二世任命强硬派人物穆罕默德·乌夫基尔（Mohammed Oufkir）为内政大臣以代替失宠的政治操纵者艾哈迈德·圭迪拉（Ahmed Réda Guédira），同时给予内政大臣仅次于自己的权力，以此来平衡军队的影响力。⑤ 此外，国王继续加强对军队的控制，甚至完全掌控了军队的领导权。⑥ 由此可见，内政大臣和军队是国王制衡反对派的两

---

① Stephen O. Hughes, *Morocco under King Hassan*, New York: Ithaca Press, 2001, p. 187.

② C. R. Pennell, *Morocco since 1830: A History*, New York: New York University Press, 2000, p. 313.

③ Abdelaziz Bennani and Abdelah El Oualladi, *Liberté de presse et de l'information au Maroc-limites et Perspectives*, Rabat: Organisation Marocaine des Droits de l'Homme, 1995, pp. 137-138; Zakya Daoud and Matti Monjib, *Ben Barka*, Paris: Éditions Michalon, 1996, pp. 238-245.

④ Lise Storm, *Democratization in Morocco: The Political Elite and Struggles for Power in the Post-Independence State*, New York: Routledge, 2007, p. 23.

⑤ David Michael Mednicoff, *The King's Dilemma Resolved? The Politics of Symbols and Pluralism in Contemporary Arab Monarchy*, Ph. D. dissertation, Harvard University, May 2007, p. 66.

⑥ Omar Bendourou, *Le Pouvoir Exécutif au Maroc depuis l'indépendance*, Cahors: Publisud, 1986, pp. 180-183.

大工具，哈桑二世不仅要平衡两者的力量，而且要防止其内部特别是军队的失控。这一时期，哈桑二世威逼的对象主要是左翼势力和部分民族主义残余势力，其间发生的事件主要包括人民力量全国联盟党首本·巴尔卡的暗杀事件，政府监禁独立党党报记者，禁止游行，逮捕和审讯反对党的领导人等，如人民力量全国联盟的附属机构——摩洛哥工人联盟（Morocco Labor Union）领袖曾遭严酷审讯。① 但独立党和人民力量全国联盟作为受害者并没有就此停止斗争，它们继续对政府表达不满情绪，甚至不顾在政治上遭到越来越多的胁迫。最终，在政府的威逼之下，反对派特别是人民力量全国联盟出现了分裂，元气大伤，甚至反对派内部也出现了诸多亲政府的派别。②

1970 年，哈桑二世国王取得了预期的结果。左翼倾向的政党势力在这轮威逼中已丧失了往日的动员能力，大多数摩洛哥人，特别是地方贵族和军队对国王的忠诚度已大幅提升。虽然反对派已无力再与国王缠斗，但利比亚的军事政变令哈桑二世国王看到了阿拉伯世界的军队领袖与传统君王之间存在的潜在问题。因此，1969~1972 年，国王几乎放弃了威逼措施，转而通过解除国家紧急状态来减少对军队的依赖③，同时开启新一轮民主改革，试图解除潜在危机。

虽然威逼不是穆罕默德六世执政期间的重要手段，但它是其树立个人形象和巩固统治地位不可或缺的手段之一。2001 年"9·11"事件和2003 年卡萨布兰卡恐怖袭击发生后，穆罕默德六世宣布加入由美国领导的全球反恐战争中，这也使得王室集团的威逼手段合法化。威逼手段在这一时期主要体现在对各反对政党旗下的媒体加强控制，禁止传播有损国王形象的内容。2011 年以来，政治威逼作为一种暴力手段使用的次数越来越少。

① David Michael Mednicoff, *The King's Dilemma Resolved? The Politics of Symbols and Pluralism in Contemporary Arab Monarchy*, Ph. D. dissertation, Harvard University, May 2007, p. 66.

② David Michael Mednicoff, *The King's Dilemma Resolved? The Politics of Symbols and Pluralism in Contemporary Arab Monarchy*, Ph. D. dissertation, Harvard University, May 2007, p. 67.

③ David Michael Mednicoff, *The King's Dilemma Resolved? The Politics of Symbols and Pluralism in Contemporary Arab Monarchy*, Ph. D. dissertation, Harvard University, May 2007, p. 68.

三　政治多元化

纵观摩洛哥 1956 年独立至 1970 年中期政治反对派的发展历程，该国经历了由起初的独立党一党独大，到人民力量全国联盟成立后各政党力量"全面开花"，再到 1965 年的国家紧急状态使得政党活动（特别是反对派）遭遇了极大的挑战。1972 年的军事政变和 1975 年的"绿色进军"行动使哈桑二世国王逐渐意识到，没有政治反对派的支持，脆弱的国家政治系统将难以应对内部和外部威胁。① 因此，20 世纪 70 年代以后，哈桑二世通过政治开放和政治多元的治理策略来重新推动治理体系的改革。

1974 年，摩洛哥的政治开放步入正轨。摩洛哥共产党得以重新活动，并改名为进步与社会主义党；独立党通过新一届的全国党代会选出了新领袖；人民力量全国联盟卡萨布兰卡分支将自己的政党更名为人民力量社会主义联盟。从表面上看，虽然政治开放导致了更多反对派的出现，但事实上，哈桑二世通过"绿色进军"行动和西撒哈拉问题这一国家统一大业驯服了上述反对派，这些反对派毫无保留地支持国王的国家统一行动。相反，只有一些极端青年学生和马克思列宁主义支持者拒绝支持国王的行动，但他们最后都遭到严厉的打压。② 哈桑二世看到了政治开放的积极成效，于是便着手进行国家政治多元化进程。

政治多元化或者政治多元主义主要是指政府致力于扩大市民社会的生存空间，允许多党并存，提高选举的透明度等行动。③ 政治多元化的重要组成部分和存在基础是允许多党共存，因此无论是市民社会还是其他组织，一开始都是依靠政党而存在的。作为摩洛哥国王的治理策略，多党制是其政治多元化进程的核心部分。通过政治多元化，国王一方面可以吸引反对派加入由国王主导的政府，从而对其实行有效控制，另一方面可以防止出现一党独大的局面。

---

① Ira William Zartman, "Opposition as Support of the State," in Giacomo Luciani, ed., *The Arab State*, London: Routledge, p. 223.

② C. R. Pennell, *Morocco since 1830: A History*, New York: New York University Press, 2000, p. 347.

③ Guilain Denoeux and Abdeslam Maghraoui, "King Hassan's Strategy of Political Dualism," *Middle East Policy*, Vol. 5, No. 4, 1998, p. 105.

政治多元化策略在 1977 年的议会选举中得到了运用。实际上，哈桑二世国王在 1976 年组建的新一届内阁中就已吸收了来自各主要党派的代表，这似乎表明，在新一届参议院中将会有更多来自不同政治力量的摩洛哥精英参与其中。① 1976 年底，哈桑二世与主要反对派领导人进行了一次面谈，对话期间，哈桑二世同意进行一定程度的自由化改革，包括提高新闻媒体的自由度，改革选举制度以及修订选举名单等。② 为提高反对派的选举参与率，哈桑二世命令政府认真组织 1977 年的议会选举，并且规定所有政党都要得到一定的席位（包括新成立的进步与社会主义党）。最终选举结果显示，亲王室的独立人士获得 264 个席位中的 138 个，独立党获得政党中最多的 50 个席位，人民运动获得 47 个席位，而人民力量社会主义联盟仅获得 15 个席位。③ 据此，哈桑二世组建了新一届政府，其中独立党同意加入政府，人民力量社会主义联盟和进步与社会主义党则继续在政治系统中扮演反对派的角色。④ 也就是说，在以艾哈迈德·奥斯曼（Ahmed Osman）⑤ 为首相的新一届政府中，只存在唯一大党——独立党。这种情形当然不是哈桑二世所希望看到的。为了能够继续掌控政府，1978 年哈桑二世鼓励奥斯曼联合亲王室的独立人士组建新的政党——全国自由人士联盟。⑥

虽然 1977 年的议会选举和随后的奥斯曼政府并没有带来预期的民主改革，但对哈桑二世国王来说，政治多元化的治理策略为摩洛哥带来了更加稳定的政治系统。在该系统中，国王始终处于主导地位。⑦ 然而，西撒哈拉战争的高额支出、国际磷酸盐价格的下降以及艾哈迈德·奥斯曼政府

---

① David Michael Mednicoff, *The King's Dilemma Resolved? The Politics of Symbols and Pluralism in Contemporary Arab Monarchy*, Ph. D. dissertation, Harvard University, 2007, p. 83.

② Rida Lamrini, *Le Maroc de Nos Enfants*, Casablanca：EDDIF, 1998, pp. 66-67.

③ Lise Storm, *Democratization in Morocco: The Political Elite and Struggles for Power in the Post-Independence State*, New York：Routledge, 2007, p. 41.

④ 人民力量社会主义联盟一开始在参议院和新一届政府中均有担任职务，后因与国王和联合政府无法达成共识而退出了该政府和参议院。

⑤ 哈桑二世国王的妹夫。

⑥ C. R. Pennell, *Morocco since 1830: A History*, New York：New York University Press, 2000, p. 348.

⑦ David Michael Mednicoff, *The King's Dilemma Resolved? The Politics of Symbols and Pluralism in Contemporary Arab Monarchy*, Ph. D. dissertation, Harvard University, 2007, p. 84.

国家治理的糟糕表现，导致了 1981 年的卡萨布兰卡暴乱。这次暴乱使得
哈桑二世认识到现有的政治系统已不符合他所提倡的"政治多元化"理
念，遂决定于 1981 年重启与人民力量社会主义联盟的对话与合作。但是，
该联盟内部存在的分歧最终导致一部分极"左"分子分裂出去，成立新
政党——民主与行动党（Democratic and Action Party），同时亲王室政党
全国自由人士联盟也因内部分歧，一部分代表农村势力的独立人士出现分
裂，成立了全国民主党。① 在 1983 年和 1984 年的选举中，哈桑二世运用
了同样的策略，维持了国家政治秩序的基本稳定。在阿拉伯剧变期间，摩
洛哥再次使用了该策略，不仅让摩洛哥平稳渡过动乱期，而且还减少了政
党之间的斗争，使之更加团结。

四　笼络与平衡

在摩洛哥政治中，笼络（Co-optation）与平衡策略是王室统治集团最
为常用的手段与策略之一。摩洛哥独立后，该手段已成为摩洛哥历任国王
惯用的国家治理策略。在国家重建时期，国王穆罕默德五世将笼络策略运
用到由国王构建的庇护系统（Patron-Client）中。其中，亲王室政党和国
家安全系统的建立均是得益于这一策略的合理运用。进入政治多元化时
期，哈桑二世国王在应对左翼政党势力和伊斯兰复兴运动时均采用了该
策略。

在应对左翼政党势力坐大方面，哈桑二世的笼络与平衡策略运用恰
当。20 世纪七八十年代，左翼政党在摩洛哥社会中的势力达到历史最高
点。从主要组成部分来看，有独立党、人民力量社会主义联盟以及后来新
成立的进步与社会主义党。其中，人民力量社会主义联盟的左翼倾向以及
规模都超过其他两党，因此对于哈桑二世来说，支持独立党，并将其纳入
由他所掌控的政府，这是其考虑的重要策略之一。1977 年议会选举结束
后，独立党以最多席位的大党身份进入参议院，并最终获得 5 个大臣和

---

① 　David Michael Mednicoff, *The King's Dilemma Resolved? The Politics of Symbols and Pluralism in Contemporary Arab Monarchy*, Ph. D. dissertation, Harvard University, 2007, p. 88.

3个秘书长职位。[1] 反观人民力量社会主义联盟，只获得了15个席位，最终只有极少数党内成员进入内阁，后来因无法达成共识而退出政府。[2] 哈桑二世通过上述方式将独立党成员纳入政府，一方面是为了限制人民力量社会主义联盟的势力，另一方面是为了给政府注入新的活力。当独立党在政府中的势力膨胀时，哈桑二世通过自己的亲信组建政党去平衡独立党，同时主动与人民力量社会主义联盟进行面对面对话、寻求合作，反过来平衡独立党。[3]

进入20世纪90年代，在应对反对派政党方面，摩洛哥国王哈桑二世通过交替政府对其进行笼络与平衡。交替政府是一种两极民主（Bipolar Democracy），两大集团基于各自的选举结果轮流执掌政府。有学者认为这种模式在一定程度上接近英国的政治制度。[4] 交替政府模式的直接目的就是吸纳反对派政党进入王室所控制的政府中，进而寻求政治共识。1992年，哈桑二世国王进行了交替政府的尝试，如在宪法改革中，增加了赋予政府更多权力的条文，然而这一次反对派政党并没有积极回应。相反，当哈桑二世主动邀请反对派组建联合政府时，反对派持怀疑态度，认为这可能又是一个笼络的陷阱。即便如此，以"库特拉"为代表的反对派还是积极参加了1993年的议会选举，取得了比以往更多的议会席位。[5] 其中，"库特拉"取得了99个席位，占总席位数的45%，看似取得了不错的成绩，但由于议会中1/3的席位是通过间接选举产生，而间接选举往往都是由内政大臣控制，因而在最终选举结果中，保皇派和中间派获得的席位占总席位数的76.6%。对此，反对派极为不满，并提出解除内政大臣巴里斯职务的要求，而处于执政晚期的哈桑二世并未答应这一诉求。因此，

---

[1] Rika El-Mossadeq, "Political Parties and Power-Sharing," in I. William Zartman, ed., *The Political Economy of Morocco*, New York: Praeger, 1987, p.80.

[2] Lise Storm, *Democratization in Morocco: The Political Elite and Struggles for Power in the Post-Independence State*, London: Routledge, 2007, p.44.

[3] Jean-Claude Santucci, *Chroniques Politiques Marocaines (1971 - 1982)*, Paris: Edition du Centre Ntationale de la Recherche Scientifique, p.235.

[4] George Joffé, "The Moroccan Political System after the Elections," *Mediterranean Politics*, Vol.3, No.3, 1998, p.108.

[5] Michael J. Willis, *Politics and Power in the Maghreb: Algeria, Tunisia and Morocco from Independence to the Arab Spring*, Oxford: Oxford University Press, 2014, p.141.

"库特拉"委婉地拒绝了组建 1995 年联合政府的请求。①

1995 年"交替政府"方案尝试失败后，哈桑二世次年就宣布进行宪法改革。这次宪法改革最重要的变化就是重新建立两院制，其中众议院通过间接选举，共有 270 个席位，参议院通过直接选举，产生 299 个席位。② 在 1997 年的选举中，"库特拉"取得了参议院中 102 个席位，成为当之无愧的优势集团，最终加入了 1998 年的联合政府。"库特拉"选择加入政府，最主要的推动者是这次选举中的最大党派——人民力量社会主义联盟。③ 该党领袖阿卜杜勒·拉赫曼·优素福于 1998 年成为政府首相，标志着反对派被正式纳入王室的控制之下，也标志着交替政府模式的开启。④ 对于王室政权来说，交替政府不仅成功笼络了最大的反对派政党，而且还限制了其他传统反对派的发展，特别是独立党。

哈桑二世晚年想通过交替政府的方式解决因政治威逼遗留的历史问题，但不幸的是问题还没有彻底解决他就去世了。1999 年穆罕默德六世上台后延续了哈桑二世的政策，在交替政府的基础上，重点解决因政治压迫导致的所谓人权问题。所以上台后的前 3 年里，穆罕默德六世的政党策略是在平衡的基础上进行安抚。但 2002 年全国选举后，摩洛哥出现了政党势力过大、政党之间裂痕加剧的局面。为应对这一情况，穆罕默德六世果断抛弃交替政府模式，任命亲国王的非党派人士德里斯·杰图（Driss Jettou）为首相，平衡政党势力以及化解政党之间的分歧。2007 年全国选举后，由于独立党和人民力量社会主义联盟长期主导摩洛哥议会，政党名声逐渐下降，加之伊斯兰政党——公正与发展党的崛起，穆罕默德六世重

---

① Michael J. Willis, *Politics and Power in the Maghreb: Algeria, Tunisia and Morocco from Independence to the Arab Spring*, Oxford: Oxford University Press, 2014, p. 141; George Joffé, "The Moroccan Political System after the Elections," *Mediterranean Politics*, Vol. 3, No. 3, 1998, p. 107; James N. Sater, *Morocco: Challenges to Tradition and Modernity*, New York: Routledge, 2010, p. 79.

② George Joffé, "The Moroccan Political System after the Elections," *Mediternarean Politics*, Vol. 3, No. 3, 1998, p. 111.

③ 关于为何人民力量社会主义联盟在 1998 年加入政府，参见 Lise Storm, *Democratization in Morocco: The Political Elite and Struggles for Power in the Post-independence State*, London: Routledge, 2007, pp. 116-117。

④ Michael J. Willis, *Politics and Power in the Maghreb: Algeria, Tunisia and Morocco from Independence to the Arab Spring*, London: C. Hurst & Co. Ltd., 2012, p. 142.

新回归交替政府模式，任命议会中占主导地位的独立党领袖阿巴斯·法希（Abbas el-Fassi）为首相。

穆罕默德六世任命独立党领袖为政府首相被认为是对抗公正与发展党的权宜之计。但以独立党为首的"库特拉"持续坐大，成为国王的心病。2008 年，在穆罕默德六世的默许下，国王的亲密政治顾问福阿德·阿里·希玛独自领导成立了新的政党——真实性与现代党。一方面，其旨在平衡伊斯兰政党势力，另一方面希望通过建立新的政党改善摩洛哥政党形象。① 阿拉伯剧变爆发后，摩洛哥紧急举行了全国选举，于 2012 年组建了新一届联合政府，公正与发展党领袖班基兰任政府首相。即使在伊斯兰政党成为政府议会主导政党后，国王仍然牢牢掌握着实权和国家政治改革的基本方向。2021 年，亲王室的阿赫努什出任首相后，更是将王室和政府之间的紧密联系提升至更高水平。

小　结

纵观摩洛哥独立后 60 多年的历史，作为摩洛哥最高统治阶层的王室与政党之间的互动是理解摩洛哥政治重要的维度。从摩洛哥政党发展历程来看，政党的出现伴随着摩洛哥独立战争和民族主义运动的发展。独立后，受国内与国际社会思潮的影响，摩洛哥出现了一大批政党，特别是左翼政党。无论是民族主义性质的独立党，还是左翼倾向的政党组织，抑或20 世纪 90 年代后出现的伊斯兰政党，均有深入参政的政治诉求。为满足这一需求，摩洛哥国王不仅要进行权力下放，达到权力共享的效果，而且要维护作为中东民主典范的形象，做到分权与集权相结合，政权与王权相结合，君权与民权相结合。2011 年阿拉伯剧变以来，由于摩洛哥进行了有利于民主发展的宪法修订，摩洛哥的政治权力，尤其是国王的权力进行了自上而下的分享。因此，政党的活动空间以及话语权较之前出现了明显的提升，政党在政府中的作用更是得到了明显提升。这一时期，政党的政

① Ferdinand Eibl, "The Party of Authenticity and Modernity（PAM）: Trajectory of a Political Deus Ex Machina," *The Journal of North African Studies*, Vol. 17, No. 1, 2012, pp. 45-66.

治表现主要为争取选票以获取最多的议会席位，从而导致政党内部以及政党间的无序斗争，政府效率也随之下降，但国王仍然能够通过一系列的治理手段维持政党之间的平衡关系。摩洛哥的政党治理模式可以归结为"一个中心、两个基本点和四种手段"。"一个中心"即维护王室的统治；"两个基本点"是权力共享与民主形象；"四种手段"是"分而治之"、政治威逼、政治多元化、笼络与平衡。摩洛哥政党治理模式形成于穆罕默德五世和哈桑二世，发展于穆罕默德六世。从成效看，摩洛哥的政党治理维护了王国的政权稳定和社会发展，促进了摩洛哥渐进式改革，有效地处理了改革、发展和稳定的三角关系。

第五章

摩洛哥宗教治理的理念与实践

伊斯兰教作为阿拉伯国家的国教与民众的主体信仰，在政治与社会生活中发挥着重要的作用。阿拉伯剧变爆发以来，伊斯兰教表现出强烈的教俗矛盾与教派矛盾特征，穆斯林兄弟会、圣战萨拉菲等现代伊斯兰主义组织持续影响着阿拉伯国家政治与社会秩序的稳定。被学界冠以"例外论"的摩洛哥王国，在经历了"2·20"运动的波折后，摆脱了与其他国家相同的命运，穆兄会式政党公正与发展党成功上台执政并连任至2021年，执政时间长达9年，摩洛哥统治集团阿拉维王室化险为夷，成功实现了政局的平稳过渡。

本书认为，摩洛哥例外的一个重要原因，在于阿拉维王室集团对现代伊斯兰主义运动长期有效的国家治理。本章以摩洛哥为研究对象，以国家治理理论为分析框架，探讨其统治集团阿拉维王室如何通过恰当的方式对现代伊斯兰主义运动进行国家治理来维持国家政局的稳定。

第一节 摩洛哥伊斯兰教发展状况

摩洛哥有着丰富多元的伊斯兰文化及其历史积淀，这让阿拉维王室在治理现代伊斯兰主义运动时获得了较多的资源和途径，但也受到多方面的影响与限制。因此，对摩洛哥伊斯兰教发展状况做简要的介绍与梳理是本章研究与分析的基础。

公元7世纪，阿拉伯人在伊斯兰教的旗帜下开始了领土扩张。在阿拉伯人征服前，摩洛哥的居民基本是柏柏尔人，信奉当地部落的原始宗教。

785 年，哈桑曾孙穆莱·伊德里斯·本·阿卜杜拉进入摩洛哥，与非斯当地的柏柏尔奥雷巴部落联姻，随后建立伊德里斯王朝（788~974 年），成为伊斯兰教在摩洛哥本土化开始的标志。随着阿拉伯人的迁入与统治，伊斯兰教开始在摩洛哥传播。由于柏柏尔人的社会发展水平、地理环境、生活方式和风俗习惯等与阿拉伯人具有相似性，而且伊斯兰教教义提倡的社会理念简单易懂深入人心，再加上阿拉伯人采取皈依伊斯兰教就可以获取赋税优惠与出任公职的政策，柏柏尔人在短时间内皈依了伊斯兰教。从 11 世纪起，柏柏尔人通过宗教运动来反抗阿拉伯中央政权，最终在摩洛哥建立了以部落联盟及苏非道堂为基础的四个柏柏尔王朝：穆拉比特王朝（1056~1147 年）、穆瓦希德王朝（1147~1269 年）、马林王朝（1269~1465 年）和瓦塔斯王朝（1465~1554 年）。这四个王朝的建立促进了伊斯兰教和阿拉伯语在摩洛哥的传播与发展。随后兴起的萨阿德王朝（1554~1659 年）和阿拉维王朝（1659 年至今）以谢里夫血统将统治权转回至阿拉伯人手中，巩固了伊斯兰教在摩洛哥的地位。法国保护国时期（1912~1956 年），殖民总督路易斯赫伯特·利奥泰（Louis-Hubert Lyautey）将殖民官僚机构架设在摩洛哥传统的素丹体制之上，并在地方对苏非道堂采取结盟庇护的策略，使得摩洛哥的伊斯兰教传统客观上没有遭遇与其他被殖民阿拉伯国家相似的命运，总体上得到了延续。

　　2011 年修订后的摩洛哥宪法规定，伊斯兰教是摩洛哥的国教，"乌玛"的生活根据伊斯兰教而开展；国王凭借其谢里夫血统，兼具"信士的长官"与最高苏非圣徒双重身份，拥有对宗教事务的最终裁决权与最高监护权，从理论上框定了摩洛哥的政教关系，垄断了宗教话语。摩洛哥人口 99% 信奉逊尼派伊斯兰教，教义学上信奉艾什阿里学派（Ash'ari Mazhab），教法学派上追随逊尼派四大教法学派之一的马立克教法学派（Māliki Mazhab）①，并承认苏非主义在大众信仰层面的重要地位。② 绝对多数的穆斯林人口规模与比重是伊斯兰教在摩洛哥政治和社会生活中发

---

① 数据来自摩洛哥门户网站，http：//data. gov. ma/fr，最后访问日期：2019 年 3 月 11 日。
② 数据来自世界银行网站及摩洛哥伊斯兰宗教基金与事务部网站的统计，http：//data. worldbank. org. cn/country/morocco? view = chart，http：//www. habous. gov. ma/2012-01-26-16-12-45. html，最后访问日期：2019 年 12 月 22 日。

挥作用的基础。如第一章所述，摩洛哥的伊斯兰力量目前大致又可细分为以下三类：第一，由苏非主义力量构成的传统伊斯兰精英；第二，官方伊斯兰力量；第三，现代伊斯兰主义组织。这三类伊斯兰力量不具有同质性，但其共同点为强调伊斯兰教法与伊斯兰价值观在公共生活中的核心作用。

第二节 摩洛哥现代伊斯兰主义运动的历史演变

相较于其他阿拉伯国家，摩洛哥的现代伊斯兰主义运动经历了一个较为缓慢的发展过程。它的兴起是 20 世纪 60 年代末期摩洛哥国内外因素双重影响下的产物：一方面，1967 年中东战争中阿拉伯阵营战败后以纳赛尔主义为代表的阿拉伯民族主义式微，阿拉伯世界进入"沙特时期"，大量现代伊斯兰主义组织受到沙特阿拉伯王国的资金支持；另一方面，现代伊斯兰主义组织作为一种政治力量，对当时摩洛哥国内的左翼政治势力起到了抗衡的作用，国王哈桑二世为此推行阿拉伯化与伊斯兰化的政策，对相关势力的发展给予默许，使其获得较大的生存空间。[1] 在此背景下，大量来自西亚地区的现代伊斯兰主义思想涌入马格里布地区，尤其是萨拉菲主义（Salafism）得到了广泛的传播。[2] 以 1969 年成立的摩洛哥伊斯兰青年组织（Moroccan Islamic Youth）为标志，摩洛哥现代伊斯兰主义运动大致经历了以下三个阶段的发展。

一 萌芽兴起阶段（1970~1983 年）

1969 年，在摩洛哥最大的城市卡萨布兰卡出现了摩洛哥第一个现代伊斯兰主义组织——摩洛哥伊斯兰青年组织（以下简称"青年组织"），它的创建者阿卜杜勒·卡里勒·穆蒂是人民力量全国联盟的前成员。但在代表该党在政府任职期间，他一度对摩洛哥失败的政治和经济局面感到失望，受埃及穆兄会的影响，他开始相信解救摩洛哥的关键在于复兴伊斯兰

---

[1] Muhammad Ḍarīf, *Al-Islām al-Siyāsi fi al-Maghrib*, Manshūrāh Ifrīqiya, 1991, p. 225.

[2] Julie E. Pruzan-Jørgensen, "The Islamist Movement in Morocco Main Actors and Regime Responses," *DIIS Report*, May 2010, p. 8.

教的政治功能。① 20 世纪 60 年代末，左翼势力是国王哈桑二世主要的国家治理对象，所以青年组织就作为政府对抗左翼势力的棋子而获得了存在的空间。② 1972 年，青年组织在内政部正式注册，成为摩洛哥的合法组织。

　　青年组织成立初期的宣传口径常常与阿拉伯民族主义、抗议美帝国主义等联系在一起，从而获得了广泛的民众支持，左翼势力遭到排挤，青年组织主导了摩洛哥全国学生联合会，成为一支影响力巨大的力量。1975 年 10 月 18 日工人领袖奥马尔·本·杰隆的遇害，成为青年组织命运的转折点。政府指控青年组织为幕后凶手，国王哈桑二世开始对现代伊斯兰主义势力采取保守政策。1976 年，组织二号人物凯迈尔·易卜拉欣及大量核心成员被捕入狱，领导人穆蒂逃亡海外，组织分化重组为三派势力，受到政府的监控与打压。总体来讲，青年组织在 20 世纪 70 年代对摩洛哥王权统治并没有产生实质性的威胁。事实上，在 20 世纪 70 年代初期，青年组织并不是唯一出现在摩洛哥的伊斯兰主义力量。相反，另一支现代伊斯兰主义力量正义与慈善会无论从影响力还是规模来看，抑或从其生命力来说，都远胜青年组织。

　　正义与慈善会的创始人阿布杜·萨拉姆·亚辛生于 1928 年，他曾先后在马拉喀什的本·优素福神学院和拉巴特的师范学院接受教育，毕业后在摩洛哥教育部任督学，有过在多地学校任职的经历，并最高担任过马拉喀什教育局局长。1965 年，亚辛由于精神上患有疾病而停职休养，随后加入了布达什沙苏非道堂（Boutchichi Sufi Order）。亚辛追随谢赫阿巴斯·本·穆赫塔尔长达 6 年，直至 1971 年谢赫去世时因与道堂继任者谢赫哈姆宰·卡迪里·本·阿巴斯关系不和，他最终选择离开布达什沙苏非道堂。③ "但这种离开并非思想层面的，只是行动层面的。"④ 1971 年起，

①　Michael Willis, *Politics and Power in the Maghreb: Algeria, Tunisia, and Morocco from Independence to the Arab Spring*, London: C. Hurst & Co. (Publishers) Ltd., 2012, p. 162.

②　Henry Munson, *Religion and Power in Morocco*, New Haven and London: Yale University Press, 1993, p. 160.

③　Michael Willis, *Politics and Power in the Maghreb: Algeria, Tunisia, and Morocco from Independence to the Arab Spring*, London: C. Hurst & Co. (Publishers) Ltd., 2012, p. 163.
Muhammad Ḍarīf, *Al-Islām al-Siyāsī fi al-Maghrib*, Manshūrāh Ifrīqiya, 1991, pp. 312–314.

④　Muhammad Ḍarīf, *Al-Islām al-Siyāsī fi al-Maghrib*, Manshūrāh Ifrīqiya, 1991, p. 315.

亚辛开始了系统性的创作生涯。1971 年与 1972 年，亚辛出版了《在宣教与国家之间的伊斯兰》和《明天的伊斯兰》两本书，他在书中强烈呼吁在摩洛哥建立以先知穆罕默德及四大哈里发时期统治经验为典范的伊斯兰国家。① 让亚辛正式走入王室视野的，是其于 1974 年写给国王哈桑二世的一封名为《伊斯兰或洪水》（Islam or the Deluge）的信件，同时他将这封信的内容做成宣传手册向民众发放。② 在这封长达 114 页的信中，亚辛公开质疑国王哈桑二世的伊斯兰教信仰与先知血统，宣称自己才是真正的谢里夫，且措辞激烈地历数哈桑二世的叛教罪行，直指国王的合法性。③ 这封信件立刻引起了摩洛哥宫廷的重视与警惕，政府最终以精神失常为由将亚辛关进了精神病医院对其进行监禁，时间长达 3 年零 6 个月。

1979 年亚辛出院，同年恰逢伊朗伊斯兰革命胜利，亚辛由此受到了极大的鼓舞。他认为，要想让自己的伊斯兰主张得到社会的认可，就有必要像霍梅尼一样，全面复苏伊斯兰教的政治功能，推翻君主制，而这也正是他与布达什沙苏非道堂新谢赫分道扬镳的关键所在。④ 1981 年，亚辛首先组建了自己的第一个伊斯兰主义组织——"伊斯兰社团家庭"，创办《社团》杂志，之后他将组织更名为"社团善行会"，正式在纲领中表明自己反对君主制的立场。由于亚辛继续大肆宣传针对国王的言论，1983 年他再次被警方逮捕入狱，刑期达 2 年。现代伊斯兰主义运动的组织化以及伊朗伊斯兰革命的成功让国王哈桑二世认识到，必须尽快"铲除"威胁，现代伊斯兰主义运动被正式列入了摩洛哥国家治理的核心内容之一。

二　发展转型阶段（1983~1999 年）

如前所述，在经历了 20 世纪 70 年代后期的政府打压后，青年组织最终于 1981 年分化成了三派力量：①由阿布杜勒·哈米德·易卜拉欣领导

---

① C. R. Pennell, *Morocco since 1830: A History*, New York: New York University Press, 2000, p. 353.

② Muhammad Ḍarīf, *Al-Islām al-Siyāsi fī al-Maghrib*, Manshūrāh Ifrīqiya, 1991, p. 315.

③ 关于信件的全部内容以及相关讨论，参见正义与慈善会网，https://www.aljamaa.net/ar/。

④ C. R. Pennell, *Morocco since 1830: A History*, New York: New York University Press, 2000, p. 354.

的"澄清派"，要求在保持原有组织架构的基础上厘清穆蒂和内部领导层间的分歧；②由班基兰领导的"分离派"，采取批判穆蒂的立场，另起炉灶；③由少数成员组成的"延缓派"，主张搁置争议，远离政治，致力于文化与教育性质的工作。

"分离派"成为公正与发展党的前身。班基兰成立了"伊斯兰社团"，进行文化与宣教的工作，得到了一定的发展，并于 20 世纪 80 年代后期开始与政府保持非正式通信，引起它的注意，但王室对其依旧持怀疑和敌意的态度，从而进行了一定的限制措施。哈桑二世认为，青年组织要成为合法政党参与政治生活，就必须从名称上放弃"伊斯兰""社团""乌玛"等用词，因为除了"信士的长官"外，没人有权代表伊斯兰。1996 年，班基兰将"伊斯兰社团"正式更名为"统一与改革运动"（Movement for Unification and Reform），并获得了政府的认可，王室以组建联合政党的方式允许"统一与改革运动"参与政治生活，随后班基兰带领其成员加入了保皇派民主与宪法人民运动党。① 在不到一年的时间里，"统一与改革运动"凭借其庞大的成员基数主导了该党的发展。1997 年，民主与宪法人民运动党在班基兰的领导下，参加了年底举行的议会选举，出乎意料地获得了 9 个席位以及多达 264324 张选票，也就是占有效选票的 4.14%。② 同时，民主与宪法人民运动党正式更名为公正与发展党。但成立初期，公正与发展党依然依附民主与宪法人民运动党，其重要决定还是受制于联盟党最高领袖阿卜杜勒·卡里姆·卡提布的最终意见。随着公正与发展党的壮大及班基兰向摩洛哥政府的不断"示好"，摩洛哥内政部最终于 1999 年初正式对公正与发展党予以认可，允许其成为一个独立的政党并建立自己的分支机构。同年底，公正与发展党以惊人的速度在全国建立了 51 个

---

① Al-Bashīr al-Matāqi, *Al-Harakah al-Islāmiyyah wa al-Mushātakah al-Siyāsiyyah bi al-Maghrib: Harakah a l-Tawhīd wa al-Islāh wa Hizb al-'adālah wa al-Tanmiyyah Namūzaj*, Muassasah Kūnrād Adīnāwar, 2009, p. 201.

② Eva Wegner, *Islamist Opposition in Authoritarian Regimes: The Party of Justice and Development in Morocco*, New York: Syracuse University Press, 2011, p. 27.

分支机构。①

而摩洛哥境内另一支现代伊斯兰主义力量正义与慈善会，则以完全相反的思路发展。1987年出狱后，亚辛将其领导的"社团善行会"正式更名为"正义与慈善会"。② 然而，由于亚辛继续大肆宣传针对国王的言论，1989~2000年亚辛被软禁。③ 即使这样，正义与慈善会的活动一直没有停止，在亚辛被软禁期间，该组织的运动皆由其女儿纳迪亚·亚辛（Nadia Yassine）主持。从正义与慈善会的活动性质上看，摩洛哥政治学家穆罕默德·道阿达维（Mohamed Daadaoui）认为，亚辛领导的正义与慈善会更多的是一种受摩洛哥民众欢迎的"伸张正义组织"，该组织的成功主要在于向成千上万的摩洛哥人提供大量的社会服务，尤其是在农村或者城市的穷人区提供包括识字、健康等基本的福利，从而解释了正义与慈善会在遭到政府打压时为何依旧有深厚的民间基础。④

从上述两个摩洛哥现代伊斯兰主义运动在20世纪90年代的组织发展来看，"统一与改革运动"最终以现实主义的方式组建了公正与发展党，试图以合法参政的途径落实其伊斯兰主义改造。按照班基兰的说法，"统一与改革运动"选择从秘密走向公开、从宣教走向参政，是因为只有优先进入政治权力核心才能实现其意识形态目标，"这是一种'塔基亚'（Al-Taqiya）⑤ 的原则"。⑥ 而公正与发展党因为其这种"伪善"的面孔，历来受到王室集团的怀疑，是其在国家治理中长期借以树立的范本与防范

---

① Al-Bashīr al-Matāqi, *Al-Harakah al-Islāmiyyah wa al-Mushātakah al-Siyāsiyyah bi al-Maghrib: Harakah al-Tawhīd wa al-Islāh wa Hizb al-'adālah wa al-Tanmiyyah Namūzaj*, Muassasah Kūnrād Adīnāwar, 2009, p. 166.

② Michael J. Willis, "Morocco's Islamists and the Legislative Elections of 2002: The Strange Case of The Party that did not Want to Win," *Mediterranean Politics*, Vol. 9, No. 1, 2004, p. 8.

③ Eva Wegner, *Islamist Opposition in Authoritarian Regimes: The Party of Justice and Development in Morocco*, New York: Syracuse University Press, 2011, p. 28.

④ Mohamed Daadaoui, *Moroccan Monarchy and the Islamist Challenge: Maintaining Makhzen Power*, New York: Palgrave Macmillan, 2011, p. 131.

⑤ "塔基亚"在阿拉伯语中原意为恐惧、遮掩，是《古兰经》确认的一个原则，即穆斯林在受到迫害时，可以隐瞒自己的宗教信仰。逊尼派、什叶派和哈瓦利吉派都不同程度地奉行过这一原则。

⑥ 'abd al-Ilāh Bunkīrān, "Al-Jā'āh al-Islāmiyyah wa al-Fiqh al-Haraki," *Majallah al-Islāh*, Al-Sanah al-Thaniyyah, Vol. 15, March 18, 1988, pp. 14-15.

打压的对象。[①] 而亚辛领导的正义与慈善会则以理想主义的方式继续深入摩洛哥社会底层，自下而上地给摩洛哥政府施以压力。然而，对于摩洛哥王室政权来说，引导现代伊斯兰主义运动朝着王室所期望的"健康"方向发展是其国家治理的重要任务之一。

三　深化发展阶段（1999年至今）

1999年国王哈桑二世的去世成为摩洛哥政治改革的重要转折点。新国王穆罕默德六世大刀阔斧地开展了一系列世俗化改革，解决政治迫害问题，推动经济与政治自由化，为摩洛哥现代伊斯兰主义运动扩展活动空间带来了新的机遇。

公正与发展党在班基兰的带领下不断发展，已经成为摩洛哥政局中一股不可忽视的新兴政治力量。在2002年与2007年的议会选举中，公正与发展党分别获得了42个与46个议会席位。在2011年"2·20"运动后提前举行的议会选举中，公正与发展党赢得107个席位，成为第一大党，班基兰领导组成联合政府，出任摩洛哥政府首相。而在2016年议会选举中，公正与发展党获得125个席位，再次领导组建新一届联合政府。尽管该党在2021年的选举中落败，但其在摩洛哥政治中仍有较大的影响力。

2000年1月28日，亚辛再次向新国王发难，提醒穆罕默德六世需要偿还他父亲执政时所积累的"债务"，并称真主托梦启示他，阿拉维王室因为叛教将于2006年灭亡。[②] 新国王在发难后没过多久就结束了对亚辛的软禁，向外界彰显出一位君主的宽容姿态。2006年，亚辛的预言并没有发生，正义与慈善会为此开始做大量的善后工作，加大宣传与社会服务

① Abdelilah Bouasria, "The Second Coming of Morocco's 'Commander of the Faithful': Mohammed VI and Morocco's Religious Policy," in Bruce Maddy-Weitzman and Daniel Zisenwine, eds., *Contemporary Morocco: State, Politics and Society under Mohammed VI*, New York: Routledge, 2013, p. 44.

② Abdelilah Bouasria, "The Second Coming of Morocco's 'Commander of the Faithful': Mohammed VI and Morocco's Religious Policy," in Bruce Maddy-Weitzman and Daniel Zisenwine, eds., *Contemporary Morocco: State, Politics and Society under Mohammed VI*, New York: Routledge, 2013, p. 44.

的力度，旨在降低预言未果带来的负面影响。2011 年"2·20"运动中，正义与慈善会号召其成员走上街头，试图推翻王室统治，建立一个真正意义上的伊斯兰国家，但王室通过快速回应民间诉求与许下改革承诺的方式很快扑灭了民众寻求变革的怒火。2012 年，亚辛去世，他的女儿纳迪亚·亚辛正式接过组织的领导权，继续践行其父亲的思想。

进入 21 世纪，圣战萨拉菲运动的作用开始凸显，成为对摩洛哥政治与社会稳定产生重大影响的新因素。1956 年摩洛哥独立后，在摩洛哥形成了以穆罕默德·塔基丁·希莱里为首的宣教萨拉菲，主张身体力行地对大众进行宣传教育，消除国内盛行的苏非主义文化。① 20 世纪 90 年代初，受阿富汗反苏"圣战"与美军驻军沙特的刺激，以欧麦尔·哈杜希、穆罕默德·菲扎兹和哈桑·克塔比为首的一派圣战萨拉菲主义者成立了"萨拉菲圣战组织"（Tanẓīm al-Jihād al-Salafi），旨在通过"圣战"的方式结束"新贾希利叶时期"，正本清源，按照前三代穆斯林先贤的经验建立一个真正意义上的伊斯兰国家。该组织的精神导师包括赛义德·库特卜、阿布杜·拉赫曼以及"基地"组织领导人乌萨马·本·拉登等人。由于萨拉菲主义者视苏非主义为"异端"，摩洛哥内政部前大臣伊德里斯·巴斯里对"萨拉菲圣战组织"的存在予以默认，以此来平衡苏非谢赫亚辛领导的正义与慈善会所带来的压力。②

2001 年"9·11"事件发生后，摩洛哥政府才开始意识到圣战萨拉菲力量所潜藏的威胁。2003 年 5 月 16 日，"萨拉菲圣战组织"中一个名为"正道"（Al-Sirāh al-Mustqīm）的分支在卡萨布兰卡发动了 3 起连环自杀式爆炸袭击，共造成 45 人死亡。2007 年 3~4 月，卡萨布兰卡再次发生 3 起连环自杀式爆炸袭击。2011 年 4 月 29 日，南部古都马拉喀什贾米菲纳广场北面的一家咖啡馆发生爆炸，造成至少 15 人死亡、20 人受伤，这也是自 2003 年卡萨布兰卡恐怖袭击以来最为严重的恐怖主义袭击事件，死伤者大多是赴当地的欧洲游客。摩洛哥内政部调查显示，这四次恐怖主义

---

① Markaz al-Jazīrah li al-Dirāsāh, *Al-Zāhirah al-Salafiyyah: Al-Ta'addudiyyah al-Tanẓīmiyyah wa al-Siyāsāh*, Doha：Al-Dār al-Arabiyyah li al-'ulūm Nāshirūn, 2014, p. 238.

② Markaz al-Jazīrah li al-Dirāsāh, *Al-Zāhirah al-Salafiyyah: Al-Ta'addudiyyah al-Tanẓīmiyyah wa al-Siyāsāh*, Doha：Al-Dār al-Arabiyyah li al-'ulūm Nāshirūn, 2014, p. 238.

袭击都是由"基地"组织北非分部"伊斯兰马格里布基地组织"（Al-
Qaeda in the Islamic Maghreb）策划的。① 接连发生的恐袭事件，让圣战萨
拉菲运动成为摩洛哥王室在 21 世纪的国家治理中所不可规避的一个全新
议题。

第三节　摩洛哥宗教治理的路径实践

根据摩洛哥国内外总体政治局势的变化及国内各政治势力间的力量对
比，摩洛哥王室在治理现代伊斯兰主义运动的过程中大致采用了以下三种
路径。

一　政治吸纳

以 1974 年的《伊斯兰或洪水》书信和 1975 年工人领袖奥马尔·本·
杰隆的遇害为标志，哈桑二世开始收缩其对现代伊斯兰主义力量的"宽
容"与"放纵"。阿布杜·萨拉姆·亚辛被监禁，青年组织也随后遭到了
打压。到 20 世纪 80 年代末的这段时间里，班基兰领导的"伊斯兰社团"
为进一步谋求政治上的合法地位，分别在 1985 年、1986 年和 1987 年向
哈桑二世国王和内政部大臣递交了 3 封信函表示：①"伊斯兰社团"与
青年组织及其领导人阿卜杜勒·卡里姆·穆蒂完全脱离关系，承认政府对
穆蒂做出的判决；②"伊斯兰社团"致力于采取和平合法的手段宣教，
解决伊斯兰世界正在经历的文明危机；③"伊斯兰社团"只代表穆斯林
中的一个群体，而非整个伊斯兰共同体，"伊斯兰社团"不挑战国王作为
"信士的长官"的最高宗教权威与其在宗教上的最终解释权，教义上遵循
艾什阿里派，教法上遵循马立克学派；④"伊斯兰社团"不反对君主制，
维护摩洛哥的领土完整与阿拉伯属性。② 尽管如此，摩洛哥政府依旧心有
余悸，没有接受班基兰递出的橄榄枝。因为哈桑二世很清楚，最大的伊斯

---

① "New Suicide Attacks Hit Morocco," BBC News, April 14, 2007, http：//news.bbc.co.uk/
2/hi/middle_east/6555177.stm, accessed：2017-04-10.
② 关于三封信件的详细内容，参见 Muhammad Darīf, *Al-Islām al-Siyāsi fī al-Maghrib*, Manshūrāh
Ifrīqiya, 1991, pp.261-277。

兰威胁早已不是支离破碎的青年组织，而是亚辛领导的正义与慈善会。①
20 世纪 80 年代，摩洛哥政府做了很多努力尝试对亚辛进行政治吸纳，承
诺在他不攻击君主制和伊斯兰教的条件下使他的行动合法化，并赋予他组
建政党以及参加议会的权力，但都遭到了亚辛的拒绝。②

在对亚辛政治吸纳失败的情况下，20 世纪 80 年代末，国王哈桑二世
开始思考对其他现代伊斯兰主义组织进行政治吸纳，打造符合王室利益的
伊斯兰政党样板。③ 1989 年，宗教基金与伊斯兰事务部大臣阿卜杜勒·卡
比尔·阿拉维·马达格里首度开启了摩洛哥官方与伊斯兰主义者间的对
话，考虑允许后者逐步参与政治。为进一步获得王室的信任，班基兰再次
伸出橄榄枝，将带有建立伊斯兰国家倾向的"伊斯兰社团"更名为"统
一与改革运动"，最终成功获得了哈桑二世的认可。④ 但为了既能够对亚
辛形成制衡又能够防范班基兰"出尔反尔"的可能，在同意接纳统一与
改革运动的同时，哈桑二世要求它加入一个名为民主与宪法人民运动党
的保皇派政党，并且统一与改革运动的所有活动需要得到该党领袖阿卜
杜勒·卡里姆·卡提布的最终同意。在民主与宪法人民运动党的影响
下，统一与改革运动开始接纳并熟悉王室制定的政治游戏规则，为其后
来的上台执政奠定了基础，也成为王室集团证明其宪法改革成果的一个
有力例证。

二　政治威逼

政治威逼是国家治理中一种对抗性的治理路径，统治者通过对持异见
者行使言辞或武力上的威胁与逼迫达成其政治目的。威逼路径能在短期内
达到显而易见的效果，但并未从根本上化解问题与矛盾，利用不当时有可

① Henry Muson, "The Political Role of Islam in Morocco（1970‐90），" in George Joffe, ed., *North Africa: Nation, State, and Region*, London: Routledge, 1993, p. 199.
② Muhammad Ḏarīf, *Al-Islām al-Siyāsi fī al-Maghrib*, Manshūrāh Ifrīqiya, 1991, p. 466.
③ Muhammad al-Ṯūzi, *Al-Malakiyyah wa al-Islām al-Siyāsi fī al-Maghrib*, Tarjamah: Muhammad Ḥātim wa Khalid Shakrāwi, Casablanca: Nashr al-Fank, 1999, p. 9.
④ Al-Bashīr al-Matūqi, *Al-Harakah al-Islāmiyyah wa al-Mushātakah al-Siyāsiyyah bi al-Maghrib: Harakah al-Tawhīd wa al-Islāh wa Hizb al-'adālah wa al-Tanmiyyah Namūzaj*, Muassasah Kūnrād Adīnāwar, 2009, p. 168.

能进一步激化矛盾，因此对摩洛哥王室集团而言，威逼路径不是国家治理中的最优选项。1963 年，也就是 1962 年宪法颁布的第二年，哈桑二世宣布解散议会，全国进入紧急状态，对独立党等左翼运动进行直接的威逼。甚至在 20 世纪 60 年代末 70 年代初，王室还通过暗中支持青年组织，对左翼运动进行间接打压，最终导致工人领袖奥马尔·本·杰隆遭到激进主义者的暗杀。王室随后反戈相向，将威逼手段毫不留情地用在激进主义者身上，亚辛和穆蒂相继被捕入狱，大批的青年组织成员遭到逮捕或被处以死刑。威逼手段极大地削弱了王室的权威，民众失意地将哈桑二世肆意威逼反对者的那段时光形象地称为"铅之年代"（Years of Lead），以此来表达他们失意灰色的心情。① 20 世纪 90 年代初，摩洛哥邻国阿尔及利亚"伊斯兰拯救阵线"（Islamic Salvation Front）的异军突起及随后爆发的政治动荡，使哈桑二世开始考虑放弃强硬的威逼手段，转而采用了较为温和的威逼方式。为此，摩洛哥王室设立了任何政治势力都不可逾越的"三不"原则：①不准批评国王和君主制；②不准诋毁伊斯兰教；③不准支持西撒哈拉独立。② 一旦有政治力量超越这些原则，威逼就被正当化，但武力威逼的色彩得到淡化，逮捕拘留的方式更多地得到采用。③

在对青年组织政治吸纳成功后，哈桑二世将主要精力放在了不肯接受政府橄榄枝的亚辛身上。摩洛哥政府为此多次对亚辛进行逮捕或实施软禁，直到 2000 年因穆罕默德六世推动的政治改革才最终将其释放，但常年的监视依旧没有停止。④ 王室的软威逼路径，是为了避免和正义与慈善会爆发直接的对抗，保持二者间的安全距离。除了正义与慈善会和公正与发展党两支现代伊斯兰主义运动力量外，摩洛哥境内还零星存在着

① Michael Willis, *Politics and Power in the Maghreb: Algeria, Tunisia and Morocco from Independence to the Arab Spring*, London：C. Hurst & Co.（Publishers）Ltd.，2012, p. 97.

② Muhammad al-Tūzi, *Al-Malakiyyah wa al-Islām al-Siyāsī fī al-Maghrib*, Tarjamah：Muhammad Hātim wa Khalid Shakrāwi, Casablanca：Nashr al-Fank, 1999, p. 9.

③ Ellen Lust-Okar, "Divided They Rule：The Management and Manipulation of Political Opposition," *Comparative Politics*, Vol. 36, No. 2, 2004, p. 166.

④ Eva Wegner, *Islamist Opposition in Authoritarian Regimes: The Party of Justice and Development in Morocco*, New York：Syracuse University Press, 2011, p. 36.

一批圣战萨拉菲主义运动。以 2003 年 5 月的卡萨布兰卡恐怖袭击案为起点，摩洛哥多个城市接连发生恐怖袭击，摩洛哥政府抓捕甚至处决了一大批被政府认定的幕后主使，在一定程度上减少了圣战萨拉菲主义带来的影响。出狱后的圣战萨拉菲主义者中出现两种意见，以欧麦尔·哈杜希为首的人依旧坚持原有的激进立场，而以穆罕默德·菲扎兹为首的另一派则认为进行和平宣教与合法参政将是摩洛哥萨拉菲主义运动的首选。①

三　政治平衡

在摩洛哥的政治历史中，平衡路径是王室集团最为常用的手段与策略之一。就理论层面而言，作为"信士的长官"的摩洛哥国王需要发挥"仲裁者"的作用，有义务对宗教与世俗间的矛盾做出平衡，对家庭、部落、教派等不同的政治行为体间的冲突进行调解，维护乌玛在精神与世俗层面的稳定，避免出现动乱的局面。就现实政治层面而言，维持政治势力间的平衡让摩洛哥王室集团能够长久地掌控局面，保证王朝统治的延续。② 独立后，平衡路径依旧是摩洛哥国王惯用的国家治理策略。具体到伊斯兰主义运动方面，摩洛哥王室的平衡路径主要体现在总体政治格局与伊斯兰主义运动内部两个层面。

对摩洛哥王室而言，伊斯兰主义运动既是其平衡左翼运动的一颗棋子，也是需要长期防范的一个威胁。20 世纪 70 年代，独立党、人民力量社会主义联盟等左翼政党在摩洛哥社会中的势力达到历史高点。为制衡日益上升的左翼政治势力，摩洛哥王室一方面对青年组织的存在与活动予以默许与支持，另一方面将伊斯兰教育和阿拉伯语设为公立学校的必修科目。1973 年，摩洛哥各大学均设立了伊斯兰研究系，替代了原来的哲学系，这些院系接收了大量有伊斯兰倾向的学生，让他们同时成为青年组织与摩洛哥全国学生联合会的成员。1974 年亚辛的信件与 1975 年 10 月工人领袖奥马尔·本·杰隆的遇害，引起了哈桑二世对伊斯兰主义运动的警惕。1975 年起，摩洛哥政府很快对青年组织进行了限制与打击，但随着

---

① Markaz al-Jazīrah li al-Dirāsāh, *Al-Zāhirah al-Salafiyyah: Al-Taʿaddudiyyah al-Tanzīmiyyah wa al-Siyāsāh*, Doha: Al-Dār al-Arabiyyah li al-ʿulūm Nāshirūn, 2014, pp. 244–246.

② Muhammad Jādūr, *Muassasah al-Makzan fi al-Maghrib*, Manshūrāh ʿakāz, 2011, p. 98.

20 世纪 80 年代后期亚辛领导的正义与慈善会的不断崛起，王室转而重新扶持前身为"伊斯兰社团"的统一与改革运动，并成功对其政治吸纳，将其纳入政府的框架下运作，旨在一方面减轻伊斯兰主义运动的威胁，另一方面也平衡其他世俗反对派的力量。此外，从 90 年代开始，王室还支持将苏非主义视为"异端"的萨拉菲运动，试图给作为苏非谢赫的亚辛施加舆论压力。进入 21 世纪后，"9·11"事件与 2003 年卡萨布兰卡惨案让王室意识到圣战萨拉菲运动的威胁，苏非派随后进一步受到重视，被正式提升为摩洛哥伊斯兰信仰的第三支柱①，成为王室应对极端恐怖主义所依靠的温和派力量。

同时，为了维护政治力量间的总体平衡，在对部分伊斯兰主义力量政治吸纳的同时，王室也在极力防止其势力发展过于强大。例如，统一与改革运动在参与政治生活伊始尽管有着雄厚的群众基础，但并没有实现迅速的发展，而是首先受制于保皇党民主与宪法人民运动党领袖阿卜杜勒·卡里姆·卡提布享有的最终决定权。而在 1997 年、2002 年及 2007 年的选举中，公正与发展党也都没有成为最大的政党。虽然这一方面是因为班基兰领导下的公正与发展党为了进一步赢得政府信任而较为"明智"地采取了谦虚的策略，另一方面更是因为摩洛哥王室忌惮一个伊斯兰主义政党迅速崛起，从而通过改划分选区、控制民调结果及舆论导向等技术策略对公正与发展党的势力进行了限制。② 但在 2002 年选举后形成的新一届政府中，传统反对派开始面临衰弱的局面，公正与发展党开始成为摩洛哥反对派中的核心力量。在 2007 年的议会选举中，公正与发展党所获议会席位位居第二，其影响力已经扩大至摩洛哥各个层面。③ 对此，国王穆罕默德六世的密友福阿德·阿里·希玛于 2008 年创立了一个新的保皇党——

① Mohamed Daadaoui, "The Monarchy and Islamism in Morocco: Ritualization of the Public Discourse," in Bruce Maddy-Weitzman and Daniel Zisenwine, eds., *Contemporary Morocco: State, Politics and Society under Mohammed VI*, London: Routledge, 2013, p. 28.

② Anouar Boukhars, *Politics in Morocco: Executive Monarchy and Enlightened Authoritarianism*, London: Routledge, 2011, pp. 107-108.

③ Eva Wegner, *Islamist Opposition in Authoritarian Regimes: The Party of Justice and Development in Morocco*, New York: Syracuse University Press, 2011, pp. 117-118.

真实性与现代党，来平衡公正与发展党不断扩大的影响力。① 在 2016 年
10 月结束的摩洛哥议会选举中，真实性与现代党获得 395 个席位中的 102
个，成为议会第二大党。而在 2017 年 3 月底和公正与发展党共同组成新
一届联合政府的 5 个政党中，自由人士全国联盟、人民运动、宪政联盟 3
个政党均为右翼保皇党，剩下的人民力量社会主义联盟和进步与社会主义
党为左翼政党，都与公正与发展党在意识形态与现实利益上有着本质的差
异；在具体的职务分配方面，内政部、司法部、外交部及宗教基金与伊斯
兰事务部等核心部门一把手都由与王室亲近的独立人士或保皇党人士出
任。可见，无论在权力结构上还是在实际的行政过程中，公正与发展党都
难以发挥出与其作为议会第一大党及执政党身份相匹配的政治影响力。②
在 2021 年的选举中，公正与发展党仅获得 13 个席位，比 2016 年减少了
112 个席位，政治影响力急剧下滑。

第四节　摩洛哥宗教治理的特征

摩洛哥对现代伊斯兰主义运动的治理，主要包括了公正与发展党、正
义与慈善会及圣战萨拉菲运动三大力量。根据不同对象的特点与历史条
件，王室集团主要采取了政治吸纳、威逼与平衡三种路径，对三股伊斯兰
主义运动力量进行了制衡。虽然每一个对象都有针对性的核心治理路径，
但实际上不同对象与不同路径之间往往相互交叉、有所重合，王室在其中
扮演着政治平衡手的角色，引导各势力间不断拉锯、争夺、妥协，共同塑
造了现代伊斯兰主义运动间力量的动态平衡及摩洛哥总体政治格局的稳
定，成功维护了国王作为最高宗教裁决者的身份，保证了王室在政治格局
中的主导性地位。阿拉维王室在治理现代伊斯兰主义运动的过程中主要表
现出以下三大治理特征。

第一，保守性与开放性并存。摩洛哥国家治理的核心目标，是保证阿

---

① Michael J. Willis, *Politics and Power in the Maghreb: Algeria, Tunisia and Morocco from Independence to the Arab Spring*, London: C. Hurst & Co. (Publishers) Ltd., 2012, p. 144.

② Taqdīr Mawqif, Ta'qīdāh Tashkīl al-Ḥukūmah al-Maghribiyyah wa Taathīrāhuh 'la Mustaqbalih al-Siyāsi, Markaz al-Jazīrah li al-Dirāsāh, March 29, 2017, p. 2.

拉维王室政权的稳定与存续。这是摩洛哥国家治理的基调与宗旨，决定其
具有保守性的特点，即治理的基础与目标是保持既得利益格局的总体不
变。但在不变的另一端，阿拉维王室还秉持了开放灵活的特点，即在保守
的基础上实现增量式的改革与治理，在"进步"中维持着摩洛哥政局的
保守底色。例如，以伊斯兰教作为合法性根基的君主制，强调国王的最高
宗教权威，因此在伊斯兰话语权问题上，王室集团否认非官方宗教学者和
现代伊斯兰主义者对宗教问题的诠释，不愿做出任何的让步。但保守并不
意味着故步自封，摩洛哥王室在垄断宗教权力的同时，也通过民主改革与
政治自由化赋予伊斯兰政党一定的政治公共空间，避免采用纯对抗性的高
压政策从而引发治理的剧烈反弹。但需要认清的是，保守性是王室开展国
家治理的底色，开放性是维持保守性的手段，保守性是开放性的目标。

　　第二，宏观性与微观性并存。现代伊斯兰主义运动在摩洛哥国家治理
的考量中占有很大的比重，尽管如此，王室国家治理的最终目标是维持总
体政治格局的平衡与稳定，因此绝不能以现代伊斯兰主义运动之偏概摩洛
哥国家治理之全。王室在治理现代伊斯兰主义运动时并未把它当作一个孤
立的议题来看待，而是在国内与国际政治局势的大背景下来进行观测与判
断的。例如，20 世纪 70 年代初推行的伊斯兰化政策与对青年组织的支持，
是为了抵消左翼势力带来的威胁，而 70 年代后期的打压政策，则是为了防
止不断兴起的现代伊斯兰主义运动打破政治格局的动态平衡。再如，国王
穆罕默德六世从 21 世纪初起大力支持苏非主义的政策，就是在综合考量了
国内安全局势和国际反恐背景的基础上推行的。除了在宏观上保证各政治
势力的平衡外，王室也注重维持现代伊斯兰主义运动内部的平衡，防止其
总体力量过大。例如，20 世纪 80 年代后期亚辛利用苏非教团的精神与组织
形式进行了有效的社会动员，为此王室支持萨拉菲力量对苏非主义进行打
压；但随着 21 世纪圣战萨拉菲主义对国家安全造成威胁，昨日的敌人成为
明日的朋友，苏非主义得到支持与推广。实际上，王室国家治理现代伊斯
兰主义运动时表现出来的宏观性与微观性特点有着内在联系，宏观性平衡
是微观性平衡的目的，微观性平衡是宏观性平衡的基础与组成部分。

　　第三，及时性与连续性并存。及时性指的是，国家治理主体能够及时
地判断出应该治理的议题并迅速地提出有效的治理路径。例如，20 世纪

70 年代中后期，当现代伊斯兰主义运动带来的政治威胁初现端倪时，国王哈桑二世就将其列为国家治理议题，并及时地通过打压与威逼的路径消除隐患；90 年代初期，在看到邻国阿尔及利亚的"伊斯兰拯救阵线"上台给政局造成的波动后，哈桑二世及时地开启政治自由化，主动抛出橄榄枝，允许现代伊斯兰主义运动势力有限地参与政治，及时地缓解了其与政权的紧张关系。但国家治理是一个漫长且复杂的过程，不能一蹴而就，因此王室在治理现代伊斯兰主义运动时采取的手段虽然及时，但绝非短暂的一成不变的应激反应，而是分阶段、连贯的治理。例如，对公正与发展党的治理，除了对其前身青年组织进行有效的遏制与威逼外，王室集团从未完全断绝与青年组织的联系，在整个 20 世纪 80 年代长期维持了与青年组织的非正式通信往来，并最终成功地将其打造为政权支持的伊斯兰政党样板公正与发展党。及时性与连续性特点并存，这一点使摩洛哥王室在国家治理现代伊斯兰主义运动时得以兼顾治理的强度与韧性。

　　但需要注意的是，摩洛哥王室对现代伊斯兰主义运动采取的政治自由化的治理态度，并非出于其国家治理理念的本质转变，而是由于高国债、高赤字及高通货膨胀造成的经济危机，这些政权无力为公民提供基本的商品与公共服务，从而面临统治的合法性危机，因此政治自由化只是"防御性的民主化过程"（Defensive Democratization），"是缺乏真实承诺的一种政权自救策略"。① 从阿拉维王室的政治话语来看，摩洛哥的君主立宪制并不完全等同于马克斯·韦伯理论中的法理型的合法统治，国王通过谢里夫血统天然地获得权力，因此国王的权力不受宪法的监督，国王本人更无须对宪法负责，恰恰相反，宪法是国王权力的延伸，需要对国王负责，国王对宪法有着最终的解读权与否决权。哈桑二世拒绝接受主权的二元性，将宪法界定为"被赠予的宪法"（Al-Dustūr al-Mamnūḥ）："我制定的宪法，将交由你们来进行投票，归根结底，这部宪法是民众对国王神圣效忠的一种延续。"② 因此，对王室而言，让渡伊斯兰话语本质上是在让渡

---

① Quintan Wiktorowicz, "Civil Society as Social Control: State Power in Jordan," *Comparative Politics*, Vol. 33, No. 3, 2000, pp. 47-48.

② Hassan II, discours du 18 novembre 1962, "Le Maroc en marche," Rabat: Ministère de l'Information, 1965, p. 198.

君主制的合法性根基，王室向现代伊斯兰主义力量开放党禁与政治生活，实际上是一种政治利益输送，其真正让渡的是部分政治公共空间，而非伊斯兰话语，它通过搭建符合王室利益的公共平台，使尽可能多的现代伊斯兰主义力量进入王室的游戏规则内，从而改变其政治立场，减轻对君主制的威胁。① 这种策略性的手段并未从根本上解决伊斯兰主义意识形态与君主制之间的结构性矛盾。

同时，贫困、饥饿、失业等社会民生问题自 20 世纪 70 年代后期以来持续挑拨着摩洛哥民众的神经，快速增长的人口数量与失败的经济改革成为摩洛哥社会问题的根源，也是现代伊斯兰主义运动得以长期存续的社会基础。"在这个过程中，公正与发展党和正义与慈善会等伊斯兰主义组织，和它们所倡导的社会变革手段一样，变得异常诱人，尤其在失意的青年群体之中。"② 因此，对摩洛哥阿拉维王室而言，维护马赫赞的既得利益，与伊斯兰教倡导实现公正的社会发展理念构成了一组有趣的悖论，二者都是王室赖以统治的根基，但二者似乎都不愿轻易让渡自身的利益。阿拉维王室所面临的君主制度层面的结构性矛盾和社会发展与既得利益间的内生性矛盾，依旧对摩洛哥宗教治理模式的稳定性和可持续性提出疑问、构成挑战。

小　结

摩洛哥阿拉维王室集团能在阿拉伯剧变中实现平稳过渡，维持并提升国家的政治与社会稳定性，很重要的一个原因是对其伊斯兰因素成功有效的国家治理。从议题来看，摩洛哥王室较好地平衡了结构性因素和对象性因素；从路径来看，摩洛哥王室综合了庇护、笼络、威逼及平衡等路径。整体来看，摩洛哥阿拉维王室在国家治理伊斯兰因素的过程中，表现出保守性与开放性并存、宏观性与微观性并存、及时性与持续性并存的三大特点。

---

① Mohamed Daadaoui, *Moroccan Monarchy and the Islamist Challenge: Maintaining Makhzen Power*, New York: Palgrave Macmillan, 2011, p. 121.

② Al-Habīb Istātī Zain al-Dīn, Min al-Ihtijāj 'la al-Tasalluṭ ila Sultah al-Ihtijāj: Hālah al-Maghrib, *Al-Mustaqbal al-'arabi*, Vol. 453, 2017, p. 55.

第六章
摩洛哥极端主义治理的理念和实践

　　反极端主义政策既是极端主义治理的重要内容，也是国家治理的一部分。"9·11"事件以来，随着"恐袭"和"反恐"逐渐成为描述全球安全形势的重要概念，极端主义、反极端主义、极端化、去极端化等词语在反恐语境下产生了新的意义。① 目前，虽然学界对上述词语的含义未达成统一的概念，但普遍认可其意义要比"恐怖主义"更准确、更理性和非政治化。② 国家反极端主义和去极端化项目的制定，一般始于该国爆发较大规模的"恐怖袭击"事件之后。如20世纪60~90年代，受极端左翼和伊斯兰主义思潮的影响，阿尔及利亚、埃及、沙特、也门、马来西亚等伊斯兰国家均遭受不同程度的暴力极端主义的影响，随后它们都制定了应对极端主义的政策或策略。③

　　作为北非地区的阿拉伯-伊斯兰国家，摩洛哥于20世纪70年代遭受极端左翼势力和伊斯兰极端主义的困扰。20世纪八九十年代，摩洛哥打击极端主义的政策主要表现为以武力威逼为主的"刚性"策略。1999年，

---

①　在中文语境中，与"去极端化"对等的词还有"去激进化"，但英文均为 de-radicalization。参见靳晓哲、李捷《反恐语境下东南亚国家去激进化策略及其反思——以新加坡、印度尼西亚、菲律宾为例》，《东南亚研究》2018年第3期。

②　Peter R. Neumann, "Countering Violent Extremism and Radicalisation that Lead to Terrorism: Ideas, Recommendations, and Good Practices from the OSCE Region," The International Centre for the Study of Radicalisation and Political Violence, September 28, 2017, https://icsr.info/wp-content/uploads/2017/12/ICSR-Report-Countering-Violent-Extremism-and-Radicalisation-that-Lead-to-Terrorism-Ideas-Recommendations-and-Good-Practices-from-the-OSCE-Region.pdf, accessed: 2019-04-22.

③　Hamed El-Said, *New Approaches to Countering Terrorism: Designing and Evaluating Counter Radicalization and De-Radicalization Programs*, New York: Palgrave Macmillan, 2015, pp. 14-17.

穆罕默德六世继位后，摩洛哥为摆脱西方国家针对"人权"问题的"指责"，开始转向以"和解"为主的"柔性"策略。2003 年，摩洛哥第一大城市——卡萨布兰卡发生震惊世界的袭击事件后，摩洛哥政府开始全方位制定和调整反恐政策。经过近 20 年的探索和发展，最终形成了摩洛哥特色的反恐机制——多元反极端主义政策。基于此，本章以反极端主义作为分析工具，探讨"摩洛哥去极端化模式"的路径、成效及面临的问题。

第一节　反极端主义政策：概念与议题

本章中的反极端主义政策，主要指由政府主导、市民社会广泛参与的，针对社会上任何持偏激意识形态的个人或组织所采取的一系列准则和行动，它包括立法与改革、预防与打击、扭转与归化等具体措施。本书认为，研究去极端化可以通过"反极端主义"来透视，原因在于单纯的"去极端化"一方面存在概念界定上的困难，另一方面难以综合评析一国政府去极端化的实践及存在的问题。

一　概念辨析："去极端化"与"反极端主义"

虽然"极端化"不是一个新术语，但"去极端化"却是近些年发展起来的新概念。"9·11"事件后，各国政府都不同程度地启动了针对宗教极端主义的去极端化项目。[①] 从定义来看，虽然各国政府和学界持不同的观点，但都强调，"极端化"是通往"极端主义"的过程，且不与特定意识形态挂钩。因此，正是因为极端化是一种过程，才使得阻止这一过程的"去极端化"实践有了十分重要的价值和意义。[②]

一般而言，"去极端化"的定义和实践包括狭义和广义两种。狭义上严格意义讲，去极端化是指对监狱中的极端分子或传统意义上的恐怖分子

---

① Mathieu Guidère, "La déradicalisation: conceptions et mises en œuvre," *Cahiers de la sécurité et de la justice*, No. 30, 2015, p. 71.

② 王欣：《反极端主义视角下的中外去极端化比较研究》，《中国人民公安大学学报》2018 年第 3 期，第 49 页。

进行思想改造。该定义的核心要素在于：其一，改造对象在思想和行为上已经属于极端分子或恐怖分子；其二，改造地点一般在监狱；其三，强调对思想的"扭转"，不包括对行为上的解除。[①] 而广义上的去极端化，被视作"一切极端思想预防和改造工作的代名词"。[②] 具体而言，去极端化指代"消除个人和社会层面一切可被定义为宗教极端的现象和行为"，不仅包括思想矫正，还包括通过社会治理达到去极端化的目的。[③]

在两种定义模式并存的情况下：一方面难以使用统一标准来分析和研究一国政府应对极端化所做的努力；另一方面在具体分析或实践操作中可能会陷入夸大/滥用或忽视一国政府去极端化的实践，如将一些不属于去极端化的项目纳入分析框架，抑或将一些本属于去极端化的项目有意忽略掉等。例如，摩洛哥司法大臣曾谈到了摩洛哥去极端化经验。他说，"除了制定《反恐法》外，摩洛哥还对宗教领域进行了全面改革和监督，并采取了一系列社会经济和文化措施"[④]。实际上，按照严格定义，摩洛哥政府直到 2017 年才正式实施具体的去极端化项目。

基于上述分析，在摩洛哥案例中，本书倾向使用"反极端主义"。理由有以下三点：首先，作为分析工具，反极端主义区别于宗教、民族问题，具有独立的命题价值[⑤]，能够最大限度地避免出现对某一宗教或民族的歧视性措施；其次，反极端主义具有更丰富的内涵，其政策维度的丰富

---

① 以约翰·霍根、托雷·比约戈（Tore Bjørgo）、哈米德·赛义德、杰米·巴特莱特等为代表的学者均是"严格定义"派，他们甚至将"去极端化"（侧重思想改造）和"解除"（侧重行为层面）严格分开。参见 John Horgan, *Walking Away From Terrorism: Accounts of Disengagement from Radical and Extremist Movements*, New York: Routelege, 2009; Hamed El-Said, *New Approaches to Countering Terrorism: Designing and Evaluating Counter Radicalization and De-Radicalization Programs*, New York: Palgrave Macmillan, 2015; Jamie Bartlett, Jonathan Birdwell, and Michael King, "The Edge of Violence: A Radical Approach to Extremism," *Demos*, 2010, pp. 5~70。

② 王欣：《反极端主义视角下的中外去极端化比较研究》，《中国人民公安大学学报》2018 年第 3 期，第 57 页。

③ 丁隆：《"去极端化"系列之十九去极端化：概念、范畴、路径》，《中国宗教》2018 年第 10 期，第 46 页。

④ "M. Aujjar expose à Vienne l'expérience marocaine en matière de déradicalisation," MAP, Décembre 14, 2017, http://www.mapexpress.ma/actualite/activite-gouvernementale/m-aujjar-expose-a-vienne-lexperience-marocaine-en-matiere-de-deradicalisation1/, accessed: 2019-04-28.

⑤ 王娜、戴艳梅：《当前新疆反极端主义的思考》，《社会科学》2016 年第 2 期，第 43~52 页。

性能够最大限度地囊括一国政府应对极端主义所做的所有努力；最后，就摩洛哥而言，该国从 2003 年起，就采取了诸多应对极端主义的措施，但没有一个项目符合严格意义上的去极端化。因此使用去极端化这一概念工具，不利于全面评估该国的去极端化实践。

二　治理议题

当前，国内外学界关于应对极端主义的研究，大致可分为三类。第一，心理学路径的去极端化研究。该类研究偏向于从"犯罪心理学"的理论视角探讨极端化的过程，以及去极端化的逆向过程。[①] 第二，各国去极端化项目的比较研究。主要的研究对象集中在沙特、埃及、阿尔及利亚、印尼、马来西亚等伊斯兰国家，以及美国、英国、荷兰、德国等西方国家。通过比较发现，大多伊斯兰国家在去极端化项目中更加强调以监狱为基地的康复项目，而西欧国家则更多地强调移民群体如何融入主流社会。[②] 第三，近年来兴起的反极端主义项目和政策研究。典型代表有肯尼亚的"转型倡议"（Transition Initiative）[③]、澳大利亚的《观点杂志》（*The Point Magazine*）项目、多元文化基金会（AMF）的"社区觉醒培训项目"[④]，以

---

① 该类研究主要以约翰·霍根、安德鲁·希尔克（Andrew Silke）、贝尔特詹·杜吉（Bertjan Doosje）等人为代表，参见 John Horgan, *The Psychology of Terrorism*, New York：Routledge, 2005; John Horgan, *Walking Away From Terrorism: Accounts of Disengagement from Radical and Extremist Movements*, New York：Routelege, 2009; Andrew Silke, *The Psychology of Counter-Terrorism*, New York：Routledge, 2010; Bertjan Doosje, et al., "Terrorism, Radicalization and de-Radicalization," *Current Opinion in Psychology*, Vol. 11, 2016, pp. 79-84。

② 这类研究常见于论文集、学术论文和智库报告，参见 Hamed El-Said and Jane Harrigan, *Deradicalising Violent Extremists: Counter-Radicalisation and Deradicalisation Programmes and Their Impact in Muslim Majority States*, London：Routledge, 2018; Abdelasiem El Difraoui et Milena Uhlmann, "Prévention de la radicalisation et déradicalisation：les modèles allemand, britannique et danois," *Politique étrangère*, No. 4, 2015, pp. 177-182; Angel Rabasa, Stacie L. Pettyjohn, Jeremy J. Ghez, Christopher Boucek, *Deradicalizing Islamist Extremists*, RAND Corporation, 2010。

③ James Khalil and Martine Zeuthen, "A Case Study of Counter Violent Extremism (CVE) Programming：Lessons from OTI's Kenya Transition Initiative," *Stability: International Journal of Security and Development*, Vol. 3, No. 1, 2014, pp. 1-12。

④ Andrew Lauland, Jennifer D. P. Moroney, John G. Rivers, Jacopo Bellasio, Kate Cameron, *Countering Violent Extremism in Australia and Abroad: A Framework for Characterising CVE Programs in Australia, the United States, and Europe*, RAND Corporation, 2019.

及加拿大的"教育介入"项目①等。相对于单纯的去极端化项目，反极端主义政策更加强调方法的多元化和针对性。事实上，近年来一些政府就公开提出实施去极端主义政策，如2014年俄罗斯提出的《2025年前俄联邦打击极端主义战略》，2017年英国宣布成立反极端主义委员会，主要目标是消除社会上的极端主义等。②

从内在逻辑和各国政策实践来看，反极端主义政策的议题对象一般包括：①严重恐袭后的极端主义分子；②社会上广泛存在的极端主义；③新一代极端主义分子的出现；④触犯过刑法、被追究过刑事责任的出狱人员。基于此，反极端主义政策基本路径包括意识形态领域的改革和监督、广泛的经济社会改革、系统的康复项目以及安全化的社区建设等。

就摩洛哥而言，自2003年5月16日卡萨布兰卡遭受恐怖主义袭击以来，其恐怖主义治理就面临四大紧迫性议题。其一，本土恐袭。2003年、2007年和2011年共发生3次9起恐怖主义袭击事件，严重威胁摩洛哥政治、经济和社会稳定。③ 其二，境外摩洛哥籍"圣战"分子。据相关统计，2011~2018年有1500~1600名摩洛哥人加入在伊拉克和叙利亚的包括"伊斯兰国"在内的极端组织，其中女性比重高达38%。④ 他们不仅对摩洛哥的国家安全构成了潜在威胁，而且会影响摩洛哥的国家形象。其三，"圣战"分子的回流。从2015年起，摩洛哥籍"圣战"分子回流人

---

① Ratna Ghosh, W. Y. Alice Chan, Ashley Manuel and Maihemuti Dilimulati, "Can Education Counter Violent Religious Extremism?" *Canadian Foreign Policy Journal*, Vol. 23, No. 2, 2017, pp. 117-133.

② 王欣：《反极端主义视角下的中外去极端化比较研究》，《中国人民公安大学学报》2018年第3期，第57页。

③ Yonah Alexander, "Eighth Annual Report: Terrorism in North Africa and the Sahel in 2016," Inter-University Center for Terrorism Studies, March 2017, http://www.potomacinstitute.org/images/ICTS/IUCTS_2016_Final.pdf, accessed: 2019-04-25.

④ 截至本书定稿，关于摩洛哥籍"圣战"分子人数还没有最新官方数据。但根据新闻报道、摩洛哥官员接受媒体采访以及相关学者研究可以推断出人数为1500~2000。参见 Kei Nakagawa, EL Mostafa Rezrazi and Shoji Matsumoto, *Morocco's War on Terrorism: The Case for Security Cooperation Today*, Gilgamesh Publishing, 2016, p.43；摩洛哥中央调查局局长阿布杜勒·哈格·海亚姆参加2MTV节目"مباشرة معكم"（与你同行），https://www.youtube.com/watch? v=VU-bsTFmJI8，最后访问日期：2019年4月25日；"1,664 Moroccan Fighters Join Mideast Terror Groups: Report," Xinhua Net, September 6, 2017, http://www.xinhuanet.com//english/2017-09/06/c_136586764.htm, accessed: 2019-04-25。

数大约为 200①，这直接考验着摩洛哥反极端主义政策的有效性。其四，广泛存在于社会上的伊斯兰极端主义思潮。

第二节　摩洛哥反极端主义政策的三重路径

2003 年卡萨布兰卡恐袭爆发后的两周内，摩洛哥紧急出台了第一部《反恐法》②，这标志着摩洛哥进入了"反恐时代"。与世界上大部分国家一样，摩洛哥反恐政策可分为"刚性策略"和"柔性策略"，前者是以安全机构的逮捕、定罪和武力打击为主的政策，后者是以宗教改革、社会项目和康复为主的政策。

2003 年 5 月 28 日摩洛哥议会通过极具争议的《反恐法》后，摩洛哥当局正式开启了"刚性反恐策略"，大批极端主义嫌疑犯和极端组织成员落网。据统计，2003～2017 年，摩洛哥安全机构共逮捕了大约 3000 名极端主义嫌疑犯，捣毁了 160 个极端主义团伙，挫败了 341 起恐怖主义袭击计划。③ 同时，摩洛哥积极改革国家安全机构，加强政府机构间的协作能力④，以便更有效地实施"刚性策略"。2015 年，在新修订的《反恐法》中批准设立了有"摩洛哥 FBI"之称的中央司法调查局（Bureau Central d'Investigation Judiciaire，BCIJ）⑤，该机构被认为是内政部和司法部合作

---

① Kei Nakagawa, EL Mostafa Rezrazi and Shoji Matsumoto, *Morocco's War on Terrorism: The Case for Security Cooperation Today*, Gilgamesh Publishing, 2016, p. 43.

② 参见摩洛哥司法部网，http://adala. justice. gov. ma/production/legislation/fr/penal/luttecontreterrorisme. html。

③ Mohammed Masbah, "The Limits of Morocco's Attempt to Comprehensively Counter Violent Extremism," *Middle East Brief*, No. 118, May 2018, p. 2; "Les autorités marocaines ont démantelé 168 cellules terroristes depuis les attentats terroristes du 11 septembre aux États-Unis," *Le Matin*, Février 10, 2017, https://lematin. ma/journal/2017/les - autorites - marocaines-ont-demantele-168-cellules-terroristes-depuis-les-attentats-terroristes-du-11-septembre-aux-etats-unis/266938. html, accessed：2019-04-25.

④ 如摩洛哥政府"整合"了审查与搜集总局和领土监视总局，任命反恐专家阿卜杜·拉蒂夫·哈莫希（Abdellatif Hammouchi）为两个机构的局长。

⑤ "Le BCIJ (FBI marocain) officiellement lancé," Medias 24, Mars 20, 2015, http://adala. justice. gov. ma/production/legislation/fr/penal/luttecontreterrorisme. htm, accessed：2019-04-25.

的 "产物"。① 摩洛哥 "刚性策略" 的主要案例有 "警觉行动" （Hadar Operation） 和 "情报行动"，前者集合了皇家武装部队、宪兵队、辅助部队和警察不间断地巡视城市道路、交通枢纽，后者通过大量人力和高端技术积极搜集情报，以及与世界各国分享情报。② 虽然 "刚性策略" 取得了一定成效，但也遭到了国际和国内人权组织的指责。大量知识分子和人权活动人士认为，当前《反恐法》下的武力行动正在削弱 1999 年以来施行（与政治犯）和解政策的效果和合法性。③ 因此，在这种情况下，摩洛哥反恐政策的 "柔性策略" 应运而生。

在摩洛哥反恐斗争语境下，"柔性策略" 就是一系列反极端主义政策的总称，其呈现多元化的特点，宗教改革、社会项目和康复项目是重要的三大支柱。

一　渐进式的宗教机构改革

摩洛哥政府认为，控制宗教领域的话语权是反极端主义的前提和重要组成部分。有学者将实行去极端主义政策国家分为三类：伊斯兰国家、多信仰体系国家（穆斯林不占多数）和有大量移民的西欧国家。研究认为，在这三类国家中，只有伊斯兰国家的去极端化政策须建立在神学辩论的基础上，其目的是维护国家最高统治者的宗教权威和净化宗教环境。④ 此外，也有大量实证研究认为，伊斯兰国家的去极端主义核心是在意识形态领域。⑤ 因此，在这一理论诉求下，作为国家最高宗教领袖和信士的长官——国王穆罕默德六世从 2003 年开启了全国范围内的宗教

① Assia Bensalah Alaoui, " Morocco's Security Strategy： Preventing Terrorism and Countering Extremism," *European Review*, Vol. 16, No. 1, 2017, pp. 107-108.

② Assia Bensalah Alaoui, " Morocco's Security Strategy： Preventing Terrorism and Countering Extremism," *European Review*, Vol. 16, No. 1, 2017, pp. 107-108.

③ Pierre Vermeren, *Le Maroc de Mohammed VI: La transition inachevée*, La Découverte, 2009.

④ 摩洛哥学者穆斯塔法·塞西米（Mustapha Sehimi）还认为，在多信仰体系且穆斯林不占多数的国家，如菲律宾、泰国和印度等国实施去极端化政策时应将维护各宗教之间的团结作为重点；而在有移民的西欧国家，将海外移民融入主流社会是重中之重。参见 Mustapha Sehimi, " Déradicaliser les djihadistes： Mode d'emploi," *L'economiste*, N° 4538, 2015-02-06.

⑤ Hamed El-Said, " Déradicalisation： expériences menées en Europe et dans le monde arabe," *Annuaire IEMed de la Méditerranée 2017*, p. 105.

改革。

宗教领域改革的核心部分是重组和重建主要的宗教机构，包括宗教基金与伊斯兰事务部、最高乌莱玛理事会和穆罕默德乌莱玛联合会。这些改组包括机制、立法和社会等方面，改革的目的是扩大每个机构的功能和责任，进而涵盖摩洛哥宗教生活的各个方面。2003年，摩洛哥国王颁布王室诏令（No.1-030-193）首先对宗教事务部①进行改革，以将宗教基金（Waqf）、伊玛目管理、伊斯兰事务、清真寺、教法、公共事务与合作等领域整合在新组建的宗教基金与伊斯兰事务部之下。② 此后，摩洛哥国王根据安全形势的变化不断进行深化改革。总体来看，宗教基金与伊斯兰事务部的任务包括纠正和揭露错误的伊斯兰思想，传播宽容的原则和价值观，监督摩洛哥的宗教基金工作，以及负责在宽容、轻松和安全的氛围中传播温和伊斯兰思想和进行伊斯兰教育。③

该机构改革的具体措施主要有以下几方面。其一，强化宗教机构的社会功能，如重新激活宗教基金，以加强其促进社会团结的作用。其二，加大对清真寺的管理力度，包括全面控制公共祈祷场所以及统一和规范主麻日神职人员的布道内容；同时，发挥清真寺的人力发展（Human Development）功能，如提出五年发展计划（2006~2010年），一方面提高摩洛哥公民的识字率，另一方面减少宗教文盲和误导的意识形态，并宣扬和推广非政治化的苏非派。④ 其三，在全国范围内培训新的伊玛目和训导师（包括男性和女性），以及对已经就职的伊玛目进行再培训。为更加严格规范伊玛目的知识水平，2015年，摩洛哥政府建立了国家级的伊玛目培训机构——穆罕默德六世伊玛目与训导师学院，其核心目标是培训能够宣传摩洛哥

---

① 该名为2003年以前使用。

② 参见宗教基金与伊斯兰事务部官方网站：http://www.habous.gov.ma/fr/religieux。

③ Hamed El-Said, "Counter-Radicalization without Deradicalization: The Case of Morocco," in Hamed El-Said and Jane Harrigan, eds., *Deradicalising Violent Extremists: Counter-Radicalisation and Deradicalisation Programmes and Their Impact in Muslim Majority States*, London: Routledge, 2018, p. 184.

④ Hamed El-Said, "Counter-Radicalization without Deradicalization: The Case of Morocco," in Hamed El-Said and Jane Harrigan, eds., *Deradicalising Violent Extremists: Counter-Radicalisation and Deradicalisation Programmes and Their Impact in Muslim Majority States*, London: Routledge, 2018, pp. 185-186.

"中道"伊斯兰思想的伊玛目和训导师，在整体上协助去极端化政策的实施。① 宗教基金与伊斯兰事务部的建立标志着作为宗教领袖的摩洛哥国王从行政上完全控制了宗教场所，进而规范了清真寺、道堂和宗教学校等。

在对宗教场所进行改革的同时，穆罕默德六世也对摩洛哥的宗教知识分子乌莱玛在制度上进行了重塑。其一，加强最高乌莱玛理事会②对法特瓦的发布和管理。为此，该机构于 2003 年在内部建立了全国唯一的法特瓦发布单位——教令发布委员会（Ifta' Committee）③，以往法特瓦发布的"个体多元性"变为现在的"集体统一性"。其二，创立"宗教智库"——穆罕默德乌莱玛联合会，其目的是联合国际和国内宗教学者开展宗教研究，尤其是对马利克派的研究。④ 2006 年创立后，该机构就被国王委派和赋权开展去极端化研究和师资培训，尤其是在互联网和社交媒体平台上反极端主义中发挥重要作用。⑤

作为摩洛哥多元去极端主义的第一环，宗教领域改革是通过一系列制度安排，将宗教机构、宗教话语、伊玛目、宗教教育等以"统一战线"的形式融合于宗教基金与伊斯兰事务部，并由国王统一指导，进而在全国形成统一的温和伊斯兰思想，为去极端化项目的具体实施提供了基础。

二　打击贫困为主/预防式的社会项目

虽然已有研究表明，恐怖组织在摩洛哥发动的多次袭击与经济发展没有直接联系，贫穷也不会直接导致恐怖主义或极端主义。但是毋庸置疑的

---

① 摩洛哥的"中道"伊斯兰思想融合了逊尼派、马利克派、苏非和艾什阿里等思想和实践。参见张玉友《双层联动：摩洛哥外交政策的国内议程研究》，博士学位论文，上海外国语大学，2019，第 115 页。

② 最高乌莱玛理事会成立于 1981 年，主要功能是提供与《古兰经》和圣训相关的宗教课程以及管理地方乌莱玛理事会等。

③ 参见宗教基金与伊斯兰事务部官方网站对最高乌莱玛理事会的描述：http://www. habous. gov. ma/fr/conseil-sup%C3%A9rieur-des-oul%C3%A9mas. html。

④ 参见宗教基金与伊斯兰事务部官方网站对穆罕默德乌莱玛联合会的描述：http://www. habous. gov. ma/fr/arrabita-al-mohammadia. html。

⑤ El Mostafa Rezrazi, "Insights in to Morocco's Approach to Countering and Preventing Violent Extremism," in Lorenzo Vidino, ed., *De-Radicalization in the Mediterranean: Comparing Challenges and Approaches*, Milan: Ledizioni LediPublishing, 2018, p. 86.

是贫穷会加快极端主义的发展以及缩短极端化的过程。① 边缘人群的持续贫穷化会进一步加强社会的相对剥夺感，进而加深社会怨恨。在既有的社会不公（贫富差距）和历史怨恨（如殖民历史）背景下，无论是底层人民还是中产阶层均有较大概率被利用加入极端主义组织或趋向极端化，甚至甘愿发动恐怖袭击。从摩洛哥 2003 年那次恐怖袭击来看，虽然实施恐怖袭击的部分极端分子来自中产阶级②，但是摩洛哥长期以来低人力发展指数与摩洛哥政府亲西方（包括以色列）行为，使得此次袭击充满了"反西方主义"和"反社会不公"的双重特征。③

　　基于此，摩洛哥政府将贫穷和社会贫富差距视作恐怖袭击发生的重要诱因。因为无论是参与袭击摩洛哥本土的极端分子，还是参加叙利亚和伊拉克"圣战"行动的摩籍"圣战"分子，共有超过 24% 的是来自底层民众，尤其是大城市中贫民区民众，如卡萨布兰卡的西迪·穆门（Sidi Moumen）。④ 2005 年，为打击贫穷、减少社会排外和社会怨恨以及为边缘地区的青年人提供工作机会等，摩洛哥政府出台了"国家人类发展倡议"。

　　该倡议的出台一方面减缓了极端主义向边缘地区扩散的速度，另一方面缓解了"刚性反恐策略"带来的社会恐慌。根据法语杂志《青年非洲》2017 年的报道，自"国家人类发展倡议"实施以来，摩洛哥境内有 1000 万人从中受益，该倡议完成了超过 44000 个民生项目。⑤ 2005~2018 年，该倡议的前两个阶段完成后，2018 年 9 月，摩洛哥内政部宣布启动第三阶段（2019~2023 年）。值得注意的是，在第一阶段和第二阶段，该倡议

---

① Jack Kalpakian, "Current Moroccan Anti-Terrorism Policy (ARI)," *Real Instituto Elcano*, 2011, p. 4.

② 驳斥了贫穷与恐怖主义行动有必然联系的观点。

③ Kei Nakagawa, EL Mostafa Rezrazi and Shoji Matsumoto, *Morocco's War on Terrorism: The Case for Security Cooperation Today*, Gilgamesh Publishing, 2016, pp. 8-24.

④ Moha Ennaji, "Recruitment of Foreign Male and Female Fighters to Jihad: Morocco's Multifaceted Counter-terror Strategy," *International Review of Sociology*, Vol. 26, No. 3, 2016, pp. 546-550.

⑤ Fahd Iraqi, "Maroc: déjà 10 millions de bénéficiaires de l'Initiative nationale pour le développement humain," Jeune Afrique, Juin 16, 2017, https://www.jeuneafrique.com/mag/444620/societe/maroc-deja-10-millions-de-beneficiaires-de-linitiative-nationale-developpement-humain/, accessed: 2019-04-25.

主要集中在打击农村地区的贫穷和城市地区的社会排外，而第三阶段增加了为四类社会底层人民提供融入服务项目，包括处于危险状态的女性、没有社会保障的刑满释放人员、乞丐和吸毒者。① 由此看出，最新项目直接将去极端主义因素纳入其中。

三　促进和解与融合的康复项目

摩洛哥的康复计划可以追溯至穆罕默德六世继位初期建立的和解项目，其目的是处理哈桑二世时期遗留下来的"人权问题"。2003 年，穆罕默德六世在"司法年"开幕式演讲中首次提出改善监狱环境，开展囚犯康复计划。② 2004 年，在摩洛哥人权咨询委员会的建议下，穆罕默德六世设立了公正与和解委员会（Instance Equité et Réconciliation，IER），该项目共持续了 22 个月，至 2006 年底全部完成。1999 年开启的和解项目采用了"南非真相与和解委员会"的做法，即向 11000 多名被非法监禁的受害者支付财政赔偿，并通过与受害者本人、家人和市民社会组织展开公开对话。③ 虽然这是国家主动向民众弥补过错，但这一行为对后来摩洛哥针对极端主义囚犯的康复计划具有重要的参考意义。

摩洛哥政府对监狱中萨拉菲"圣战"分子的康复计划大致分为三个阶段。第一个阶段是 2003~2011 年。2003 年恐怖袭击爆发后，大批圣战萨拉菲主义者④被捕入狱，其中不乏一些知名宗教学者。他们被指控散布极端的圣战主义思想，并为恐怖袭击提供理论合法性。2004 年开始，康复计划在摩

---

① "INDH：tout sur le financement de la 3e phase," H24Info avec le Figaro, Septembre 20, 2018, https：//www.h24info.ma/actu/indh-tout-sur-le-financement-de-la-3e-phase/, accessed：2019-04-25.

② 穆罕默德六世在"司法年"开幕式的演讲，2013 年 1 月 29 日，http：//www.dgapr. gov.ma/Tawajohat/Pages/توجيهات-ملكية.aspx，accessed：2019-04-25.

③ Hamed El-Said, "Counter-Radicalization without Deradicalization：The Case of Morocco," in Hamed El-Said and Jane Harrigan, eds., *Deradicalising Violent Extremists：Counter-Radicalisation and Deradicalisation Programmes and Their Impact in Muslim Majority States*, London：Routledge, 2018, pp.180-182.

④ 摩洛哥圣战萨拉菲主义起源于 20 世纪 90 年代，主要是受到"阿拉伯阿富汗圣战运动"和全球圣战萨拉菲主义的影响。从这时起，摩洛哥出现了很多以某个谢赫为中心的"圣战萨拉菲主义基地"，他们都严格遵循瓦哈比主义和"基地"组织以"远方敌人"（西方）为目的的"圣战"行动。2003 年之前，这些"圣战主义基地"只是松散的网络，且缺乏组织能力和动员能力，因此也没有受到政府的打压。

洛哥监狱中开始实施。与其他国家不同的是，这一时期，摩洛哥政府还未形成系统的康复计划，而是采用"胡萝卜加大棒"的间接激励机制。直接参与康复行动的是监狱中众多被捕的宗教学者，他们与其他"圣战"分子展开宗教对话。其目标是让被关押者放弃极端主义观点或思想，停止支持"基地"组织和其他"圣战"组织，放弃对平民的袭击，并支持君主政权等。据学者穆罕默德·马斯巴赫采访前萨拉菲"圣战"分子所知，愿意接受意识形态改造的囚犯会得到"国王般"的待遇，如接受职业培训、参加娱乐活动、与家人见面等。[1]

第二阶段是 2012~2015 年。受 "2·20" 运动的影响，摩洛哥国内面临政治危机，穆罕默德六世重启和解行动，一方面通过"王室赦免"的形式释放了一批宗教学者，另一方面为一些萨拉菲"圣战"囚犯提供物质补偿。[2] 对出狱的宗教学者，摩洛哥政府采取了"政治吸收"的策略，即鼓励他们分享参与康复计划的成果，以及允许他们从事宗教工作、政治活动、市民社会组织等。如穆罕默德·菲扎兹[3]、哈桑·卡塔尼（Hassan el-Kettani）、阿布·哈菲斯[4]（Abu Hafs）、奥马尔·赫杜希（Omar al-Heddouchi）等神职人员都曾在公共场合（如电视、广播、社交媒体等）主动宣扬温和伊斯兰思想，并且积极组建或加入政党、创立合法非政府组织等。[5]

第三阶段是 2016 年开始的一系列针对监狱服刑人员的康复计划。

[1]　Mohammed Masbah, "Morocco's Salafi Ex-Jihadis: Co-optation, Engagement, and the Limits of Inclusion," *Middle East Brief*, No. 108, April 2017, p. 3.

[2]　Mohammed Masbah, "Morocco's Salafi Ex-Jihadis: Co-optation, Engagement, and the Limits of Inclusion," *Middle East Brief*, No. 108, April 2017, p. 3.

[3]　2014 年 3 月 18 日，国王穆罕默德六世在丹吉尔塔里克·伊本·兹亚德（Tariq Ibn Ziyad）清真寺出席礼拜，穆罕默德·菲扎兹受邀担任周五主麻日领拜人。此次事件在摩洛哥影响巨大，也是国王向公众传递"政府愿接纳任何接受去极端化的摩洛哥人"的信号。参见 Hamid Barrada, "Maroc: Mohamed Fizazi, le salafiste de Sa Majesté," *Jeune Afrique*, Avril 11, 2014, https://www.jeuneafrique.com/133820/politique/maroc-mohamed-fizazi-le-salafiste-de-sa-majest/, accessed: 2019-04-27。

[4]　原名为穆罕默德·阿卜杜·瓦赫布·拉菲基（Abdelwaheb Rafiki）。参见 Ilhem Rachidi, "Meeting Abu Hafs: Morocco's Radical Cleric-turned-rights Campaigner," *The New Arab*, March 7, 2017。

[5]　Sanaa Karim, "Morocco's 'New Mediators'," *Carnegie Endowment for International Peace*, November 15, 2012, https://carnegieendowment.org/sada/50043, accessed: 2019-04-27。

2016 年 3 月，摩洛哥监狱系统和重返社会管理局① （Délégation Générale à l'Administration Pénitentiaire et à la Réinsertion，DGAPR）与联合国开发计划署达成"监狱康复项目"的合作协议，分为前后两个阶段 （2016～2017 年和 2017～2020 年），由日本政府提供资金支持，穆罕默德乌莱玛联合会提供技术支持。该计划是支持重返社会管理局监狱体制改革战略的一部分，其目标是实现拘留条件人性化和监狱现代化，为囚犯未来更好地融入社会提供精神和技能培训。② 具体而言，在经济方面，重返社会管理局在 4 个试点监狱建立了 7 个专业生产中心，为 400 名男囚犯和 100 名女囚犯提供职业技能培训和教育，帮助他们获释后重返劳动市场。在社会方面，同行教育者在梅克内斯、萨累、阿加迪尔、萨菲、肯尼特拉和非斯等地的监狱举办研讨会，以促进被拘留者之间的社会宽容对话。③

2017 年 3 月，为对宗教极端主义者实行精准康复计划，重返社会管理局启动了"穆萨拉哈"（Moussalaha，意为"和解"）项目。该项目基于"与自我和解、与宗教文本和解、与社会和解"三大理念，旨在引导被监禁的暴力极端主义分子与自己和解、与伊斯兰教原则和解，以及与摩洛哥社会的道德、原则和解。④ 此外，重返社会管理局成立了研究委员会负责制订实施康复计划的操作方法，并与国际刑事改革组织、穆罕默德乌莱玛联合会、国家人权委员会、司法部、宗教基金与伊斯兰事务部等机构进行合作。"穆萨拉哈"项目主要有 6 个支柱：①宗教教育和举办旨在解

① 重返社会管理局成立于 2008 年，是附属于司法部的拥有较大自主权的机构，旨在改善监狱条件和帮助囚犯在未来重返社会。

② "Lancement de la phase II du programme d'Appui à la mise en œuvre de la stratégie de la Délégation Générale à l'Administration Pénitentiaire et à la Réinsertion," PNUD Maroc, Juin 16, 2017, http://www. ma. undp. org/content/morocco/fr/home/presscenter/articles/2017/07/19/lancement - de-la-phase-ii-du-programme-d-appui-la-mise-en-uvre-de-la-strat-gie-de-la-d-l-gation-g-n-rale-l-administration-p-nitentiaire-et-la-r-insertion-. html, accessed：2019-04-27.

③ Caitlin Dearing Scott, "The Latest on Morocco's Efforts to Counter Violent Extremism," Morocco on the Move, September 18, 2017, https://moroccoonthemove. com/2017/09/18/latest - moroccos-efforts-counter-violent-extremism-2/, accessed：2019-04-27.

④ "Prisons：le programme 'Mossalaha' au profit des condamnés pour terrorisme expliqué par la DGAPR," Le360 （avec MAP）, Août 24, 2017, http://fr. le360. ma/societe/prisons-le-programme-mossalaha-au-profit-des-condamnes-pour-terrorisme-explique-par-la-dgapr-132551, accessed：2019-04-27.

构曲解宗教教义的研讨会；②举办人权工作坊；③举办法律研讨会；④社会职业指导；⑤录制恐怖主义受害者证词；⑥宗教辩论。①

2017~2018 年，"穆萨拉哈"项目已经进行了两期，共选择了 300 名极端主义囚犯，分别安排在塔菲拉勒特、丹吉尔、梅克内斯和卡萨布兰卡、萨累等地。2019 年 5 月，有 30 名极端主义囚犯得益于"王室赦免"被释放，6 名囚犯获得减刑。② 为继续增强监狱康复效果，2018 年 9 月 12 日，在英国政府的资助下，重返社会管理局启动了西亚北非地区第一个监狱电台项目——"Idmaj"，加强囚犯与外界的联系。③ 此外，摩洛哥政府也与法国、比利时、荷兰、德国等国建立了去极端化国际合作机制，推动情报共享与加强反恐合作。

综上，在安全治理议题的推动下，摩洛哥去极端化政策具有多元化的特点——宗教改革、社会项目与康复项目齐头并进，相互补充与促进，进而从整体上达到去极端化的最佳效果。

第三节　摩洛哥反极端主义政策的成效及问题评估

当前学界关于反极端主义政策有效性评估还未形成统一的认知框架，因为从实际操作来看，相关数据和信息获取难度大，每个国家对成效的评估标准也不一样。④ 即使有学者使用再犯率（Rate of Recidivism）

---

① El Mostafa Rezrazi, "Insights in to Morocco's Approach to Countering and Preventing Violent Extremism," in Lorenzo Vidino, ed., *De-Radicalization in the Mediterranean: Comparing Challenges and Approaches*, Milan: Ledizioni LediPublishing, 2018, p. 92.

② Solène Paillard, "Maroc: Lancement d'un Plan de Déradicalisation Religieuse dans les Prisons," Yabiladi, Mai 24, 2018, https://www.yabiladi.com/articles/details/65250/maroc-lancement-d-un-plan-deradicalisation.html, accessed: 2019-05-27; Fahd Iraqi, "Antiterrorisme: au Maroc, Moussalaha, la Fabrique des Repentis," Jeune Afrique, N° 3045 Mai 19-24, 2019, pp. 44-46.

③ Safaa Kasraoui, "Morocco's DGAPR Launches 'Idmaj,' First Radio for Moroccan Prisoners," Morocco World News, September 2018, https://www.moroccoworldnews.com/2018/09/253448/moroccos-dgapr-launches-idmaj-first-radio-for-moroccan-prisoners/, accessed: 2019-04-27.

④ Angel Rabasa, Stacie L. Pettyjohn, Jeremy J. Ghez, Christopher Boucek, *Deradicalizing Islamist Extremists*, RAND Corporation, 2010, p. 41.

来评估，但也存在诸如界定不统一，以及评估标准过于狭窄等问题。① 摩洛哥的反极端主义政策是一种融合多元性、整体性和宏观性的系列行动。因此，本文将从议题和路径的角度，综合评估摩洛哥的多元反极端主义政策。

第一，取得的成效。首先，2003 年以来，除了 2007 年和 2011 年遭受两次恐怖袭击外，摩洛哥基本成功制止了极端分子在本土实施的恐怖主义袭击活动。虽然这一成效在很大程度上得益于摩洛哥政府积极有为的"刚性反恐策略"，但也离不开多元反极端主义政策的整体外溢效应。其次，以去极端化为目标的宗教改革也取得了一定的效果。通过一系列宗教机构改革，摩洛哥成功重塑了伊斯兰话语，在国内建立了统一的伊斯兰"中道"思想，同时提倡多元文化。在国际上，摩洛哥也被认为是一个温和的伊斯兰国家。最后，国内累犯率较低。虽然没有具体数据体现累犯率，但是从释放出狱的前萨拉菲"圣战"者的表现来看，他们中的大部分都放弃了激进的宗教意识形态，积极融入社会，参加工作和回归家庭。同时摩洛哥长期以来稳定的安全环境也能佐证这一成效。

第二，存在的问题。从议题来看，虽然本土恐袭问题毫无疑问已经基本得到解决，但是反极端主义政策既没能阻止前"圣战"分子参加国际"圣战"运动，也没有防止新一代极端主义者的出现。事实上，2011 年以来加入中东地区"圣战"组织的摩洛哥人数量已经大大超过了 1980~2011 年。2012 年以来，在 1500~1600 名摩洛哥籍"圣战"分子中，至少有 220 名曾是摩洛哥囚犯。据相关学者研究，大部分"圣战"分子前往叙利亚的原因是对摩洛哥"重返社会计划"不抱希望。② 基于此，笔者认为当前摩洛哥的反极端主义政策存在以下几个问题。

---

① John Horgan & Kurt Braddock, "Rehabilitating the Terrorists?: Challenges in Assessing the Effectiveness of De-radicalization Programs," *Terrorism and Political Violence*, Vol. 22, No. 2, 2010, pp. 267-291.

② Mohammed Masbah, "The Limits of Morocco's Attempt to Comprehensively Counter Violent Extremism," *Middle East Brief*, No. 118, 2018, p. 5.

首先，摩洛哥政府内部对采取以宗教对话为主的去极端化项目未达成统一认知。早在2006年和2007年，一些出狱的温和伊斯兰主义者以及知名的宗教学者，如穆罕默德乌莱玛联合会会长艾哈迈德·阿巴迪（Ahmed Abadi）就表示愿意在监狱与"圣战"分子展开宗教对话，劝服他们放弃极端思想。① 然而，该提议一开始就遭到了最高乌莱玛理事会的拒绝，尽管大多数拘留者表示愿意接受宗教对话项目。

摩洛哥政府一直认为统一宗教意识形态以及消除贫穷、解决失业等是解决极端主义的根本办法。因此，从2003年起，大多数摩洛哥官员对去极端化项目持犹豫态度。直到2008年，在人权咨询委员的建议下，最高乌莱玛理事会才同意"有条件地"开展宗教对话项目。这些"条件"包括国王的准许、拥护摩洛哥"中道"伊斯兰思想、对君主政权忠诚以及有宗教学者自愿参与对话等。② 同时，即使有政策，大多情况下都是以政治话语的形式出现，缺乏书面和成文的法案。因此，在一系列不确定、附加条件和行政压力下，摩洛哥事实上错过了诸多去极端化的黄金时期。

其次，缺乏系统和全面的去极端化项目。虽然摩洛哥自2003年开始就制定了多元反极端主义政策，但直到2017年才启动针对宗教极端分子的去极端化项目——"穆萨拉哈"。尽管目前评估该项目为时过早，但是笔者对其成功的可能性存在较大质疑。从项目的对象选择来看，它是有选择性的：在超过1000名"圣战"分子中只有300名接受集中培训，每期最终出狱的仅有10名人员左右。而事实上，摩洛哥政府只是选择了那些口头上愿意接受去极端化的囚犯，以及本就属于温和的伊斯兰主义者，而

---

① Hamed El-Said, "Counter-Radicalization without Deradicalization: The Case of Morocco," in Hamed El-Said and Jane Harrigan, eds., *Deradicalising Violent Extremists: Counter-Radicalisation and Deradicalisation Programmes and Their Impact in Muslim Majority States*, London: Routledge, 2018, p. 183.

② Hamed El-Said, "Counter-Radicalization without Deradicalization: The Case of Morocco," in Hamed El-Said and Jane Harrigan, eds., *Deradicalising Violent Extremists: Counter-Radicalisation and Deradicalisation Programmes and Their Impact in Muslim Majority States*, London: Routledge, 2018, pp. 183-184.

忽视了极端组织的真正支持者——极端主义者中的"铁杆"。①

此外，该项目缺乏去极端化的"前期预防政策"和"后续保障政策"。缺乏"前期预防政策"是指没有明确的政策处理极端化过程的早期迹象。目前的做法是，当局会对任何在社交媒体上发布或分享可能被解读为"赞扬恐怖主义"内容的个人或组织提起法律诉讼。但是，许多传播这些材料的人本身并不是极端分子，而是处于激进化的早期阶段。因此，当局没有提供对话和社会咨询，而是起诉，甚至会长期监禁他们。一旦入狱，他们中的许多人可能成为"铁杆"极端分子。② 缺乏"后续保障政策"是指没有系统的政策保障出狱的囚犯。当被去极端化的"圣战"分子出狱后，他们发现很难重新融入社会和家庭——不仅是因为他们失去了社会地位和尊严，还因为他们缺乏成为社会一分子所需的经济资源、社会技能，以及必要的心理咨询。此外，他们还受到安全部门的日常监督，这让他们更加难以融入社会。③

再次，社会项目未能做到"精准扶贫"。2005 年启动的"国家人类发展倡议"，虽然取得了一定成效，但是在消除贫穷和社会排外方面并没有取得显著进展。④ "国家人类发展倡议"的直接管理机构是内政部，这一事实也表明，该项目是出于安全议程，而不是真正为了人民的福祉。此外，高度集中化和缺乏透明度也直接阻碍了计划的实施。据"国家人类发展倡议"观察，大部分资金"非法地"流入了一些官方背景的非政府

---

① 2010 年，兰德公司在一份关于去极端化的报告中，将极端组织或群体中的成员分为同情者、支持者、新加入者、积极分子和"铁杆"支持者，报告认为"铁杆"支持者是去极端化的核心对象，也是决定成败的关键，参见 Angel Rabasa, Stacie L. Pettyjohn, Jeremy J. Ghez, Christopher Boucek, *Deradicalizing Islamist Extremists*, RAND Corporation, 2010, pp. 25-26。

② Mohammed Masbah, "The Limits of Morocco's Attempt to Comprehensively Counter Violent Extremism," *Middle East Brief*, No. 118, 2018, p. 5.

③ 援引摩洛哥学者穆罕默德·马斯巴赫对一些出狱的"圣战"分子的采访。参见 Mohammed Masbah, "The Limits of Morocco's Attempt to Comprehensively Counter Violent Extremism," *Middle East Brief*, No. 118, 2018, p. 5。

④ Mohamed Benkassmi, Touhami Abdelkhalek and Fouzia Ejjanoui, "Evaluation de l'impact de l'Initiative Nationale pour le Développement Humain (INDH) sur la pauvreté en milieu rural au Maroc, une étude en enquête panel de ménages," Working Paper, No. 1087, April 2017.

组织，最终获益人群也以中产阶级为主。① 因此，事实上，"国家人类发展倡议"拨款与贫困地区之间只存在微弱的相关性。

　　尽管摩洛哥政府坚持认为贫穷与去极端化存在强相关性，但是"国家人类发展倡议"并未拨出必要的资金用于去极端化项目，以帮助出狱后的前"圣战"分子重返社会。尽管一些"圣战"囚犯的家庭受益于住房项目，但这并不是系统康复计划的一部分，他们受益只是因为他们生活在"国家人类发展倡议"运作的地区。② 正如知名去极端化研究专家哈米德·赛义德（Hamed el-Said）所言："虽然政府开展了一系列社会项目，但社会经济状况仍然威胁着摩洛哥。贫穷、失业、不平等和普遍的腐败等问题仍然是不可忽视的重大挑战。"③

　　最后，反极端主义政策的实施缺乏市民社会组织的有效参与。作为政府与大众之间的媒介，市民社会在推广民主理念、解决社会问题、促进善治等方面起着重要的作用。然而，多年以来，市民社会在摩洛哥被认为是"治理领域"，亦即一种潜在的威胁或"阻碍"。④ 因此，在多元反极端主义的框架下，市民社会组织从一开始就不在摩洛哥政府规划的范围内，甚至当局对其行动还持有一定戒心。⑤ 从市民社会组织的角度来看，介入与"圣战"分子的对话或交流存在"被认为是支持恐怖主义行径"的法律风险。⑥ 因此，在摩洛哥，市民社会组织更多的是在网络上参与打击"圣战"分子的政治宣传。

---

① "Rapport sur le Développement Humain, 2008," L'Observatoire National du Développement Humain, 2009, http：//www.ondh.ma/sites/default/files/documents/rapportfr_chap1 - 2 - 3.pdf, accessed：2019-04-28.

② Mohammed Masbah, "The Limits of Morocco's Attempt to Comprehensively Counter Violent Extremism," *Middle East Brief*, No. 118, 2018, p. 5.

③ Hamed El-Said, "Counter-Radicalization without Deradicalization：The Case of Morocco," in Hamed El-Said and Jane Harrigan, eds., *Deradicalising Violent Extremists: Counter-Radicalisation and Deradicalisation Programmes and Their Impact in Muslim Majority States*, London：Routledge, 2018, p. 190.

④ 张玉友、孙德刚：《摩洛哥政治治理的议题设置与路径选择》，《国际论坛》2016 年第 6 期，第 57 页。

⑤ 值得注意的是，在实施多元反极端主义政策过程中，拥有官方背景人权组织在其中发挥重要作用。

⑥ Mohammed Masbah, "The Limits of Morocco's Attempt to Comprehensively Counter Violent Extremism," *Middle East Brief*, No. 118, 2018, p. 6.

此外，从反极端主义政策的宗教措施来看，受西方社会广泛赞扬的苏非主义是摩洛哥政府推广的核心思想之一。但是，苏非主义并不是完全被所有摩洛哥穆斯林接受，甚至有宗教学者认为，"对许多人来说，苏非主义旨在破坏摩洛哥的伊斯兰政党"①。一些不完全认同官方伊斯兰模式的伊玛目也会经常遭到宗教基金与伊斯兰事务部的解职，被贴上"极端思想"的标签。因此，摩洛哥伊斯兰内部的争议在一定程度上减缓了反极端主义政策和去极端化项目开展的进度，也削弱了成效。

小　结

本章以反极端主义为分析工具，系统评估了摩洛哥 2003 年以来的"去极端化"实践。从理论工具演进来看，去极端化已经从一开始的政策项目发展到现在的概念工具。但由于对去极端化的界定存在着较大异议，因而其作为分析工作就产生了一定的局限性。在现实的实践中，很多国家都自认为在一定程度上启动了去极端化政策，但在大多数情况下并不符合去极端化的严格定义。因此，笔者试图从反极端主义的角度，探讨了一国的实际"去极端化"实践。从摩洛哥案例来看，2003 年恐怖袭击后，在反恐政策的驱动下，摩洛哥当局启动了以"柔性反恐"为特色的去极端化政策。该案例的显著特点则表现为，有去极端化的具体措施，但不属于严格意义的去极端化政策。而在反极端化主义的框架下，包括宗教改革、社会项目和康复计划在内的行动可以看作加强版的"去极端化政策"，其充分展现了摩洛哥政府的去极端化努力。

总体而言，反极端主义视域下的摩洛哥"去极端化模式"包含着三大"场域"：宗教领域、社会领域和暴力机构（监狱）。作为一个宗教色彩浓厚的国家，伊斯兰教在摩洛哥无处不在，深刻影响着该国的政治、经

---

① 援引学者哈米德·赛义德对摩洛哥宗教学者萨阿德·奥斯曼尼（Sa'ad al-Othmani）的采访，参见 Hamed El-Said, "Counter-Radicalization without Deradicalization: The Case of Morocco," in Hamed El-Said and Jane Harrigan, eds., *Deradicalising Violent Extremists: Counter-Radicalisation and Deradicalisation Programmes and Their Impact in Muslim Majority States*, London: Routledge, 2018, p. 189。

济、社会、文化等方面。摩洛哥国王作为国家唯一的宗教权威，其对伊斯兰教领域实施了"大一统"措施，即通过复杂的机构改革，在全国"创建"了具有摩洛哥特色的"官僚化伊斯兰"，统一和规范人们的宗教思想。社会领域是极端主义生存和发展的重要场域，尤其是处于经济边缘地区的社会空间。摩洛哥政府 2005 年启动的"国家人类发展倡议"正是基于这一逻辑。最后一个重要场域是极端主义分子的重要集聚地——监狱，也是各国政府极端化项目的重要实施地点。摩洛哥政府从 2003 年至今，先后实施了"胡萝卜加大棒"的间接激励机制、多部门合作的"监狱康复项目"以及"穆萨拉哈"项目，最后通过"王室特赦"机制释放囚犯。

在多元化的反极端主义政策下，摩洛哥的反恐举措取得了一定成效，如从 2016 年起前往海外参加国际"圣战"组织的人数逐步减少，以及摩洛哥成为北非乃至阿拉伯国家中遭受恐袭最少的国家之一。然而，随着近年来"伊斯兰国"的溃败，"圣战"分子回流以及零星恐袭事件[①]反映了摩洛哥反极端主义政策的缺陷。本书研究发现，摩洛哥的反极端化主义政策过于强调"安全手段"，缺乏市民社会广泛参与的系统去极端化项目，包括社会咨询和狱后跟踪服务等措施。

从全球反极端主义实践的经验来看，成功的去极端化项目一般需要满足以下几个条件：充足的资金、系统的监狱改革、知识渊博和受人尊敬的伊斯兰神职人员、对囚犯家庭的社会支持、意识形态的国家控制以及遵循狱后护理与治疗项目等。而满足以上条件则与国家发展能力、国家治理能力和市民社会活跃度有较大关系。但是以阿拉伯国家为主的发展中国家在以上三个方面均存在一定的短板，因此，无论是反恐还是反极端主义，抑或具体的去极端化项目都很难达到理想的效果。由此看出，这种结构性的困境是制约反极端主义政策实施的根本原因。

---

① 2018 年 12 月 17 日，两名斯堪的纳维亚人在摩洛哥马拉喀什地区遭到效忠"伊斯兰国"的极端分子袭击致死，参见 "Morocco Says Suspects in Scandinavian Tourists' Murder Are Linked to Islamic State," Reuters, December 20, 2018, https://www. reuters. com/article/us-morocco-crime/morocco-says-suspects-in-scandinavian-tourists-murder-are-linked-to-islamic-state-idUSKCN1OJ0V1, accessed：2019-05-02。

第七章
摩洛哥经济治理的模式与特征

　　20 世纪以来，经济治理已成为世界经济与政治的重要研究议题之一。现有文献较多关注"经济奇迹国"或"经济大国"的经济治理模式问题，但较少关注以政治稳定为核心的小国经济治理模式研究。2010 年以来，西亚北非地区爆发了阿拉伯剧变、苏丹军事政变、阿尔及利亚政权更迭等政治事件。可以看出，阿拉伯共和制国家几乎都未能抵御大规模抗争政治的影响，阿拉伯君主制国家却能一直保持稳定的政局。作为非洲西北角的阿拉伯君主制国家，摩洛哥自 1956 年独立以来一直维持着较好的政治、经济和社会稳定，其经济治理模式值得深入探讨。

　　自 1666 年起，来自谢里夫家族的阿拉维王室一直统治着摩洛哥，延续至今。18 世纪末 19 世纪初，面临持续的大饥荒和欧洲列强的侵略，摩洛哥阿拉维王室通过调节经济政策，建立了"王室-经济精英-普通民众"的治理框架来消减社会恐慌。① 摩洛哥独立后，王室仍然秉持着这一理念：经济政策调整是消除内外威胁的重要工具之一。摩洛哥商业律师希沙姆·纳希里（Hicham Naciri）指出，21 世纪以来，摩洛哥代表了非洲大陆的一种新型发展模式，即在缺少自然资源的背景下，通过建立强大的民营集团来促进经济增长和社会进步。鉴于此，本章将从政治经济学的视角审视独立以来摩洛哥经济治理模式及其背后逻辑。

　　联合国和西方学者均将发展定义为促进国家经济、社会、人类等各个

---

① 参见 Stacy E. Holden, *The Politics of Food in Modern Morocco*, Gainesville：University Press of Florida, 2009。

领域的可持续进步。笔者认为，在考察西亚北非地区的国家发展时，须重点将政治稳定、经济增长与社会发展三个因素同时纳入其中。本章将试图回答以下三个问题：①摩洛哥经济治理模式的基础——国家资本主义是如何演变而来的？②作为国家资本主义的产物，国家冠军企业对促进摩洛哥经济发展有何积极作用？③摩洛哥经济治理模式有何特点以及还存在哪些困难？

第一节　摩洛哥国家资本主义的形成与演变

与西亚北非地区大多数国家一样，摩洛哥也采用了基于政府干预的国家资本主义模式（State Capitalism），即国家通过资助部分企业来控制其生产方式。① 从政商关系的发展历程看，摩洛哥政治经济发展的重要特征是王室、官员与商人群体的一体式发展，王室和官员长期扮演庇护者的角色。所以，摩洛哥国家资本主义又被学界称为"庇护资本主义"。这种治理模式起源于摩洛哥统治阶级——马赫赞对社会各方面控制的需要，尤其是经济领域。马赫赞对经济领域的持续干预，辅之以"仲裁者"的治理模式，最终发展成了具有摩洛哥特色的国家资本主义模式。

一　殖民时期（1912~1955 年）

18~19 世纪，马赫赞一方面控制着与欧洲国家的贸易商路，另一方面准许部分与王室亲密的摩洛哥商人建立自己的品牌。1912 年，摩洛哥进入殖民时期后，一些传统大家族继续在殖民经济体系下从事贸易与商业活动。第二次世界大战结束后，随着法国资本的大量涌入，摩洛哥商业迅速发展，经济中心也从政治中心非斯转向了欧洲人居多的沿海城市卡萨布兰卡，同时，非斯大家族也将商业阵地转移到了卡萨布兰卡。这一时期，非斯家族积累了大量的原始资本，他们开始支持反殖民统治的民族主义运动，为独立后在政商关系中占有一席之地奠定了基础。

---

① Alex Dupuy and Barry Truchil, "Problems in the Theory of State Capitalism," *Theory and Society*, Vol. 8, No. 1, 1979, pp. 1-38.

二　国家构建阶段（1956～1972 年）

1956 年摩洛哥独立后，王室在政治上面临民族主义运动的威胁，在经济上面临国家资本严重不足的问题。虽然摩洛哥资本在殖民时期非常活跃，但相对外国资本，只占不到 5% 的份额。因此，独立初期，国王穆罕默德五世急需创立完全由国家控制的经济体系，同时还需要培养一批忠于王室的政治和经济精英。为促进经济发展，摩洛哥开始采取国家资本主义模式的一些做法，即国家支持私营部门的发展。1959 年，摩洛哥设立了第一家国有银行——摩洛哥外贸银行（Banque Marocaine du Commerce Extérieur），其核心功能是为摩洛哥私营企业的发展提供贷款；制定促进民族企业发展的保护主义税收政策；大力兴建服务于农业生产的大坝和灌溉系统，极大地促进了农村地主阶级的发展。由此，摩洛哥王室通过发展国家资本主义，培育了位于农村的农业资产阶级和位于城市的工业资产阶级（以纺织业为主）。

三　摩洛哥化阶段（1973～1982 年）

20 世纪 70 年代初，两次未遂军事政变使国王哈桑二世决心加强对国家经济的控制，这直接促使了 1973 年《摩洛哥化法》的出台。摩洛哥化措施波及了 1500 家外国公司和 40 万公顷的土地，涉及矿产、铁路、农业、银行等行业，目的是让摩洛哥资本接管外国企业和外国占有的摩洛哥土地。从摩洛哥化之后的资本流向来看，一部分公司直接由哈桑二世或者王室控制，另一部分由与王室关系亲密的新资产阶级所掌握，他们主要来自摩洛哥南部的苏斯地区。因此，摩洛哥化行动是进一步加强国家资本主义的表现，王室可以通过新建立起来的资本体系来干涉与控制国家经济事务。

1919 年，由法国和荷兰建立的北非证券集团在摩洛哥化过程中就完全由摩洛哥王室接管。在王室的控制下，20 世纪 80 年代初，北非证券集团进行了大规模的扩张与并购，并在 1982 年形成了 COGESPAR-SIHAM-ONA 联盟，旗下共控股 85 家公司，涉及行业包括矿业、汽车组装、食品工业、金融等。另外一个例子是 1966 年成立的国家投资集团（Société

Nationale d'Investissement, SNI)，其在摩洛哥化阶段通过收购外国公司股份继而再转手出售给公众的形式，一方面重启了卡萨布兰卡证券交易所，另一方面促进了民间投资的发展。

1973~1982 年的摩洛哥化阶段，王室的根本目标在于建立一个可以服务于国家的新企业家阶层，以减轻国家的投资义务。这一时期，摩洛哥经济精英的地缘图景也发生了根本性的转变，一方面，忠于哈桑二世的政治精英开始涉足经济事务，另一方面，摩洛哥南部苏斯地区的经济精英开始进入能源、旅游、房地产等国家核心经济部门。

四　经济开放阶段（1983 年至今）

在摩洛哥化政策的影响下，摩洛哥经济出现了回暖，GDP 从 1978 年的 130 亿美元上升到 1980 年的 210 亿美元，但这种极为短暂的回升无法弥补因公共支出产生的大量债务。令摩洛哥经济雪上加霜的是，1979~1983 年，国际磷酸盐价格大幅下跌，这导致摩洛哥"近乎破产"。[1] 1983 年，经济持续下滑和社会不满增加迫使国王哈桑二世放弃了摩洛哥化政策，并在世界银行和国际货币基金组织等国际金融机构的帮助下，开启了经济自由化和"去摩洛哥化"运动，即结构调整（Structural Adjustment）。[2] 从 1983 年开始，摩洛哥进入了由国际货币基金组织领导下的稳定化改革。1993~2005 年，摩洛哥政府集中推进了国有企业私有化进程。1989 年，摩洛哥正式推出《私有化法案》（La Loi de Privatisation），1993 年第一家国有企业"糖产品公司"（Société des Dérivés du Sucre）进行私有化改革。[3] 此后私有化开始扩展到基建、电信、农产品、银行和旅游等领域。[4] 私有化进程开启了摩洛哥大私人资本（Grand Capital Privé）进入摩洛哥核心经

---

[1] Guilain P. Denoeux and Abdeslam Maghraoui, "The Political Economy of Structural Adjustment in Morocco," in Azzedine Layachi, ed. , *Economic Crisis and Political Change in North Africa*, London: Praeger, 1998, p. 98.

[2] Diana K. Davis, "Neoliberalism, Environmentalism, and Agricultural Restructuring in Morocco," *Geographical Journal*, Vol. 172, No. 2, 2006, p. 89.

[3] Koenraad Bogaert, "Urban Politics in Morocco: Uneven Development, Neoliberal Government and the Restructuring of State Power," Ph. D. Dissertation of Ghent University, 2011, p. 167.

[4] "Quel Essor pour le Maroc: L'avis de Driss Benhima," *Telquel*, N° 792, 22 Décembre au 4 Janvier 2018, p. 34.

济领域的大门，共有 114 家公司参与私有化，其中最为成功的私有化案例是摩洛哥外贸银行和国家投资集团。

从中东欧的私有化经验来看，在向市场经济过渡之前就已掌权的精英是私有化进程中的最大受益者。同样地，在摩洛哥，我们也能看到私有化使得已经集中大量私人资本和大量物质或社会资源的精英群体受益。[①] 1995 年，摩洛哥外贸银行被摩洛哥商业大亨、来自贵族家庭的奥斯曼·本杰伦（Othman Benjelloun）收购。收购后，摩洛哥外贸银行被整合进了本杰伦的商业集团，成为其商业帝国的重要组成部分。[②] 同样地，摩洛哥王室通过其控股的北非证券集团收购了国家投资集团 51% 的股份。1996 年，国家投资集团的营业额就达到了 4.32 亿美元，成为仅次于北非证券集团的第二大集团，同时其还控制着工业、金融、保险等行业的投资情况。

法国学者奥德·西尼奥勒（Aude Signoles）认为：“私有化政策的实际结果与其说是国家的退出，不如说是国家内部的重新部署。”[③] 这种重新部署既反映在国家权力干涉的削弱上，也反映在其干预领域的增加上。国家将某些经济和社会职能“移交”给私人行为者，这些行为者为国家获取效忠和间接控制民众提供了支持。在摩洛哥，这种重新部署体现在摩洛哥王室通过私有化行动将更多的经济精英纳入其政治经济网络。由此，摩洛哥私有化的结果是导致国家经济的再集中化，培育了更多的商业家族。从这个角度看，私有化政策通过合作和排斥培育了谋求利益的联盟。寻租的“铁律”[④] 找到了肥沃的土壤，其维持和强化了国家资本主义模式：商人-官僚体系。他们结成小集团，通过影响国家干预经济的方式来寻求互惠互利。

---

① Myriam Catusse, *Le Temps des entrepreneurs. Politique et transformations du capitalisme au Maroc*, Paris: Maisonneuve et Larose, 2008, p. 84.

② Selma Mahaoud, *Les Champions Nationaux: L'équation du développement au Maroc*, Casablanca: En Toutes Lettres, 2018, p. 58.

③ Aude Signoles, "Réforme de l'État et transformation de l'action publique," in E. Picard (dir.), *La politique dans le monde arabe*, Paris: Armand Colin, p. 252.

④ Steven Heydemann, ed., *Networks of Privilege in the Middle East: The politics of Economic Reform Revisited*, Berlin: Springer, 2004, p. 24.

第二节　摩洛哥国家冠军企业的兴起、发展与作用

从 1983 年开启的去摩洛哥化运动和私有化政策，虽然在本质上是摩洛哥化时期的国家资本主义的延续，但其经济表现却取得了一定的效果。20 世纪 80 年代和 90 年代初，GDP 保持着 4%~6% 的稳固增长率，预算赤字从 1983 年的 12% 降到了 1993 年的 3%，出口也出现了大幅上涨，到 1996 年外商直接投资达到了 7 亿美元。[①] 因此，正如史蒂文·海德曼（Steven Heydemann）所言，"在某些条件下，寻租、改革能力和改善经济表现之间也可能存在正和关系"[②]。梅兰妮·卡米特（Melani Cammett）对摩洛哥纺织业的研究表明，从改革的赢家或输家的角度来考虑私有化政策的社会政治影响是多么的狭隘。[③]

在国家资本主义的发展模式取得较好经济成就的背景下，1999 年继位的穆罕默德六世却面临三大困境：第一，私营企业不愿参与公共事业的投资；第二，摩洛哥大型企业面临日益激烈的国际竞争（以欧美为主）；第三，社会发展滞后。基于此，穆罕默德六世对国家资本主义模式进行了修正，主要体现在一方面扶持原有的大型企业，另一方面大力发展新型经济部门，其目的是培养更多的行业龙头企业。因此，在穆罕默德六世继位后，摩洛哥国家冠军企业（National Champions）开始出现了。

国家冠军企业的概念最早出现在欧美国家，1953 年，美国国防部前部长查尔斯·文·威尔逊在谈到其任职过的美国通用公司时说道："对国家有益的政策也对通用汽车有益，反之亦然。"[④] 这一讲话意味着国家与

---

① Steven J. Friedman, "A Tale of Two Economic Developments: Tunisia and Morocco," April 10, 2010, *CUREJ: College Undergraduate Research Electronic Journal*, University of Pennsylvania, https://repository.upenn.edu/curej/120, accessed: 2022-06-05.

② Steven Heydemann, "Networks of Privilege: Rethinking the Politics of Economic Reform in the Middle East," in Steven Heydemann, ed., *Networks of Privilege in the Middle East: The Politics of Economic Reform Revisited*, New York: Palgrave Macmillan, 2004, p. 12.

③ Melani Cammett, "Challenges to Networks of Privilege in Morocco: Implications for Network Analysis," in Steven Heydemann, ed., *Networks of Privilege in the Middle East: The Politics of Economic Reform Revisited*, New York: Palgrave Macmillan, 2004, pp. 245-279.

④ Selma Mhaoud, *Les Champions Nationaux: L'équation du développement au Maroc*, Casablanca: Toutes Lettres, 2018, p. 18.

大企业可以建立牢固的联盟，前者为后者提供在国际竞争中所需的一切特权性资源，如保护性税收制度，同时维持必要的干预权，而后者则为拓展国家利益服务。这类企业还有丹麦的马士基、英国 BAE 系统公司、芬兰的诺基亚等。20 世纪 70 代以来，新兴国家也发展了大量的国家冠军企业，如沙特阿美和韩国现代汽车等。全球化时代，国家间的竞争逐渐从传统的政治和军事竞争转向以科技和知识为主的竞赛，国家冠军企业已成为实现这一目标的重要载体。

国家冠军企业概念在摩洛哥的出现，始于社会大众媒体的报道。2004年，摩洛哥两大私有银行瓦法银行（Wafabank）和摩洛哥商业银行（Banque Commerciale du Maroc）合并成阿提贾法里瓦法银行（Attijariwafa Bank，AWB）后，摩洛哥《经济学家报》（L'Economiste）报道称："两家银行的合并在摩洛哥创造了'国家冠军企业'。"[1] 此后，一些大型企业也开始使用该概念，据《青年非洲》杂志，阿提贾法里瓦法银行前行长哈利德·乌德基里（Khalid Oudghiri）是第一个使用国家冠军企业来彰显摩洛哥企业要在国际竞争中取得一定地位的企业家。[2] 21 世纪初以来，摩洛哥各个行业都出现了国家冠军企业，如房地产行业的阿道哈（Addoha）、电信行业的摩洛哥电信（Maroc Telecome）、能源行业的阿克瓦集团（Akwa Group）等。

尽管摩洛哥官方从未公开提出发展国家冠军企业的战略，但穆罕默德六世继位后，其通过经济政策的调整与转变，事实上支持和发展了众多摩洛哥国家冠军企业。据萨勒曼·马哈乌德（Selma Mhaoud）的研究，穆罕默德六世此举的目的是通过扶持大型私有企业来促进经济增长和提高人民福祉。[3] 与哈桑二世提倡的国家资本主义发展模式一样，穆罕默德六世也坚信这一战略。由此可以看出，穆罕默德六世扶持国家冠军企业的背后逻

---

① "Maroc-France, 50 ans après Que font les entreprises françaises au Maroc?" L'Economiste, Nombre 15, 2005, N°: 2151.

② Mehdi Michbal, "Les entreprises marocaines à la conquête de l'Afrique: une strégie royale," Jeune Afrique, Octobre 7, 2014, https://www.jeuneafrique.com/6552/economie/les-entreprises-marocaines-la-conqu-te-de-l-afrique-une-strat-gie-royale/, accessed: 2022-06-05.

③ Selma Mhaoud, Les Champions Nationaux: L'équation du développement au Maroc, Casablanca: Toutes Lettres, 2018, p. 67.

辑在于，规模效应有利于集中资源，而集中起来的资源有利于控制和统
筹。作为国家经济政策调整的产物，摩洛哥国家冠军企业对促进摩洛哥发
展的作用体现在以下 5 个方面。

第一，促进就业。摩洛哥高等规划署（HCP）2015 年的调查报告显
示，在创造就业方面，摩洛哥私营企业（包括非正规经济）占比达到
91.7%，剩下的皆由公共部门创造。从具体行业来看，主要集中在农牧
业、高新技术、外企、航天航空和汽车制造业等，其在 2014~2015 年共
创造了 103000 个工作岗位，占总数的 40%。从具体企业来看，2015 年，
三大国家冠军企业皇家磷酸盐集团、阿提贾法里瓦法银行和摩洛哥电信招
收的工作人员分别达 20700 名、17223 名和 12394 名，成为摩洛哥就业市
场的主要贡献者。①

第二，提升国内生产总值。尽管摩洛哥的大多数生产组织都是中小企
业和微型企业，其增值占比也能达到 20% 左右，但国家冠军企业仍然是
摩洛哥 GDP 的主要贡献者。如 2013 年，皇家磷酸盐集团对 GDP 的贡献
率达到 4.3%。2015 年，国家投资集团营业额达到 334 亿迪拉姆，占当年
GDP 的 1.5%。

第三，贡献税收。摩洛哥国家冠军企业也是政府财务收入的主要来
源。根据《经济学家》报道，2015 年，摩洛哥前 100 强企业缴纳的税款
达 244 亿迪拉姆，占比达 37%。2013 年，前 100 强企业缴纳的税款占企
业所得税的比重达 26%。② 摩洛哥咨询公司 Inforisk 报告显示，摩洛哥电
信、皇家磷酸盐集团、摩洛哥烟草公司和以阿提贾法里瓦法银行为首的银
行常年排在前列。③

第四，丰富投资结构。罗伊·福布斯·哈罗德（Roy Forbes Harrod）
和埃弗塞·大卫·多马（Evsey David Domar）在其经典的哈罗德-多马模

---

① Selma Mhaoud, *Les Champions Nationaux: L'équation du développement au Maroc*, Casablanca:
Toutes Lettres, 2018, p. 99.

② Franck Fagnon, "Impôts: Ce sont les mêmes qui supportent la charge," *L'Economiste*, Edition
N°: 4963, Février 17, 2017.

③ Rachid Al Arbi, "SMT, IAM et OCP, les trois premiers contributeurs du Trésor," Le 360,
Février 16, 2017, http://fr.le360.ma/economie/smt – iam – et – ocp – les – trois – premiers –
contributeurs-du-tresor-108163, accessed: 2022-06-05.

型中提出了投资与经济增长的关系，对发展中国家具有重要启示意义。哈罗德认为投资不仅可以刺激总需求，而且可以提高生产力。摩洛哥高等规划署在评估投资对摩洛哥经济增长的贡献时也认为："一家大公司的投资行为会通过模仿与学习效应（外部效应）使其他公司受益。因此，投资对经济增长有双重作用：提高生产率和提升外部效应。"尽管目前摩洛哥的政府投资和外国投资占较大比重，但民营资本的贡献也不容忽视，尤其是以皇家磷酸盐集团、摩洛哥电信、国家投资集团和阿道哈等为主的国家冠军企业。

第五，服务于王室的外交战略。在非洲的广泛存在已经成为摩洛哥冠军企业的重要标志之一。近年来，大众媒体报道摩洛哥王室在非洲大陆的访问时，总会提及摩洛哥大型企业高管陪同王室会见政府官员，并在访问结束前签署各种双边协议和伙伴协定。例如，法国《世界报》在报道摩洛哥王室一次东非之行时称："摩洛哥资本开启了非洲之旅。"① 摩洛哥智库阿马杜斯总裁法西·菲赫里（Fassi Fihri）指出，大多数具有国际规模的摩洛哥公司都在非洲拥有业务。这些摩洛哥企业既包括公共企业，也包括大量的民营企业，集中在工业、电信、金融和房地产等行业，其中影响力最大的是国家冠军企业，如阿提贾法里瓦法银行、摩洛哥外贸银行、皇家磷酸盐集团、摩洛哥电信、马纳格姆（Managem）等，见表7-1。

穆罕默德六世继位后在外交政策上的重要转变是提出非洲战略，其目的包括：其一，加强南南合作，促进非洲发展，加强非洲认同；其二，抓住非洲发展机遇，促进摩洛哥经济发展；其三，寻求撒哈拉以南非洲国家对摩洛哥在西撒哈拉问题上的支持，这也是摩洛哥非洲战略的最重要政治动机。通过动员国家冠军企业介入王室非洲战略，2018年，摩洛哥已成为非洲本土最大的投资国，过去10年摩洛哥的金融机构通过各种收购，使其足迹遍布撒哈拉以南非洲，摩洛哥85%的外商直接投资（FDI）都流向了非洲。

---

① Youssef Ait Akdim, "Offensive diplomatie et économique de Mohammed VI en Afrique de l'Est," *Le Monde*, Octobre 21, 2016.

表 7-1　摩洛哥主要国家冠军企业的经济表现

企业名	2016 年营业额（单位：百万迪拉姆）	税收贡献（单位：百万迪拉姆）	投资贡献	在非洲的存在
皇家磷酸盐集团	42471000	1673000	2008~2025 年计划投资 1990 亿迪拉姆	塞内加尔、科特迪瓦、加纳、贝宁、赞比亚、坦桑尼亚、肯尼亚、喀麦隆、埃塞俄比亚
摩洛哥电信	35252000	3221000	2016 年，投资 93 亿迪拉姆	尼日尔、马里、毛里塔尼亚、科特迪瓦、布基纳法索、多哥、贝宁、加蓬、中非、莫桑比克
阿提贾法里瓦法银行	19673327	2934078	2014 年和 2015 年分别向中小企业投资 107 亿迪拉姆和 127 亿迪拉姆	埃及、尼日尔、突尼斯、马里、毛里塔尼亚、塞内加尔、科特迪瓦、布基纳法索、多哥、加蓬、刚果（金）、卢旺达、喀麦隆
摩洛哥外贸银行（非洲）	12990015	1123564	-	尼日尔、马里、塞内加尔、加纳、多哥、刚果（金）、布隆迪、卢旺达、马达加斯加、贝宁、赞比亚、坦桑尼亚、肯尼亚、吉布提、埃塞俄比亚
人民中央银行	-	-	-	尼日尔、马里、毛里塔尼亚、塞内加尔、几内亚、科特迪瓦、布基纳法索、多哥、贝宁、中非、莫桑比克
萨哈姆（Saham）	-	-	-	尼日尔、马里、塞内加尔、几内亚、科特迪瓦、布基纳法索、加纳、多哥、贝宁、尼日利亚、加蓬、刚果（金）、安哥拉、卢旺达、马达加斯加、肯尼亚、喀麦隆
国家投资集团	33496300	683300	投资由子公司完成	-
联盟房地产公司（Alliance）	-	-	-	刚果（金）、喀麦隆
阿道哈房地产公司	7116230	341001	2016 年，投资 42.2 亿迪拉姆	乍得、塞内加尔、科特迪瓦、刚果（金）

企业名	2016 年营业额（单位：百万迪拉姆）	税收贡献（单位：百万迪拉姆）	投资贡献	在非洲的存在
叶纳控股集团（Ynna）	–	–	–	埃及、突尼斯
马纳格姆矿业公司	–	–	作为 SNI 子公司，其 2015 年投资流量达 11.1 亿迪拉姆	苏丹、布基纳法索、赤道几内亚、加蓬、刚果（金）、埃塞俄比亚

注：1. 2018 年，国家投资集团改名为"Al Mada"；2. 在非洲活跃的公司，除表中所列外，还有瓦法保险（Wafa Assurance）和库泊医药（Cooper Pharma）。

资料来源：笔者综合了《青年非洲》、《求是》（*Telquel*）和 Selma Mhaoud, *Les Champions Nationaux: L'équation du développement au Maroc*, Casablanca: Toutes Lettres, 2018 等数据制作而成。

第三节　摩洛哥经济治理模式特征

国家干预与资本主义生产方式是摩洛哥经济治理或者发展模式两大核心要素。在摩洛哥语境下，国家更多的是指代以国王为代表的王室集团。虽然摩洛哥是君主立宪制国家，2012 年修订后的宪法也限制了国王的诸多权力，但由于国王具有教权——"信士的长官"和王权——阿拉维王朝合法继承人的双重身份，其在国民中拥有至高无上的地位。因此，法理上的制度限制难以逾越神圣权力。此外，摩洛哥国王在治国上秉持的是离岸式的治理模式，指国王充当国家"仲裁者"的角色，允许社会各种力量、思潮和制度的出现，当社会中出现不利于国家稳定和王权安全的现象或行动时，国王通过显性或隐性的权力来解决或制止。

从这一逻辑出发，在发展模式上，国王哈桑二世在独立后就选择了受西方国家认可的资本主义市场经济，同时通过特权阶层充分干预经济活动，集中国家有限的资源发展经济。进入 21 世纪，随着国际资本的涌入和全球化的深入，穆罕默德六世将国家资本主义模式扩大化，采取了限制性的自由化改革，创造了大量国家冠军企业并以这一载体来管理国家经济。

从横向来看，穆罕默德六世时期的国家资本主义实践要远远比 20 世纪 70 年代哈桑二世的政策成功；从纵向来看，埃及、突尼斯、叙利亚、伊朗等中东国家都制定过以国家干预为主的限制性市场经济，但大多数以失败告终。因为从上述国家的经验来看，国家资本主义一般会导致两种结果：第一，私营部门的发展被忽视；第二，核心资源由中央政府牢牢掌控，难以在社会中更广泛地流动。其政治后果是统治阶层与社会大众间会出现持续性的紧张关系，继而危及政权生存。20 世纪 70 年代初的摩洛哥连续遭受军事政变，伊朗在 1979 年爆发伊斯兰革命，埃及、突尼斯和叙利亚都在 2011 年的阿拉伯剧变中发生了政权更迭，这些均是国家资本主义破产的鲜活案例。

穆罕默德六世治下的摩洛哥却能平稳地发展 20 年，与其君主制政体的弹性策略有关。笔者在考察摩洛哥国家与社会关系后发现，摩洛哥存在一种哈贝马斯所定义的市民社会，即介于私人领域和国家领域之间的弹性公共空间，它能缓解国家权力干涉私有事务带来的紧张形势及负面效应。① 摩洛哥市民社会的发展始于独立初期左翼势力领导的民主化运动，其后扩大到工会、女权、人权、柏柏尔文化运动等领域。哈桑二世时期，市民社会的运作皆由持激进主义思想的政党组织领导，其与王室之间的关系以紧张为主。

进入 21 世纪，为展现与过去"一笔勾销"，穆罕默德六世相继设立了解决人权问题的平等与和解委员会、回应女权运动的《家庭法》改革以及发展经济的深化私有化政策等。这些政策不仅增强了摩洛哥市民社会的活力，而且为市民社会的发展提供了制度保障。但是，市民社会的不合理发展也会动摇君主政体的稳定性，如 21 世纪初的伊斯兰激进主义给摩洛哥王室制造了诸多麻烦。对此，穆罕默德六世采取了笼络、平衡与政治威逼的综合性策略，将市民社会的发展最大限度地维持在可控范围内。

在王室深入参与市民社会构建的背景下，摩洛哥市民社会被分成了三个部分：体制内的各类协会、体制外但支持王室的非政府组织以及体制外的中立非政府组织。它们的运行方式通过社会运动的形式向政府部门提出

---

① 详见第一章相关分析。

诉求。据统计，摩洛哥现有各类市民社会组织达 116836 个①，众多的市民社会组织创造了自由的社会环境，在一定程度上克服了国家资本主义模式的弊端。例如，摩洛哥企业家联合会曾在调节国家与企业间的关系时起到了至关重要的作用，另外摩洛哥强大的工会组织也能强化监督职能，遏制国家冠军企业腐败现象。因此，国家资本主义和国家冠军企业的发展模式须加上强大的市民社会，方能获得持久的发展。

摩洛哥发展模式基本上实现了发展中的政局稳定和经济平稳增长的目标，但在促进社会发展方面，却远远未达到目标。2001~2017 年，摩洛哥经济社会发展存在两极分化的状态：宏观经济增长与社会发展严重不匹配，具体体现在经济增长不足以解决摩洛哥一直存在的失业问题。2012~2017 年，青年人平均失业率超过 19%②，根据摩洛哥高等规划署统计，2017 年城市青年人失业率高达 42.8%。③ 此外，现有发展模式也未能充分解决社会不平等与贫穷问题，主要体现在城乡不平等和性别不平等。

导致上述现象的直接原因有：第一，经济增长不足，创造就业岗位的能力还有待加强；第二，在青年人口占人口比重较大的情况下，缺乏职业培训，技能不足以满足工作所需；第三，法律不完善，大量劳动者的基本权益得不到保障。④ 笔者认为，其根本原因在于经济增长的活力不够。长期以来，摩洛哥存在着一种经济悖论：2011 年以来，摩洛哥创造了大量的国家冠军企业，外国投资额也大幅增长，但投入社会的资本仍以政府投资为主，私营部门活力显然不够。

大量经济学研究表明，私营企业的发展是一国经济增长的关键变量。

---

① 参见 "Civic Freedom Monitor: Morocco," http://www.icnl.org/research/monitor/morocco.html。

② 值得注意的是，世界银行和摩洛哥高等规划署计算的失业率有一定差别，一般情况下世界银行数值偏低，如 2017 年，摩洛哥高等规划署计算的摩洛哥失业率为 10.2%，青年失业率为 26.5%。

③ "Maroc: l'inquiétant chômage des jeunes s'inscrit dans la durée," Jeune Afrique, Février 12, 2018, https://www.jeuneafrique.com/529732/politique/maroc-linquietant-taux-chomage-chez-les-jeunes-sinscrit-dans-la-duree/.

④ Fouzi Mourji and Hicham Masmoudi, "L'état de l'économie Marocaine: un potentiel de développement réel mais contraint," in Baudouin Dupret, Zakaria Rhani, Assia Boutaleb and Jean-Noël Ferrié, eds., Le Maroc au Présent: D'une époque à l'autre, une Société en Mutation, Casablanca, Centre Jacques-Berque, 2015, p. 925.

虽然相较于哈桑二世时期，穆罕默德六世时期，私营部门的确得到了长足的发展，尤其是在执政初期以及 2011 年阿拉伯剧变后的 4 年内。但是，随着"和平时期"的到来，已经在私有化改革中充分获得利益的私营群体对于社会再分配的需求降低，深化改革的阻力势必将会增加。因此，对摩洛哥来说，国家冠军企业纵然是财政收入以及公共与私营投资的关键贡献者。然而，摩洛哥经济社会发展需要的规模如此之大，似乎还有很长的路要走，而且远远不够快。此外，由于君主政体的长久稳定在很大程度上依赖国王的"帝王之术"，所以步入老年的穆罕默德六世的健康问题也成为该国的变数之一，继承问题恐将是制约摩洛哥未来发展的重要因素。

综上分析，笔者认为，在国家资本主义发展模式的基础上，摩洛哥还需加强以下几个方面：第一，改善商业环境，从法律上加强对国内外投资者的保护；第二，加强对教育和基础设施的投入，提升人力资本；第三，将国家冠军企业纳入摩洛哥"工业加速计划"中，动用国家的力量，提升竞争环境；第四，继续加大对民营企业的支持力度。总而言之，从发展的经济与社会维度来看，发展不仅是资源和资本的单一积累，生产力、私营部门、人力资本、创新均是关键因素。

小　结

作为北非地区资源贫乏的中等国家，摩洛哥在过去几十年里保持着显著的政治稳定和经济发展，其经济治理模式值得深入探讨。摩洛哥经济治理的核心基础是国家干预与资本主义生产方式的结合，其发展轨迹与摩洛哥民族国家构建和现代化建设的步伐基本一致。在 20 世纪 80 年代实行自由化改革之后，摩洛哥的国家资本主义进入成熟期，其直接产物是大量的国家冠军企业的出现。国家冠军企业对摩洛哥的经济发展产生了巨大的积极作用，主要体现在提升就业、提升国内生产总值、贡献税收以及丰富投资结构。就经济治理模式而言，尽管摩洛哥自身拥有的较为强大的市民社会力量克服了国家资本主义发展带来的诸多弊端，如由腐败产生的社会怨恨，但长远来看，不平等、贫困及教育等社会问题是制约发展模式有效性的关键因素。

第八章
摩洛哥青年问题的产生及治理

摩洛哥长期以来被视为经济自由化转型的典范，是"南地中海升起的一颗经济明星"。在向市场化与私有化转型的 20 多年中，摩洛哥国民生产总值维持年均 4.2% 左右的中高速增长，其人均国民生产总值从 2000 年的 1976 美元上升至 2019 年的 3407 美元。[①] 然而，2011 年席卷全国的"2·20"运动、2017 年爆发于里夫地区的"希拉克运动"等，却凸显出摩洛哥快速发展中未被阳光照射到的阴影——民众生活水平停滞不前，公共服务质量下降，地区发展不平衡等。"2·20"运动期间，大量青年涌上街头，抗议专制政治，要求惩治腐败，增加就业、工资及解决贫困等问题。[②] 摩洛哥青年面临严峻的就业形势：2019 年，摩洛哥青年（15~34 岁）失业率约为 24.9%，比整体失业率（9.2%）高 15.7 个百分点。[③] 此外，约有450 万名青年处于既无工作也不接受教育或职业培训（Not in Employment，Education or Training，NEET）的状态。[④] 世界银行指出，青

① Heather Prince, Yara Halasa-Rappel, Amna Khan, *Economic Growth, Youth Unemployment, and Political and Social Instability: A Study of Policies and Outcomes in Post-Arab Spring Egypt, Morocco, Jordan, and Tunisia*, United Nations Research Institute for Social Development (UNRISD)，2018，p. 25.

② 李杉：《浅析北非剧变与摩洛哥政治改革》，《西亚非洲》2013 年第 2 期，第 138 页。

③ Zakaria Kadiri, Younes Bekkar, "Jeunes ruraux et entrepreneuriat, quelle articulation des politiques et dispositifs d'appui?" dans Fadma Ait Mous, Zakaria Kadiri. *Les jeunes du Maroc: Comprendre les dynamiques pour un nouveau contrat social*, Economia-HEM Research Center, 2021，p. 206.

④ CSMD, *Le Nouveau Modèle de Développement: Libérer les énergies et restaurer la confiance pour accélérer la marche vers le progrès et la prospérité pour tous*, 2021, p. 121, https：//www.csmd. ma/documents/Rapport_Generat. pdf.

年的高失业率、低质量就业、非正式经济的大量存在与女性极低的劳动参与率严重阻碍了摩洛哥经济的可持续增长。① 摩洛哥青年缺乏必要的资源以实现个人发展，因而陷于困境之中。青年困境的形成与摩洛哥长期以来在社会观念上对青年的边缘化息息相关，而这进一步为青年在经济与政治上的边缘化提供了合法性。

近年来，民粹主义与反全球化在欧美多国渐呈流行趋势。特朗普政府上台、英国脱欧、黄马甲运动在法国的爆发以及意大利五星运动的胜选等，正发生于新自由主义改革后各国民众普遍面临的贫富鸿沟加剧、中下层收入下降、失业率上升等背景下。② 2011 年，阿拉伯剧变迅速席卷西亚北非多国，青年就业困难在全球金融危机的影响下被进一步激化，物价上升，民生艰难。③ 实际上，无论身处发达世界抑或发展中世界的青年，都感觉到发展机遇相较父辈正不断减少。④ 2019 年，阿尔及利亚与苏丹相继爆发大规模民众抗议，青年的民生问题依旧是抗议的焦点。⑤ 更有学者指出，2010~2011 年北非各国的政治动荡只是一系列非洲民众抗议浪潮的序曲，其与同期发生在尼日利亚、乌干达、埃塞俄比亚及苏丹等地的抗议运动并无本质区别，均是民众对政治腐败、收入下降以及社会保障缺失的不满。⑥ 总之，青年问题已成为全球性现象，正如联合国《世界青年报告（2020 年）》所述："大多数青年正面临严峻的社会与经济挑战，常常缺席关乎其现在与未来的政策制定。"⑦

---

① Gladys Lopez-Acevedo, et al., *Morocco's Jobs Landscape: Identifying Constraints to an Inclusive Labor Market*, World Bank Group, 2021, p. 57.

② 刘金源等：《全球化进程中的反全球化运动》，重庆出版社，2006，第 62~63 页。刘金源：《民粹主义、反全球化与欧洲一体化的未来》，《探索与争鸣》2019 年第 10 期，第 129 页。

③ 安惠侯：《阿拉伯国家政治和社会动荡的前因及后果》，《阿拉伯世界研究》2012 年第 1 期，第 1 页。

④ Alcinda Honwana, *The Time of Youth: Work, Social Change, and Politics in Africa*, London: Kumarian Press, 2012, p. 3.

⑤ 慈志刚、刘爱娇：《阿尔及利亚的希拉克运动：根源、特点及趋势》，《阿拉伯世界研究》2021 年第 6 期，第 41 页；陈越洋：《中东剧变以来阿拉伯国家青年民生问题现状及治理》，《中国青年研究》2020 年第 11 期，第 110 页。

⑥ Adam Branch, Zachariah Mampilly, *Africa Uprising: Popular Protest and Political Change*, London: Zed Books Ltd., 2015, pp. 143-148.

⑦ UN, *World Youth Report: Youth Social Entrepreneurship and the 2030 Agenda*, United Nations Publication, 2020, p. 41.

在青年问题日益严峻的背景下，随着全球治理的兴起，青年治理作为全球治理的一部分受到重视，青年的多样性与能动性逐渐被认识与尊重，国际青年日的设立、联合国《2030 年可持续发展议程》对青年治理的强调等是其体现。除联合国外，非洲联盟等重要的政府间国际组织也出台了相应的青年宪章。在这一背景下，摩洛哥的青年治理逐渐被提上日程。21 世纪以来，摩洛哥学界与政界对青年问题的研究不断深入，其青年治理也向制度化演进，并鼓励青年积极参与其中。2015 年，摩洛哥出台了第一部全国性青年政策，制定了青年治理的远景规划。在摩洛哥新发展模式中，青年治理更是核心议题。因此，本章将围绕摩洛哥青年问题，在全球视野下探究摩洛哥青年问题的产生与 21 世纪以来摩洛哥青年治理的演进。本章分为三个部分，第一部分将对青年、青年问题与青年治理进行界定，第二、第三部分将在此基础上分别讨论摩洛哥青年问题的产生及 21 世纪以来摩洛哥青年问题的治理。青年治理是摩洛哥新发展模式的重要组成部分，本章也希望以青年治理为例，窥探摩洛哥治理模式的转变，以便于更好地理解摩洛哥国家与社会的互动。

第一节　全球视角下的青年、青年问题及青年治理

21 世纪以来，青年问题日益受到国际关注。"青年"一词，初看之下意指明确，实际上却是一个由社会建构的，内涵丰富的概念。青年问题的产生也与社会对青年的边缘化息息相关。资本主义社会因其需要，长期将青年塑造为不成熟、需要被成年人管教的群体。在这一观念下，青年的多样性与能动性被忽视，其政治与经济诉求也被排斥。20 世纪下半叶以来，世界青年人口增长迅速。然而，新自由主义带来的分配不均与阶级固化未能将其转变为发展红利，反而加剧了社会对青年的边缘化，迫使广大青年陷入发展困境中。世纪之交，青年概念的建构性被逐渐揭露，尊重青年的多样性与能动性逐渐成为共识，这成为转变青年治理方式的基础。

一　青年：一个社会建构的概念

童年、青年、成年、老年……年龄的增长似乎是一个自然的过程，但

年龄的划分却一直由社会所建构。历史学家史蒂芬·明茨（Steven Mintz）指出，年龄不仅具有生理意义，还是一个"历史分析范畴"（Category of Historical Analysis）。年龄的划分包含相应的社会期望与规范，背后反映着一套权力关系。①德博拉·达勒姆（Deborah Durham）也提出，青年是一个指示性概念，其含义随着特定社会语境的变化而变化，只有在与社会结构的关系中才能界定、理解青年。②

青年概念的产生与资本主义社会的诞生息息相关，其定义随着资本主义社会权力与财富的需要不断变化。最初，工业社会的发展需要能标准化作业的劳动力。因此，劳动力必须接受相应的职业培训，要求恪守勤劳、理性、守时等美德。青年此时便从童年与成年中剥离出来，指学习这些工作与道德规范的时期。资本主义社会通过法律、学校与工厂，将这一社会下每个人的成长轨迹都试图做出明确安排。从此，从童年向成年的转变不再具有个性，而是同质化、标准化，必须符合资本主义发展要求。对于无法满足这一期望的中下层青年，则通过所谓科学化的"青年犯罪"研究而污名化，通过各类学校、青年法庭、青年组织以及心理咨询进行矫正。③

借用葛兰西提出的"霸权"（hegemony）概念，我们可以认为在青年与资本主义社会的互动中，社会一直对青年实行着某种"霸权"。"霸权"是一种非强制性权力或认同权力，即统治阶级获得被统治阶级自愿服从的能力。国家与市民社会共同构成了行使"霸权"的社会上层建筑。④ 其中，国家使用有形的、中心化的权力，市民社会使用无形的、弥散化的权力，共同对被统治阶级施加影响。青年既被社会视为创造者，又被看作破坏者。菲利普·德博厄克（Filip De Boeck）与阿尔辛达·洪瓦纳（Alcinda Honwana）指出，青年徘徊于被社会吸纳与排斥之间，青年能动性与后殖

① Steven Mintz, "Reflections on Age as a Category of Historical Analysis," *The Journal of the History of Childhood and Youth*, Vol. 1, No. 1, 2008, pp. 91-92.

② Deborah Durham. "Youth and the Social Imagination in Africa: Introduction to Parts 1 and 2," *Anthropological Quarterly*, Vol. 73, No. 3, 2000, p. 116.

③ Mayssoun Sukarieh, Stuart Tannock, "In the Best Interests of Youth or Neoliberalism? The World Bank and the New Global Youth Empowerment Project," *Journal of Youth Studies*, Vol. 11, No. 3, 2008, pp. 303-304.

④ 〔意〕安东尼奥·葛兰西：《狱中札记》，曹雷雨、姜丽、张跣译，中国社会科学出版社，2000，第7~8页。

民社会结构的互动是理解青年的关键。① 玛玛杜·迪尤夫（Mamadou Diouf）也指出，非洲青年往往被赋予矛盾的双重面相：青年既是社会进步的源泉，又是社会动荡的祸根。社会是非洲青年形象的规范者。如若青年符合权力的要求，则其为进步力量，若不符合，则为反对力量。② 社会对青年提出了繁多的要求和寄予了明确的期望，然而青年却常常缺少必要的资源以实现其个人发展，继而常常感到陷入被困住的境地，难以承担社会赋予成年人那样的社会责任与家庭义务，困于漫长的"等待期"（waithood）中，苦苦等待成年，却迟迟无法成年。③

二　新自由主义及全球青年问题的产生

如前文所述，20 世纪末以来，青年问题引发的社会动荡已成为全球性现象。二战结束以来，全球青年人口增长迅速，且发展中国家的青年人口将持续快速增长。其中，截至 2050 年，撒哈拉以南非洲的青年人口预计将增长 89%，其占世界青年人口的比重将从 2020 年的 18% 增长至 2050 年的 30%。④ 然而，青年人口的迅速增长在许多发展中国家并未带来预期的人口红利，反而使其就业形势越发严峻。⑤ 青年的失业与不充分就业问题成为各国共同面临的紧迫挑战。全球青年劳动人口占全球劳动人口的比重从 2000 年的 21% 下降至 2018 年的 15%，全球青年劳动人口占全球青年人口的比重也从 2000 年的 52.9% 下降至 2018 年的 42.9%。北非的青年失业情况尤其严重，非正式经济部门中缺少基本劳动保障的零工、黑工成为青年就业的出口。据国际劳工组织（ILO）统计，发展中国家约有 96.8% 的青年处于非正式就业中，非正式就业往往技术水平较低，

① Alcinda Honwana, Filip De Boeck, "Introduction：Children & Youth in African," in Alcinda Honwana, Filip De Boeck, *Makers & Breakers: Children & Youth in Postcolonial Africa*, Africa World Press, 2005, p. 4.

② Mamadou Diouf, "Engaging Postcolonial Cultures：African Youth and Public Space," *African Studies Review*, 2003, Vol. 46, No. 2, pp. 3-4.

③ Alcinda Honwana, *The Time of Youth: Work, Social Change, and Politics in Africa*, London：Kumarian Press, 2012, p. 13.

④ UN, *World Youth Report-Youth Social Entrepreneurship and the 2030 Agenda*, 2020, p. 39.

⑤ Lori S. Ashford, *Africa's Youthful Population: Risk or Opportunity*, USAID Population Reference Bureau, 2007, pp. 2-3.

缺乏基本劳动保障，无法满足青年的发展需求。①

　　新自由主义加剧了社会分配不均，忽视青年发展诉求，是导致全球青年陷入困境的主要成因。新自由主义指以市场为导向的系列理论，由美国政府及其控制的国际经济组织所制定并实施，其基本原则包括贸易自由化、市场定价、消除通货膨胀和私有化。② 新自由主义随着美国总统里根与英国首相撒切尔夫人的上台而在英美学界中占据了主流，并进而伴随着华盛顿共识的出台及全球化扩张而席卷全球，成为国际金融机构改造发展中国家经济的指导思想。③ 然而，世界银行前首席经济学家约瑟夫·斯蒂格利茨（Joseph E. Stiglitz）曾尖锐地指出，国际金融机构并未完成其使命，即为经济面临衰退的国家提供资金以使其恢复充分就业的水平。恰恰相反，对资本市场尚不成熟的国家实现快速自由化只会使情况变得更糟。④ 从20世纪80年代中期开始，陆续有30余个非洲国家为获得国际金融机构的援助而被迫推行新自由主义改革。90年代后，超半数的国家都出现了投资减少、工业萎缩、出口下降等问题，经济形势进一步恶化。⑤ 在埃及，脆弱的本国制造业立即卷入激烈的国际竞争中，国企私有化导致大批失业者出现，福利开支锐减使民众缺乏维持生活的必要保障，经济混乱则使其丧失了对国际资本的吸引力。⑥ 联合国社会发展研究中心（UNRISD）针对埃及、摩洛哥、约旦与突尼斯四国的报告同样指出，新自由主义改革名义上带来了经济增长，但民众生活水平并未显著提升，社会收入差距愈加扩大。⑦ 在摩洛哥，贫富不均与阶级固化现象日益显著。

---

① UN, *World Youth Report—Youth Social Entrepreneurship and the 2030 Agenda*, 2020, pp. 44~47.

② 〔美〕诺姆·乔姆斯基：《新自由主义和全球秩序》，徐海铭、季海宏译，江苏人民出版社，2000，第4页。

③ 中国社会科学院"新自由主义研究"课题组：《新自由主义研究》，《马克思主义研究》2003年第6期，第20页。

④ 〔美〕约瑟夫·斯蒂格利茨：《全球化及其不满》，李杨、章添香译，机械工业出版社，2010，第11页。

⑤ 舒运国、刘伟才：《20世纪非洲经济史》，浙江人民出版社，2012，第136~140页。

⑥ 王铁铮主编《世界现代化历程·中东卷》，江苏人民出版社，2015，第61~62页。

⑦ Heath Prince, Yara Halasa, Amna Khan, *Economic Growth, Youth Unemployment, and Political and Social Instability: A Study of Policies and Outcomes in Post-Arab Spring Egypt, Morocco, Jordan, and Tunisia*, United Nations Research Institute for Social Development (UNRISD), 2018, p. 2.

摩洛哥经济、社会及环境理事会在报告中提及，仅有 3.1% 的农民子弟与 6.3% 的工人子弟可以跻身中高层干部的行列，仅有 35% 的青年在 35 岁时相比父母实现了阶层跃迁，其中城市青年为 51.1%，农村青年中仅为 14.8%。①

三 全球青年治理的演进：尊重青年多样性与能动性

20 世纪末，随着冷战结束与全球化的发展，全球治理的理念逐渐兴起。1989 年，世界银行首次使用了"治理危机"一词描述非洲发展困境。② "治理"在此意指"行使政治权力以管理国家事务的方式"，世界银行认为，非洲政治权力中制衡权力的缺失是发展困境的关键。③ 此后，治理这一概念通过学界的讨论与政界的探索，其内涵得到了极大丰富与拓展。治理从根本上而言是与统治相对立的概念。二者虽都强调权威与权力在维持社会秩序中的作用，但其本质区别在于：政府并非唯一的权威与权力来源，市民社会与政府同为重要的治理主体，权力运行的向度也从单向度自上而下的指令转变为上下互动的过程，协商而非强制是治理的主要特征。④

青年治理是国家治理的重要组成部分。20 世纪末以来，青年治理逐渐成为全球性议题。1979 年 12 月，联合国大会通过了第 34/151 号决议，决定将 1985 年设为"国际青年年"（International Year of Youth），以关注"青年参与塑造人类未来及建设公平公正的国际政治经济新秩序的作用"。⑤ 1995 年，联合国大会在"国际青年年" 10 周年之际通过了《世界青年行动纲领》（World Programme of Action for Youth），旨在为各国改善青年的处境提供政策框架指导及国际援助。⑥ 1999 年 12 月，联合国大

---

① CESE, *Le Nouveau Modèle de Développement du Maroc*, 2019, p.34.

② 俞可平：《治理和善治：一种新的政治分析框架》，《南京社会科学》2001 年第 9 期，第 40 页。

③ World Bank, *Sub-Saharan Africa, from Crisis to Sustainable Growth*, 1989, pp.60-61.

④ 俞可平：《治理和善治：一种新的政治分析框架》，《南京社会科学》2001 年第 9 期，第 41~42 页。

⑤ UN, 34/151, p.1.

⑥ UN, *World Programme of Action for Youth*, p.3.

会又通过第 54/120 号决议，决定接受第三届世界青年事务部长会议（World Conference of Ministers Responsible for Youth）的建议，将 8 月 12 日设为国际青年日（International Youth Day）。① 国际青年日每年围绕不同主题，旨在呼吁国际社会关注青年问题并发掘青年潜能。21 世纪以来，联合国会定期发布世界青年报告，目前已聚焦青年的发展困境（2003 年、2005 年、2007 年）、青年与气候变化（2010 年）、青年就业（2013 年）、青年与公民参与（2015 年）、青年与 2030 年可持续发展目标（2018 年）及青年社会企业家（2020 年）等主题。在联合国《2030 年可持续发展议程》中，教育公平、就业与经济增长等目标与青年治理高度相关。

与此同时，青年的多样性与能动性也被不断凸显。联合国强调，因社会文化、制度安排、经济政治发展不同，国际社会对青年的定义远未达成普遍共识。② 譬如，联合国、世界银行以及经济合作与发展组织将青年定义为 15~24 岁，欧盟将青年界定为 15~29 岁，而非洲联盟则将青年定义为 15~35 岁。③《2030 年可持续发展议程》尤为强调青年能动性，指出青年不仅是政策的对象，更是"变革的重要推动者，将在新的目标中找到一个平台，用自己无穷的活力来创造一个更美好的世界"。④

然而，也有学者对当前全球青年治理的模式提出批评。梅苏恩·舒克里（Mayssoun Sukarieh）与斯图尔特·塔诺克（Stuart Tannock）便尖锐地指出，21 世纪以来以联合国、世界银行为代表的国际组织声称重视青年问题，但其治理方案在本质上仍将青年物化为"人力资本"（human capital），

---

① UN, 54/120, p. 2.

② UN, A/36/215; UN, Youth, URL Address: https://www.un.org/en/global-issues/youth, accessed: 2023-01-16.

③ 即使在一国内部，各机构对青年的定义也有所出入。摩洛哥青年与体育部（Ministère de la Jeunesse et des Sports）将青年界定为 15~29 岁，而高级计划委员会则分别在 2011 年与 2019 年的调查中采用 15~24 岁及 15~34 岁两种不同定义。青年与体育部对其定义做出了解释：尽管联合国将青年定义为 15~24 岁，但其研究发现，87.5%的摩洛哥青年在 24 岁时依然单身，81%仍与父母同住，劳动参与率仅为 64%，因此大部分青年在 24 岁并未完成向成年的过渡。参阅 Taoufik Benkaraache, "Déterminants de l'informalisation et de formalisation de l'emploi chez les jeunes au Maroc," dans Les Jeunes au Maroc: Comprendre les dynamiques pour un nouveau contrat social, p. 152. MJS-Stratégie nationale intégrée de la Jeunesse 2015-2030: pour une jeunesse citoyenne, entreprenante, heureuse et épanouie, p. 2。

④ UN, Transforming Our World: The 2030 Agenda for Sustainable Development, 2015, p. 12. 译文参阅文件中文版《变革我们的世界：2030 年可持续发展议程》，第 11 页。

仍然采用普适化、市场化的方式，片面强调提升青年的就业能力与市场匹配度而忽视了青年发展的其他方面。其所谓的青年视角不过是基于经济学、心理学、神经科学理论的推演，而其结果也只是对新自由主义的修补。① 何塞·桑切斯-加西亚（Jose Sánchez-García）在研究摩洛哥青年时指出，当今阿拉伯社会对青年的期望受到新自由主义道德标准的强烈影响，是殖民主义在观念上的延续。青年因其社会背景不同而呈现巨大差异，我们应避免用单一标准评价青年，尊重其多样性是提升青年能动性的最佳方式。②

第二节　摩洛哥青年问题的产生

如前文所述，在资本主义社会中，青年被长期建构为不成熟，需要被教导的群体，青年能动性遭到否认，进而青年的政治经济诉求被忽视。在新自由主义改革的背景下，日益庞大的青年群体由于得不到充足的物质与精神支持而处于发展受阻的困境中，进而导致了全球青年问题的产生。在全球青年问题的背景下，本节试图聚焦摩洛哥的国别案例，分析摩洛哥青年问题的产生。在摩洛哥政治与社会文化中，青年长期被视为问题的根源，而青年问题也长期在摩洛哥政治中被安全化。1956 年独立以来，摩洛哥青年人口增长迅速，但其政治经济诉求却长期被忽视。在保守的精英政治下，阶级固化日益严重，国家长期对青年抗议运动实行压制性政策。20 世纪 80 年代中期实行的新自由主义改革使得社会不平等进一步加剧并激化了社会矛盾，青年抗议运动频频爆发，迫使摩洛哥政府开始重视青年问题，青年治理也逐渐被提上日程。

一　摩洛哥社会对青年能动性的否认

在中东的政治与社会文化中，青年的能动性长期遭到否认，甚至青年

---

① Mayssoun Sukarieh, Stuart Tannock, "In the Best Interests of Youth or Neoliberalism? The World Bank and the New Global Youth Empowerment Project," *Journal of Youth Studies*, Vol. 11, No. 3, 2008, pp. 306–308.

② Jose Sánchez-García, "Youth Agency and Coloniality of being in Neoliberal Morocco," in *Les Jeunes au Maroc: Comprendre Les Dynamiques Pour un Nouveau Contrat Social*, pp. 32–37, 44.

本身就是问题的代名词。米亚姆·考特斯（Myriam Catusse）与布兰迪纳·德斯特雷莫（Blandine Destremau）指出，中东各国政府并不致力于解决青年问题，反而将青年作为问题的根源。① 当权者拒绝承认，青年普遍遭受的困境正是公共资源分配严重不均的后果。恰恰相反，他们将青年视为充满怨气而又眼高手低的捣乱分子，视为公共政策需要处理的对象。因此，近 20 年来中东多国虽陆续出台了旨在应对青年问题的各类政策，但青年鲜有参与制定公共政策的机会，这些改革也未能满足青年的基本诉求。青年作为政策的客体，在政策执行过程中被进一步污名化。譬如，在就业政策中，青年往往被刻画为 "失业的城市男性或非法移民，有政治极端化倾向与犯罪倾向"；青年被鼓励移民海外，作为疏解国内就业压力与创造侨汇的方式，而倘若非法移民引起发达国家的不满，政府并不愿出面为青年解困，反而将偷渡者视为麻烦制造者。在家庭政策中，青年被要求独立承担更多的社会义务，但大量青年由于缺乏谋生手段而只得寄居父母家中。性别平等只是空洞的法律条文，政府并没有为女性平等参与社会竞争提供充足的保障。在城市规划中，容纳大量青年的贫民窟被视为与清洁美丽的现代都市相对立的存在，青年的生活空间被描述为 "充满污秽、非法行为与非正规经济活动" 的场所。譬如，20 世纪 80 年代后，卡萨布兰卡的大学城被逐渐迁出城外，因为危险的青年们应该被限制在城外活动——他们不能干扰城市中秩序井然的生活。②

　　在摩洛哥政治中，政府常常将公共空间 "安全化"（securitization），即以维护公共安全之名在紧急情况下宣布暂停法律实施，暂时剥夺公民的政治权利，进而为打击反对势力提供合法性。③ 在镇压 "希拉克运动" 时，王室给里夫青年扣上了 "分裂主义" 及 "与境外势力勾结" 的帽子。

---

① Myriam Catusse, Blandine Destremau, *Governing Youth, Managing Society: A Comparative Overview of Six Country Case Studies（Egypt, Lebanon, Morocco, Occupied Palestinian Territories, Tunisia and Turkey）*, Istituto Affari Internazionali, 2016, p. 3.

② Myriam Catusse, Blandine Destremau, *Governing Youth, Managing Society: A Comparative Overview of Six Country Case Studies（Egypt, Lebanon, Morocco, Occupied Palestinian Territories, Tunisia and Turkey）*, Istituto Affari Internazionali, 2016, pp. 16-22.

③ Noureddine Jebnoun. "Public Space Security and Contentious Politics of Morocco's Rif Protests," *Middle Eastern Studies*, Vol. 56, No. 1, 2020, p. 49.

殖民时期以来，里夫地区便由于其反抗中央权威的历史长期被污名化为"无用的摩洛哥"（le Maroc inutile）或"异见之地"，进而被视为蛮荒之地与动乱的根源，需要被控制与管理。① 摩洛哥官方在书写里夫地区的历史时，有意抹去了里夫共和国领导人阿卜杜勒·卡里姆（Abdel Karim）锐意现代化改革的措施以及 1958~1959 年里夫与中央政府的战争期间当地领袖提出的经济现代化纲领，而仅仅将其斥责为一场分裂主义运动，并派重兵镇压。1958 年以来，里夫地区一直处于军事管控中，里夫身份证的持有者在外搭车、住店时有可能遭到歧视。② 有学者认为，中央政府对里夫地区的"安全化"实则导致了当地人的"社会性死亡"。"社会性死亡"是一种缺少尊严的生活状态，即使肉体活着，但实质上已被社会抛弃，处于类似垃圾、污秽的状态中。"希拉克运动"的迅速爆发与"社会性死亡"情绪的长期传播息息相关。青年的切肤之痛与此前里夫地区长期被镇压的历史联系起来，强烈地塑造了"我们"与"他们"的对立。"他们"不仅在政治经济资源分配上剥夺"我们"的权利，还企图在话语体系中将"我们"彻底污名化。而"我们"不甘被困于受害者的境地，因此要反抗不公正的政治经济秩序。③

二　摩洛哥青年的边缘化困境

摩洛哥社会对青年能动性的否定为青年在政治与经济上的边缘化提供了合法性。迈克尔·威利斯认为，精英间的权力分配与政治斗争是摩洛哥独立后的首要考虑，国王与独立党间的斗争成为这一时期的主轴。④ 国王为对抗独立党，而扶植了大批对其民族主义纲领与工业化政策不满的乡村

---

① Anne Wolf, "Morocco's Hirak Movements and Legacies of Contention in the Rif," *The Journal of North Afriean Studies*, Vol. 24, No. 1, 2019, p. 9; Zakaria Rhani, et al., "'The Rif Again!' Popular Uprisings and Resurgent Violence in Post-transnational Morocco," *The Journal of North African Studies*, Vol. 27, No. 2, 2022, pp. 326-361.

② Noureddine Jebnoun, "Public Space Security and Contentious Politics of Morocco's Rif Protests," *Middle Eastern Studies*, Vol. 56, No. 1, 2020, pp. 50-55.

③ El Maarouf Moulay Driss, Taieb Belghazi, "The Event of Death: Reflections on the Dynamics of Emotions and Embodied Resisitance in the Moroccan Contexts of *Hirak*（Movement）and *la Hirak*（（non）Movement），" *Cultural Studies*, Vol. 33, No. 4, 2019, pp. 632-656.

④ Michael J. Willis, *Politics and Power in the Maghreb: Algeria, Tunisia and Morocco from Independence to the Arab Spring*, New York: Columbia University Press, 2012, p. 77.

地主阶级与部落精英。他们恐惧独立党的土地改革政策，试图通过回归前殖民时期的传统秩序以维系在地方上的政治与经济特权。① 王室通过与保守势力的联合阻止了独立党的土地改革计划。1956 年摩洛哥独立时，130 万公顷的农业土地被 5900 名欧洲人和 1200 名摩洛哥人占有，每人平均拥有 183 公顷土地。而 140 万户摩洛哥农业家庭只拥有 650 万公顷土地，其中 90% 的家庭平均占地不足 2 公顷，50 万农民无地可耕。截至 1960 年，只有 1.6 万公顷被前殖民者占有的土地被重新分配给了农民②，剩余土地则被国王大量收购并分配给政府与军队中的亲信以换取其忠诚。③

在独立党及人民力量全国联盟等左翼政党的号召下，摩洛哥青年走上街头抗议王室独裁与精英政治。1965 年 3 月 21 日，左翼政党领导青年学生发动了全国性抗议运动。学生运动获得了失业工人的支持，迅速从拉巴特、卡萨布兰卡等大城市蔓延到梅克内斯、肯尼特拉等中小城市。国王对青年抗议运动极为震惊，出动大量坦克与安全部队将骚乱强行镇压。1965 年 10 月 29 日，人民力量全国联盟领导人本·巴尔卡在巴黎流亡时遇刺。同时，哈桑二世宣布取缔议会，并在军队支持下实施独裁。④

20 世纪 70 年代，北非地区成为美苏冷战的又一前线，美西方为支持摩洛哥与阿尔及利亚的对抗及其在西撒哈拉的军事活动而为其提供了大量的援助。援助资金被国王用以赎买外国在摩洛哥的资产，并成立国有企业管理所购产业。在名义上，这一时期被称为经济的"摩洛哥化"阶段，象征摩洛哥经济主权的独立。⑤ 而事实上，在国有化的表象下，国王控制了关键产业并分配给忠于王室的政治精英，36 个政治家族一度控制了摩

---

① Michael J. Willis, *Politics and Power in the Maghreb: Algeria, Tunisia and Morocco from Independence to the Arab Spring*, New York: Columbia University Press, 2012, pp. 42-45.
② 〔美〕苏珊·吉尔森·米勒：《摩洛哥史》，刘云译，中国出版集团东方出版中心，2015，第 214 页。
③ Michael J. Willis, *Politics and Power in the Maghreb: Algeria, Tunisia and Morocco from Independence to the Arab Spring*, New York: Columbia University Press, 2012, pp. 233-234.
④ 〔美〕苏珊·吉尔森·米勒：《摩洛哥史》，刘云译，中国出版集团东方出版中心，2015，第 208~210 页。
⑤ Abdelaziz Radi, "Protest Movements and Social Media: Morocco's February 20 Movement," *Africa Development*, Vol. 42, No. 2, 2017, p. 34.

洛哥 2/3 的产业。① 80 年代后，国际市场上磷酸盐价格暴跌使得政府债台高筑，摩洛哥经济濒临破产。因此，摩洛哥接受了国际货币基金组织的结构调整计划，实行经济自由化改革。自由化改革撕破了经济国有化的面具，国王及其亲信公开接手国有资产。② 如今，摩洛哥的企业两极分化悬殊：大中企业仅占企业总数的 12%，却把持着石油、交通、采砂、渔业等关键产业；雇员低于 10 人的小微企业比重高达 76.2%，却普遍面临融资困难、行政手续繁琐、不正当竞争以及不透明税收等重重挑战。③

面对边缘化困境，摩洛哥青年并未坐以待毙。1971~1972 年，军方策划了两次刺杀国王的政变，哈桑二世虽得以侥幸逃脱，但其依靠军队实行的"铁拳"统治难以维系。左翼力量趁机向国王发起挑战，一方面要求重开多党议会，另一方面则继续以街头运动的方式进行抗争。1981 年 6 月 20 日，面对日益恶化的经济形势，左翼动员学生与失业工人组织了卡萨布兰卡总罢工，获得了民众的广泛支持。最终，军队再次介入才得以稳定局面。④

20 世纪 90 年代，面对经济下行压力与青年抗议运动的日趋频繁，国王试图做出妥协，允许出现政党轮替，并吸纳不反对君主制合法性的温和派进入政府。1997 年以来，左翼的人民力量社会主义联盟及温和伊斯兰主义的公正与发展党领导人都曾先后出任政府首相，但均未达到"将改革纳入摩洛哥政治议程"的初衷。⑤ 摩洛哥悬殊的贫富差距并未改变，青年失业率居高不下等社会问题依旧。人口中最富裕的 10%，其年消费占国民年消费总额的 33.8%，而人口中最贫穷的 10%，其年消费仅占国民

---

① 〔美〕苏珊·吉尔森·米勒：《摩洛哥史》，刘云译，中国出版集团东方出版中心，2015，第 228 页。

② Michael J. Willis, *Politics and Power in the Maghreb: Algeria, Tunisia and Morocco from Independence to the Arab Spring*, New York：Columbia University Press, 2012, p.244.

③ CESE, *Le Nouveau Modèle de Développement du Maroc*, 2019, p.54.

④ 〔美〕苏珊·吉尔森·米勒：《摩洛哥史》，刘云译，中国出版集团东方出版中心，2015，第 230 页。

⑤ Michael J. Willis, *Politics and Power in the Maghreb: Algeria, Tunisia and Morocco from Independence to the Arab Spring*, New York：Columbia University Press, 2012, p.142.

年消费总额的 2.6%。① 2018 年，摩洛哥富豪榜前三名占有资产约 45 亿美元，其财富的年增长量相当于 37.5 万最贫困人口的年消费量。一名领取最低工资保障的摩洛哥人需要 154 年才能勉强达到一名富人一年赚取的利润水平。② 新冠疫情暴发以来，摩洛哥的失业率从 2019 年的 9.2%飙升至 2020 年的 12.5%，摩洛哥青年的就业压力进一步加大。③ 出身贫寒、受教育水平低且处于非正式经济部门的青年是此次疫情最大的受害者。在因疫情而被迫暂停工作的人群中，72%来自低收入群体，仅有 20%来自高收入群体。62%的受访者表示工资水平有所下降，这一比重在 20%最不富裕群体中高达 72%，而在 20%最富裕群体中则为 44%。④

摩洛哥社会文化对青年能动性的否认及政治经济上对青年诉求的边缘化致使青年对摩洛哥政治、经济体制的认同度不断下降。索尼亚·赫加西（Sonja Hegasy）通过调研发现，穆罕默德六世在继位初期采取的亲民措施，包括建立真相与和解委员会、关注里夫等边缘地区的发展、尊重阿马齐格语言文化权利等为其获得了青年的好感。但当改革渐趋停滞之时，青年对国王的信任再次动摇。⑤ 摩洛哥经济、社会及环境理事会的报告显示，2011 年民众对政府、议会及政党的信任率分别仅为 20.8%、13.3%与 7.7%。⑥ 皮埃尔-吕克·博舍纳（Pierre-Luc Beauchesne）与费德里克·瓦雷尔（Fédéric Vairel）认为，"2·20"运动后政治改革的缓慢加剧了青年的失望情绪。然而，这并不意味着青年的政治冷漠。许多青年表示，正式的政治参与渠道已无法取得成效，青年运动必须"深入群众"

---

① CESE, *Richesse Globale du Maroc entre 1999 et 2013-Le capital immatériel: Facteur de création et de répartition équitable de la richesse nationale*, 2016, pp. 57-68.

② OXFAM International. *Un Maroc égalitaire, une Taxation juste*, 2019, p. 10.

③ IMF, *IMF Executive Board Concludes 2020 Article IV Consultation with Morocco*, International Monetary Fund Publication Services, 2020, p. 3.

④ WBG, *Morocco Economic Monitor: Building Momentum for Reform*, 2021, The World Bank, pp. 19-21.

⑤ Sonjia Hegasy, "Young Authority: Quantitative and Qualitative Insights into Youth, Youth Culture, and State Power in Contemporary Morocco," *The Journal of North African Studies*, Vol. 12, No. 1, 2007, pp. 27-29.

⑥ CESE, *Richesse Globale du Maroc entre 1999 et 2013-Le capital immatériel: Facteur de création et de répartition équitable de la richesse nationale*, 2016, p. 58.

以获取更广泛的支持。①

综上所述，青年的能动性在摩洛哥的社会文化中遭到忽视，这为青年的政治与经济边缘化提供了合法性。在经济上，精英阶层通过国有化政策及新自由主义改革大量占有社会财富，而广大青年的教育、就业、医疗等基本权利被忽视。青年试图通过正式的政治渠道或暴力的街头抗争表达诉求，但屡次遭到分化瓦解，这加深了摩洛哥青年对当前政治经济秩序的信任危机。因此，青年的发展受阻及不信任感是摩洛哥青年问题的主要特征。面对不断恶化的青年问题，摩洛哥政府也并非无所作为。在全球青年治理兴起的背景下，摩洛哥的青年治理也在世纪之交逐渐起步，并在21世纪的第二个10年中得到快速发展。在下一节中，本章将着重分析21世纪摩洛哥青年治理的演进、特征及发展方向，思考摩洛哥国家与社会关系在21世纪以来的变化。

第三节　21世纪以来摩洛哥青年问题的治理

在国内青年问题日益激化，全球青年治理不断深入的背景下，摩洛哥也逐渐重视青年问题，将其作为公共政策的核心议题之一。2011年新宪法颁布后，随着国家青年发展规划的出台以及产业、就业及社会保障政策的跟进，摩洛哥的青年政策走向制度化与体系化，其政策理念也逐渐向政府与市民社会、公共部门与私人部门相互协同的治理模式发展。摩洛哥新发展模式更强调包容性增长，并将青年真正纳入民主决策过程以重建社会信任。② 摩洛哥的青年治理强调政府与青年本身同为重要的治理主体。政府通过制定宏观的产业、就业与社会保障政策，为青年治理提供经济环境与制度保障。与此同时，青年治理不仅要为了青年，也要依靠青年。摩洛哥青年治理成败的关键是青年是否认同和参与。2011年以来，摩洛哥青

---

① Pierre-Luc Beauchesne, Frédéric Vairel, "Youth Movements, Youth in Movements: Cycles Overlap and Discontinuities after the February 20th Movement in Morocco," *Globalizations*, 2021, p. 2.

② CSMD, *Le Nouveau Modèle de Développement du Marco*, 2021, p. 24, https://www.csmd.ma/documents/Rapport_General. pdf.

年的能动性得到了宪法认可，青年对于国家治理的参与获得宪法保障。本书在讨论摩洛哥政治治理时，曾将政治治理分为议题设置、路径选择及时机选择三个组成部分，其中时机选择反映在治理主体对议题设置与路径选择变化的把握上。本书认为，摩洛哥青年治理的发展同样关乎以上三个部分。其中，穆罕默德六世的即位及2011年的宪法改革是摩洛哥青年治理的关键时机。新国王即位以来，摩洛哥青年治理的议题获得极大扩展，而2011年宪法改革后，摩洛哥青年治理的路径也明显向尊重青年多样性与能动性转变，这在新发展模式中得到集中体现。在此基础上，本章将试图呈现摩洛哥青年治理更为完整的图景，不仅关注摩洛哥青年政策的演进，也尝试探究青年自身为摆脱困境所发挥的能动性。

一　摩洛哥青年治理议题：经济结构转型、就业政策及青年的社会保障

穆罕默德六世国王继位以来，经济发展成为摩洛哥国内政治的优先目标，而经济发展的关键在于经济结构转型，包括提升第一产业的生产效率，提升第二产业在国民经济中的比重及提升技术创新与知识经济在第三产业中的比重等。与许多发展中国家一样，新自由主义改革也使得摩洛哥陷入了"过早去工业化现象"（premature deindustrialization）。[①] 过早去工业化，即指制造业比例未达到一定经济比值即已开始下降。发展中国家的去工业化与发达国家不同，并非技术进步与劳动生产率快速提升的产物，而是进口的结果。新自由主义所推崇的贸易自由化与经济市场化使得国际上大量廉价的工业制成品涌入中东、拉美等地的发展中国家，冲击了脆弱的本土制造业，进而造成了制造业比重的下降。作为中低收入国家，摩洛哥的第二产业占比仅为15.6%。[②] 制造业大多为劳动密集型产业，本是发展中国家吸纳劳动人口，参与国际贸易并进行资本积累的重要途径。过早去工业化则使得大量就业岗位消失，发展中国家也无法通过发展制造业积累基本资本并学习先进技术。失业率攀升进一步推高

---

① 袁立、李其谚、王进杰：《助力非洲工业化——中非合作工业园探索》，中国商务出版社，2020，第5~8页。

② CESE, *Le Nouveau Modèle de Développement du Maroc*, 2019, p. 28.

了非正式经济的比重。2018 年，约 87% 的摩洛哥青年处于非正规经济中，没有正式的劳动合同，不享有社保及相应的劳动法规的保护。[①] 非正规经济中的工作往往较为基础，对从业者职业技能的提升帮助有限。从业者职业技能的不足抑制了摩洛哥的技术创新与产业升级，最终形成了恶性循环。

与此同时，摩洛哥第一产业的生产效率低下，粮食一度大量依赖进口。目前，乡村人口约占摩洛哥总人口的 40%，其中 71.5% 以农业为生。然而，农业产值仅占摩洛哥国民生产总值的 12%。[②] 摩洛哥农业仍以自给自足的小农经济为主，且非常依赖气候条件，一场大干旱便可对摩洛哥农业造成巨大冲击。2019~2020 年，摩洛哥因遭受了罕见的特大旱情，粮食产量骤降 3200 万公担。[③] 西蒙·库兹涅茨（Simon S. Kuznets）曾指出，经济结构的迅速变化是现代经济增长的重要源泉，现代化应朝着农业部门份额下降，工业部门份额显著上升，服务业部门呈不稳定的上升趋势发展。然而，农业占经济的比重低并不意味着经济现代化水平高，有些国家在早期片面追求工业化而忽视了农业的发展，致使农业发展缓慢甚至停滞不前。粮食短缺会长期困扰这个国家，迫使其花费巨额外汇用来进口粮食，给国家财政增加了沉重的负担。[④] 许多发展中国家在独立后实施了进口替代战略，以牺牲农业发展为代价哺育重工业发展，农业生产率低下使民众的生活水平得不到提升，进而无法刺激社会需求以持续带动工业的发展。粮食大量依赖进口则进一步加剧了本国粮食供应的脆弱性与经济增长的不确定性。[⑤] 总之，在当前经济结构下，摩洛哥仅能创造有限且低质量的就业岗位，无法满足青年的就业需求。产业结构不合理将使得摩洛哥经济发展后继乏力，经济增长放缓将进一步加大青年的就业压力，教育、医

---

① Heather Prince, Yara Halasa-Rappel, Amna Khan, *Economic Growth, Youth Unemployment, and Political and Social Instability: A Study of Policies and Outcomes in Post-Arab Spring Egypt, Morocco, Jordan, and Tunisia*, United Nations Research Institute for Social Development（UNRISD），2018, p. 25.

② CESE, *Le Nouveau Modèle de Développement du Maroc*, 2019, p. 30.

③ 商务部国际贸易经济合作研究院等编《对外投资合作国别（地区）指南——摩洛哥（2021 版）》，第 15 页。

④ 王铁铮主编《世界现代化历程·中东卷》，江苏人民出版社，2015，第 233~234 页。

⑤ 李安山：《非洲现代史》，江苏人民出版社，2021，第 472~478 页。

疗、住房等社会基本公共服务的缺失无法为青年的发展提供必要的基础，最终形成恶性循环。① 然而，就业问题又是青年问题中的首要问题，正如《世界青年报告（2013 年）》所述，保障青年就业是实现青年融入社会的关键，就业为青年提供的不仅是收入，更是安全感与自信，是自我价值实现的可能性。②

　　首先，实施经济结构转型成为摩洛哥青年治理的首要议题，为摩洛哥解决青年就业问题提供宏观经济背景。"绿色摩洛哥计划"（Plan Maroc Vert，PMA）以及"工业加速计划"的出台是摩洛哥经济结构转型的重要举措。2008~2018 年，首个"绿色摩洛哥计划"得以推行。摩洛哥农业部在报告中指出，该计划在 10 年的时间内实现了摩洛哥农业经济效益与社会效益的巨大提升。其中，实现农业现代化与乡村脱贫是"绿色摩洛哥计划"的重点。摩洛哥政府采取了公私部门合作的形式，鼓励私人资本对农业的投资，推动农业经济向商品化、市场化发展，延长农业产业链，增加农副产品的附加值。针对摩洛哥农村以种植粮食为主的情况，"绿色摩洛哥计划"提出因地制宜发展多种农作物种植的方法，在缺少水源或土地不适于粮食种植的地方，政府与企业合作，提供专项资金促进当地发展柑橘、椰枣、蔬菜、油料、糖料、园艺作物种植及家畜、家禽、蜜蜂养殖等高附加值的农副产品。与此同时，该计划尤其关注小农利益，提供专门的小额贷款援助支持其实现产业转型及机械化作业并提供专业技术指导。③ 10 年间，摩洛哥共计对农业投资达 1040 亿迪拉姆（约合 103 亿美元），其中 630 亿迪拉姆（约合 62 亿美元）来自私人资本投资。④ 摩洛哥农业产值以年均 5.2% 的速度增长，在 10 年间实现了倍增，从 2008 年的 650 亿迪拉姆（约含 64 亿美元）上升为 2018 年的 1250 亿迪拉姆（约

① Gladys Lopez-Acevedo, et al. , *Morocco's Jobs Landscape-Identifying Constraints to an Inclusive Labor Market*, World Bank Group, 2021, p. 3.

② UN, *Youth Employment: Youth Perspectives on the Pursuit of Decent Work in Changing Times*, 2013, p. 97.

③ Direction de la Stratégie et des Statistiques, *Le Plan Maroc Vert: Bilan et Impacts 2008-2018*, 2020, p. 46.

④ Direction de la Stratégie et des Statistiques, *Le Plan Maroc Vert: Bilan et Impacts 2008-2018*, 2020, p. 28.

含 123 亿美元），农业生产者的劳动生产率平均提升了约 67%。此外，农业现代化与多元化还创造了大量的就业机会。农村人均农业收入从 2008 年的 5700 迪拉姆（约合 563 美元）上升为 2018 年的 9500 迪拉姆（约合 938 美元）。①

在促进制造业发展方面，汽车、航空器制造等成为摩洛哥"工业加速计划"的龙头部门。随着摩洛哥对汽车产业实施的一系列税收优惠及简化行政审批的改革，以法国雷诺为代表的汽车巨头于 2012 年在摩洛哥丹吉尔投资设厂，年产约 40 万辆汽车，在设厂后的 3 年内便创造了 3 万余个新的就业岗位。② 2019 年 6 月，标志雪铁龙在肯尼特拉的工厂建成投产，初期年产量约为 10 万辆，2023 年计划逐步增加至 20 万辆。③ 因此，为了巩固汽车制造业的发展成果并扭转纺织业的颓势，"工业加速计划"中尤其提出了构建工业生态链的概念，即发挥工业集聚效应，将产业链尽可能保留在摩洛哥的土地上。譬如，摩洛哥的汽车制造业应同时具有生产发动机、金属结构、内饰以及进行车身设计的能力，纺织业则应具有纺织缝纫、时装设计、产品分销及工业纺织品生产等能力。工业集聚效应不仅有利于增加摩洛哥工业附加值，还可以提高外国企业再次产业转移的成本，在此过程中推动本土企业逐渐向产业链的上游攀升，实现产业升级。④

其次，解决青年就业问题，还应实现包容性增长。穆罕默德六世国王在讲话中强调，应切实保障青年的职业教育权利及享受社会基本公共服务的权利。⑤ 职业教育是提升青年就业能力，促进青年职业技能与市场需求相匹配，鼓励青年的创新创业精神的关键。"青年觉醒"（Sahwa）组织调

---

① Direction de la Stratégie et des Statistiques, *Le Plan Maroc Vert: Bilan et Impacts 2008 - 2018*, 2020, pp. 36-37.

② Tina Hahn, Georgeta Vidican Auktor, *Industrial Policy in Morocco and Its Potential Contribution to a New Social Contact*, 2018, German Development Institute, p. 26.

③ 商务部国际贸易经济合作研究院等编《对外投资合作国别（地区）指南——摩洛哥（2021 版）》，第 16 页。

④ Tina Hahn, Georgeta Vidican Auktor, *Industrial Policy in Morocco and Its Potential Contribution to a new Social Contact*, 2018, German Development Institute, p. 39.

⑤ Gouvernement Marocain, "SM le Roi prononce un discours à l'ouverture de la 1-ère session de la 3-ème année législative de la 10-ème législature," https://www.maroc.ma/fr/discours-royaux/sm-le-roi-prononce-un-discours-louverture-de-la-1-ere-session-de-la-3-eme-annee, accessed: 2023-02-02.

查显示，只有6%的在职青年接受过职业教育，其中80%的青年受教育时间不足两个月。① 摩洛哥政府对于职业教育的关注始于20世纪80年代，并在21世纪以后快速发展。② 2015年教育、职业教育与科研高等委员会（Conseil Supérieur de l'Education, de la Formation et de la Recherche Scientifique, CSEFRS）出台了《国家职业教育战略（2021）》（Stratégie Nationale de la Formation Professionnelle 2021），对摩洛哥职业教育2015~2030年的发展做出规划，其中2015~2021年为近景规划，2021~2030年为远景规划。报告指出了摩洛哥迫切需要发展职业教育的两个原因：一是青年的辍学率在初中升高中阶段达到峰值，职业教育作为替代品，可以为无法升入高中的青年提供另一条受教育的途径；二是从业者接受职业培训的机会非常有限，继而无法提升其职业技能，阻碍了摩洛哥的创新能力。③

基于此，该战略提出了摩洛哥职业教育发展的六大纲要。其一，提升职业教育的普惠性。将职业教育的受众群体从拥有大学学历的失业人群向初高中生及低收入群体扩展。其二，强化职业教育与市场需求对接。各地区由于要素禀赋不同，对职业技能的需求也各有侧重。因此，中央应给予地方充分自主权以规划适应当地发展的职业教育。其三，将企业作为职业教育的核心。摩洛哥当前职业教育体系分为职业中心主导（residential training）、企业主导（apprenticeship vocational training）及联合培养（dual training）三种模式，职业中心主导模式偏向理论学习，企业主导模式偏向实践操作。然而，世界银行2020年的调查显示，只有不足10%的学生选择企业主导模式。④该战略认为，实践操作能力是提升青年就业能力的根本，职业教育应与企业生产实践更加紧密地结合。其四，提升职业教育质量，强化对职业教育从业者专业素质的培养，促使职业教育内容与时俱进。其五，促进职业教育与普通教育的融合。应在初中一年级（9年义务

①　Yasmine El Kadiri, "Jeunes leaders: processus transformationnels et leviers d'empowerment," dans Fadma Ait Mous, Zakaria Kadiri, *Les jeunes du Maroc: Comprendre les dynamiques pour un nouveau contrat social*, Economia-HEM Research Center, 2021, p. 247.

②　CSEFRS, *Stratégie Nationale de la Formation Professionnelle 2021*, 2015, pp. 9-10.

③　CSEFRS, *Stratégie Nationale de la Formation Professionnelle 2021*, 2015, pp. 15-17.

④　World Bank, *Morocco-Skills Development for Employment: The Role of Technical and Vocational Education and Training*, 2020, p. 23.

教育中的第 6 年）完成学生向职业教育的分流，但同时应保持学生在职业教育与普通教育之间的流动性，尤其为职业教育学生通过职业教育高考升入高等教育提供机会。其六，扩大社会对职业教育发展的参与，以公私部门合作推进职业教育发展。从所有制上看，摩洛哥的职业教育分为公立、私立两种，私立职业教育机构占比达 2/3，但其学生占比仅为 21%，证明大多数私立职业教育机构规模较小且教育质量参差不齐，学生更信赖公立教育机构。① 该战略提出资源应向私立教育机构倾斜，尤为鼓励其解决低收入家庭子女的职业教育问题。②

最后，青年的社会保障也是摩洛哥青年治理的重要组成部分。新自由主义改革后，摩洛哥一度大大削减了公共服务开支，造成了公共教育、医疗体系的衰败。其中，公立教育体系的发展与青年的关系最为紧密。教育本是青年实现阶层跃迁的重要手段，但摩洛哥青年的受教育水平不容乐观。尽管摩洛哥的教育投入占其国民生产总值的 5.1%，与经合组织国家的平均水平相当（5.2%），但摩洛哥学生的平均在校时长仅为 4.4 年，低于阿拉伯国家的平均水平（6.3 年）与世界平均水平（7.7 年）。乡村地区的文盲率仍然高达 47.7%，城市中的文盲率达 22.2%。③ 诸多国际教育研究机构的调查结果均显示，摩洛哥教育的整体质量不佳，且富裕阶层与平民阶层的差距很大。④ 摩洛哥公立教育的衰败与教师水平的低下息息相关。根据法律规定，教师上岗前必须接受一年的职业教育培训，而在现实中，教师往往在培训两三个月后便匆匆上岗以填补公立学校的师资缺口。⑤ 此外，教学内容陈旧，与现实需求严重脱轨等也是摩洛哥公立教育被诟病许久的问题。⑥ 在过去的 20 余年中，摩洛哥教育行业逐渐私有化，在卡萨布兰卡等大城市，接受私立教育的学生比重高达 80%。私立教育

① World Bank, *Morocco-Skills Development for Employment: The Role of Technical and Vocational Education and Training*, 2020, pp. 35-36.
② CSEFRS, *Stratégie Nationale de la Formation Professionnelle 2021*, 2015, pp. 21-50.
③ CESE, *Le Nouveau Modèle de Développement du Maroc*, 2019, p. 41.
④ OXFAM International, *Un Maroc égalitaire, une Taxation juste*, 2019, pp. 15-16.
⑤ CESE, *Le Nouveau Modèle de Développement du Maroc*, 2019, p. 40.
⑥ Saloua Zerhouni, Azeddine Akesbi, *Youth Activism in Morocco: Exclusion, Agency and the Search for Inclusion*, Istituto Affari Internazionali, 2016, p. 18.

的发展加剧了地域不平等。以营利为目的的私立教育集中于回报丰厚的大城市，而边远山区的学校由于长期缺乏资金而日渐荒废，约 80% 的山区儿童无法接受任何形式的学前教育。①

因此，摩洛哥公立教育改革迫在眉睫。新发展模式提出了公立教育改革的主要方向。其一，提升公立教育质量，注重公立教育师资培养，重新制定更有利于学生发展的学制规划与评价体系，完善普通教育与职业教育的分流体系。更新教育内容与教育方式，注重培养学生的探索与创新能力。其二，提升高等教育质量，为高等院校自行制定发展规划提供充足的自主性，并鼓励高等院校与私营部门紧密合作，提升其研究能力以及科研成果的转化能力。②

综上，近年来摩洛哥青年治理的议题不断扩展。首先，通过经济结构转型，摩洛哥第一、第二产业的生产效率有所提升，经济增长创造就业的能力增强，为青年治理提供了良好的宏观经济背景。其次，通过实现包容性增长，青年的职业教育及社会保障权利受到重视，青年拥有更为丰富的社会资源以实现个人发展。然而，笔者在对比 2015 年出台的《国家职业教育战略（2021）》、《国家青年整体性发展战略》（Stratégie Nationale Intégrée de la Jeunesse）、2020 年世界银行关于摩洛哥职业教育的调研报告及 2021 年摩洛哥政府发布的《新发展模式报告》等文件时，发现这几份文件的间隔长达五六年，但指出的问题依然相似。说明摩洛哥的青年问题是结构性问题，在短时间内还难以有质的变化。青年问题的解决，不仅需要国家层面的积极引导，还应充分发挥社会及青年自身的能动性。全国自由人士联盟在其竞选纲领《信任之路》（La Voie de la Confiance）中写道："我们不相信所谓青年的公民危机，我们看到的只是青年对陈腐政治的失望……一旦我们提供适当的环境，青年便能给予我们源源不断的希望与想法。"③ 因此，重建青年信任，鼓励青年参与，同样是青年治理的重要组成部分。在下一部分中，本章聚焦摩洛哥青年治理路径的变化，探寻青年社会网络在发挥青年能动性方面的重要意义。

---

① OXFAM International, *Un Maroc égalitaire, une Taxation juste*, 2019, p. 17.

② CSMD, *Le Nouveau Modèle de Développement: Libérer les énergies et restaurer la confiance pour accélérer la marche vers le progrès et la prospérité pour tous*, 2021, pp. 104-112.

③ RNI, *La Voie de la Confiance*, 2018, pp. 179-180.

二　摩洛哥青年治理路径：推动青年社会网络的形成

2012 年 8 月 20 日，国王穆哈默德六世在登基日演讲中称"青年是国家的一笔无上财富……青年应被视为推动发展的重要力量"。① 2011 年宪法改革以来，青年能动性获得了宪法意义上的承认。2011 年宪法第 33 条规定"应扩大青年对国家社会、经济、文化与政治发展的参与，协助青年加入各类活动与组织，帮助在学校、社会及职业适应上有困难的青年，为青年参与文化、科学、技术、艺术、体育与娱乐提供便利，最终旨在创造有利于他们在各领域发挥创造、创新潜能的环境"。② 2011 年以来，摩洛哥的青年治理路径朝着尊重青年能动性及多样性的方向发生了明显变化。2015 年，摩洛哥首部国家青年政策《国家青年整体性发展战略》出台，提出青年治理不仅应为了青年，更要通过青年。在新发展模式中，培养青年公民意识，鼓励青年社会参与也是重要目标。在针对青年能动性的研究中，青年社会组织对青年能动性的培养尤其受到关注。摩洛哥政府也不断加强与各类青年社会组织的合作，将其视为沟通公共政策与青年参与的重要渠道。因此，本部分将以青年社会组织为线索，探究摩洛哥的青年治理如何促进了青年社会组织的发展，并以实例分析青年如何通过社会网络实现其能动性。

如前文所述，青年从来都是一个由社会建构的概念。社会公共领域内对青年实施的"霸权"剥夺了青年的话语权，并进一步为边缘化青年的经济、政治诉求提供合法性。然而，在社会"霸权"下，青年的能动性也并未完全丧失，在正式的经济、政治不利于青年发展的情况下，青年社会组织成了保存青年能动性的重要场所。在里夫"人民运动"期间，青年依靠非正式的社会组织发起抗议运动的能力受到关注。艾哈迈德·查皮（Ahmed Chapi）发现，在运动领导人遭到逮捕，政府严密监视的情况下，

---

① Gouvernement Marocain, "Texte intégral du discours adressé par SM le Roi à la Nation à l'occasion du 59ème anniversaire de la Révolution du Roi et du peuple," 2012, https: // www. maroc. ma/fr/discours‐royaux/texte‐int% C3% A9gral‐du‐discours‐adress% C3% A9‐par‐sm‐le‐roi‐% C3% A0‐la‐nation‐% C3% A0‐loccasion‐du‐59% C3% A8me, accessed: 2023‐02‐03.

② La Constitution Edition 2011, p. 16.

胡塞马地区的青年创造了一种"快闪"运动（当地俗语称为"Chen-ten"，意指"quick move"，本书将其译为"快闪"）。"快闪"运动的信息通过口耳相传的方式，通过咖啡厅、杂货店或理发店中的青年帮工从行动的策划者中迅速扩散出去，形成雪球效应。15 分钟内，上千人的示威队伍从街头巷尾里突然冒出，有专人负责喊话及录制视频并上传社交媒体。① 随着智能手机与网络的普及，互联网对青年社会网络的形成也逐渐受到人们的关注。社交媒体一度在阿拉伯剧变中发挥了重要作用。互联网扩大了特定议题的公众曝光度，并为青年提供了去中心化的公共表达空间，因而受到青年的喜爱。②

此外，青年社会组织既可以用于发动抗议运动，也可以助益青年发展。亚斯敏·卡迪莉（Yasmine El Kadiri）发现，绝大多数受访青年表示青年社会组织在其领导力的形成中发挥了重要作用。③ 有一位受访者表示，其曾在课余时间参加街区少年宫（Maison des Jeunes）组织的文艺演出，在活动中认识了许多朋友，锻炼了协作与动手能力。还有受访者表示，参与青年社会组织有助于其了解社会与政治的运行机制。她曾报名过一次议会开放日活动，亲身参与了提案审议、投票等过程并与政界高层有直接对话。还有一些青年曾在青年社会组织或项目中担任领导角色，其反思能力与自主学习能力在其中得到锻炼，并对其日后走上领导岗位产生了深远影响。超半数的受访者提及了青年体育组织的作用。这些组织不仅丰富了课余生活，更锻炼了其随机应变与团结协作能力。④ 近年来，青年体育相关组织的数量不断增长，譬如，TIMU Maroc 便是一个旨在通过体育激

---

① Ahmed Chapi, "Morocco's Hirak al-Rif Movement: 'Youths of the Neighborhood' as Innovative Protesters?" *Partecipazione e Conflitto*, 2021, Vol. 14, No. 2, pp. 614-615.

② Nour-Eddine Laoui, "Cyberactivism and Protest Movements: The February 20th Movement-the Forming of a New Generation in Morocco," *The Journal of North African Studies*, Vol. 27, No. 2, 2020, pp. 16-19. 参见余纲正、景嘉伊《阿拉伯社会运动中社交媒体的特征、演化及影响》，《西亚非洲》2021 年第 4 期。

③ Yasmine El Kadiri, "Jeunes leaders: processus transformationnels et leviers d'empowerment," dans Fadma Ait Mous, Zakaria Kadiri, *Les jeunes du Maroc: Comprendre les dynamiques pour un nouveau contrat social*, Economia-HEM Research Center, 2021, p. 246.

④ Yasmine El Kadiri, "Jeunes leaders: processus transformationnels et leviers d'empowerment," dans Fadma Ait Mous, Zakaria Kadiri, *Les jeunes du Maroc: Comprendre les dynamiques pour un nouveau contrat social*, Economia-HEM Research Center, 2021, pp. 248-254.

发青年潜能的社会组织，通过组织各类青年篮球赛事及训练，鼓励包括女性青年、残障青年在内的所有青年参与体育活动。在这一过程中，新的就业机会也被创造出来。①

2011 年宪法改革以来，摩洛哥的青年治理愈加强调青年对社会组织的参与。《国家青年整体性发展战略》提出，应为成立各类青年组织，尤其是为边远、乡村地区的青年组织提供便利；开展"国家青年志愿"项目促进青年的社区志愿活动以及为青年社会组织提供指导与培训等。② 摩洛哥新发展模式在强调充分调动公民潜能③的基础上，进一步强调通过志愿活动与社会组织帮助青年探索个人发展兴趣，培养青年的公民精神，这将是解决 NEET 问题的有效途径。④ 譬如，"连接组织"（Connect Institute）便是一个旨在为青年提供相互交流及技能学习的社会组织。其于 2013 年由时任摩洛哥皇家磷酸盐集团环境与可持续发展部主任的塔哈·巴拉弗雷（Taha Balafrej）在阿加迪尔创立，现已扩展至摩洛哥各大城市。该组织在其宣传视频中指出，青年在成长中会经历许多迷茫与不安，而与人交流沟通是疏解困难、找寻方向的最佳方式。因此，该组织便志在为青年提供一个相互沟通的平台。⑤

与此同时，摩洛哥新发展模式也注重发挥工会、政党等在国家与社会间的纽带作用。目前，工会在企业进行"社会对话"（social dialogue）。根据国际劳工组织的定义，"社会对话"指包含政府、雇主及雇员代表的一系列多边或双边谈判、咨询及信息交换行为。⑥ 摩洛哥的"社会对话"可以分为全国、行业及企业三个层次。其中，全国层面的"社会对话"起步较早，1996 年开

---

① 参阅 TIBU Maroc 官网：https://tibu.ma/，最后访问日期：2023 年 2 月 4 日。

② Ministère de la Jeunesse et des Sports, *Stratégie Nationale Intégrée de la Jeunesse 2015–2030: pour une jeunesse citoyenne, entreprenante, heureuse et épanouie*, 2014, p. 23.

③ 原文为：المغرب قوة رائدة بفضل قدرات مواطنيه وفي خدمة رفاهيهم （La Maroc puissance pionnière portée par les capacités de ses citoyens, et au service de leur bien-être）。

④ CSMD, *Le Nouveau Modèle de Développement: Libérer les énergies et restaurer la confiance pour accélérer la marche vers le progrès et la prospérité pour tous*, 2021, p. 123.

⑤ 参阅该组织官网：https://connectinstitute.ma/realisations/videos/，最后访问日期：2023 年 2 月 4 日。

⑥ ITC - ILO et European Commission, *Social Dialogue in Morocco, Tunisia and Jordan: Regulations and realities of social dialogue*, 2015, p. 5.

始，全国性的三方"社会对话"机制得以建立，然而，在建立后的 20 余年内，三方对话未能起到保障劳工权益的作用。行业与企业层面的"社会对话"则发展严重滞后。且"社会对话"长期仅限于正式经济部门。① 因此，在"工业加速计划"中，摩洛哥着重提升对非正规经济部门的治理能力，将中小企业纳入政策制定的范围内。针对中小企业中工会力量不足、雇主与雇员沟通不畅等问题，摩洛哥政府致力于推动各行业内企业间联合会与工会联盟的发展，这些社会组织最初由政府牵头建立，旨在诊断行业发展中存在的不足并制订相应计划，此后，政府逐渐将自主权下放给组织本身，依靠各企业间建立的生态链，实现自我发展与自我管理，其提出的发展计划最终交由工业部与财政部审核。目前，"社会对话"机制在汽车产业中发展最为迅速，已有百余家企业参与其中。② 汽车制造业是青年劳动力密集的产业，该行业中"社会对话"的增强将有助于发挥青年能动性，推动行业可持续发展。

2011 年以来，摩洛哥的社会组织数量快速增长，但地区发展不平衡的态势愈加明显。边远、乡村地区的社会组织发展严重滞后。青年是一个极其多元化的群体，不同阶级、性别、种族或宗教信仰的青年面临的问题与挑战各有不同。有学者指出，摩洛哥青年治理的目标群体仍以城市失业青年为主，乡村青年，尤其是乡村女性青年的发展诉求被严重忽视。譬如，摩洛哥政府于 2006 年发起的青年创业扶持组织"吾家小店"（Association Moukawalati, جمعية مقاولتي） 未能充分考虑乡村青年受教育水平低以及乡村传统观念对青年创业的抑制作用。③ 在乡村地区，社会组织的建立面临更多困难，其非正式性更加突出，组织的维持也需要更大的青年能动性。对于乡村女性而言，手工业社会组织是实现女性能动性的重要方式。通过这些组织，乡村女性得以走出家门，与社会保持联系。乡村女性工人通过

---

① ITC - ILO et European Commission, *Social Dialogue in Morocco, Tunisia and Jordan: Regulations and realities of social dialogue*, 2015, p. 38.

② ITC - ILO et European Commission, *Social Dialogue in Morocco, Tunisia and Jordan: Regulations and realities of social dialogue*, 2015, pp. 49-50.

③ Zakaria Kadiri, Younes Bekkar, "Jeunes ruraux et entrepreneuriat, quelle articulation des politiques et dispositifs d'appui?" dans *Les Jeunes au Maroc: Comprendre les dynamiques pour un nouveau contrat social*, pp. 215-216.

手工业赚取的工资虽然微薄，但却是女性独立的重要标志。目前，越来越多的女性手工业社会组织在乡村地区由女性自主发起，这些组织的发起人大多是从城市回到乡村的女性，她们利用流动性成为连接乡村与城市的纽带。① 然而，新组织、新技术对于乡村女性能动性的影响依然必须置于乡村的经济与文化结构中理解。目前，摩洛哥乡村已基本实现女性小学教育的全民普及，然而，将女性禁锢在家庭内的传统观念依然根深蒂固。女性从事商业性的手工业活动往往受到家里男性成员的反对，被认为"不务正业"，这反而加剧了女性对自身困境的绝望。因此，摩洛哥若要通过新组织、新技术实现乡村女性的解放，那么通过公共政策介入并改变乡村否定女性能动性的观念结构便不可或缺。②

小　结

阿拉伯剧变以来，摩洛哥青年治理的路径正逐渐向尊重青年能动性转变，青年社会组织成为承接包容性青年政策与青年能动性的结合点。一方面，摩洛哥政府越来越重视青年社会组织对青年融入社会及技能培养的重要性；另一方面，青年作为治理主体的创造能力不容忽视，即使是长期被公共政策忽视的乡村女性青年，也逐渐利用有限的资源发起手工业社会组织，努力与外部世界保持联系。

近 20 年来，摩洛哥经济发展呈现两幅矛盾的景象。一方面，其国民生产总值保持了年均 4.2% 左右的增长，人均国民生产总值也有所提升；另一方面，广大青年却面临日益严峻的就业形势，得不到充足的教育与医疗资源，因而长期陷于困境中。本章从全球视角出发剖析了摩洛哥青年问题的产生与治理。青年这一概念自诞生起便是由社会所建构的。在资本主

---

① Hind Ftouhi, Zakaria Kadiri, Mahdi Mohamed, "Les jeunes ruraux, impulseurs de nouvelles dynamiques agraires et territoriales," dans *Les Jeunes au Maroc: Comprendre les dynamiques pour un nouveau contrat social*, Economia-HEM Research Center, 2021, pp. 318-323.

② Khadija Zahi, David Goeury, "Education, avenir et pratiques numériques des jeunes filles rurales de 15 à 24 ans. La téléphonie mobile comme échappatoire dans un quotidien sans horizon?" dans *Les Jeunes au Maroc: Comprendre les dynamiques pour un nouveau contrat social*, Economia-HEM Research Center, 2021, pp. 367-368.

义社会中，青年的能动性长期遭到否认，他们被要求听从成年人的教导。社会对青年能动性的否认进一步为青年经济、政治诉求的边缘化提供了合法性。20 世纪 80 年代以来，新自由主义向全球扩张，财富分配不均日益严重，广大青年成为新自由主义的受害者。公共服务支出的削减，教育、医疗质量的下降增加了青年的生活成本，尤其在发展中国家，随着贸易自由化与经济自由化，大量外国廉价商品涌入击垮了本国制造业，造成大量失业及非正式经济的出现，青年的发展进一步受阻。摩洛哥的青年问题是全球青年问题的缩影，结构调整计划同样使得摩洛哥的贫富分化加剧，加剧了本就存在的阶级固化。精英通过国有资产的私有化占有社会财富，而青年则被剥夺了经济发展机遇与合法的政治表达权利，这激化了青年对现行政治经济秩序的不满，摩洛哥的青年抗议运动日趋频繁。

20 世纪与 21 世纪之交，随着全球青年问题凸显，青年治理也逐渐成为全球性议题。青年治理既要求倾听青年的诉求，着力解决青年关心的就业、社会保障等问题，又强调政府与社会的协作，将青年视为治理主体，尊重青年能动性。21 世纪以来，摩洛哥的青年治理逐渐起步，并在 2011 年新宪法改革后快速发展。在治理议题上，摩洛哥的青年治理向通过经济结构转型、提升青年就业力以及为青年提供就业保障等多个方向扩展，在治理路径上，摩洛哥的青年治理鼓励青年参与，将青年社会组织视为联结国家政策与青年能动性的重要纽带，在青年的社会参与中培养青年的公民意识、领导力及各项技能，以此增强青年治理的可持续性。摩洛哥青年治理的未来，也将取决于如何充分调动摩洛哥青年的积极性与创造性。

第九章

摩洛哥边境治理的理念与实践

边境问题一直是社会科学研究的热点，是新时代国家治理的重要组成部分。作为国家领土边缘和与他国紧密相邻的区域，边境有主权象征意义，维护安全、建构认同等功能。随着全球化进程的推进，跨越边境的要素流动与社会交往丰富了边境的意义与功能，同时也重新塑造边境的定位与特性，边境成为全球化时代国家间，甚至洲际交流互动的特殊区域①，是理解地缘政治格局、国际关系发展及文化认同形成的一个重要场域。边境虽然是国家或者超国家联盟的边缘地带，但边境治理却是维护国际关系和保护国家安全的重中之重，边境问题甚至可以影响政府政策的制定和国内重大举措的实施。冷战时期的边境研究已成气候，学界主要聚焦边境防御功能与边民生活的研究。20 世纪 90 年代后期以来，边境研究如雨后春笋般出现，逐渐形成了边境研究的理论方法和跨学科研究路径。研究关注点包括全球化与边境空间流动、去殖民化与再领土化、流动、混合性、后现代性、新自由主义等。② 如今，边境不仅是地图上的一条固定的界线，或者是墙壁、栅栏等领土和主权的实体化形式，它更是一个动态空间③，因此，边境的建构也具有过程性、动态性特点。21 世纪以来，关于国家

---

① 朱金春：《从"国家之边缘"到"边界为中心"：全球化视野下边境研究的议题更新与范式转换》，《广西民族研究》2019 年第 1 期，第 65~67 页。

② Anssi Paasi, "Boundaries as Social Processes: Territoriality in The World of Flows," *Geopolitics*, Vol. 3, No. 1, 1998, pp. 69–88.

③ Anssi Paasi, "The Changing Discourses on Political Boundaries: Mapping the Backgrounds, Contexts and Contents," in Henk Van Houtum, Olivier Kramsch, Wolfgang Zierhofer, *B/ordering Space*, Aldershot: Ashgate, 2005, p. 18.

边境的讨论中，边境已经从"领土分界线和政治实体的功能"转向"社会文化交融和摩擦中的动态空间"。① 这一转变并不是忽视边境的屏障和筛选作用，而是不再只从边境本身出发，拓宽研究思路，从超越地理与时间的局限性的视角，研究边境空间的经济要素流动、公民和移民身份的转换等过程。② 研究者愈加认识到身份、文化、语言、符号和情感等要素在边境建构中的重要性。

休达（Ceuta）与梅利利亚（Melilla）地处非洲西北角，北临地中海，与西班牙隔海相望，东西南部与摩洛哥内陆接壤，西摩国都宣称这两座城市是本国领土，两个城市的归属问题是历史遗留问题。鉴于此，本书认为，这两座城市为争议领土，书中按照学界惯例，使用"西班牙飞地"③一词。这两座城市的边境空间不仅承载了政治、经济、安全、文化、地理、历史等方面的问题，同时还面对多种二元相对的复杂关系，如基督教与伊斯兰教的矛盾、繁荣的北部与贫困的南部的矛盾、前殖民者与前殖民地身份意识的遗存、欧盟领土与非欧盟领土的交流等。在全球化和区域一体化的背景下，西班牙飞地成为欧洲南部边境外扩的重要阵地。西班牙和摩洛哥对休达和梅利利亚所属权之争，不仅关乎两国自身利益，也成为欧盟与非欧盟国家、欧洲与非洲之间互动和较量的阵地。

1956 年摩洛哥独立后，各国学者关于西班牙与摩洛哥争议领土及双方边境的研究不断深入。西方学者提出了多个研究框架：威廉·沃尔特斯（William Walters）提出身份、功能、合理性与偶然性三层次研究法。④ 他

---

① Chiara Brambilla, "Exploring the Critical Potential of the Borderscapes Concept," *Geopolitics*, Vol. 20, No. 1, 2015, pp. 14-15.

② Johan Schimanski, "Border Aesthetics and Cultural Distancing in the Norwegian-Russian Borderscape," *Geopolitics*, Vol. 20, No. 1, 2015, pp. 35-36.

③ 关于"西班牙飞地"，参见杨勉、田斌《影响西北非地区和平与安全的边界领土争端因素》，《扬州大学学报》（人文社会科学版）2016 年第 3 期，第 5~16 页；孙立新《文化传承、社会结构：美国移民学习成绩差异化的二元分析——以亚裔、西班牙裔为例》，《全球教育展望》2014 年第 1 期，第 95~102 页；吴传华《摩洛哥与西班牙领土争端解析》，《亚非纵横》2012 年第 1 期，第 41~48、60、62 页；邓颖洁《佩雷希尔岛与西摩两国关系前瞻》，《中国民族》2006 年第 11 期，第 24~26 页；郑先武《试论"欧洲—地中海自由贸易区"》，《世界经济研究》2003 年第 2 期，第 69~74、79 页。

④ William Walters, "Mapping Schengenland: Denaturalizing the Border," *Environment and Planning D: Society and Space*, Vol. 20, No. 5, 2002, pp. 561-580.

认为，申根边境兼具国家边界、地缘政治和生物政治边界三重性质。詹姆斯·安德森（James Anderson）认为，只有通过研究"边界的选择性与渗透性"、"边界的差异过滤效应"与"政治经济学的矛盾统一体"，才能更好地理解边境的申根化、渗透过程与再边境化过程。① 莱姆·奥多德（Liam O'Dowd）从屏障、桥梁、资源和身份符号四个角度研究边境现象，尤其关注西班牙飞地边境对欧洲一体化的影响，提出边境可以成为"连通性引擎"②，它不仅不会阻碍流动，反而会对经济要素的流动有促进作用。泽维尔·费雷多（Xavier Ferrer-Gallardo）提出了三维研究模型。他认为，地缘政治、功能作用和象征性意义三个维度是分析西班牙-摩洛哥边境建构过程的重要标准。他进一步指出，1986 年以来，该边境有三条建构路径：一是地缘政治格局由与西班牙-摩洛哥关系相关转为与欧盟国家-非欧盟国家关系、欧洲-非洲关系相关联；二是边境的功能作用兼具政治隔绝和经济互动的双重特性；三是边境的象征意义转向"欧洲要塞""为生计走私的通道"等隐喻。这三方面的建构过程影响了边境地区的日常活动以及边民认同。③ 肯·埃米尔·穆特鲁（Can Emir Mutlu）和克里斯托弗·莱特（Christopher Leite）采用批评话语分析、政策分析、田野调查三种方法进行研究，他们认为，休达和梅利利亚的案例显示出边境地区更容易受到边境机构或政府的指挥，提出在研究边境管理时要关注边境活动中参与主体本身的多样性。作为过渡地带，该边境存在非公正化活动与非法活动，而政治言论也是影响边境建构的重要因素。④

---

① James Anderson, *Theorizing State Borders: 'Politics/ Economics' and Democracy in Capitalism*, Centre for International Borders Research (CIBR), Belfast: Working Papers in Border Studies, CIBR/WP01-1, 2001, pp. 3-11.

② Liam O'Dowd, "The Changing Significance of European Borders," in Liam O'Dowd, James Anderson, Thomas Wilson, eds., *New Borders for a Changing Europe: Cross-Border Cooperation and Governance*, London: Frank Cass, 2003, pp. 13-36.

③ Xavier Ferrer-Gallardo, *Theorizing the Spanish-Moroccan Border Reconfiguration: Framing a Process of Geopolitical, Functional and Symbolic Rebordering*, Centre for International Borders Research (CIBR), Queen's University, Belfast: Electronic Working Paper Series, 2007, p. 2; Xavier Ferrer-Gallardo, "The Spanish-Moroccan Border Complex: Processes of Geopolitical, Functional and Symbolic Rebordering," *Political Geography*, Vol. 27, No. 3, 2008, pp. 301-321.

④ Can Emir Mutlu & Christopher Leite, "*Dark Side of the Rock: Borders, Exceptionalism, and the Precarious Case of Ceuta and Melilla*," *Eurasia Border Review*, Vol. 3, No. 2, 2012, p. 34.

　　综上所述，边境建构是一个多维建构过程，集管控措施、经济活动、双边或多边关系、地缘政治格局、文化认同于一体，而重大事件的发生也会引起这些维度的变化和再建构。休达与梅利利亚边境空间的特性本来就复杂，2020 年暴发的新冠疫情让西班牙和摩洛哥边境的丰富内涵有了新的变化，边境空间的活动由此出现新动向。研究这些变化及其引发的问题，有助于描绘该边境空间的地缘政治图景，也有助于更好地了解欧盟国家与非欧盟国家之间的边境特性。本章在对休达与梅利利亚成为飞地的历史概述的基础上，分析欧盟国家和非欧盟国家之间的边境治理政策与理念的差异，从屏障功能、桥梁作用、认同建构三个层面探讨这条边境的建构过程及其在新冠疫情背景下的再建构趋势，进而总结该边境对地缘政治、经济互动、边民认同的影响。

第一节　西班牙和摩洛哥边境的形成及政策

一　殖民时期的休达与梅利利亚及其所有权归属

　　休达与梅利利亚扼守直布罗陀海峡，与欧洲大陆隔地中海相望。从公元前 5 世纪迦太基人统治时期开始，它就是非洲北部的商贸重镇和军事要地，曾受罗马人、汪达尔人、西班牙西哥特人和拜占庭帝国的统治。公元 8 世纪起，它成为北非伊斯兰帝国版图的一部分。1415 年，葡萄牙占领了休达，并开始广泛传播基督教。1580 年，西班牙人攻占了休达。至于梅利利亚则在 1497 年被卡斯蒂利亚人征服，此后卡斯蒂利亚人和葡萄牙人相继占领了北非马格里布地区。1492 年，伊比利亚半岛的收复运动①

---

① 收复运动源于西班牙语、葡萄牙语，意为"重新征服"，所以又称复国运动、收复失地运动、列康吉斯达运动。它是公元 718~1492 年（安达卢斯或阿拉伯殖民西班牙的时期），位于西欧伊比利亚半岛北部的基督教各国逐渐战胜南部穆斯林摩尔人政权的运动，即西珏牙人反对阿拉伯人占领后收复失地的运动。史学家以 718 年倭马亚阿拉伯征服西哥特王国，以及阿斯图里亚斯王国建国为该运动的开端，到 1492 年西班牙攻陷格拉纳达结束，共经历了 8 个世纪。参见 Henk Driessen, *On the Spanish-Moroccan Frontier: A Study in Ritual, Power and Ethnicity*, Oxford, New York: Berg Pub. Ltd., 1992, p. 36。

（Reconquista）结束后，基督教与伊斯兰教在地中海的西部形成了一个相对稳定的边境，这条边境经过 15～16 世纪的政治影响、文化渗透和领土划界后，形成了今天的欧洲和非洲边境的雏形。15 世纪起，西班牙统治者开始意识到，非洲西北角的地中海海岸线是西班牙国土安全的生命线，任何其他国家对摩洛哥海岸线的控制都将对西班牙国土安全构成威胁，所以历代统治者都十分重视对摩洛哥地中海港口城市的控制。1668 年 1 月 1日，西班牙国王卡洛斯二世（Carlos II）和葡萄牙国王阿方索六世（Afonso VI）在里斯本签订了《里斯本条约》，葡萄牙正式把休达割让给西班牙。至此，休达与梅利利亚由西班牙控制。

在西班牙的管理下，这两座城市既是军事要塞，又是殖民渗透的基地。西班牙通过这两座城市向北非内陆扩张。1863 年，休达和梅利利亚获得自由港地位，除了驻防功能外，开始有频繁的贸易活动，成为活跃的贸易区，西班牙开始收获大量的经济福利。1906 年，《阿尔赫西拉斯条约》签订之后，摩洛哥被分成了两个保护国：法国为主要的宗主国，占领摩洛哥大部分领土；另一个宗主国就是西班牙，主要占领摩洛哥北部丹吉尔、里夫和耶拉巴拉的大部分地区，以及南部的塔尔法亚、西撒哈拉的金河，所占领土约为摩洛哥领土的 1/3。[1] 由西班牙管辖的北部沿海城市，贸易兴盛，人员交往活跃，如丹吉尔被称为"放置在大西洋和地中海之间、基督教和伊斯兰世界之间、欧洲和非洲之间的文化十字路口"。[2] 在保护国时期（1912～1956 年），西班牙统治者认为，休达和梅利利亚并不是殖民地，而是西班牙广阔领土的一部分，他们成功地将摩洛哥纳为西班牙文化和认知的一部分，但这种扩张的逻辑在保护国末期逐渐弱化了。[3]

二　摩洛哥和西班牙的争议领土与双方的边境政策

1956 年，宗主国——西班牙、法国的统治结束后，西班牙宣布其管

---

① 〔美〕菲利普·内勒：《北非史》，韩志斌等译，中国大百科全书出版社，2013，第191～192 页。

② 〔西〕琼·诺戈、〔西〕何塞·路易斯·维亚诺娃主编《西班牙在摩洛哥（1912-1956）》（西班牙文），载《地理话语与领土干预》，千年出版社，1999，第 172 页。

③ Xavier Ferrer-Gallardo, "The Spanish-Moroccan Border Complex: Processes of Geopolitical, Functional and Symbolic Rebordering," *Political Geography*, Vol. 27, No. 3, 2008, p. 308.

控的摩洛哥获得独立，但依然保留对休达、梅利利亚及地中海上的佩雷希尔（Perejil）岛、戈梅拉（Gomera）岛、胡塞马（AlHoceima）群岛、舍法林（Chafarinas）群岛等无人岛屿的控制权，并宣称这些领土为西班牙所有。与此同时，摩洛哥政府也宣称这些城市和岛屿是摩洛哥的领土，并一直坚持主权和领土完整。但实际上，休达与梅利利亚由西班牙控制和管理，并有军队常驻。

摩洛哥从未放弃夺回休达和梅利利亚。1956 年独立以来，摩洛哥一直要求恢复国家北部仍被西班牙控制的领土的主权，并利用一切机会重申其立场。首先，摩洛哥作为联合国成员国提交给联合国的第一份文件就是与西班牙未解决的争议领土的清单。1975 年 1 月 27 日，摩洛哥常驻联合国代表团向非殖民化特别委员会提交了一份《A/AC - 109 - 475 备忘录》，要求将在西班牙控制下的摩洛哥北部领土都列入联合国非自治领土名单中，其中就包括休达和梅利利亚。① 哈桑二世国王于 1987 年 1 月提议成立一个专家委员会，旨在讨论休达和梅利利亚的未来，但西班牙政府没有做出正式回应，并一直拒绝与摩洛哥就这两个城市的归属问题进行谈判。1994 年 3 月 3 日，哈桑二世在其继位 33 周年之际，再次呼吁设立专家委员会，并重申摩洛哥对这两个城市有不可剥夺的权利。穆罕默德六世国王在 2002 年 7 月 30 日的一次讲话中，明确表示要与西班牙进行对话，还重申了其父哈桑二世国王关于设立委员会的建议，要求与西班牙共同研究并解决摩洛哥北部地区的主权问题。② 2007 年 11 月 6 日，西班牙国王胡安·卡洛斯一世（Juan Carlos I）访问休达和梅利利亚，激化了摩洛哥和西班牙有关争议领土的矛盾。摩洛哥强烈谴责这次访问，认为"西班牙政府公然藐视 1991 年两国之间《友好合作条约》的使命和精神"。③

---

① Said Saddiki, "The Fences of Ceuta and Melilla," *World of Walls: The Structure, Roles and Effectiveness of Paration Barriers*, Cambridge：Open Book Publishers Collection, 2017, p.64.

② Peter Gold, *Europe or Africa?: A Contemporary Study of the Spanish North African Enclaves of Ceuta and Melilla*, Liverpool：Liverpool University Press, 2000, pp.13, 25.

③ 〔法〕路·马登：《西班牙国王胡安·卡洛斯视察休达和梅利利亚两座城市时的讲话》（法文），2007 年 11 月 6 日，http：//lematin.ma/journal/2006/Presidanthier - a - Casablanca - un - Conseil - des - ministres_ S - M - - le - Roi - rend - publique - saposition - sur - la - visite - de - Juan - Carlos - aux - villes - occupees - Sebta - et - Melillia/1516.html，最后访问日期：2020 年 12 月 10 日。

西班牙紧握休达和梅利利亚的控制权。在国家层面，1995 年 3 月 14 日，《西班牙自治法》生效，该法将休达和梅利利亚划为西班牙的两个自治市，为西班牙飞地身份提供法律依据。自此，西班牙从国家法律层面将休达和梅利利亚纳入其国土。在超国家层面，1986 年西班牙加入欧盟，1991 年又加入《申根协定》，西班牙-摩洛哥边境的意义有了重大转向，即"欧洲化"（Europeanization）与"申根化"（Schengenization）转向，休达和梅利利亚成为欧盟在北非的"领土"，这两座城市不再只是两个国家的边境，也是欧盟国家和非欧盟国家之间的边境，可以看作欧盟边境的最南端，成为一个新兴政治空间的外部边境线。因此，边境空间的参与主体扩大了，不仅包括边境两侧的国家，还有超国家联盟和非政府组织等。1995 年西班牙加入"欧洲－地中海伙伴计划"（Euro-Mediterranean Partnership，也称"巴塞罗那进程"，Barcelona Progress），旨在建立一个"和平、稳定与繁荣"的地区，此计划标志着欧盟开始恢复其在地中海地区的活跃表现，并开始积极促成欧盟国家与地中海非欧盟国家跨边境的经济、文化合作。[1] 2004 年，"欧洲-地中海伙伴计划"又并入"欧洲睦邻政策"（European Neighbourhood Policy，ENP）。在此政策背景下，欧盟强调将同等对待地中海国家与欧洲其他邻国，积极加强与地中海伙伴之间的经济合作和机构联系。[2] 除了促进欧洲经济一体化和文化与教育的交流，欧盟还为西班牙的边境设防和边境事务投入了大量资金，因此，欧盟也参与了西班牙-摩洛哥边境的治理过程。

为了防止移民非法入境，西班牙在边境地带部署了大量军警，并架设高科技监视系统。一方面，该边境空间是高度军事化的空间，如西班牙政府在休达边境布置了 300 名国家警察和近 700 名国民警卫队警察[3]，1 个军事指挥官总部、3 个步兵营、1 个装甲团、1 个炮兵和后勤保障部队等[4]；另一方面，在休达和梅利利亚边境线上和周边有大量安全设施，如

---

[1]　沈芳：《巴塞罗那进程十五年：回顾与评估》，《当代世界》2010 年第 11 期，第 36 页。

[2]　沈芳：《巴塞罗那进程十五年：回顾与评估》，《当代世界》2010 年第 11 期，第 39 页。

[3]　西班牙公共安全由内政部警察总局（或称国家警察）和国民警卫队负责。参见刘明望《西班牙国家警察的教育培训》，《公安教育》2002 年第 9 期，第 51 页。

[4]　Can Emir Mutlu & Christopher Leite，"Dark Side of the Rock：Borders，Exceptionalism，and the Precarious Case of Ceuta and Melilla," *Eurasia Border Review*，Vol. 3，No. 2，2012，p. 34.

陆地上建造了长 8.4 千米、高 3.5～6 米的双层栅栏，上面装有铁丝网、监视器和雷达系统。为了防止陆上与海上的非法跨境行为，西班牙国民警卫队引进了外部监视系统（Integrated System of External Surveillance，以下简称"SIVE 系统"）[①]，由雷达、红外线摄像头、能探测远距离心跳的传感器等组成[②]，并使用直升机、巡逻艇和警车拦截各条路线上的非法移民。[③] SIVE 系统是逐步建成和完善的，它监视着直布罗陀海峡、安达卢西亚海岸和加那利群岛海岸等边境地带。而这些部署建设得到了欧盟大量的经济支持。[④] 由此可见，这两个城市的边境问题得到了欧盟的认可和重视。此外，西班牙于 2015 年对《公共安全法》进行了修正，该修正案得到国会批准，为将非法移民立即驱逐出境提供了法律依据，但该修正案并没有注明需要国际保护的人[⑤]，在执行该修正案时，可能会违反《日内瓦公约》或《欧洲人权公约》等条约中列出的有关特殊人群享受庇护权、不被驱逐等权利保护的条款。

西班牙加入欧盟后，该边境治理向两极分化的方向发展：一方面，在边境线上强化物理屏障作用，以期对边境进行严格的封锁和管控，阻止非法移民的跨境行为；另一方面，2010 年"欧洲-地中海自由贸易区计划"（EMFTA）启动后，欧盟致力于实现"经济去边境化"。西班牙作为欧盟成员，一直在边境空间贯彻实施这一发展理念。

目前，该边境具有以下三方面特征。首先，从古典地理学和古典地缘政治角度来看，这条边境既是传统的地理边境，又是政治地理界限。其

---

① 外部监视系统，简称 SIVE，取自法文全称。参见 Marije Dijksma, *The Europeanization of National Borders*, Amsterdam: University of Amsterdam, 2014, pp. 24-25。

② Olivier Clochard, "The Maritime Border of Europe under Controls, The Multiplication of Migratory Controls Upstream of the European Union," Paper presented at the Workshop of European Union and North American Border Security Policies in Compartative Perspective, University of Victoria, Canada, December 2005, pp. 19-40.

③ Jgen Carling, "Migration Control and Migrant Fatalities at the Spanish-African Borders," *The International Migration Review*, Vol. 41, No. 2, 2007, p. 325.

④ Said Saddiki, "The Fences of Ceuta and Melilla," *World of Walls: The Structure, Roles and Effectiveness of Separation Barriers*, Cambridge: Open Book Publishers Collection, 2017, pp. 58, 65.

⑤ Estrella Galán, "Spain: New Law Giving Legal Cover to Pushbacks in Ceuta and Melilla Threats the Right to Asylum," *ECRE Weekly Bulletin*, European Council on Refugees and Exiles, April 10, 2015, p. 1.

次，西班牙加入《申根协定》后，欧盟是在尝试构建一种新政治边境的空间布局①，这种空间性是超国家组织的外围界限，是欧盟努力扩张边境、维护边境稳定并尝试"去边境化"的空间，具有新的屏障功能、桥梁作用和象征意义。最后，在欧洲经济一体化的背景下，休达和梅利利亚虽然一直保持着领土单位（territorial units）间政治体制上的差异②，但同时又是跨国人员与经济要素流动频繁的区域，现已成为一个模糊地带。因此，该边境兼具政治上的封闭性与经济上的开放性，双边关系也一直在对抗和交流中保持稳定。

第二节　后殖民时期西班牙和摩洛哥边境的建构

从地缘政治和认同建构层面考量，休达和梅利利亚的边境建构既是边境空间上国家间与超国家组织间政治角力的过程，也是边民的文化认同与身份认同建构的过程。不仅如此，该边境建构还深受全球化和后殖民主义的影响。自 1956 年摩洛哥独立以来，该边境空间的功能、象征意义与殖民时期相比，已经有了很大的变化，尤其是在西班牙加入欧盟后。随着"欧洲-地中海伙伴关系"的深化，其对边民生活与身份认同的影响不断加深，欧洲-非洲边境在休达与梅利利亚边境空间中形成。

一　双重地缘政治格局的形成

尽管古典地缘政治理论对解读边境仍然有意义，但在研究休达与梅利利亚的边境状况时，有一定的局限性和片面性。③ 该边境在主权仍有争议

---

① William Walters, *Mapping Schengenland: Denaturalizing the Border*, Environment and Planning D: Society and Space, Vol. 20, No. 5, 2002, p. 564.

② Henk Driessen, *On the Spanish-Moroccan Frontier: A Study in Ritual, Power and Ethnicity*, Oxford, New York: Berg Pub. Ltd. , 1992, p. 36.

③ Eiki Berg & H. Van Houtum, eds. , *Routing Borders Between Territories, Discourses and Practices*, Farnham: Ashgate, 2003, pp. 2-12; David Newman & Anssi Paasi, "Fences and Neighbours in the Postmodern World: Boundary Narratives in Political Geography," *Progress in Human Geography*, Vol. 22, No. 2, 1998, pp. 186-207.

的同时，其象征意义扩大化、欧洲化、申根化，因此，要从全球化视角和超国家空间建构的角度分析其地缘政治格局。

首先，休达和梅利利亚边境被赋予了国家间和超国家的双重地缘政治意义。起初，西班牙-摩洛哥边境只是普通的国家边境。但从 1986 年西班牙加入欧盟以来，该边境就完成了一次重要的再建构，即成为欧盟-摩洛哥边境，新的边境并没有抹去原有的边境，而是形成两条各有意义的边界的重叠，可谓一个双重混合体。一方面是两个国家领土空间（territorial containers）之间的边境，即西班牙飞地与摩洛哥之间的边境；另一方面是"超国家联盟"领土（perimeter），即欧洲大陆的外围边境。1995~2000 年，西班牙建设的第一个安全保障项目费用总计为 4800 万欧元，其中 75% 由欧盟资助，用以修建休达周围的铁丝网围栏。①欧盟的经济支持加上西班牙的警力与技术投入，体现了该边境的双重地缘政治意义。

其次，该边境具有屏障和桥梁双重作用。该边境是进出欧洲的咽喉要塞，在地缘政治层面，具有屏障作用；而在贸易往来与人文交流层面，具有桥梁作用。欧盟作为超国家组织逐渐掌握了原先属于西班牙的边境治理权力，传统上的民族国家边境，升级成为带有"欧洲要塞"②与桥梁连接双重意义的边境。不仅如此，休达和梅利利亚还是欧洲移民政策关注的重要地区。沃尔特斯认为，地中海边境是欧洲最重要的地区，比其他任何地方都更能体现边缘和界限的概念。③ 欧盟对其南部边境的治理目的有两个，一是架设有利于吸引投资和促进人员交流的跨境桥梁，二是在边境地带建设栅栏与 SIVE 系统，以架构对非欧盟国家移民的"过滤性"和"排

---

① Said Saddiki, "The Fences of Ceuta and Melilla," *World of Walls: The Structure, Roles and Effectiveness of Separation Barriers*, Cambridge: Open Book Publishers Collection, 2017, pp. 58, 65.

② "欧洲要塞"英文名为 Fortress Europe。最早追溯到欧洲在中世纪提出的概念，当今，指在欧洲一体化背景下，欧盟针对欧洲域外行为体的排他性的政策体系，包括欧洲单一市场的共同对外关税与非关税壁垒、共同难民庇护政策、共同边界管理等。参见忻华《"欧洲经济主权与技术主权"的战略内涵分析》，《欧洲研究》2020 年第 4 期，第 8 页；William Walters, "The Frontiers of the European Union: A Geostrategic Perspective," *Geopolitics*, Vol. 9, No. 3, 2004, pp. 674-698。

③ William Walters, "The Frontiers of the European Union: A Geostrategic Perspective," *Geopolitics*, Vol. 9, No. 3, 2004, p. 691.

他性"①的屏障。

最后，该边境是非洲非法移民进入欧洲的重要通道之一。彼得·古德（Peter Gold）认为："作为在欧盟和非洲之间的唯一陆地边境，西班牙飞地——休达和梅利利亚就像磁铁一样吸引着来自非洲大陆的潜在非法移民。"②西班牙和摩洛哥之间的经济差距自1986年以来不断扩大，由此产生的结构不对称，刺激了直布罗陀海峡和飞地边境两侧的货物和人员的非法流动。对边境人员流动的管理，尤其是阻止非法跨境行为，成为边境治理中最重要也最普遍的内容。启用SIVE系统后，试图乘坐小型渔船非法跨境到西班牙海岸的人数并没有减少，发生变化的是非法跨境的线路轨迹，如穿越部分无监控的直布罗陀海峡海域等，不仅给移民治理带来了挑战，也增加了非法移民的死亡率。③ 此外，这条边境上也发生过多次群体性突破栅栏的事件，2000~2015年，大约有23000名非法移民越过了休达边境。④ 大量的非洲移民通过合法与非法途径由此入欧，除了非法跨境行为，合法的过境资格也是有筛选的，筛选标准由过境者的经济、性别、历史、种族等因素共同决定。所以，欧盟在非洲的外部边境是一种有选择性的边境。

二 边境的桥梁作用与经济"去边境化"

尽管在领土问题上存在长期争端，西班牙一直是摩洛哥仅次于法国的第二大经济伙伴，休达港口与梅利利亚港口是两国贸易的重要支点。1995

① Henk Van Houtum, "Borders and Comfort," in James Anderson, Liam O'Dowd, Thomas Wilson, eds., *New Borders for a Changing Europe: Cross-Border Cooperation and Governance*, London: Frank Cass, 2003, p. 54.

② Peter Gold, *Europe or Africa?: A Contemporary Study of the Spanish North African Enclaves of Ceuta and Melilla*, Liverpool: Liverpool University Press, 2000, p. 120.

③ Xavier Ferrer-Gallardo, *Theorizing the Spanish-Moroccan Border Reconfiguration: Framing a Process of Geopolitical, Functional and Symbolic Rebordering*, Centre for International Borders Research (CIBR), Queen's University, Belfast: Electronic Working Paper Series, 2007, p. 11.

④ Keina Espiñeira & Xavier Ferrer-Gallardo, "Immobilized Between Two EU Thresholds: Suspended Trajectories of Sub-Saharan Migrants in the Limboscape of Ceuta," Martin Van der Velde and Ton Van Naerssen, eds., *Mobility and Migration Choices: Thresholds to Crossing Borders*, Farnham: Ashgate, 2015, pp. 251-263.

年，《巴塞罗那宣言》① 指出要加强"欧洲-地中海伙伴"合作关系，计划到 2010 年，逐步建成一个"欧洲-地中海自由贸易区"②，这个计划被认为是欧盟与地中海国家关系的"转折点"③，标志着欧盟开始从过去单方面给予地中海国家贸易特惠待遇的给予者向对等的自由贸易体制中的合作者转变。在"欧洲睦邻政策"的框架下，欧盟加强与环地中海国家的合作，不断为架设地中海两岸经济的桥梁而努力。可见，休达和梅利利亚作为欧盟认可的欧洲南部边境，对推动欧洲一体化具有显著意义，它既是跨境贸易活跃的区域，也是联通地中海两岸的纽带，发挥着桥梁连接作用。

该边境独特的桥梁作用得到三个方面的保障：一是西班牙法律规定休达与梅利利亚是免税区，不受《欧盟渔业和贸易政策》（EU Fisheries and Trade Policies）等国际贸易准则的约束④；二是摩洛哥不承认休达和梅利利亚是西班牙领土，所以这两座城市的边界不是完全意义上的国家疆界，部分国际法效力在此有局限性，因此，这条边境的税收制度和贸易规则有一定的特殊性，从而促进了边境两侧的经济互动；三是西班牙 1991 年正式加入《申根协定》后有一项特殊条款，即允许相邻城市的摩洛哥公民免签证进入休达与梅利利亚⑤，因此，在日常边境生活中，经济利益优先于主权，或者说主权由商品和人员流动来界定，而不完全由国家政府控制，导致经济"去边境化"的特点不断凸显。

在国家经济发展层面，边境两侧的城市从经济"去边境化"中各有

① 在 1995 年 11 月由欧盟 15 国和地中海 12 国在巴塞罗那召开的首届欧盟—地中海外长会议正式确认。会议发表的 27 国共同宣言，即著名的《巴塞罗那宣言》。

② Xavier Ferrer-Gallardo, "The Spanish – Moroccan Border Complex: Processes of Geopolitical, Functional and Symbolic Rebordering," *Political Geography*, Vol. 27, No. 3, 2008, pp. 301 - 321.

③ 郑先武：《试论"欧洲-地中海自由贸易区"》，《世界经济研究》2003 年第 2 期，第 69~74、79 页。

④ Peter Gold, *Europe or Africa?: A Contemporary Study of the Spanish North African Enclaves of Ceuta and Melilla*, Liverpool: Liverpool University Press, 2000, p. 151.

⑤ Alice Buoli, "Beyond the Border: Exploring Cross-Scalar Socio-Spatial Dynamics of Conflict, Resistance and Encounter at the Ceuta – Morocco Borderscapes," *Regional Studies, Regional Science*, Vol. 1, No. 1, 2014, p. 304.

收益。从摩洛哥一侧看，边境相邻的纳多尔市（Nador）和菲尼迪克市（Fnideq）因为经济互动实现了人口增长与城市扩张；从飞地一侧看，休达和梅利利亚的经济可持续性取决于它们与摩洛哥内陆地区的互动。受惠于欧盟对农业活动的补贴，西班牙经济大幅增长，从而吸引了大量的移民劳动力，西班牙周边国家和地区向其输入大量劳动力，尤其是从休达和梅利利亚周边的城市。例如，得土安市（Tetouan）和纳多尔市的摩洛哥公民可以免签证进入西班牙，但不包括在这两个城市生活但没有居住证件的人，而且必须当日午夜前返回摩洛哥。[1] 这类跨境流动得到了《申根协定》法律框架的允许，对摩洛哥法律与欧盟政策来说，是一种例外情况。这种特殊的司法保护伞意味着边境的屏障效应仅适用于一部分人，这就产生了"选择性"[2]，边境的"选择性"与新的经济活动深刻地影响了边境经贸关系和人员结构的建构，在这一过程中，周边的摩洛哥城市居民的生计得到了保障，西班牙飞地也获得了劳动力资源，经济发展可持续。

在超国家贸易交流层面，非法贸易深化了经济"去边境化"。边境空间内的非法贸易也被称为"影子经济"，"影子经济"在欧洲是公开的秘密，指的是偷税、漏税、走私、贩毒等非法经营活动。[3]在休达与梅利利亚边境的桥梁作用中，"影子经济"占有重要分量，尽管两国官方都宣称该边境受到严格管控，只有"合法"的货物和人员可以跨境，但每天仍有大量的走私活动，摩洛哥人进入休达购买商品，再通过边境，返回摩洛哥进行售卖。根据 2014 年的数据，每天约有 15000 人进行跨境走私贸易，约有 45000 人直接生活在带有非法性质的跨境贸易中，另有 40 万人间接

---

① Alice Buoli, "Beyond the Border: Exploring Cross-Scalar Socio-Spatial Dynamics of Conflict, Resistance and Encounter at the Ceuta–Morocco Borderscapes," *Regional Studies, Regional Science*, Vol. 1, No. 1, 2014, pp. 304–308.

② Xavier Ferrer-Gallardo, *Theorizing the Spanish-Moroccan Border Reconfiguration: Framing a Process of Geopolitical, Functional and Symbolic Rebordering*, Centre for International Borders Research (CIBR), Queen's University, Belfast: Electronic Working Paper Series, 2007, pp. 2–10.

③ 李建军：《中国货币状况指数与未观测货币金融状况指数——理论设计、实证方法与货币政策意义》，《金融研究》2008 年第 11 期，第 56~75 页。

参与其中。①该边境尚未建立完全"正常化"的和双方一致同意的商业交往模式，而既有的管理程序过于繁琐，这些都为休达和梅利利亚边境的走私活动提供了可乘之机。②各类边境群体都从走私贸易中维持生计，从而保障生活水平。边境上的合法贸易与"影子经济"，又助力了西班牙经济发展与欧洲一体化的推进。在这些经济活动中，边境不再是屏障而是一座桥梁。这座桥梁的风雨楼是"欧洲-地中海伙伴计划"以及欧洲一体化进程等政策。这些政策的一个共同目标是消除贸易边界，因此，该边境的经贸交流呈现明显的"去边境化"特性。

三　边境两侧文化认同的建构

首先，殖民思想对认同的影响深远。欧盟不断扩大疆域并积极参与边境事务的做法，与殖民时期的扩张模式之间可能存在某种延续性。③ 研究近几年欧盟南部边境动态，西班牙-摩洛哥边境案例中还存在"宗主国"和"保护国"的心态遗存。即使在全球化语境下，欧盟外部边境与非洲的关系依然保有殖民时期的认知习惯。曾有学者指出，"执着于关注和分析自我国家化和将对外关系国家化的社会构建主义表述，就有产出被欧洲政治正确普遍接受的文化种族主义的风险"④。安德森指出，在某些方面，民族国家及其边境在被殖民时期形成的身份认知是根深蒂固的。⑤ 西班牙加入欧盟后，便加入了一个新的非实体的超国家领土单位，在欧盟内部，

① Alice Buoli, "Beyond the Border: Exploring Cross-Scalar Socio-Spatial Dynamics of Conflict, Resistance and Encounter at the Ceuta-Morocco Borderscapes," *Regional Studies, Regional Science*, Vol. 1, No. 1, 2014, p. 304; Vincent Förster, "Where the Exception Is No Longer Exceptional: Sovereignty, Violence and Refusal in the Spanish-Moroccan Borderscape," *Contemporary Voices: St Andrews Journal of International Relations*, Vol. 1, No. 3, 2019, pp. 17-31.

② 〔法〕安·普兰特:《边疆是一种资源:休达与梅利利亚案例》（法文），载〔法〕乔瑟琳·切萨里:《地中海、欧洲与马格里布之间的商人、企业家和移民》（法文），法国拉罗斯梅桑纳芙出版社，2002，第 267~281 页。

③ Oliver Thomas Kramsch, "Transboundary Governmentality on Europe's Postcolonial Edge: The Cypriot Green Line," *Comparative European Politics*, Vol. 4, No. 2, 2006, pp. 289-307.

④ Etienne Balibar, "The Borders of Europe," in Pheng Cheah and Bruce Robbins, eds., *Cosmopolitics: Thinking and Feeling beyond the Nation*, Minneapolis: University of Minnesota Press, 1998, pp. 216-229.

⑤ James Anderson, "The Exaggerated Death of the Nation-state," in James Anderson, Chris Brook, Allan Cochrane, *A Global World?*, Oxford: Oxford University Press, 1995, pp. 66-86.

欧洲文化认同度高，作为欧盟成员的优越感强。而这种优越感延续并扩大了"领导者"与"保护者"的心态，并明确地保留了"保护者"和"受保护者"之间的区别。①此外，还有学者认为，对于休达和梅利利亚的居民来说，西班牙的边境监管可能是一种强化认同的做法，旨在强化欧盟社会空间意象的界限。②

其次，文化认同具有多元交织的特点。西班牙-摩洛哥边界是建构国家和超国家、民族和超民族身份认同的一个重要空间。第一，这条边界是欧洲管理其南部边界的调节器，这一调节器最大的特点是参与主体的多样性。国家和超国家领土单位共存、边境共享。在这一背景下，西班牙-摩洛哥边界已经不是一堵简单的高墙，而是一套"边界体制"（border regime），承担边界管理职能的不仅有边境线上的欧洲国家，还有众多超国家、次国家和非国家的组织。此外，欧洲往往会将对北非和中东移民的控制转移到非欧洲的第三国，从而形成一种边界管理外包的状况③，这也增加边界建构的参与主体。第二，西班牙-摩洛哥边境与欧洲-非洲边境的重叠，象征着历史的、政治的、地理的和经济的重新配置、冲突与弥合，身份认同在这个过程中重新建构，自我认知与他者化也面临再建构。汉克·文·豪托（Henk Van Houtum）和汤·文·纳尔森（Ton Van Naerssen）指出了他者化的决定性作用，让空间建构和群体凝聚可以被理解成为一种净化的行为，即寻找合适的有凝聚力的群体，在一个可对比其他空间实体的空间中活动。④ 从这点出发，他者是被需要的，也因此不断地被生产与复制，以保持在有地域划分的社会格局中形成凝聚力。在跨境流动、贸易交往过程中群体认同与他者化同时被强化，促使各种边境群体更加凝聚，这些群体都是边境活动的参与者和主导者，所以这条边境上的

---

① 〔西〕马克西莫·卡哈尔：《休达、梅利利亚、奥利文萨和直布罗陀在何处结束？西班牙？》（西班牙文），西班牙21世纪出版社，2003，第71~72页。

② Henk Driessen, *On the Spanish-Moroccan Frontier: A Study in Ritual, Power and Ethnicity*, Oxford, New York: Berg Pub. Ltd., 1992, p. 36.

③ 赵萱：《全球流动视野下的民族国家转型——基于海外边界人类学政治路径的研究》，《中央民族大学学报》（哲学社会科学版）2018年第1期，第114~125页。

④ Henk Van Houtum & Ton Van Naerssen, "Bordering, Ordering and Othering," *Tijdschrift voor Economische en Sociale Geografie*, Vol. 93, No. 2, pp. 125-126.

认同是多元而独特的。如该边境空间同时接纳了欧洲人、非洲人、西班牙人、摩洛哥人，以及穆斯林、基督教徒和其他身份的人。此外，还为模糊的、复杂的、混合的身份提供了容身之地。所以西班牙-摩洛哥边境空间具有多元交织性。

最后，文化认同建构中隐含排他性。欧盟致力于消除欧洲内部边界（internal border），其前提条件其实是外部边界（external border）的确立。在1986 年西班牙加入欧盟之前，并没有明确的移民问题，北非移民很容易融入当地社会。但西班牙在加入欧盟之后不仅颁布了首部移民法案，而且移民问题在 20 世纪 90 年代初迅速恶化，造成了北非移民在当地社会生活空间和社会地位上的边缘化。[①] 因此，有欧盟专家提出"欧洲要塞"这一概念来处理一体化之后的欧洲边境问题，旨在打破内部藩篱的同时又在外部扎起篱笆，实施更为严格的边境管理政策。[②] 在这个新兴政治空间的外部边境空间中，明确区分出欧洲人和非洲人，可自由通行者、有条件通行者、非法移民，强化了边境两侧居民的身份差别。在西班牙领土欧盟化后，边境的象征性特质有助于加深和发展欧盟的超国家集体认同，同时也制造了差异性，尤其是这条边境延续了殖民时期的区隔意识。针对西班牙-摩洛哥边界，尤其是边界围墙出现了一些新的隐喻，如"新的耻辱墙""金色的窗帘""欧洲的墙壁""欧洲要塞的护城河"[③]，这些词语体现出边民对边界排他性的讽刺。

第三节　新冠疫情时期西班牙和摩洛哥边境的重构

新冠疫情让本来就复杂的休达与梅利利亚的边境形势有了新变化，边境空间的活动出现新动向。在疫情蔓延全球及欧洲疫情不断恶化的背景

---

①　L. Suárez-Navaz, *Rebordering the Mediterranean: Boundaries and Citizenship in Southern Europe*, New York: Berghahn Books, 2004. 转引自赵萱《全球流动视野下的民族国家转型——基于海外边界人类学政治路径的研究》，《中央民族大学学报》（哲学社会科学版）2018年第 1 期，第 119 页。

②　赵萱：《全球流动视野下的民族国家转型——基于海外边界人类学政治路径的研究》，《中央民族大学学报》（哲学社会科学版）2018 年第 1 期，第 119 页。

③　Henk Driessen, "At the Edge of Europe: Crossing and Marking the Mediterranean Divide," in Liam O'Dowd, Thomas Wilson, eds., *Borders, Nations and States: Frontiers of Sovereignty in the New Europe*, Aldershot: Avebury, 1996, pp. 179-198.

下，摩洛哥于 2020 年 3 月开始关闭所有过境点，停止所有国际航班，并采取了严格的宵禁措施。即使随后有条件开放边境，边境空间也必将有所改变和重构。疫情的到来，一方面给摩洛哥关闭边境、严打走私提供了可能，另一方面又对安全局势形成了新的挑战。

一 边境的屏障功能增强与桥梁作用弱化

在新冠疫情时期，摩洛哥与西班牙的边境口岸关闭，但这并未遏制西班牙货物继续通过休达和梅利利亚走私到摩洛哥。① 边境的"选择性"更加突出，屏障功能不断增强。因为在新冠疫情时期封闭边境的情况下，边境的屏障功能尤为凸显，人员停止流动对合法经济和"影子经济"都产生重创，休达和梅利利亚的经济，乃至欧盟经济都受到影响。新冠疫情暴发以来，封锁范围扩大，休达港口、梅利利亚港口持续关闭，双方经济都受到损害，边境地区的很多批发商销售额下降了 30% ~ 40%②，随着边境贸易的停止，港口关税收入也逐步下降。在此期间，边境桥梁作用弱化，屏障功能凸显，经济活动在该边境的再建构中重置，合法贸易与"影子经济"的比例也有变化。

一方面，欧盟需要西班牙-摩洛哥边境监管非法移民，西班牙需要与摩洛哥配合，管控非法人员进入西班牙。在疫情扩散的时期，非法移民依然通过翻越边境等方式进行偷渡，而新冠疫情对原有的遣送机制和关押拘审政策提出了挑战。西班牙政府发言人伊莎贝尔·塞拉（Isabel Celaá）指出，欧盟 2019 年批准了 1.55 亿美元一揽子计划，其中包括在 2020 年援助摩洛哥约 3570 万美元，以遏制非法移民流入西班牙境内。③ 另一方面，西班牙飞地需要合法人员流动。2020 年 7 月，摩洛哥计划重新开放边境，但不包括休达与梅利利亚边境，而西班牙要求与摩洛哥对等开放边境。西班牙政府表示，只有摩洛哥允许西班牙人进入摩洛哥时，才会开放

---

① Saad Guerraoui, "Morocco, Spain Reactivate Border Control Cooperation but Migrants Keep Trying," *The Arab Weekly*, Issue 220, August 31, 2019, p. 1.

② 尼扎尔·布卢西亚:《摩洛哥还会坚持收回休达和梅利利亚吗?》（阿拉伯文），《阿拉伯圣城报》2020 年 8 月 25 日，第 7 版。

③ Saad Guerraoui, "Morocco, Spain Reactivate Border Control Cooperation but Migrants Keep Trying," *The Arab Weekly*, Issue 220, August 31, 2019, p. 1.

西班牙-摩洛哥边境。

综上，新冠疫情时期，非法跨境行为仍然存在，合法人员难以流动，边境空间经济互动和经济发展停滞，而治理难度增加。

二　边境局势严峻与认同重构

由于入境流的中断，休达和梅利利亚的金融业和商业受到严重打击，摩洛哥公民的失业率攀升，边境城市发展停滞，各项经济指标下滑，这些都对边境治理和安全稳定形成巨大压力。边民对边境关闭表现出的愤怒，实际上，是对边境屏障功能影响了边民生计而感到不满。在这种情况下，双边政府应急能力和治理智慧经受着极大考验。

在边境社会治理层面，安全局势受到威胁。新冠疫情暴发以后，数千名摩洛哥人滞留休达。到 2020 年 3 月西班牙-摩洛哥边境关闭后，数以百计的摩洛哥人仍滞留在休达和梅利利亚，生活艰难。因为边境口岸关闭，许多摩洛哥人选择从地中海游泳回国，这种行为引起了边境两侧政府的担忧。[①] 因为大量公民集中在同一地区或水域可能会造成巨大的感染风险，进而增加卫生隐患。

在边境社会民生层面，失业率上升，边民生计受损。边境空间的非法贸易被迫停止，边境关闭使得大量的每日跨境工作的人失业，生活无法得到保障，其中大多数是进入休达和梅利利亚工作的摩洛哥人。截至 2020 年 9 月，休达待业在家的人数约为 3000 人，梅利利亚约为 5000 人；据估计，休达市约有 25% 的市民已经失业。[②] 对于边境周边的摩洛哥城市的居民来说，缺乏商业活动等于剥夺了他们的生计。如果生计受到影响，边境局势动荡性会增强。

---

① Saad Guerraoui, "Morocco, Spain Reactivate Border Control Cooperation but Migrants Keep Trying," *The Arab Weekly*, No. 220, August 31, 2019, p. 1.

② 参见 ILO Monitor, *COVID - 19 and the World of Work*, *Fourth edition*, International Labour Organization: Brifing Notes, May 2020, pp. 7-11; *Populations at Risk Implications of Covid - 19 for Hunger*, *Migration and Displacement*, International Organization for Migration (IOM) & World Food Programme (WFP), November 2020, pp. 12-15, 28-46；《新冠疫情使得西班牙边境成千上万的人失去生计》（阿拉伯文），今日 24 小时，2020 年 9 月 5 日，http://www.alyaoum24.com/1453860.html，最后访问日期：2021 年 1 月 24 日。

在边民认同层面，欧洲优越感不断弱化。摩洛哥独立后，国家一直坚持去殖民化，而新冠疫情暴发后，边境认同受到冲击。一方面，身处西班牙境内的摩洛哥人，出现大量的回返需求。这与新冠疫情暴发前的流动需求呈逆向发展，边民从由摩洛哥向西班牙流动和工作为主，转为从西班牙向摩洛哥回返需求为主。在经济收益消失或者生命健康受到威胁的情况下，边民的国家认同不断强化。另一方面，休达和梅利利亚所承载的欧洲身份受到影响，优越感减弱，休达和梅利利亚居民感到自己被孤立了。休达和梅利利亚的发展与繁荣的源头本来就不在西班牙，而是在摩洛哥，随着边境空间的经济活动停止，经济发展也逐步停滞。而在新冠疫情暴发后，欧盟反应迟缓，一直未能与地中海国家形成合作协议和统一的管控措施。欧盟几乎无法支援西班牙，而西班牙政府也无暇顾及休达和梅利利亚。边民开始控诉西班牙政府和欧盟的忽视态度，边境居民的欧洲认同和欧盟认同随着无助感的增强而不断弱化。

三　摩洛哥加强边境治理与边境重构

在新冠疫情期间，国家的治理思维不能只是单纯地遏制边境空间的流动，权力机关应在考虑国家与地区安全的基础上，更多地从民族特性、地区稳定、社会发展的角度出发思考治理手段。边境管理模式表现出的政策弹性也是一种协商的手段。而边民对国家界线的了解是长期政治宣传和国家治理的累积性结果，进而使得空间秩序具有一定的可塑性。[①] 新冠疫情的暴发给摩洛哥主导争议领土的边境建构提供了契机。在 2020 年，摩洛哥政府的三项重要举措实现了其在国内国际舞台上的政治宣传，也体现出其对边境治理的重视，争议领土的边境将有可能出现重构。

首先，在新冠疫情暴发初期，摩洛哥颁布了新的海事法案。摩洛哥众议院在 2020 年 1 月 22 日召开全体会议，一致通过了两项法案——

---

① 唐雪琼、杨茜好、钱俊希：《流动性视角下边界的空间实践及其意义——以云南省河口县中越边境地区 X 村为例》，《地理研究》2016 年第 8 期，第 1543 页。

《37.17 号法》与《38.17 号法》。① 其中，第一项与领海边界有关，第二项与专属经济区有关，指出在距离摩洛哥海岸线 200 英里处建立一个经济特区。② 摩洛哥 1982 年加入的《联合国海洋法公约》明确规定国家海洋事务是"内部事务和主权行为"。③ 这两项法案在此基础上划定摩洛哥海上边界，修改和完善了摩洛哥在 20 世纪 70 年代和 20 世纪 80 年代初通过的一些现在看来已经过时的海事法条。例如，不再延续 1973 年提出的自南部海域塔尔法亚"阿尤比角"起，沿大西洋沿岸，至地中海海域完全封闭的政策。外交、非洲合作与摩洛哥海外侨民事务部大臣纳赛尔·布里达（Nasser Bourita）认为，这两项法案是根据穆罕默德六世国王有关重视海洋事务的指示出台的，填补了国家法律体系有关划定海上边界的立法空白，将摩洛哥法律管辖权扩大到其所有海域，明确划定海域边界。布里达还表示："摩洛哥王国与邻国，特别是西班牙有着长期牢固的政治、经济和历史关系，摩洛哥重视多边合作和相互尊重，愿与邻国，尤其是西班牙开展建设性对话，推动积极的伙伴关系和睦邻友好政策发展，但前提条件是主权不可商量。"④ 该法律引起摩洛哥与西班牙双方有关海域划疆的争执，同时也显示出摩洛哥对其领土完整和海洋控制权的坚决态度，也将引发摩洛哥与西班牙有关飞地主权问题的再讨论。

其次，摩洛哥关闭陆路海关与港口。其目的有三：一是通过严禁边境人口流动降低公共卫生风险；二是打击走私；三是重新调整边境经济结构。边境重新开放后，摩洛哥人进入西班牙领土的机会和数量也相当有限。在边境重新开放的过程中，摩洛哥政府明确表示，不开放休达和梅利

① 《37.17 号法》是对 1973 年 3 月 2 日颁布的《1.73.211 号法》的修正补充法案，《38.17 号法》是《1.81 号法》的修正补充法案。参见摩洛哥首相签署的《37.17 号法》，《官方报纸》2020 年第 6869 期，第 1801~1803 页。

② 摩洛哥首相签署：《37.17 号法》，《官方报纸》2020 年第 6869 期，第 1801~1803 页。

③ 联合国：《联合国海洋法公约》，第三次海洋法会议，第 62/122 号文件，1982 年 10 月 7 日，第 1、4 页。

④ 《众议院批准了两项法案，旨在扩大对所有海域的法律管辖权》（阿拉伯文），摩洛哥政府网，2020 年 1 月 22 日，https://www.maroc.ma/fr/actualites/la - chambre - des - representants-adopte-deux-projets-de-loi-etablissant-la-competence，最后访问日期：2021 年 1 月 1 日。

利亚边境，西班牙外交大臣阿兰查·冈萨雷斯·拉亚（Arancha González Laya）表示，西班牙政府虽然"非常尊重"摩洛哥的决定，但实际上，西班牙政府希望能够重新开放西班牙-摩洛哥边境，并曾通过外交与国际合作部进行调解，但没有任何效果。① 尽管该边境地区的非法贸易帮助了摩洛哥城市居民维持生计，但对摩洛哥的边境治安和整体经济发展具有消极影响。正如法国学者指出，这些非法的跨境流动导致了国家生产的非公平竞争，阻碍了工业单位的建设和外国投资，导致失业问题进一步加剧。② 摩洛哥海关与间接税总署署长纳比尔·拉赫达尔（Nabyl Lakhdar）估计，休达边境每年的非法贸易额有 60 亿~80 亿迪拉姆，约为摩洛哥合法贸易出口额的 10 倍，摩洛哥政府因此损失 20 亿~30 亿迪拉姆税收。③在休达和梅利利亚边境欧洲化 20 年后，著名的"走私行业"似乎正在演变成一个不那么重要的"为了生存的走私行业"。④ 在关闭边境的同时，摩洛哥加强边境治理，采取鼓励融资的税收政策，鼓励企业在休达和梅利利亚等地区开展业务，对边境经济活动具有重要影响。

最后，2020 年有关争议领土的声明对边境问题产生影响。2020 年 12 月 10 日，特朗普宣布美国承认摩洛哥对西撒哈拉地区的主权。就在同一天，摩洛哥宣布同以色列恢复外交关系。西班牙向拜登政府表示抗议，要求撤回特朗普的决定。有研究人员认为，"西班牙不会影响下一届美国政府的决策，其举动更多是平息内部政治需要的一种营销手段"⑤。在特朗普政府表态之后，摩洛哥首相萨阿德丁·奥斯曼尼在 2020 年 12 月 19 日接受媒体采访时表示："休达和梅利利亚的主权归属问题一直是个僵局，

① Safaa Kasraoui, "Spain Respects Morocco's Decision to Maintain Closed Borders," *Morocco World News*, July 8, 2020, Issue 308596, p. 1.

② 〔法〕安·普兰特：《边疆是一种资源：休达与梅利利亚案例》（法文），载〔法〕乔瑟琳·切萨里《地中海、欧洲与马格里布之间的商人、企业家和移民》（法文），法国拉罗斯桑纳芙出版社，2002，第 275 页。

③ 参见《摩洛哥海关年报（2019 年）》（阿拉伯文），摩洛哥经济、财政与行政改革部，2019，第 5~6、33、56 页。

④ James Anderson, "Theorizing State Borders: 'Politics/Economics' and Democracy in Capitalism," Centre for International Borders Research (CIBR), Belfast: Working Papers in Border Studies, CIBR/WP01-1, 2001, pp. 28-29.

⑤ 〔摩洛哥〕穆罕默德·班德里斯：《摩洛哥与西班牙：敏感问题下的谨慎关系》（阿拉伯文），《阿拉伯圣城报》2021 年 1 月 8 日，第 5 版。

这个问题已经搁置了五六个世纪了，必须坐下来谈。"① 休达与梅利利亚的归属问题、边境问题再一次成为焦点，摩洛哥政府对主权与边境事务的强硬态度，体现出摩洛哥一直在为收回失地并主导边境事务和边境再建构而努力。

对于摩洛哥讨论休达与梅利利亚等争议领土的请求，西班牙一直冷淡应对，而在此次摩洛哥首相发表言论之后，西班牙外交部紧急召见摩洛哥驻西班牙大使，并发表声明称，"西班牙希望所有伙伴尊重其国家的主权和领土完整，并要求摩洛哥驻西班牙大使澄清摩洛哥首相的声明"②。此次热议不仅与西班牙-摩洛哥边境问题有关，还与摩洛哥、以色列与美国的关系有了关联，而且休达与梅利利亚还象征欧洲-非洲的边境，一方面，西班牙飞地的主权和边境问题与地缘政治格局有不可忽视的关系；另一方面，因为摩洛哥与西班牙和欧盟在农业、海洋产业等方面有着紧密的合作关系，2020 年末摩洛哥政府对争议领土的表态，或可刺激西班牙政府就争议问题与摩洛哥进行更深入的沟通，也对西班牙与摩洛哥的经贸关系，乃至地缘政治经济关系有更进一步的影响。

但是，也正因为边境问题对于双方来讲都是极为敏感的话题，因此双方在边境治理方面的合作也会呈现"搁置争议、谋求发展"的默契。随着 2022 年 3 月 18 日西班牙首相佩德罗·桑切斯（Pedro Sánchez）对摩洛哥的访问，摩西关系进一步回温。佩德罗·桑切斯甚至公开申明西班牙支持摩洛哥关于西撒哈拉的"自治计划"，这被认为是摩洛哥拥有西撒哈拉主权的重要计划。2023 年 3 月，西班牙外交、欧盟与合作大臣何塞·曼努埃尔·阿尔瓦雷斯·布埃诺（José Manuel Albares Bueno）接受采访时称："西班牙与摩洛哥的经贸关系已达到历史高点。"③ 摩洛哥和西班牙之间的一系列友好声音充分彰显了两国在边境治理方面的默契。

---

① 〔摩洛哥〕诺菲·沙卡维：《摩洛哥外交与国际合作部大臣有关休达和梅利利亚的生命激怒西班牙》（阿拉伯文），《独立报》2020 年 12 月 25 日，第 1 版。

② 〔摩洛哥〕诺菲·沙卡维：《摩洛哥外交与国际合作部大臣有关休达和梅利利亚的生命激怒西班牙》（阿拉伯文），《独立报》2020 年 12 月 25 日，第 1 版。

③ Miguel Alvarez, "Spain and Morocco Enjoy Historic High Levels of Trade and Economic Cooperation," GE63, March 26, 2023, https：//ge63.com/spain－and－morocco－relations, accessed：2023－05－31.

小　结

休达和梅利利亚的边境问题具有多维度的"双重性"。第一，在地缘政治层面，它不仅是国家间的问题，也是超国家和洲际的问题；第二，在边境空间的活动中，国家边界加强与经济"去边境化"走深同时存在；第三，在边境功能层面，该边境既有屏障功能，也有桥梁作用。这条边境承载了政治、经济、安全、文化等多重意义，也影响着地缘政治与经济格局。不仅如此，该边境的文化认同具有多元"交织性"。在历史中多次重构和再边境化，建构了多元交织的文化认同，形成与后殖民主义、多元主义、超国家认同紧密相关的生存空间。对边境的有效治理，一方面，有助于帮助边境双方维护社会治安，保持经济有序发展，保护国家完整和安全；另一方面，对欧盟国家-非欧盟国家关系、欧洲-非洲关系有重要意义。

与此同时，这条边境的建构具有不可避免的"波动性"。在西班牙与摩洛哥双边关系波动、全球经济发展、欧洲一体化进程推进的过程中，该边境不断再建构。而新冠疫情的暴发、新法案的出台、特朗普政府的表态等事件，再一次影响了该边境在外交关系、经济活动、地缘政治格局、文化认同层面的建构。在边境不断再建构的过程中，能够在封闭性与开放性、合法经济与"影子经济"、双边关系与多边关系中找到平衡点，既有助于在跨境活动近乎停滞的同时维持边境社会稳定，也对地缘政治格局稳定具有重要意义。可以说，边境管理的多主体协同合作，信息互通，合力管制非法贸易活动和非法移民流动，共同面对重大事件的考验，建立长期可调整的、有效的跨界互动机制，是维护边境稳定和推动欧洲与非洲各领域交流的应有举措。

第十章
摩洛哥国家治理中的外交因素

国家治理不仅是一国内政事务，还涉及外部事务。一套完整的国家治理体系需要政府时刻统筹国内和国外两个大局。摩洛哥国家治理始终将国内事务和国外事务联系在一起，国内政治推动外交政策的发展，而外交的成功同样也促进国内治理。自 21 世纪初以来，摩洛哥逐渐形成了"外交与国家治理互动"的两大工具，主要包括针对撒哈拉以南非洲和欧盟的移民/难民问题及推动外交多元化的国家发展战略规划。本章试图从外交的视角透视摩洛哥国家治理。

第一节　摩洛哥外交与国内政治的互动

摩洛哥外交与国内政治的互动主要受到两组因素的影响。第一组是地区和国际环境的影响；第二组是身份认同的影响。通过对摩洛哥王室演讲文本的分析和研究笔者认为，在摩洛哥的外交决策排序中，对象国的体量和影响力并不是核心因素。作为地区中等强国，摩洛哥领导人的外交决策主要受到环境、位置和角色定位三个维度的交叉性综合影响。具体而言，环境因素是指摩洛哥领导人进行外交决策时受到的政治环境、社会环境和制度环境等影响，可以分为国内环境（历史传统、决策制度和精英政治等）和国际环境（国际结构和跨国思潮）；位置因素是指由空间性决定的摩洛哥外交原则和行动指南，包括地缘原则（政治、经济和文化）和"同心圆"框架（团结、邻居和伙伴关系）；角色定位是摩洛哥在与国际社会互动过程中构建起来的，它为摩洛哥在国际上拓展影响力指明了方向。

一 复杂多变的国内环境

国内环境在摩洛哥外交政策中的作用是最为重要，也是最为复杂的。国内环境的复杂性分别体现在决策机制、身份定位、社会思潮和精英政治等方面。当然，这种复杂性和独特的作用还拥有悠久的历史根源。从历史发展的角度来看，摩洛哥经历了前殖民时期的王朝交替统治阶段（788～1912 年）、殖民时期的委任统治（1912～1956 年）和后殖民时期的君主立宪制（1956 年至今）。788 年，伊德里斯一世建立了第一个谢里夫王朝——伊德里斯王朝，正式开启了伊斯兰教作为历代王朝的执政合法性来源，所有君主都认定其是先知穆罕默德的后裔。[①] 从这时期起，伊斯兰－阿拉伯文明也开始作为古代摩洛哥对外关系的重要文化根源。

进入中世纪后，由北非柏柏尔部落建立的穆拉比特王朝和穆瓦希德王朝统治了南起塞内加尔河、北至西班牙的埃布罗河的疆域，开启了北非和欧洲的文化联系。[②] 此后，经过阿拉维王朝和法国的殖民统治，摩洛哥与包括美国在内的西方国家建立了复杂的外交关系。因此，摩洛哥是当今世界上为数不多与世界大国维持数百年交往的阿拉伯国家。[③] 这种历史演变也为当代摩洛哥的政治制度设计提供了历史根源，如摩洛哥的君主立宪制充分继承了王朝时期的世俗集权特质、宗教权威和中央－地方的横向制度设计（保留了部分前殖民时期的官职），同时汲取了法国遗留下来的民主遗产。因而，这种历史塑造对当代摩洛哥的影响最直接的体现是国内环境的复杂性。

摩洛哥国内环境的第一个层次是决策机制。不同于西方民主国家，摩洛哥的决策过程主要是在王宫里完成的，即国王对外交政策具有绝对的主导权和控制权。实际上，在穆罕默德五世时期，摩洛哥外交决策由民族主义政党组成的政府主持，而国王只发挥着象征作用。而到了哈桑二世时

---

① 〔法〕亨利·康崩：《摩洛哥史》（上），上海外国语学院法语系翻译组，上海人民出版社，1975，第 33 页。

② 〔法〕亨利·康崩：《摩洛哥史》（上），上海外国语学院法语系翻译组，上海人民出版社，1975，第 33 页。

③ James N. Sater, *Morocco: Challenges to Tradition and Modernity*, London：Routledge, 2016, p. 150.

期，出于政治斗争的需要，从 20 世纪 60 年代开始，外交领域话语权逐渐
"集中化"。以致有学者认为在摩洛哥，外交一直被认为是最高统治者的
"私人领域"（Domain Réservé）。① 在 2011 年进行宪法修订后，国王的总
体权力被削弱，如宪法第 47 条规定政府首脑须从议会多数党中产生，且
拥有自主组建联合政府的权力。② 然而，宪法并没有详细规定政府首脑具
体拥有哪些权力，因此导致了国王在行使权力的时候具有较大的解释空
间，尤其在维护传统的外交决策权方面。由此看出，摩洛哥外交决策过程
的核心逻辑是"追随"而不是"平衡"，因为没有任何一个官员敢于反对
国王，相反他们宁愿尽力执行国王的决策。③

第二个层次是多重身份定位。2011 年，修订后的宪法中出现了多个
摩洛哥国家身份认同要素，主要包括阿拉伯-伊斯兰、柏柏尔和撒哈拉-
哈桑尼三大核心认同，以及非洲、安达卢西亚、希伯来和地中海等边缘认
同。④ 从 20 世纪 70 年代至 2011 年，摩洛哥官方宣传一直将自己定位为
一个阿拉伯国家，而占全国绝大多数的柏柏尔人在外交决策中被边缘
化。⑤ 然而，从 2011 年开始，柏柏尔人、非洲、希伯来等多元身份慢慢
体现在国家的身份建构中，国王穆罕默德六世在外出访问过程中，也多次
提及摩洛哥的非洲身份定位。身份定位既是现实政治的需要，也是行为体
在互动过程中产生的共有知识/观念塑造而成。⑥ 因此，摩洛哥的多重身
份定位既是基于维护国家团结稳定的需要，也是多种文化共同影响而成。

第三个层次是国内的社会思潮。20 世纪 20 年代至今，摩洛哥国内经
历了多种社会思潮，从独立初期的民族主义思潮到 20 世纪 60 年代的泛阿
拉伯主义思潮，再到 20 世纪 70 年代经济自由主义和 20 世纪 80 年代至今

---

① Hammad Zouitni, *La politique ètrangère Marocaine: De Quelques étapes et repères*, Imprimerie Info-Print, 2013.
② 参见摩洛哥 2011 年宪法第 47 条。
③ Michael Willis and Nizar Messari, "Analyzing Moroccan Foreign Policy and Relations with Europe," in Gerd Nonneman, ed., *Analysing Middle East Foreign Policies: The Relationship with Europe*, London: Routledge, 2005, p. 46.
④ 参见摩洛哥 2011 年宪法前言部分。
⑤ Michael Willis and Nizar Messari, "Analyzing Moroccan Foreign Policy and Relations with Europe," in Gerd Nonneman, ed., *Analysing Middle East Foreign Policies: The Relationship with Europe*, London: Routledge, 2005, p. 45.
⑥ 参见袁正清《国际政治理论的社会学转向：建构主义研究》，上海人民出版社，2005。

的伊斯兰主义思潮。民族主义思潮来自早期在法国接受教育的摩洛哥知识分子回国后为争取民族独立而产生的运动。独立后，民族主义势力继续影响着外交政策，如试图建立囊括毛里塔尼亚和部分阿尔及利亚地区的"大摩洛哥"，以及在其他领土问题上毫不退让等。① 泛阿拉伯主义主要受到埃及前总统加麦尔·阿卜杜勒·纳赛尔（Gamal Abdel Nasser）的影响。20 世纪 70 年代在哈桑二世的摩洛哥化运动中，泛阿拉伯主义成为主要的指导思想。进入 20 世纪 80 年代，由于经济危机的出现，一方面哈桑二世开始倚重西方的经济支持，继而开启了自由主义的经济改革，另一方面自由主义改革带来的诸多社会问题使得政治伊斯兰主义开始浮出水面，最终成为摩洛哥社会的一股主要力量。②

第四个层次是精英政治。富裕阶级/资产阶级与政治的关系演变是摩洛哥精英政治发展的重要内容。独立初期，摩洛哥的核心政治发展特点是传统的阿拉维君主势力与民族主义的独立党之间的权力斗争。独立党的政治精英大多来自法西家族（Fassi Family），即早年发迹于非斯城的大家族，他们从 17 世纪中期就掌控着摩洛哥的重要经济部门、政府职位和宗教职位。③随着权力斗争的升级，精英内部分化为保皇派和"民主派"。④分化的原因，除了摩洛哥政治"部落化"和"巴尔干化"的内生性特征外，与哈桑二世实施的政治整合和吸收策略有较大关系。⑤ 一直以来，王室与经济精英之间也建立了隐性的联盟关系，前者依靠农村贵族阶层和城市阶层的支持来应对潜在威胁，而后者则通过自由主义政策下的诸多项目

---

① 1957 年 7 月，民族主义政党官方报纸《旗帜报》（*Al Alam*）刊登了关于"大摩洛哥"的构想的文章。参见 Rachid Lazrak, *Le contentieux territorial entre le Maroc et l'Espagne*, Casablanca：Dar el Kitab, 1974。

② 摩洛哥知名历史学家阿卜杜拉·拉洛维（Abdallah Laroui）和扎卡亚·道维（Zakya Daoud）在 20 世纪 80 年代对这一现象就进行了详细阐述，参见 Abdallah Laroui, *L'Idéologie arabe contemporaine*, Paris：La Découverte, 1983；Zakya Daoud, *Les Années Lamalif: 1958-1988, trente ans de journalisme* au Maroe, Éditions Tarik et Senso Unico, 2007。

③ James N. Sater, *Morocco: Challenges to Tradition and Modernity*, London：Routledge, 2016, pp. 10-11.

④ 这里的"民主派"统治民族主义势力、左翼势力和伊斯兰主义势力等。

⑤ 约翰·沃特伯里认为摩洛哥的政治组织大多是基于自私自利性和强大领导人建立起来的，具有分裂性特征，参见 John Waterbury, *The Commander of the Faithful：The Moroccan Political Elite— A Study in Segmented Politics*, New York：Columbia University Press, 1970, p. 68。

获得经济收益①，如"公共私营合作制"（又称 PPP 项目）下的油气部门，就是由苏斯派（Soussi Businessmen）的农业大臣以个人身份控制的，占市场的 30%。② 此外，摩洛哥技术官僚精英也来自经济精英，这在穆罕默德六世上台后尤为突出。因而，穆罕默德六世经济外交转向也得益于国内的经济精英和技术官僚精英的支持和话语构建。

二　丰富多样的地区和国际环境

格尔德·诺曼（Gerd Nonneman）认为地区环境和国际环境对发展中国家的外交政策的影响主要体现在两个方面：威胁和机遇。地区环境既是外部安全的威胁和机会来源，也是影响国内合法性跨民族因素的来源；而国际环境则是发展中国家处理外部世界与国内关系治理的"缓冲区"，即决策者既可以从中汲取必要资源以保护政权安全，又可以保护国内社会不受外来控制、干涉或过多渗透等。③ 对摩洛哥来说，地区环境主要涉及马格里布地区、欧洲和阿拉伯世界/中东，而国际环境的影响主要体现在全球格局的变化，以及如何处理与俄罗斯（包括苏联）、美国、法国、西班牙和中国的关系。

摩洛哥地区外交的第一环是邻国。摩洛哥的邻国主要包括马格里布地区的其他国家（如阿尔及利亚、毛里塔尼亚、突尼斯和利比亚）和西班牙。如前文所述，摩洛哥的邻国关系可以追溯至中世纪的柏柏尔王朝，领土包含现在的毛里塔尼亚全境、部分阿尔及利亚和西班牙南部的格拉纳达地区。④ 因此，在 1956 年摆脱法国和西班牙的委任统治后，摩洛哥一直认为处于"部分独立状态"。此外，摩洛哥还是西撒哈拉以南非洲通往

---

① Ali Benhaddou, *Les élites du royaume: enquête sur l'organisation du pouvoir au Maroc*, Riveneuve, 2009, pp. 112–115.

② Merouan Mekouar, "Beyond the Model Reform Image: Morocco's Politics of Elite Co-Optation," *GIGA Focus Nahost*, Vol. 3, 2018, p. 3.

③ Gerd Nonneman, "Determinants and Patterns of Saudi Foreign Policy: 'Omnibalancing' and 'Relative Autonomy' in Multiple Environments," in Paul Aarts and Gerd Nonneman, eds., *Saudi Arabia in the Balance: Political Economy, Society, Foreign Affairs*, New York: NYU Press, 2006, p. 318.

④ Rachid El Houdagui, "La politeque étrangere du maroc entre la constante geopolitique et les contraintes de la mondialisation," *Desafíos*, Vol. 9, 2003, p. 217.

欧洲的重要通道。因此，在该地区常年动乱的背景下，摩洛哥的周边外交政策主要有以下几个核心关切：①以西撒哈拉和佩雷希尔岛为主的领土完整；②地区稳定，包括邻国国内的军事冲突和地区恐怖主义威胁，以及移民、跨国毒品交易和走私等问题；③地区的合作与发展，主要是指马格里布地区的经济一体化问题和摩洛哥与西班牙的贸易关系；④追求地区的权力平衡。①

表 10-1　摩洛哥与阿尔及利亚关系演变

时间	状态
1963～1965 年	爆发"沙地之战"（Sand War）
1965～1975 年	在突尼斯创立马格里布四国协商机制，摩阿关系不温不火
1976～1988 年	外交关系破裂
1989～1993 年	阿拉伯马格里布联盟成立，摩阿关系缓和
1994 年	两国关闭边界，关系恶化
1999 年至今	阿尔及利亚总统布特弗利卡访问摩洛哥，但此后摩阿关系一直处于僵持阶段

资料来源：笔者自制。

　　在地区环境中，摩洛哥和阿尔及利亚的敌对关系是第一个重点。在摩洛哥看来，阿尔及利亚不仅是西撒哈拉问题症结所在，而且是阻碍地区一体化的始作俑者，被视为潜在对手。长期以来，两国呈现"和平不可能、战争也不可能"的僵持局面（见表10-1）。② 这种结构性矛盾关系深刻地影响着摩洛哥实现周边政策的目标。第二个重点是与西班牙的关系，虽然摩洛哥和西班牙总体上保持良好关系，但是两国仍然存在着诸多领土纠纷、移民、走私以及在欧洲市场上的农业竞争等结构性问题。正如哈桑二世所言，摩洛哥在地区环境中处于南（西撒哈拉）北（西班牙）"夹击"

---

① 在国王穆罕默德六世的演讲中，发展与马格里布地区关系是其谈论外交政策的一大重点，尤其希望推动马格里布地区的一体化，打破隔阂，追求共识。参考 2011 年 6 月穆罕默德六世在第 36 届"绿色进军节"上的演讲。关于摩洛哥的周边政策的目标，摩洛哥皇家战略研究院曾有专门论述，详细参见 "Panorama du Maroc Dans le Monde: Les relations internationales du Royaume," *Rapport Strategique 2016*, *Institut Royal des Etudes Stratégiques*, Février 2016, pp. 34-35.

② Raphaël Lefèvre, "Morocco, Algeria and the Maghreb's Cold War," *The Journal of North African Studies*, Vol. 21, No. 5, 2016, p. 738.

的状态，地缘政治具有很强的脆弱性。①

摩洛哥地区环境的第二环是阿拉伯世界/中东。在阿拉伯国家的外交政策中，从 20 世纪 70 年代开始，以泛阿拉伯主义为核心的"阿拉伯体系"的作用已经大幅减弱，单个国家的"国家利益"随之成为主导因素。② 然而，随着巴以冲突长期得不到有效解决，以及巴勒斯坦事业已经成为各国阿拉伯民众的主流价值观的背景下，决策者不得不考虑这一"阿拉伯体系"的影响。③ 摩洛哥虽然远离阿拉伯世界的核心地带——黎凡特和海湾阿拉伯地区，但其对阿拉伯世界发展的投入程度要大于突尼斯和阿尔及利亚。此外，由于亲西方以及与以色列具有良好关系，摩洛哥决策者对阿拉伯世界的变化有强烈的反应。④ 例如，在巴以冲突上，一方面为照顾国内民众的民族主义情绪，国王积极参与巴勒斯坦事业，尤其是以"圣城委员会"主席的身份维护巴勒斯坦人民的利益，另一方面迫于国内犹太社区的存在以及美国因素，国王作为中间人积极调停巴以双方的矛盾。2011 年阿拉伯剧变以来，中东秩序进入以政治伊斯兰为核心的重组之中，地区大国之间进而出现了"分庭抗礼"的局面。⑤ 君主制的摩洛哥传统上一直与海湾各阿拉伯国家尤其是沙特维持良好的关系。但是，当地区格局出现沙特和卡塔尔两大集团对抗的时候，理论上，摩洛哥外交政策将面临抉择的困境。但在实践上，摩洛哥一直持中立外交。⑥ 因为对摩洛哥来说最重要的威胁是政治伊斯兰的暴力化以及国内民众对其他阿拉伯国家的认知，前者如极端主义思想，而后者则是近年来在马格里布地区的

---

① Rachid El Houdagui, "La politeque étrangere du maroc entre la constante geopolitique et les contraintes de la mondialisation," *Desaftos*, Vol. 9, 2003, p. 219.

② 阿拉伯国家的国家利益一般包括作为整体国家的核心利益，如领土完整、经济发展等，以及作为统治家族的生存利益。

③ F. Gregory Gause III, "Systemic Approaches to Middle East International Relations," *International Studies Review*, Vol. 1, No. 1, Spring 1999, pp. 11-31.

④ Michael Willis and Nizar Messaki, "Analyzing Moroccan Foreign Policy and Relations with Europe," in Gerd Nonneman, ed., *Analysing Middle East Foreign Policies: The Relationship with Europe*, London: Routledge, 2005, pp. 54-55.

⑤ 刘中民、赵跃晨：《"博弈"穆兄会与中东地区的国际关系走势》，《外交评论》2018 年第 5 期，第 71~97 页。

⑥ Rachid El Houdagui, "Le Maroc entame une étape cruciale de son ajustement dans un monde en transition," *Le Vie Éco*, Juillet 27, 2018, p. 21.

"反沙特"现象。

国际环境对摩洛哥外交的影响体现在国际政治格局的变化和全球化带来的机遇与挑战。从第二次世界大战结束至今,国际格局经历了美苏冷战、冷战结束初期的美国霸权以及 2008 年金融危机后的一超多强格局。摩洛哥同时处于阿拉伯世界、非洲和地中海地区的独特地理位置,所以世界大国都希望将摩洛哥作为"缓冲地带"以实现其战略目标。这种天然的政治机会结构使得摩洛哥在处理大国关系时常常采用联盟和"三角平衡"(Triangle Balance)的策略。具体而言,与西方重点国家(美国、法国、西班牙等国)建立联盟,通过引入第三方国家并与其建立伙伴或盟友关系,进而形成巧妙的"三角平衡",以获取外部战略资源。摩洛哥共形成了摩洛哥-美国-苏联、摩洛哥-法国-美国、摩洛哥-美国-西班牙、摩洛哥-美国-以色列、摩洛哥-美国-中国以及摩洛哥-沙特-卡塔尔等"三角平衡"。① 全球化带来的机遇更多的是经济层面的。20 世纪 80 年代后,随着拉丁美洲和东亚小国通过引入自由主义经济改革,一些国家的经济获得了极大的改观。摩洛哥也积极抓住了这一机遇,成为公认的新自由主义改革的"好学生",这不仅体现在经济领域,也体现在积极推进政治领域的改革。② 然而,在新自由主义改革推动下,由于贫富差距拉大、社会不公平等问题,摩洛哥出现了多次经济-社会危机,甚至危及王室的统治根基。因此,在国际环境带来的机遇与挑战并存的背景下,如何利用外交政策达到满足外部期望的同时维持国内政治和社会秩序成为新时期王室外交的重要内容。

三　摩洛哥外交的"地缘"和"同心圆"原则

摩洛哥在国际关系中的身份政治呈多元化特征。也许是因为 1000 多年的历史延续性和君主制的独特性,摩洛哥从来都没有将自己定位为一个

---

① Michael Willis and Nizar Messari, "Analyzing Moroccan Foreign Policy and Relations with Europe," in Gerd Nonneman, ed., *Analysing Middle East Foreign Policies: The Relationship with Europe*, London: Routledge, 2005, pp. 56-59.

② Shana Cohen and Larabi Jaidi, *Morocco: Globalization and Its Consequences*, London: Routledge, 2014, p. 151.

小国。相反，虽然摩洛哥的外交重点是周边国家，但其在更广泛的地区事务中一直试图以领导者的身份参与其中，同时与其他地区的事务又保持着一定的距离。事实上，一个民族的历史伟业从来没有真正被抽离过，而在摩洛哥，帝国记忆仍然扎根于集体意识中，在话语和国家外交实践中占据主导地位。①

（一）"地缘"原则

摩洛哥地缘原则最先是由国王哈桑二世提出，其认为：

> 摩洛哥就像一棵大树，她的滋养之根深深扎进非洲大地，她的叶子在欧洲之风的吹拂下瑟瑟作响，因此她呼吸着那里的空气。然而，摩洛哥的生活不仅仅是垂直的。她还向东方延伸，我们被世俗文化和宗教联系在一起。即使我们想要它——我们也不想要它！我们不可能打破它们。②

穆罕默德六世继位后第一年发表的登基日演讲中也提出了相似的看法：

> 如果摩洛哥是阿拉伯和伊斯兰世界的一部分，她在非洲大陆北部的地理位置，以及面朝北部的欧洲和西边的美国，就要求我们继续执行我们尊敬的父辈的政策。③

从两任国王的演讲中可以看出，国际政治不仅由地缘政治构成，还由地缘经济的整合以及地缘文化潜在能量构成。因此，这三个变量的整体性在摩洛哥的外交话语和外交行动中均具有特殊含义。

如前文所述，地缘政治的意义对摩洛哥来讲主要是区域问题，亦即与

---

① Rachid El. Houdagui, "La politique étrangère de Mohammed VI d'une 'puissance relationnelle'," in Centre d'Etudes Internationales, dir., *Une Décennie de Réformes au Maroc*, Paris: Karthala, 2010, p.298.

② Hassan II, *Le défi*, Albin Michel, éd., 1976, pp.189-199.

③ 穆罕默德六世在 1999 年 7 月 30 日的登基日演讲。

阿尔及利亚、西班牙、毛里塔尼亚等"邻国"的边界问题。如何解决摩洛哥与阿尔及利亚和西班牙的领土纠纷问题，成为摩洛哥地缘政治问题的核心所在。例如，在2003年佩雷希尔岛危机爆发时，阿尔及利亚坚定地站在了西班牙一边。由于与阿尔及利亚冲突的长期性，近年来，摩洛哥转向了以对话方式解决冲突，尤其是展开与西班牙的积极对话，减少东部问题带来的影响。同时，摩洛哥积极主动寻求与阿尔及利亚进行认真对话，在外交姿态上占据主动地位。[①]

地缘经济意义主要来自全球化时代背景下摩洛哥经济-社会发展的内在需求。自21世纪以来，摩洛哥实施了多项改革以加强宏观经济发展和进一步促进对外开放。为深化全球经济联系和提高社会经济效益，摩洛哥一方面开展了港口、公路、铁路等基础设施建设，另一方面提供良好的国内营商环境，吸引对外投资，提升"摩洛哥制造"的国际竞争力。外交在其中主要起两方面作用：探索和推广。[②] 摩洛哥的王室外交从话语上与经济发展一脉相承，如多次提出市场多元化、伙伴关系、协同发展、"区域经济"等概念。在外交实践上，摩洛哥经济外交更是旨在向全球推销"摩洛哥产品"，体现在如促进南北经济一体化和南南合作[③]等方面。

文化地缘政治既是穆罕默德六世执政时期突出的全球现象，也是其重要的外交原则。自亨廷顿提出文明冲突论和"9·11"事件以来，文化问题早已不是简单的南北垂直逻辑，而是横向的政治-文化考量，如宗教的工具化、种族主义和极端主义的抬头、少数族群的信仰自由、种族和分裂的重现以及文化垄断等现象。同时，由于技术的革新，尤其是社交媒体的广泛使用，国家对个体社会化进程的垄断在逐渐减弱，而后者易受到全球文化思潮的影响。这在伊斯兰国家的影响尤为突出，官方的世俗结构和宗教结构无法控制社会组织的发展，这给自下而上的革命提供了可能性。文

---

① "Mohammed VI propose à l'Algérie un dialogue 'direct et franc'," Jeune Afrique, Novembre 6, 2018, https：//www.jeuneafrique.com/659189/politique/mohammed - vi - propose - a - lalgerie-un-dialogue-direct-et-franc/, accessed：2018-12-17.

② Rachid El. Houdagui, "La politique étrangère de Mohammed VI d'une 'puissance relationnelle'," in Centre d'Etudes Internationales, dir., Une Décennie de Réformes au Maroc, Paris：Karthala, 2010, p. 300.

③ 南北合作和南南合作主要指摩洛哥与欧盟、美国和中东国家签立的自由贸易协定。

化嵌入地缘政治，使得世界各国都面临以下困境：如何调和国家特性与"普世价值观"的关系，以及如何在宗教之间开展坦率且真诚的对话。显然，这也是摩洛哥面临的问题。

（二）"同心圆"原则

与"地缘"原则一样，"同心圆"原则也是国王通过演讲形式提出的。就外交政策而言，王室演讲的特点是将外交目标、原则和行动手段概念化和正式化。"同心圆"是指包括邻居（Voisinage）、团结（Solidarité）和伙伴关系（Partenariat）三项基本外交原则。这一原则是穆罕默德六世在对哈桑二世时期外交实践进行继承和发展的基础上，通过演讲的形式提出的：

> 我们对巧外交的构想，……都在经济和全球安全维度得到验证，并通过邻居、团结和伙伴关系三个同心圆来表达。[1]

虽然三个"同心圆"原则是一个功能性概念，而不是地缘概念，但是作为一项务实的外交价值原则，这三项原则均具有特定的地域范围以及对外关系的风格和路径等。总体来讲，三项原则的核心目标是指向国内的，主要有维护领土安全、经济发展、民族团结和王室统治的合法性等。[2]

"邻居"的概念是摩洛哥外交内涵的理论构建，是指通过三个相关的支柱来构建摩洛哥与其环境之间的关系：自主性、分割性和适应性。根据拉希德·乌代圭的研究，穆罕默德六世的"邻居"概念是外交性和自愿性的，是基于 7 世纪国家实体形成以来的外交史发展而来，不以权术和权力政治为基础。换句话说，穆罕默德六世所设想的外交行为不是以自私自利的国家利益为根据，而是以保证公平和繁荣的利益共同体

---

① 穆罕默德六世 2004 年 7 月 30 日登基日演讲。

② Jennifer Rosenblum and William Zartman, "The Far West of the Near East: The Foreign Policy of Morocco," in Bahgat Korany, and Ali E. Hillal Dessouki, eds., *The Foreign Policies of Arab States: The Challenge of Globalization*, Cairo: American University in Cairo Press, 2008, p. 330.

为基础。① 在具体实践上，摩洛哥的"邻居"是以马格里布为中轴，覆盖了从欧盟到非洲的同心空间，形成了三个平行的子空间。由于摩洛哥具有独特的地缘特征和文化特征，其邻居空间结构是一个常量，而具体的双边关系却是一个变量。三个空间的具体定位分别为：马格里布地区的权力平衡和经济一体化；欧盟作为摩洛哥战略资源的重要来源；非洲和地中海地区是重要的战略投射区域。

相对于"邻居"概念，"团结"和"伙伴关系"更具有工具化特征。"团结"的内容由具体议题而定，总结起来主要有三个形式：第一，多边团结，即摩洛哥在尊重国际法的基础上对国际组织的行动所做的承诺，如摩洛哥在移民和反恐国际多边合作机制上的积极作为②；第二，利他主义团结，即摩洛哥通过高科技和对外投资为撒哈拉以南非洲地区的经济建设和现代化提供发展援助；第三，"文明团结"，这一概念是呼应亨廷顿的"文明冲突论"。在摩洛哥，"文明团结"的概念一方面包括团结世界上的伊斯兰国家，尤其是要维护巴勒斯坦人民的利益，另一方面是促进不同宗教和种族之间的和平共处，如处理穆斯林和犹太人之间的关系。

在摩洛哥的外交话语下，发展伙伴关系的目的在于促进国民经济发展和丰富国家的战略选择。③ 这种伙伴关系的重点是，以摩洛哥传统盟友——美国、沙特和欧盟为重点，进行多元化扩展，包括《阿加迪尔宣言》④ 国家、中国、俄罗斯、印度、加拿大、日本、土耳其和南美地区等国家和地区。这是一种高成本的伙伴关系，通过自由贸易协定，促进摩洛哥对全球市场的开放。此外，以经济为核心的战略伙伴关系也具有军事意义，主要体现在地中海对话和合作框架内与美国、法国或北约组织共同打

---

① Rachid El Houdagui, "La politique étrangère de Mohammed VI d'une 'puissance relationnelle'," in Centre d'Etudes Internationales, dir., *Une Décennie de Réformes au Maroc*, Paris: Karthala, 2010, p. 303.

② 在摩洛哥外交与国际合作官方网站上的"politique étrangère"栏目中，明确将国际组织和地区组织作为外交行动的重要一环，参见 https://www. diplomatie. ma/Politiqueétrangère. aspx，最后访问日期：2018 年 12 月 17 日。

③ 穆罕默德六世 2004 年 7 月 30 日登基日演讲。

④ 《阿加迪尔宣言》是摩洛哥与埃及、约旦、黎巴嫩、巴勒斯坦和突尼斯于 2004 年 2 月 25 日签订的自由贸易协定，2007 年 3 月 27 日生效。

击恐怖组织、非法移民和跨国犯罪。① 此类合作还包括阿拉伯剧变以来与海湾阿拉伯国家在中东事务上的军事合作，如军事参与叙利亚和也门战争。

四　摩洛哥在国际社会中的身份考察

如果说三个"地缘"原则（政治、经济和文化）塑造了摩洛哥外交政策的基本理念，三个"同心圆"原则（邻居、团结和伙伴关系）形成了摩洛哥外交政策的行动框架，那么国家的身份原则可以归结为对国际社会的态度、决定、反应、职能和承诺。这种身份认定是决策者根据国际社会环境和外交基本原则自动或被动地为国家设定的。通过对国王的演讲内容分析可以大体上确定摩洛哥在国际社会中身份的主题，如促进马格里布地区稳定、地中海地区的安全、维和行动以及与阿拉伯-伊斯兰国家的团结等，通过确定这些主题进而可以对摩洛哥在国际社会的身份进行分类。

（一）欧洲-地中海地区的稳定器和一体化推动者

一直以来，在官方外交话语中，摩洛哥都将建设更为稳定和安全的地区环境作为一种承诺。② 因此，摩洛哥的第一个国际身份是"邻国"空间内的稳定器和一体化推动者。具体而言，它是促进马格里布地区的一体化以及为欧洲创造一个安全稳定的马格里布。

马格里布联合体的建设对于摩洛哥来说，既是一种梦想，也是一种责任和动力。作为该地区存在时间最悠久的独立君主制国家，虽然地区国家间关系混乱，但是摩洛哥一直认为自己是一体化的积极倡导者。穆罕默德六世曾在演讲中称："摩洛哥王国做出了建立阿拉伯马格里布联盟的战略选择，为该地区的和平与发展创造一个合作平台。"③ 1989 年，阿拉伯马

---

① J. Peter Pham, "Morocco's Vital Role in Northwest Africa's Security and Development," Issue Brief, Atlantic Council, November 2013, https://www.atlanticcouncil.org/publications/issue-briefs/morocco-s-vital-role-in-northwest-africa-s-security-and-development, accessed：2018-12-17.

② 参见 2012 年 3 月 11 日摩洛哥国王顾问、外交与国际合作部大臣代表尤素福·阿姆拉尼接受媒体采访，http://www.infomediaire.net/invite_du_mois/youssef-amrani-ministre-delegue-aupres-du-ministere-des-affaires-etrangeres-et-de-la-cooperation/，最后访问日期：2018 年 12 月 17 日。

③ 穆罕默德六世在 2001 年 7 月 30 日登基日的演讲。

格里布联盟成立后，哈桑二世积极规划未来地区一体化的愿景，希望以此改善与阿尔及利亚的关系。穆罕默德六世继位后多次对阿尔及利亚隔空喊话，希望能够重开边境，进而实现关系正常化。[①] 但是，由于两国积怨已久，阿尔及利亚一直将关系正常化与西撒哈拉问题放在一起，因此完全的一体化从未真正实现过。这种僵持局面使得国际社会认为摩洛哥是马格里布地区一体化的建设性力量，而阿尔及利亚是一个积极的保守者。在外交实践中，摩洛哥多次在各种国际性场合宣扬地区一体化的巨大潜力。2001 年，摩洛哥曾为马格里布联盟的标准化建设做过尝试，但以失败告终。由于摩洛哥在马格里布地区的建设性作用，其在欧盟和美国的外部机制中分别取得了"优先地位"（2008 年）和摩-美自由贸易协定的签订（2006 年）。

摩洛哥与欧盟的关系不仅是因为殖民历史的纽带，更重要的是双方紧密的商贸和人员往来，甚至可以说摩洛哥是欧洲与南地中海国家"命运共同体"的重要一员。[②] 摩洛哥在外交话语中也一直声称与欧盟建立联系是其外交政策的坚定目标。摩洛哥与欧盟的关系经历了漫长的渐进式发展：从 1969 年简单的贸易协议到 1976 年的审查和扩大的联合协议，该协议在"欧洲邻国政策"框架下得到了加强，2008 年摩洛哥获得了欧盟的"优先地位"。[③] 这种升级后的行动计划为摩洛哥与欧盟关系开辟了一种全新的合作模式。这种战略性选择的基础是摩洛哥作为欧盟和马格里布地区之间的促进者。正如穆罕默德六世在继位初期演讲时所言："也许是时候给我们地区的欧洲议程提供不同的基调，这种基调会给摩洛哥和其他地中海南部国家带来希望，它们可以声称合作伙伴关系将比联合协议更好……"[④] 目前而言，欧盟与南地中海国家的新型关系中，摩洛哥起到极

① Irene Fernandez-Molina, *Moroccan Foreign Policy Under Mohammed VI*, 1999-2014, London: Routledge, 2015, pp. 76-95.

② Jennifer Rosenblum and William Zartman, "The Far West of the Near East: The Foreign Policy of Morocco," in Bahgat Korany, and Ali E. Hillal Dessouki, eds., *The Foreign Policies of Arab States: The Challenge of Globalization*, American University in Cairo Press, 2008, p. 337.

③ Rachid El Houdagui, "Le Maroc et la politique Européenne de Voisinage," in Alberto Morillas Fernández and Irene Blázquez Rodríguez, eds., *La cooperación territorial en el Mediterráneo: la política europea de vecindad*, Universidad Internacional de Andalucía, 2009, pp. 79-87.

④ 穆罕默德六世 3 月 20 日在巴黎发表的演讲。

为重要的先锋作用。这主要体现在摩洛哥积极践行欧盟的民主、人权和政治对话，参与波黑的军事安全行动，交流政府间的治理方式以及承办移民大会等方面。

（二）文化对话的贡献者

这一身份在穆罕默德六世时期被表达为"连字符"（Trait d'union），继承哈桑二世时期的"桥梁"（le Pont）一词。[1] 从 1999 年以来的外交实践来看，穆罕默德六世发展了哈桑二世的"桥梁"作用的内涵，尤其体现在摩洛哥外交的文化维度。[2] 这种维度通过各种官方表述（王室演讲）被嵌入国家的身份构建中，如："忠于我们历史和世俗传统""我们倡导宽容和中庸的伊斯兰教模式""不同文明之间的协同模式""我们对文明对话的承诺"等。这种促进者身份的自我认定，来自摩洛哥 1000 年以来的历史传统，为全球化时代的信仰危机提供了一种力量。摩洛哥也拒绝任何破坏伊斯兰文化和文明的企图，为当代社会的传统性和现代性寻求折中力量。在 2001 年 12 月《世界人权宣言》发表 51 周年之际，穆罕默德六世在贺电中称：

> "尊重人权和载入这些权利的国际公约并不是一种奢侈或者需要做出牺牲的模式"（……）正如致力于人类尊严的伊斯兰教与人权理念不是对立关系一样。

自 2000 年以来，摩洛哥决策者在多个国际场合强调民主改革与经济发展的联系，积极践行产生于西方的文明和制度标准。例如，建立尊重人权和少数族群的官方机构、为哈桑二世时期遭受人权迫害的人士设立"平等与和解机构"（l'Instance Equité et Réconciliation），以及政治多元化和经济改革等。所有这些举措为新时期下国内的社会和政治需求提供了"对话空间"，进而总体上维持着国内稳定。这种国内治理模式的成功在国际社会看来是自由与民主的典范。同时，在摩洛哥看来，同西

---

[1]　1986 年，摩洛哥提出了文化走出去的政策，这一年也被称为"文化年"。

[2]　Aydoun Ahmed, Kenbib Mohammed, "La diplomatie culturelle marocaine: proposition d'un modèle rénové," *Institut Royal des Etudes Stratégiques*, Decembre 2015, p. 65.

方发达国家发展外交关系的一个重要法则就是对人权和民主原则的适应。

　　然而自"9·11"事件以来，经过媒体的渲染，亨廷顿的"文明冲突论"逐渐成为西方政界和学界乐于追捧的理念，该理念的一个重点就是西方文明和伊斯兰文明无法共存。从20世纪中叶伊始，阿拉伯政府的反对力量经历了60~80年代的左翼意识形态，到21世纪以来的政治伊斯兰。2011年以来，伊斯兰主义已经成为阿拉伯世界社会抵抗运动的中流力量，因之常常与暴力因素掺杂在一起，所以被认为与西方文明基本价值观不相容。① 因此在这种情况下，伊斯兰世界进入防御状态，一些国家开始改变外交话语，为伊斯兰文明进行辩护。

　　作为公认的温和伊斯兰国家，摩洛哥外交一直致力于推动不同文明之间的交流与互鉴。摩洛哥认为这种互相敌视情绪主要来自双方的无知。因此国王一方面公开指出阿拉伯世界应尽的集体责任，以及提醒人们尊重人权、民主和发展的相互作用；另一方面在提及西方的外交话语中，在尊重的基础上同时提醒西方应充分理解伊斯兰文明。例如，穆罕默德六世在谈到阿富汗问题时称："这是一个非常复杂的问题，但西方有必要理解并接受这种复杂性，如果说存在冲突的风险，那就是无知造成的。"② 在摩洛哥概念中，文明对话是促进和平的重要因素，因此在官方外交话语中，大量使用团结、对话和伙伴关系等词语，彰显摩洛哥与外部世界的良性互动关系。

（三）国际和平与安全的合作者

　　这一身份主要是指摩洛哥在多边框架内参与国际维和行动，这也是独立以来摩洛哥外交政策的重要一部分。从1960年至今，摩洛哥已在联合国、欧盟和北约的指挥下参与了十几次维和行动。根据联合国报告，2017年，摩洛哥在世界上维和行动的贡献率排第14名（共125个国

---

① 参见 Martin Kramer, *Arab Awakening and Islamic Revival: The Politics of Ideas in the Middle East*, New York: Routledge, 2017。

② 穆罕默德六世 2008 年 11 月 1 日接受法国《巴黎竞赛》（*Paris-Match*）的专访，全文参见 https://lematin.ma/journal/2001/S-M--le-Roi-a-Paris-Match--c-est-tous-les-jours-que-je-m-efforce-de-faire-le-mieux-possible-pour-mon-pays/9198.html，最后访问日期：2018 年 12 月 18 日。

家），共有 1610 名摩洛哥军人（共 92506 名）参加，在西亚和北非地区仅次于埃及，排第二名。[①] 目前，摩洛哥已经积累了多种参与国际维和行动的手段。事实上，摩洛哥的维和行动范围早已超越非洲地区，积极参与更远地区的危机处理，如海地、波黑、科索沃和柬埔寨等。这种积极参与的态度使得摩洛哥有机会接触到"高政治"和高战略附加值的国际合作。

以摩洛哥参与波黑维和行动为例，这是被国际社会尤其是欧盟公认的南地中海国家参与促进地区稳定的典范。实际上，2004 年维护波黑地区安全的"奥尔瑟雅行动计划"（Operation Althea）是欧盟安全与防务政策（ESDP）的重要行动之一，涉及冲突预警与国际危机管理等方面。具体而言，作为 ESDP 国际危机管理机制的一部分，摩洛哥皇家武装部队通过"贡献国委员会"参与其中——派驻摩洛哥高级军官并为欧盟提供机密信息等。显然，这种军事技术领域的合作在政治上为摩洛哥和欧盟在地中海地区的安全合作打下了很好的信任基础。因此，"优先地位"框架就规定了为摩洛哥和欧盟在国际危机管理合作上设立一个常规化的机制。

同样地，在北约指挥的维和行动中，摩洛哥也已成为重要的贡献者，参与了从 1960 年联合国刚果（金）行动到 2014 年联合国中非共和国多层面综合稳定团等行动（见表 10-2）。2016 年，北约正式将摩洛哥纳入"相互操作性平台"（Interoperability Platform），与北约部队联合打击恐怖主义组织。[②] 这些实操性的参与无疑增强了摩洛哥进行地区冲突管理的能力和信心。因此，通过与欧盟和北约两大平台的合作，摩洛哥已经拥有地中海的稳定者和维和行动的积极参与者双重身份。

---

① United Nations, "Ranking of Military and Police Contributions to UN Operations," *Month of Report*, October 31, 2017.

② 北约副秘书长亚历山大·弗什博（Alexander Vershbow）2016 年在北约-摩洛哥公共外交研讨会上重点感谢了摩洛哥对北约维和行动的贡献，并提出了新的合作计划，演讲全文参见 "NATO - Morocco Cooperation in the 21st Century," NATO, February 19, 2016, https://www.nato.int/cps/en/natohq/opinions_128284.htm? selectedLocale = en，最后访问日期：2018 年 12 月 18 日。

表 10-2　摩洛哥参与国际维和行动统计

维和行动	部署时间	地点
联合国刚果（金）行动	1960 年 7 月～1964 年 6 月	非洲
第一期联合国索马里行动	1992 年 4 月～1993 年 3 月	非洲
第二期联合国索马里行动	1993 年 5 月～1995 年 3 月	非洲
第二期联合国安哥拉核查团	1991 年 5 月～1995 年 2 月	非洲
第三期联合国安哥拉核查团	1995 年 2 月～1997 年 6 月	非洲
联合国柬埔寨过渡时期权力机构	1992 年 3 月～1993 年 9 月	亚洲
联合国海地稳定特派团	2004 年 11 月～2006 年 3 月	北美洲
联合国刚果（金）特派团	1999 年 11 月～2024 年 2 月	非洲
联合国科特迪瓦行动	2004 年 4 月～2008 年 1 月	非洲
波黑执行和平部队	1995 年 12 月～1996 年 6 月	巴尔干（北约）
波黑稳定和平部队	1996 年 12 月～2004 年 12 月	巴尔干（北约）
科索沃维持和平部队	1999 年～	巴尔干（北约）
联合国阿卜耶伊临时安全部队	2011 年 6 月～2024 年 2 月	非洲
联合国中非共和国多层面综合稳定团	2014 年 4 月～2024 年 2 月	非洲

资料来源：联合国维和行动网站（https：//peacekeeping. un. org/en/data）和北约网站（https：//www. nato. int/）。

作为非洲国家，摩洛哥从 1960 年开始就参与了联合国在刚果（金）①和科特迪瓦的维和行动。从当时的非洲政局来看，由于西撒哈拉问题，摩洛哥与南非、津巴布韦、阿尔及利亚等国为敌对关系或竞争关系。因此，哈桑二世通过积极有效地参与维和行动来塑造摩洛哥安全稳定的环境，进而争取更多非洲盟友的政治支持。穆罕默德六世继位后，摩洛哥继续开展调解非洲安全事务的行动。例如，2002 年，马诺河三国（几内亚、塞拉利昂和利比里亚）发生冲突，穆罕默德六世邀请各国外长访问拉巴特，从中调停，并讨论了该地区实现和平、安全与稳定的途径。② 2011 年以来，摩洛哥已经参与了多项非洲安全维和与政治调解行动，包括马里、利比亚和萨赫勒地区等。综上，多年来在撒哈拉以南非洲、地中海地区、巴

---

① 当时叫"扎伊尔"（Zaïre）。
② Mansouria Mokhefi et Alain Antil, "Le Maghreb et son Sud：Vers des liens renouvelés," *Ifri*, Paris：CNRS Éditions, 2012, p. 51.

尔干和东南亚的维和行动证明，摩洛哥已经将国际安全的积极合作者身份作为一个标签向外推广。

五　阿拉伯剧变以来外交政策新走势

基于对环境、位置和角色定位三个维度的分析和考察可见，它们具有以下三方面的关联性。首先，三个维度的影响力大小依次为"环境"大于"位置"，"位置"大于"角色定位"，亦即环境因素处于核心地位，尤其是环境中的国内政治因素。一直以来，位置和角色定位均作为相对恒定的变量存在，它们对摩洛哥外交政策的影响具有"长期稳定性"。其次，三个维度的影响力组合决定了摩洛哥基本的外交对象排序。位置原则和角色定位决定了摩洛哥外交对象呈周边地区（非洲和西班牙）、欧盟、美国、阿拉伯国家、新兴国家经济体和南美国家的基本排序。最后，三个维度的交叉性综合影响可以解释摩洛哥外交政策的变化，即在外交排序基本稳定的情况下，环境与位置或角色定位形成交叉，从而影响政策的变化。

总体而言，阿拉伯剧变以来，摩洛哥外交呈现退守与进攻的不规律现象。2011 年，面对海合会国家发出的"入会邀请"，摩洛哥国王穆罕默德六世持"谨慎欢迎"态度，最终委婉地拒绝了邀请，这与哈桑二世时期与海湾阿拉伯君主制国家关系极为亲密的做法有很大的不同。[1] 2012 年，马里北部图阿雷格武装组织与中央政府爆发内战，摩洛哥积极介入，并在联合国公开支持法国军事干预马里事务。2014~2015 年，摩洛哥直接或间接地参与了也门内战和叙利亚内战。2015 年，摩洛哥还主持了利比亚政治进程谈判，直接推动了《斯希拉特协议》（Skhirat Agreement）的签署。在摩洛哥和欧洲关系方面，2015 年，因瑞典支持西撒哈拉独立运动——"波利萨里奥阵线"，摩洛哥采取了抵制瑞典商品的报复性措施，同年因法国和美国对摩洛哥官员和公民的不公正待遇，摩方也采取了反制措施。2017~2018 年，在摩洛哥和欧盟进行渔业协议谈判期间，摩洛哥在西撒哈

---

① Anouar Boukhars, "Does Morocco Have a Place in the GCC?" Carnegie Endowment for International Peace, May 25, 2011, https://carnegieendowment.org/sada/44181, accessed: 2020-03-02.

拉问题上拒不妥协。2018 年 6 月，因荷兰外交部公开指责摩洛哥法院对胡塞马活动人士纳赛尔·泽夫扎菲（Nasser Zefzafi）的判罚，摩洛哥外交部遂召见荷兰驻拉巴特大使进行抗议。此外，2015～2016 年，国王穆罕默德六世集中对印度、俄罗斯和中国进行了国事访问，并在撒哈拉以南非洲地区开展了多场外交活动。

具体而言，近年来，摩洛哥外交政策的变化和特征有以下四个方面。

第一，加大对包括马格里布、撒哈拉以南非洲等大周边地区的外交投入，追求在该地区发挥更大作用，并成为主要的"玩家"。例如，2016 年以来，穆罕默德六世对非洲国家进行了近 50 次的密集访问；2017 年 1 月摩洛哥成功返回非洲联盟后，又积极申请以会员国身份加入西非国家经济共同体，同时呼吁阿尔及利亚尽早重开边境，为马格里布地区一体化提供可能性。在这一背景下，摩洛哥在西撒哈拉问题上也开始实施新一轮的进攻性外交。主要体现在，与伊朗断交，对联合国安理会成员国进行游说，参加由阿尔及利亚（首次参与）、"波利萨里奥阵线"、毛里塔尼亚出席的和平谈判等。从政治发展历程来看，每当摩洛哥面临内部危机时，阿拉维王室都会选择以西撒哈拉问题这一民族事业为重点开展外交活动，进而服务于国内政治。

第二，在中东事务上，以"超脱"与"选择性介入"的模式维持作为阿拉伯-伊斯兰国家的责任与义务。2011 年以来，由于受沙特和美国等国的援助，摩洛哥不得不在中东事务上实施追随策略，如在也门和叙利亚问题上的军事参与；随着特朗普执政以及穆罕默德·本·萨勒曼在沙特掌权，摩洛哥已全面"退出"中东，奉行外交自主性原则；美国在中东的"偏以、撤退"的策略[1]和穆罕默德·本·萨勒曼的外交"莽撞"行为，使得摩洛哥王室政权面临巨大的国内动员成本。此外，在巴以问题上，虽然摩洛哥继续承担着对巴勒斯坦人民支持的道义责任，但同时也维持着与以色列的非正式关系。这一外交理念符合摩洛哥外交的多元化定位，既能迎合阿拉伯民族主义者，也能与摩裔犹太人保持良好关系。

---

[1]　Mara Karlin and Tamara Cofman，"America's Middle East Purgatory：The Case for Doing Less，" *Foreign Affairs*，Vol. 98，No. 1，2019，pp. 88-100.

第三，继续保持欧盟赋予的"优先地位"身份。阿拉伯剧变以来，由于欧盟在地中海南岸的基本诉求是安全与稳定，摩洛哥及时抓住了这一机遇，积极在欧盟关心的移民、难民和反恐问题上出力，尽可能地获取欧盟的经济援助。2012 年以来，摩洛哥为西班牙、法国、比利时和德国等国的反恐提供了大量情报。同时，为协助欧洲国家的去极端化工作，摩洛哥开办学校培训来自欧洲的伊玛目。在移民和打击贩毒走私方面，摩洛哥已经与北约、欧盟等组织建立了常态化的合作机制。摩洛哥通过经济外交的方式，迎合欧盟的种种要求，在过去 30 年里获得了欧盟提供的大量政治、经济和发展援助，所获利益在地中海南岸国家中排在前列。

第四，深化伙伴关系多元化战略。2012 年以来，摩洛哥与海湾阿拉伯国家、印度、巴西、俄罗斯、土耳其和中国等建立了战略伙伴关系。这一外交转向一方面符合国内经济发展需求，另一方面也是对国际政治局势的积极反馈。摩洛哥是一个外向型经济体，无论是出口还是进口均依赖国际市场，因此战略盟友的多元化可以为摩洛哥产品提供更广泛的市场。同时，随着国际格局"多极化"趋势的强化，新兴经济体的国际作用越发明显，作为北非地区有雄心抱负的中等国家，必然会抓住这一机遇，凸显自身的区位优势，进而获取最大利益，实现小国大外交的梦想。

综上所述，近年来，摩洛哥的外交政策转向与国内政治议题存在较大相关性，例如领土问题促使摩洛哥外交转向相关性最强的大周边地区，同时减少在中东地区的外交消耗；国内经济发展的诉求使得摩洛哥一方面重视欧盟，另一方面拓展与新兴经济体的伙伴关系；而与美国和沙特等国的盟友关系，主要服务于摩洛哥王国的"全面平衡"战略，即通过建立跨国政治联盟，获取必要战略资源，以应对政权安全面临的威胁。综观整个西亚和北非，阿拉伯剧变以来，各个国家都在强调内政与外交的"内外联动"，不仅是注重在地区或国际上的地位提升，更重要的是利用外交这一强大工具服务国内各类诉求，真正做到两者的良性互动。

第二节　摩洛哥国家治理与移民外交

移民问题长期影响着国际安全，一直是世界各国迫切希望解决的全球公共问题，近年来更成了西方发达国家与发展中国家开展多边国际合作的重要议题。但是，各国在移民治理和移民管控方面多有分歧，磋商移民问题及责任分配时也难以形成统一意见。对于处于较弱地位的过境国来说，"移民"逐步成为一国政府展开外交行动、实现政治目标的重要工具。优越的地理位置、良好的经济发展以及较为宽松的移民政策使得摩洛哥成为非洲重要的移民过境国和东道国。作为非洲通往欧洲大陆的重要通道，经由摩洛哥前往欧洲的移民已成为不容忽视的重要群体。近年来，摩洛哥的出境移民和入境移民数量均不断增加，建立与之适应的移民管理措施成为重中之重。联合国难民署和国际移民组织作为重要的国际组织，与摩洛哥政府就移民问题展开了广泛合作。在此过程中，摩洛哥在欧洲与非洲两地积极进行移民外交，既同欧盟合作进行移民管控来争取财政援助，又采取积极的移民政策，帮助其他非洲移民融入摩洛哥社会，以此争取非洲国家的支持。从国家治理的角度来看，移民外交一方面促进了摩洛哥对于移民或难民问题的解决，另一方面又能在与欧盟及国际非政府组织合作过程中提升政府管理质量。

一　移民外交的定义、特点与动因

菲奥娜·亚当森（Fiona B. Adamson）和杰拉西莫斯·佐拉帕斯（Gerasimos Tsourapas）在《世界政治中的移民外交》一文中正式提出"移民外交"这一概念。两位研究者认为，移民外交意指"一国政府通过外交工具、过程和机制来管理跨境人口流动"的行为模式。他们解释了跨境人口流动与国家外交目标相联系的方式，指明了原籍国、过境国和接收国在移民外交中的地位，以及这三类主体所采用的移民外交形式，还提出国家可以利用移民政策来实现"其他目标"。[1] 在此定义基础上，本书认为，移民外交主要是指国家以移民管理为工具，与他国进行外交谈判，以获取经济、政治、安全等利益的过程。移民外交的基础是一国追求与移民

---

[1] Fiona B. Adamson and Gerasimos Tsourapas, "Migration Diplomacy in World Politics," *International Studies Perspectives*, Vol. 20, No. 2, 2019, pp. 113-128; Gerasimos Tsourapas, "Global Autocracies: Strategies of Transnational Repression, Legitimation, and Co-Optation in World Politics," *International Studies Review*, Vol. 23, No. 3, pp. 616-644.

有关的目标，同时对与移民不直接相关的外交政策目标感兴趣。需要注意的是，并非一国的所有移民政策都受到外交政策的影响，只有当一国将移民政策和移民管控作为外交政策构成部分时才可被称为移民外交。

移民外交的目的既可以是国家间以经济外交、公共外交等外交形式促进移民流动，也可以是维护国家安全稳定，限制移民潮流。总之，移民外交涉及各类国际移民问题，研究的是以外交形式解决此类问题的政策，其中既包括自愿移民，也包括强制移民。因此，在国家谈判或外交的范围内使用的移民策略均是移民外交的构成部分。

一般而言，移民外交有如下两个特点。

第一，移民外交以国家为行为主体，研究内容为跨境人口流动如何与国家外交目标产生联系。此外，以欧盟为主的超国家行为体也是近年来移民外交的主要参与者。

第二，移民外交与外交政策、移民政策存在较大的差异。每个国家都有不同的移民政策，如常见的完全限制入境、允许移民自由出入境等，但这些政策只有在将其作为外交关系的构成时才属于移民外交范畴。就此而言，移民外交的核心是，一国政府如何在国际关系中改变其跨境人口流动管理方式，以及如何使用外交手段来实现与移民有关的政策目标。

移民外交的兴起受到国际和国内政治的双重影响，概言之，主要有以下三个方面动因。

第一，国际政策的扩散效应。扩散效应指政策的传播，即一国主动以另一国家或机构的政策为模型进行政策制定。当一国的移民或移民外交政策取得成效后，其他国家便会借鉴此政策，从本国利益出发，制定类似的移民政策。1973年，石油危机爆发后，摩洛哥便仿照阿尔及利亚的"移民安全化"政策，加强了对海外侨民的管控。当然，摩洛哥也不是完全照搬此政策，阿尔及利亚的政策强调对移民的高度安全化，摩洛哥则实行部分安全化。这说明，即便是政策模仿，国家也会根据实际需要对其进行调整。

第二，移民治理的现实需要。一国政府根据他国移民政策的预期或实际变化，对本国政策进行相应的战略调整，在此基础上展开外交活动和谈判，这是移民治理的现实需要。这种动因具有一定被动性，强调在一国移民现状产生可观察到的变化或具有潜在变化的可能性时，其他国家对本国移民政策进行新的阐释，或直接进行相应调整，以适应新移民政策和移民战略的变化。① 也就是说，甲国的移民政策变化会导致乙国的政策调整；或是甲国为调整移民政策而与乙国进行外交谈判，寻求乙国的支持和配合。② 2016 年，希腊和土耳其边境关闭后，部分移民不得不改变路线，试图通过马格里布地区国家前往欧洲，后者的边境压力骤然增大。因此，摩洛哥也实行了相应的管制措施，进一步控制移民越境。③

第三，国内政治经济发展需要。在移民议题方面，发展中国家通常采用外交手段，向邻国、发达国家施加压力，以实现自身的经济、政治等目标。例如，1970 年，萨达特上台后颁布了 1971 年宪法，规定"在国外连续工作 12 个月的人为临时移民"。埃及政府将前往海湾地区的移民称为临时移民，同时还将配合海湾国家的需求调整其移民政策。埃及以移民外交为工具，不断从海湾国家获得经济援助，以及由移民带来的侨汇。④ 同样地，发展中国家也会以移民政策向发达国家施压。例如，2016 年 3 月 18 日，经过漫长的谈判，欧盟同意给予土耳其 30 亿美元援助，前提是土耳其"同意接纳抵达希腊的叙利亚人，并加强边境管制"。7 月，因土耳其当局镇压政变，欧盟暂停了土耳其加入欧盟的谈判，土耳其总统埃尔多安便表示："是我们这个国家养了 350 万难民……你们背叛了承诺。如果你们执意如此，那么边境大门就会被再次打开。"⑤ 作为重要的过境国，土耳其的这种难民寻租行为也是移民外交的重要表现形式。

---

① Marc R. Rosenblum and Daniel J. Tichenor, eds., *Oxford Handbook of the Politics of International Migration*, Oxford: Oxford University Press, 2011, pp. 6-9.

② Caress Schenk, "Assessing Foreign Policy Commitment Through Migration Policy in Russia," *Demokratizatsiya: The Journal of Post-Soviet Democratization*, Vol. 24, No. 4, 2016, pp. 475-499.

③ Ayşen Üstübici and Ahmet içduygu, "Border Closures and the Externalization of Immigration Controls in the Mediterranean: A Comparative Analysis of Morocco and Turkey-RETRACTED," *New Perspectives on Turkey*, Vol. 59, 2018, pp. 7-31.

④ Gerasimos Tsourapas, *Migration Diplomacy in the Middle East and North Africa: Power, Mobility, and the State*, Manchester: Manchester University Press, 2021, pp. 59-63.

⑤ Gerasimos Tsourapas, *Migration Diplomacy in the Middle East and North Africa: Power, Mobility, and the State*, Manchester: Manchester University Press, 2021, p. 142.

二　摩洛哥移民政策的历史考察

摩洛哥的移民政策经历了若干阶段的演变过程。历史上，因地理位置的特殊性，摩洛哥一直被视为一个移民中转国家。然而，随着时间的推移和国际形势的变化，摩洛哥开始重新审视自己的移民政策。2013 年，摩洛哥推出了新的移民政策，开始将自己视为一个移民接收国，并通过两次合法化活动来改善数万名非法滞留者的法律地位，还为他们提供必要的生活保障。该政策充分考虑了"人道主义、全球化和一致性"的理念，且打破了以前基于安全管理逻辑的移民管理方式。①

第一阶段：早期移民政策（1956~2002 年）

摩洛哥的早期移民政策，应分为两方面看待。一方面，摩洛哥对前往海外的移民管理十分严格；另一方面，摩洛哥对进入本国的撒哈拉以南非洲移民实行相对较宽松的管理政策。

1. 出境移民的强化控制

从 1830 年起，法国在阿尔及利亚的殖民掀起了一股移民潮。阿尔及利亚的劳动力需求大幅上升，源源不断的季节性劳工移民往返于摩洛哥和阿尔及利亚两国，直到阿尔及利亚民族解放战争的爆发（1954~1962 年）。两次世界大战期间，法国劳动力严重缺失，法国政府从阿尔及利亚、摩洛哥等国招募了大量外国劳工为法国军队服务。战后，约有 12.6 万摩洛哥人留在法国。然而，1973 年的石油危机减缓了移民的对外输出，往返的劳工移民不再受到欧洲国家的欢迎，但以家庭团聚名义申请移民的永久移民数量不减反增。② 之后，意大利和西班牙分别于 1990 年和 1991 年取消了对摩洛哥的免签政策，进一步阻断了摩洛哥人在欧洲寻找临时或长期工作的可能性。因而，摩洛哥人选择采取非法通道进入欧洲，意大利和西班牙劳动力市场中非技术工人的短缺更是导致非法入境人数激增。1994 年，阿尔及利亚单方面决定再次关闭其与摩洛哥的边境，摩洛哥劳

---

① Daniel Wunderlich, "Towards Coherence of EU External Migration Policy? Implementing a Complex Policy," *International Migration*, Vol. 51, No. 6, 2013, pp. 26–40.

② Catherine Wihtol De Wenden, "Immigrants as Political Actors in France," *West European Politics*, Vol. 17, No. 2, 1994, pp. 91–109.

工无法到阿尔及利亚工作，去往欧洲的移民数量又进一步增加。此外，除法国、意大利和西班牙外，德国对移民的吸引力也进一步增强。

表10-3显示了20世纪摩洛哥移民的主要目的国的相关数据。进入21世纪，摩洛哥人已经成为西欧国家仅次于土耳其人的第二大非欧盟原籍群体。2016年，法国和西班牙的摩洛哥裔人口数量分别为135万和90万，意大利、比利时和荷兰统计的摩洛哥裔人口在30万~60万。2000~2019年，有233万摩洛哥人正式移民到西欧国家。

表10-3　20世纪摩洛哥公民在欧洲各国数据统计

单位：人

年份	法国	德国	荷兰	比利时	意大利	西班牙
1946	16458					
1962	33320					
1968	84236					
1975	260025					
1979	400000	31900	73800	3100		
1982	441300					
1985	116400	123600	2600	5800		
1990	572000	67500	156900	141700	78000	11400
1995	81900	149800	140300	94200	74900	
1999	504100	81500	119700	122000	149500	161900

资料来源：Rob van der Erf and Liesbeth Heering, *Moroccan Migration Dynamics: Prospects for the Future*, United Nations, 2002。

在20世纪五六十年代，摩洛哥人是世界劳工移民中回国率最高的群体之一。但在进入70年代后，其回国率明显下降，摩洛哥现在已演变成回国率最低的国家之一。[1] 这些第一代移民适应了东道国生活后，第二代和第三代移民也不愿返回父母的本国，留在外国的摩洛哥裔永久居民数量不断增加。2003年初，西班牙的地方登记册显示在当地生活着37.9万摩

---

[1] Bachir Hamdouch, "Adjustment, Strategic Planning, and the Morocco Economy," in Nemat Shafik, ed., *Economic Challenges Facing Middle Eastern and North African Countries: Alternative Futures*, New York：Palgrave Macmillan, 1998, pp. 13-24.

洛哥人，而意大利的统计数字显示有 17.3 万摩洛哥裔人拥有居留证。①
最初，摩洛哥政府认为摩洛哥劳工移民在两国间长期往返，只是短期停留
在接收国。但数十年来，摩洛哥人持续向外移民，并在国外定居，形成了
一个庞大的摩洛哥侨民群体。根据摩洛哥外交与国际合作部的数据，2020
年，超过 500 万摩洛哥人生活在国外，其中 86.4%生活在欧洲。② 这一数
据统计包括归化的摩洛哥移民，以及在摩洛哥领事馆登记的持有摩洛哥护
照的第二代和第三代移民。

此外，出于经济发展的需要，摩洛哥政府大力支持摩洛哥年轻人到国
外工作。因为对于摩洛哥来说，国外的摩洛哥移民群体是其至关重要的外
汇来源，不仅可以减轻国内就业压力，还可以改善摩洛哥人的受教育情
况。摩洛哥政府希望移民能够留在东道国，履行其"经济职能"。③ 20 世
纪 80 年代中期，摩洛哥侨民汇回国内的款项总额几乎达到该国旅游业和
磷酸盐出口总收入的一半，更远超外国直接投资和发展合作的款项。④ 根
据国际货币基金组织的数据，摩洛哥在 1995～2005 年收到的汇款总额达
33 亿美元，世界排名第四。

欧洲移民政策的变化不仅对移民流动产生了影响，还暴露了摩洛哥对
于海外侨民的经济依赖。⑤ 为保证海外侨民能够持续汇款，摩洛哥外交与
国际合作部的基本目标之一是维持海外摩洛哥人与本国的社会联系。国王
哈桑二世和穆罕默德六世都为欧洲的摩洛哥侨民提供了大量资源，如政策
的便利和海外侨民利益的保护等。

为了确保海外摩洛哥人的忠诚，摩洛哥政府一直在进行政策干预，以

---

① Axel Kreienbrink, "Country of Emigration and New Country of Immigration? Challenges For Moroccan Migration Policy Between Africa and Europe," *Journal of African Studies*, Vol. 5, 2005, pp. 193-220.

② Fondazione Ismu, *Ventiseiesimo Rapporto Sulle Migrazioni 2020*, Francoangeli, 2021.

③ Ozge Gokdemir and Devrim Dumludag, "Life Satisfaction Among Turkish and Moroccan Immigrants in the Netherlands: The Role of Absolute and Relative Income," *Social Indicators Research*, Vol. 106, 2012, pp. 407-417.

④ Axel Kreienbrink, "Country of Emigration and New Country of Immigration? Challenges For Moroccan Migration Policy Between Africa and Europe," *Journal of African Studies*, Vol. 5, 2005, pp. 193-220.

⑤ Ruben Gielis, "A Global Sense of Migrant Places: Towards a Place Perspective in the Study of Migrant Transnationalism," *Global Networks*, Vol. 9, No. 2, 2009, pp. 271-287.

保护侨民的各项权益，改善其社会条件。同时，摩洛哥政府也会派遣伊玛目和阿拉伯语教师前往摩洛哥人所在的主要接收国进行宗教教育。同阿尔及利亚相比，摩洛哥缺乏石油资源。因此，劳工移民对其经济发展更为重要，这也导致摩洛哥政府对于海外侨民的控制程度加深。1973 年，摩洛哥借鉴阿尔及利亚的政策，建立摩洛哥人友谊联合会（Federation des Amicales des Marocains）。荷兰人称摩洛哥人友谊联合会为"哈桑国王的长臂"，因为该组织公开恐吓该国反对派，并与其在公众场合发生暴力冲突。① 这些组织的领导人大多数是从摩洛哥情报部门招募的，他们会向拉巴特提供参与反对派和工会活动的侨民名单，因此这些移民回国后会被拘留。② 摩政府试图控制海外侨民，禁止其参与欧洲政治集会，以免其被东道国视为政治煽动者，危及所有的移民利益，使流入摩洛哥的汇款受到影响。总的来说，摩洛哥建立移民局的目的是防止海外侨民的政治化，进而成为国外政治反对派的力量。③

1990 年初，摩洛哥政府设立摩洛哥侨民部（以下简称"侨民部"）和哈桑二世海外摩洛哥人基金会（以下简称"海基会"）这两个机构。设立海基会是为了满足第二代和第三代移民的文化和教育需求。同时，该基金会主要负责帮助海外移民与政府沟通，解决其宗教、社会和文化需求方面的问题。④ 政府设立的第三个关于移民的机构是摩洛哥海外社区委员会（CCME，以下简称"海委会"）。2007 年，国王穆罕默德六世下令设立海委会，以加强摩洛哥侨民与本国的联系，并将海委会的职能写入

---

① Anja van Heelsum, "Explaining Trends, Developments and Activities of Moroccan Organisations in the Netherlands," *Paper for the Social Wetenschappelijke Studiedagen*, 2002; Nina Sahraoui, "Acquiring 'Voice' Through 'Exit': How Moroccan Emigrants Became a Driving Force of Political and Socio-Economic Change," *The Journal of North African Studies*, Vol. 20, No. 4, 2015, pp. 522-539.

② Nina Sahraoui, "Acquiring 'Voice' Through 'Exit': How Moroccan Emigrants Became a Driving Force of Political and Socio-Economic Change," *The Journal of North African Studies*, Vol. 20, No. 4, 2015, pp. 522-539.

③ 1968 年，摩洛哥海外侨民通过"法国人"组织参与法国罢工，摩洛哥政府认为这一事件绝非偶然。

④ Liesbeth Heering, Rob Van Der Erf and Leo Van Wissen, "The Role of Family Networks and Migration Culture in the Continuation of Moroccan Emigration: A Gender Perspective," *Journal of Ethnic and Migration Studies*, Vol. 30, No. 2, 2004, pp. 323-337.

2011 年宪法。作为专门处理海外移民事务的部门，摩洛哥侨民部对海外居民的管理较为严格，尤其关注其政治动向，避免其成为影响摩洛哥政治稳定的外部因素，杜绝其加入摩洛哥海外反对派的可能性。由此可见，摩洛哥政府对摩洛哥海外移民融入西方社会并不积极。

2. 入境移民的松散管理

由于法国和比利时等欧洲国家劳动力短缺，以及摩洛哥自身的经济和社会政策需要，摩洛哥的人口流动一直以对外输出移民为主。自 20 世纪 80 年代末以来，摩洛哥逐步发展成为撒哈拉以南非洲移民前往欧洲的过境国。在刚果（金）、塞拉利昂、尼日利亚和科特迪瓦等国家发生政治危机后，过境移民数量大幅增加。① 此外，20 世纪 90 年代后，马里、尼日尔、乍得、布基纳法索、贝宁等极度贫穷的国家开始将马格里布国家作为移民目的地，寻找生存与发展机会。在这一背景下，利比亚、阿尔及利亚和摩洛哥等国的撒哈拉以南非洲移民越来越多。据统计，每年有 6.5 万～8 万名撒哈拉以南非洲移民进入马格里布地区。②

过境移民对马格里布地区产生了深远影响，更逐渐改变了摩洛哥在移民流动中所处的位置，这是多方面因素共同造就的结果。首先，从地理上看，摩洛哥与欧洲大陆距离很近，通过直布罗陀海峡到西班牙海岸仅 14 千米。摩洛哥被认为是通往欧洲的最佳过境国。其次，摩洛哥与撒哈拉以南非洲在历史、文化、宗教等各方面互相影响。长期以来，撒哈拉以南地区的人们到摩洛哥的伊斯兰遗址朝圣，到宗教场所学习，两地之间的人口流动十分频繁。最后，从社会经济层面分析，撒哈拉以南非洲地区的人们希望移民到欧洲，中途经过摩洛哥时，若无法继续前往，则会暂时留在摩洛哥工作和学习。

从 20 世纪 90 年代初到 2002 年，摩洛哥政府并不认为非常规移民通过其领土进入欧洲是重要问题，对此并不关注。一方面，摩洛哥与欧盟在渔

---

① Yousra Abourabi, "Governing African Migration in Morocco: The Challenge of Positive Desecuritisation," in Dêlidji Eric Degila and Valeria Marina Valle, eds., *Governing Migration For Development from the Global Souths*, Brill Nijhoff, 2022, pp. 29-59.

② Kelsey P. Norman, "Between Europe and Africa: Morocco as a Country of Immigration," *The Journal of the Middle East and Africa*, Vol. 7, No. 4, 2016, pp. 421-439.

业和农业的贸易中产生摩擦，休达与梅利利亚等领土的争议更使得摩洛哥与西班牙互相敌视。另一方面，摩洛哥认为非常规移民能增加欧洲的劳动力，于后者而言亦是有益的。此外，偷渡者每年不超过 1 万人，摩洛哥政府认为这种跨境方式不会长久，便没有采取措施阻止非常规移民的入境。

第二阶段：边境管控背景下的移民政策（2003~2012 年）

2002 年 6 月，在西班牙塞维利亚会议上，欧洲理事会首次将欧盟与第三国的关系与这些国家奉行的移民政策联系起来："欧洲理事会认为，有必要对欧盟与第三国的关系进行系统评估，第三国若是在打击非常规移民时不予配合，可能会影响该国与欧盟建立更密切的关系。"① 摩洛哥当时对非常规移民穿越其领土视若无睹，因此成了会议的焦点。摩洛哥与大多数非洲移民国家的经济利益密切相关，因此摩洛哥当局从未声明移民与恐怖主义之间存在联系。然而，2003 年 5 月 16 日，卡萨布兰卡遭遇严重恐怖袭击。此后，摩洛哥对入境移民的态度发生巨大转变。摩洛哥议会迅速通过了一项关于摩洛哥境内移民的法律：《关于外国人、出境移民及非常规移民在摩洛哥王国入境和居留的法令》，或称为 02–03 号法律（Loi n° 02–03 Du 11 Novembre 2003 Relative à l'Entrée et Au Séjour des Étrangers au Royaume du Maroc, à l'Émigration et l'Immigration Irrégulières）。

02–03 号法律第 50 条规定，对任何非法离开摩洛哥陆地、海洋或空中边界的人处以 1 万迪拉姆以下罚款，或者处以 1~6 个月监禁。新法还规定，若是外国人在摩洛哥境内对公共秩序构成严重威胁，摩洛哥当局可将其驱逐出境。同时，新法中还列举了不能被驱逐出境的六类外国人，其中包括孕妇和未成年人。

在颁布新移民法的同月，摩洛哥还设立了移民和边境监督局及移民观察站，以便加强政府对非法移民的管控，打击人口贩运网络，并推进该国与欧盟新的"特别伙伴关系"，改善与西班牙当局的关系。2005 年以来，经摩洛哥入欧的非法移民人数不断减少，摩洛哥移民政策的发展也进入下一阶段。

---

① 2003 年 11 月 11 日，摩洛哥实行《关于外国人及非常规移民在摩洛哥入境和居留的新法》。

2005 年 1 月，摩洛哥国王穆罕默德六世在接受采访时对摩洛哥移民政策的变化做出了正式解释："我们意识到，入境移民对西班牙来说是一种危险，对于摩洛哥也是如此，因为一半的撒哈拉以南非洲国家的移民最终都留在了摩洛哥。"[①] 2005 年秋季，数百名移民试图进入休达和梅利利亚两城。次年，这些城镇的边境防卫和管控得以加强。[②]

摩洛哥政府与联合国难民署之间的关系有所改善，二者达成了一项临时协议。根据该协议，联合国难民署可采取一切可行手段，保障身处摩洛哥的各类移民的基本权益，被遣返至原籍国的移民待遇和运送条件也略有改善。不过，摩洛哥当局也加强了边境警卫，并偶尔进行大规模驱逐行动，确保其接收的移民数量不超过既定的"责任"。[③]

2005 年以来，摩洛哥的非常规移民大幅减少。2006 年，移民路线进一步向毛里塔尼亚和塞内加尔南移，这意味着摩洛哥的移民政策成效显著，该国与西班牙的积极伙伴关系也发展良好。然而，这一阶段中，摩西两国对边境管控十分严格，摩洛哥常因执法手段太过严厉而受到国际舆论的批评指责。2007 年，在拦截驶向加那利群岛的船只时，两名移民被摩洛哥警察枪杀，另有两人受伤。此外，由于摩洛哥当局收紧劳工法[④]，外来移民申请居留许可十分困难。这一阶段经摩洛哥入欧人数呈明显下降趋势，2020 年的人数更是达到 21 世纪最低（见表 10-4）。

表 10-4　2008~2023 年经由摩洛哥海陆领土到达欧洲的非常规移民

单位：人，%

年份	所有地中海路线	西地中海路线	西地中海路线份额
2008	151135	6500	4.30
2010	104120	5000	4.80
2012	73160	6400	8.75

---

① Joaquin Arango and Philip Martin, "Best Practices to Manage Migration: Morocco-Spain," *The International Migration Review*, Vol. 39, No. 1, 2005, pp. 258-269.

② Joaquin Arango and Philip Martin, "Best Practices to Manage Migration: Morocco-Spain," *The International Migration Review*, Vol. 39, No. 1, 2005, pp. 258-269.

③ 欧盟和北非国家之间承诺分担移民"责任"。

④ 直到 2012 年初，外来移民都需要居留许可才能在摩洛哥正式就业。

年份	所有地中海路线	西地中海路线	西地中海路线份额
2013	101800	6800	6.68
2014	283175	7840	2.77
2015	1822337	7164	0.39
2016	374638	10231	2.73
2017	184410	23143	12.55
2018	144166	65325	45.31
2019	128536	32513	25.29
2020	37454	22816	60.91
2021	102707	18466	17.98
2022	159385	15134	9.50
2023	234467	16915	7.21

注：2009 年、2011 年数据缺失。

资料来源：Frontex，https：//frontex.europa.eu/what－we－do/migratory－routes/western－mediterranean－route/。

第三阶段：新自由主义移民政策的制定与实施（2013~2021 年）

早期，摩洛哥只是通往欧洲的中转站。但是，在 20 世纪中后期，该国日渐成为撒哈拉以南非洲移民的目的地。该国对移民问题逐渐有了更全面的认识，对自身在移民问题方面的作用和定位也逐步转变，02-03 号法律已不再适合摩洛哥的移民现状。2011 年宪法的修订预示着摩洛哥将对移民政策进行改革。随着利比亚、叙利亚内战的爆发，大量难民逃到周边国家。2013 年第三季度，大量难民通过地中海中部路线逃至欧洲。同时，越来越多的非法移民聚集在休达和梅利利亚两地附近的山区和森林中，准备越境进入欧洲国家。出于安全考虑，摩洛哥开始考虑调整移民计划。

1. 国家级移民与难民战略的制定

2013 年 9 月，负责促进和保护摩洛哥人权的独立机构全国人权理事会（CNDH）向国王提交了一份报告，介绍了摩洛哥境内移民和难民的情况。[1] 报告"呼吁""敦促"摩洛哥当局和国际组织"关注现实情况，尽

---

[1] 英国广播公司于 2013 年 9 月 4 日播出一部纪录片，指控摩洛哥"侵犯移民人权"。"保护和支持外国人和移民的反种族主义组织"于 9 月 9 日前往日内瓦，向《保护所有移徙工人及其家庭成员基本权利国际公约》人权委员会提交了一份报告摘要。

快采取行动，在整合国际组织和市民社会的基础上，制定和实施真正的公
共政策来保护移民和难民权利"。①

9 月 9 日报告提交后，摩洛哥王室在当天便发布公告，正式宣布"基
于全球和人道主义、符合国际法和新的多边合作框架"的新移民政策开
始启动。② 国家元首展现出改革移民和庇护法及法律机制的强烈意愿，这
是前所未有的。2013 年 11 月 16 日，摩洛哥国王在"绿色进军"行动 38
周年之际的讲话中，呼吁政府采取符合摩洛哥的国际承诺、尊重移民权利
的人道主义移民政策。③

国王采纳了国家人权委员会在《摩洛哥移民和难民状况报告》中的
建议，启动国家移民与庇护政策（SNIA），以便更好地管理移民流动，限
制外国人在境内的违法违规行为。2013 年 9 月 17 日，政府成立 4 个移民
特设委员会。

身份不合法是境外移民在摩洛哥发展的主要障碍。由于没有合法身
份，他们既不能在当地工作、居住，也无法申请出行证件，只能滞留在摩
洛哥。国家人权委员会在报告中提出，"现在是政府正式考虑为某些特殊
类别的移民制定实施合法化行动的时候了"。此建议迅速得到采纳落实。
由内政部主持的委员会负责实施非常规移民的合法化运动，之后又成立负
责监督和上诉的国家委员会，该委员会由国家人权委员会负责。

2013 年 11 月 11 日，时任摩洛哥内政大臣穆罕默德·哈萨德
（Mohamed Hassad）在新闻发布会上宣布，将于 2014 年全年进行非常规移
民的合法化运动。以下 6 类非常规移民符合合法化政策：配偶为摩洛哥国
民的外国人、合法居住在摩洛哥的其他外国人的配偶、前两类移民的子
女、持有效工作合同的外国人、在摩洛哥居住满 5 年的人和患有严重疾病

---

① Katharina Natter, "Crafting a 'Liberal Monarchy': Regime Consolidation and Immigration Policy Reform in Morocco," *The Journal of North African Studies*, Vol. 26, No. 5, 2021, pp. 850-874.

② National Human Right Council, "HM The King Takes Note of CNDH's Report on Migration in Morocco," https://ccdh. org. ma/an/highlights/hm - king - takes - note - cndhs - report - migration-morocco, accessed: 2023-03-03.

③ Maroc. Ma, "HM The King Delivers Speech on Occasion of 38 Anniversary of Green March," https://www. maroc. ma/en/royal - speeches/hm - king - delivers - speech - occasion - 38 - anniversary-green-march, accessed: 2023-03-03.

的外国人。① 此次合法化行动总共收到 2.7 万余份申请，其中近 1.8 万人的申请获得通过。②

通过对正规和非常规移民、寻求庇护者和难民的一系列调查研究及综合评估，摩洛哥政府于 2014 年 12 月 18 日发布国家移民与庇护战略（以下简称"移庇战略"），旨在建立全面连贯的体制框架，明确制定政府的行动措施，实行符合人道主义、负责任的政策，促进移民融入和移民管理。移庇战略分为 11 个独立方案（7 个部门和 4 个横向方案），共计负责 81 项事宜，它的主要目标如下。

（1）以尊重人权为前提，管理移民流动。

（2）促进合法移民融入摩洛哥社会，协助非法移民自愿返回。

（3）建立移民、庇护和打击恐怖主义的法律框架，打击贩运人口行为。

移民融入政策指数（MIPEX）是制定移庇战略的数据支撑。③ 2014 年 9 月 10 日，在新移民政策启动一周年的研讨会上，海外侨民事务部发布了移民与庇护政策不同阶段的计划（见表 10-5）。

表 10-5　国家移民与庇护政策实施阶段

第一阶段	第二阶段	第三阶段	第四阶段
现状及问题	战略愿景	战略重点和规划	监测、评价和管理改革
待提交文件			
诊断报告	愿景蓝图	规划提案	管理改革报告
交流研讨			
14 个官方机构	31 人研讨会	14 个官方机构	
8 个民间组织		12 个国际合作者	

资料来源：Benjelloun S., "Mise en OCuvre et Enjeux Diplomatiques de la Nouvelle Politique Migratoire," *La Nouvelle Politique Migratoire Marocaine*, 2018, pp. 77-121。

---

① Mohamed Berriane, Hein de Haas and Katharina Natter, "Social Transformations and Migrations in Morocco," MADE project paper 20, 2021, p. 37.

② "Morocco Unveils 'Avant-Garde' Scheme to Recognize Illegal Immigrants," Alarabiya, https://english.alarabiya.net/News/africa/2013/11/12/Morocco-unveils-scheme-to-recognize-illegal-immigrants, accessed：2023-03-04.

③ 该指标以 144 个具体指标为基础，移民与庇护政策制定时曾参考其中若干指标。

　　2016 年 12 月 12 日，负责外国人合法化的委员按照王室指示，监督内政部立即启动非常规移民的第二阶段融入工作。值得注意的是，此次行动的内容有所变更，行动主题不再是非正规外国人的合法化问题，而是非常规移民在第二阶段的融入问题，"一体化"一词也取代了"合法化"，体现出整个行动的意图和侧重点与第一次行动的不同之处。

　　2013 年启动的新移民政策并不限于赋予非常规移民合法身份这一运动，其原本目标就是建立健全移民政策的法律框架，以管理监督移民流动。02-03 号法律已不适用于摩洛哥当下的移民现状。长久以来，以各种途径进入摩洛哥的难民数量不断增加，但摩洛哥却一直没有相应的庇护法案。该法案空白留下了巨大的安全隐患，也不符合人道主义精神和政府树立的对外合作开放的国际新形象。随着新移民政策的实行，摩洛哥的移民管理机制不断得到优化，新的移民法也随之出现。政府公布了《移民法案》框架。相较于以往的移民法规，该法案①做出巨大突破，在第 1 篇章中就阐明了移民的权利、自由及义务。此方案共 155 条，总体结构如下：②

　　　序言　总体规定

　　　第一篇：外国人的权利和自由

　　　第一章：公民和政治权利

　　　第二章：经济、社会和文化权利

　　　第三章：程序性权利

　　　第二篇：摩洛哥入境和居留

　　　第一章：入境

　　　第二章：居留

　　　第三篇：离境措施

　　　第一章：必须离境的情况

　　　第二章：驱逐出境

---

①　2014 年 7 月，人权部级代表团介绍了该法案所含条款，但该法案的具体内容尚未公开。

②　Doha Bouissa, "La Nouvelle Politique Migratoire Marocaine: Instrument Diplomatique d'Intégration Régionale," Sciences Politique, 2018, p. 86.

第三章：驱逐令的执行

第四篇：外国人的权利保障

第一章：等候区的支持和保障

第二章：羁押在等候区的外国人权利保障

第三章：离开等候区

第五篇：管控和处罚条款

第六篇：最终条款

第七篇：过渡性条款

此外，摩洛哥政府还制定了诸多具体措施，帮助移民尽快融入摩洛哥社会。

第一，遵循《保护劳工移民公约》《保护人权公约》《儿童权利公约》，确保外国人在教育和文化方面与摩洛哥人享有同等权利，这是移庇措施的重点之一。[①] 2013 年 10 月 9 日，在移庇战略启动前，教育部发布第 13-487 号公告，允许"撒哈拉以南非洲国家"的外国学生在公立学校和私立教育机构接受教育。此外，政府为儿童移民设立专门课程，但此类课程参与人数有限，且呈不断减少趋势。

第二，促使无医疗保险、极度贫困的移民参加"医疗援助计划"，工人和学生则必须参加。在 2017 年 3 月 28 日举办的第 4 届年度移民论坛上，海外侨民事务部与国家健康保险机构签署合作协议，由后者负责为所有身份合法的移民办理医疗援助卡，使其享受与摩洛哥人同等的医疗服务。

第三，移民享受摩洛哥的住宅补贴政策，该政策允许其购买价值 14 万以上迪拉姆的房产。但是，有关住宅法和税法的法律法规尚未修改，外国人很难从银行获得贷款。

移庇战略是摩洛哥移民政策的又一转折点。新的移民政策更注重人权保护，承认非常规移民的难民身份，但要求其提供在摩洛哥 5 年的居住证

---

① Doha Bouissa, "La Nouvelle Politique Migratoire Marocaine: Instrument Diplomatique d'Intégration Régionale," Sciences Politiqlue, 2018, p. 89.

明或者两年的工作证明；针对贩运人口的行为打击力度更强；给予联合国难民署更大的权力，使更多的寻求庇护者能在摩洛哥获得庇护；新法也促使移民和寻求庇护者能更好地融入摩洛哥社会。截至 2014 年底，摩洛哥政府共收到 27332 份身份申请，其中的 17916 份通过了审核，通过率达到 65.5%。[1]

从整个地中海地区来看，2015 年，位于东地中海的大部分叙利亚难民已基本得到安置。从 2016 年开始，西地中海海岸的非法移民仍然以非洲人为主。[2] 2016 年初，由于希腊关闭了其与土耳其的边境，与西班牙隔海相望的摩洛哥再次成为移民的重要选择。经过西地中海路线前往非洲的移民人数激增，仅在 2016~2018 这三年中，西地中海路线的移民人数在所有入欧路线总人数的占比就由 0.39% 剧增至 44%，新冠疫情暴发后这一比重仍居高不下。

2018 年，西地中海路线首次超过地中海中部路线，成为移民入欧的第一选择。是年，《全球移民契约》在摩洛哥南部古城马拉喀什签订。摩洛哥政府在会上多次强调能够保障移民和庇护寻求者的权益。然而，摩洛哥对于寻求庇护者的界定及保护程序仍然受到联合国难民署和多个人权组织的批评。

2. 庇护法草案与其他移民法案的改革

出于劳工移民输出以及摩洛哥自身经济发展的需要，2014 年 9 月 10 日，海外侨民事务部发布了摩洛哥新的移民与庇护法草案。制定该庇护政策的工作组对德国、比利时和法国的庇护法进行了详细的比较研究，并在 2014 年 1~8 月召开数十次会议，商讨该草案的具体内容。该庇护法草案共 60 项条款。该草案规定，摩洛哥政府将设立摩洛哥难民和无国籍人士办事处，负责处理难民的庇护申请。

此外，如果部分难民不符合《日内瓦公约》中难民的认定标准，但符合新出台的庇护法草案，摩洛哥当局便会依照此法，为其提供临时保

---

① "Migration Profile: Morocco," Migration Policy Centre, https://cadmus.eui.eu/bitstream/handle/1814/41124/MPC_PB_2016_05.pdf, accessed: 2023-03-04.

② Vittorio Bruni, et al., "Study on Migration Routes in West and Central Africa," Maastricht Graduate School of Governance, 2017, p. 44.

护，并不会将其遣返。①

《打击人口贩运法》与前两项法案不同，此法案是迄今为止唯一一部已经通过的法律。②2015 年 4 月 30 日，海外侨民事务部提出的"关于打击人口贩运的方案"草案（又称第 27-14 号法案）获批，后经立法机关和国家人权委员会的审核修正，草案最终于 2016 年 8 月 2 日通过。《打击人口贩运法》包含 10 项基本原则，其中最为重要的一项是"不得歧视被贩运者"。该法列出广义上的 20 余项贩运行为，并禁止一切形式的人口贩运，还将人口贩运的刑期从 5 年增至 10 年。该法律既适用于摩洛哥人，也适用于在摩洛哥的外国人。

为促进移民和难民的经济融合，海外侨民事务部与非政府组织签订协议，使外国人能参加职业培训和资格认证，为合法移民制订求职计划、提供求职服务。③但是，截至 2016 年底，此项目仅在 5 个城市开展试点，参与试点的有 425 名移民，但最终只有 8 名移民成功找到工作，就业率仅为 1.88%。并且，这些移民仍然不能从事律师、公证人等职业。

此外，协助移民自愿回返和重新融入社会机制也是移庇战略中"移民管理和打击人口贩运"的任务之一。2004 年，摩洛哥当局组织在摩的尼日利亚非常规移民自愿返回原籍国。2006 年，该计划由国际移民组织执行，继续为单身妇女等弱势群体提供回返路径、住房援助、微型项目创建、组织培训和医疗援助等，帮助其重新融入原籍国。

2012~2013 年，回返人数由 310 人增加至 876 人，2014 年再次翻倍。2016 年，海外侨民事务部花费 2100 万迪拉姆④，组织 3000 人返乡。但是，政府对此计划的宣传较少，此方案并不为大众所熟知。⑤

自 2020 年 3 月该国确诊第一例病例以来，政府采取若干措施来应对

① 摩洛哥签署的《禁止酷刑公约》第 3 条规定不得遣返。
② Ayşen Üstübici, "Political Activism Between Journey and Settlement: Irregular Migrant Mobilisation in Morocco," *Geopolitics*, Vol. 21, No. 2, 2016, pp. 303-324.
③ Ayşen Üstübici, "Political Activism Between Journey and Settlement: Irregular Migrant Mobilisation in Morocco," *Geopolitics*, Vol. 21, No. 2, 2016, pp. 303-324.
④ 付款数额为 2015 年的两倍。
⑤ Ayşen Üstübici, "Political Activism Between Journey and Settlement: Irregular Migrant Mobilisation in Morocco," *Geopolitics*, Vol. 21, No. 2, 2016, pp. 303-324.

新冠疫情，如航班停飞、学校停课、减少公共交通等。3~6 月是第一阶段封锁期，出入境流动受限，省际流通也需申请许可证。这为无居留证和签证的移民流动增添极大阻碍。同时，摩洛哥政府控制了大量移民，强制对其进行新冠检测。摩洛哥人权协会的调查报告证实，摩洛哥全国各地均发生强制措施事件。移民被集中在学校、青年中心和酒店等临时场所，隔离时间不等，短则数天，长则数月。5 月，约 80 名被隔离在阿尤恩（Laâyoune）两月有余的移民发起绝食抗议，要求立即解除隔离，甚至有部分人在试图离开隔离点时与安全部队发生暴力冲突。① 此外，许多黑人移民和寻求庇护者被逮捕和拘留，后又被强行逐出城市，赶至偏远的农村地区。联合国难民署等国际组织敦促政府停止驱逐出境和强制遣返行为。然而，同邻国阿尔及利亚一样，摩洛哥起先停止了驱逐，但很快又恢复常态，仍对移民进行集体驱逐。

2021 年，摩洛哥继续实行卫生紧急状态。11 月底，新冠病毒奥密克戎变体在摩洛哥境内引发大量民众感染，当局再次关闭边境。摩洛哥境内流动和跨国流动均严重受限，移民既无法继续前行，也不能返回原籍国。

联合国难民署 2022 年 11 月发布的报告显示，受新冠疫情影响，众多移民和寻求庇护者的生活愈加困难。欧洲加强了移民管控，移民在摩遭受驱赶、歧视，面临新冠疫情暴发后的生存危机，这些都对摩洛哥政府的移民政策提出了新的要求。危机造成的长期经济社会损失或会对移民政策产生重大影响。移民在摩洛哥这个过境国和接收国的融入程度本就不高，这场疫情使得这一问题更加突出。目前，摩洛哥政府已经制订相关应对计划来帮助难民和移民渡过难关。摩洛哥政府正在积极地寻求财政支持，以解决新冠疫情造成的移民失业和财政危机。

综观摩洛哥这三次主要的移民政策变化，可以看出，摩洛哥对入境移民的管理逐步宽松，对出境移民的管理也更加科学，这些都是摩洛哥在适应"过境国"和"接收国"这些新身份时做出的有益尝试，也是逐步探索移民外交的开始。

---

① Layla Babahaji, "The Current State of Migrant Health in Morocco: Pre-and Peri-COVID－19 Pandemic," *Independent Study Project Collection*, 2020, p. 53.

三 摩洛哥移民外交对国家治理的促进

随着入境移民和出境移民的数量不断增加，摩洛哥逐步形成了以移民外交为核心的外交政策，以此来获取利益，促进国家治理。

第一，彰显摩洛哥地理位置的重要性。

摩洛哥东部与阿尔及利亚接壤，南部紧邻西撒哈拉，西部则是大西洋，北部和西班牙、葡萄牙两国隔海相望，是连接欧洲和非洲的交通要道，地理位置优越。20 世纪 80 年代之后，摩洛哥逐步成为最重要的过境国之一。休达和梅利利亚地区被许多移民视为通往欧洲的便捷通道。撒哈拉以南非洲地区的人们北上穿过撒哈拉沙漠，通过摩洛哥前往地中海海岸，进入西班牙后再继续前往欧洲各国。[1]

经过摩洛哥进入欧洲的移民路线主要有 3 条。第 1 条路线是经拉巴特到西海岸，坐小船穿越大西洋，前往加那利群岛。其中，此条海运航线的富埃特文图拉岛（Fuerteventura Island）便是重要过境地点。第 2 条路线是在拉巴特到丹吉尔附近的北部海岸乘船到达西班牙。第 3 条路线则是进入休达和梅利利亚。一些中非移民也会从尼日尔和马里出发，穿过阿尔及利亚南部最大的绿洲塔曼拉塞特（Tamanrasset），到达该国北部的马格尼亚县（Maghnia），然后从那里非法越境，到达摩洛哥的乌季达（Oujda）。当然，还有一些移民试图用伪造的文件"合法"进入西班牙。由于进入西班牙和其他欧洲目的地国家日益困难，越来越多的撒哈拉以南非洲地区的人决定留在摩洛哥。在移民方面，摩洛哥和西班牙一致认为，摩洛哥在某种程度上是"其独特地理位置的受害者"。[2]

尽管 2012 年以来，通过西地中海路线越境的移民数量略有增加，但这一路线的移民份额几乎变得微不足道，2015 年仅占 0.39%。[3] 然而，2016 年初，在欧盟和土耳其签署协议后，土耳其和希腊之间的移民通道

---

① Hamidou Ba and Babacar Ndione, *Les Statistiques des Travailleurs Migrants en Afrique de l'Ouest*, International Labour office, 2006.

② Hamidou Ba and Babacar Ndione, *Les Statistiques des Travailleurs Migrants en Afrique de l'Ouest*, International Labour office, 2006.

③ 参见 Frontex, "Western Mediterranean Route," https：//frontex. europa. eu/along - eu - borders/migratory-routes/westernmediterranean-route。

关闭，非正常移民又将目光投向了西地中海。2018 年，欧盟敦促摩洛哥重视边境安全，防止非法移民和难民经过西地中海前往西班牙。欧盟为摩洛哥的海岸监控额外提供 3000 万欧元，但这似乎还不够。欧盟的外交界人士怀疑，摩洛哥甚至放松了边境监控①，以说服欧盟增加对其财政援助，移民外交的方式和作用即体现于此。

作为移民进入欧盟的主要原籍国和过境国，摩洛哥对欧盟的移民政策制定至关重要。该国拥有地中海和大西洋的广阔海域，又与西班牙隔海相望，地理位置极其优越，但也为非常规移民提供了便利。阿里·本萨德（Ali Bensaâd）认为，欧盟要求摩洛哥和阿尔及利亚等马格里布国家与其合作，共同监测、控制移民流动，但后者在外交谈判中表示，无论是移民管理还是边境监测都需要资金支持。阿里·本萨德强调，这种"索要"援助资金的行径是马格里布国家在利用其地理位置收取"地理租金"（Rente Géographique）。② 从移民潮时期开始，摩洛哥就一直是通往欧洲的过境点。因此，欧洲不可避免地成为摩洛哥所有移民决策和政策的利益攸关方。那么，欧洲可以为移民控制做些什么？欧洲是否能为非洲的安全和稳定作出贡献？摩洛哥当局称，欧洲的态度是限制移民离开非洲的关键因素。另外，将撒哈拉以南非洲地区的移民纳入合法化的法律框架之下，这只是移民控制的第一步。想要进一步进行移民管理，必须促进移民融合，尤其是要尽快促进移民融入摩洛哥经济社会中去。移民远离欧洲，在摩洛哥长期定居，这种政策需要长期、稳定、可持续地实行下去。考虑到移民融合对摩洛哥的生产经济、社会文化等的影响，作为回报，欧洲的决策者在国家内部和欧盟层面都承诺，将"以实际行动"支持摩洛哥。

第二，促进经济发展。

目前，居住在境外的摩洛哥人占摩洛哥总人口的 10%，摩洛哥每年国民生产总值的 7% 来自侨民汇款，因此摩洛哥一直是研究国家为何以及如何利用移民控制，争取签证便利化的重要案例。

---

① Hamid El Amouri, "Sub-Saharan Immigration to Morocco: Some Impacts of Human Mobility on a State's Domestic Policy and Geopolitics," *International Social Sciences and Management Journal*, Vol. 6, 2022.

② Ali Bensaâd, "Le Maghreb Pris entre Deux Feux," *Le Monde*, Octobre 28, 2005, p. 28.

摩洛哥的移民政策尽可能地支持和保护摩洛哥海外侨民的利益，因为移民带来的侨汇对经济发展起着至关重要的作用。尽管来自摩洛哥的移民分散在欧洲各国，但法国历来是主要目的地，目前约有110万摩洛哥移民在法国生活。进入21世纪后，摩洛哥持续将移民输出到欧洲，亦有一小部分前往北美。

摩洛哥历来是对外输出移民的重要国家之一。据报道，2014年，有280万摩洛哥人居住在国外，其中240万人就在欧洲。此外，寄往摩洛哥的汇款总额居世界移民总汇款的前列。以2011年为例，摩洛哥侨民寄回国内的汇款金额高达53亿欧元，其中81%来自身处欧洲国家的侨民。在20世纪六七十年代，摩洛哥移民往往是低技术工人，主要从事农业、建筑业和护理业。到80年代，法国、比利时等国施加的移民限制导致许多摩洛哥技术移民迁往美国和加拿大，尤其是魁北克省。[①]这种转变也标志着摩洛哥移民的态度发生变化，他们对自身的定位已不仅是生活在接收国边缘地带的海外劳工，而是对原籍国和接收国都有重要经济贡献的群体。

居住在国外的摩洛哥人数量众多，且仍不断增加，已成为重要的政治群体。20世纪90年代以来，摩洛哥当局已不再反对侨民融入接收国，而是启动新机构来与本国侨民建立联系。摩洛哥政府十分看重侨民的海外汇款和海外投资，因此移民问题在政治议程上仍处于重要位置。

第三，国际形象的提升与塑造。

摩洛哥官方声明强调，希望承担接收国和过境国这个新地位带来的责任，因为该国处在"团结各国和汇聚文明的十字路口"。[②]民众担心移民会抢占就业市场，治安也会受到影响，摩洛哥警察时常以暴力形式驱逐移民。此类事件经媒体报道后对摩洛哥的国家形象有害无益。欧洲试图将边境控制外扩，使摩洛哥成为移民治理的缓冲国，西班牙也指责摩洛哥对过境移民的管控措施太过被动。但是，作为欧洲睦邻政策的第一批受益者，摩洛哥既想获得欧洲为促进打击非法移民而提供的诸多援助，也希望能与

---

① Ali Bensaâd, "Le Maghreb Pris entre Deux Feux," *Le Monde*, Octobre 28, 2005, p. 28.

② "Text of King Mohammed VI's Speech on Occasion of Throne Day, Morocco on the Move News & Analysis Latest News & Analysis Africa," https://moroccoonthemove.com/2015/07/30/text-king-mohammed-vis-speech-occasion-throne-day/, accessed: 2023-03-04.

非洲国家达成多边协议。也就是说，摩洛哥的移民政策需同时服务于该国在欧非两洲的利益。因此，摩洛哥和欧盟对移民问题的态度和政策并非完全趋同。

欧盟将国家援助视为巩固欧洲睦邻政策和边境控制外扩的手段，但摩洛哥则认为，出于国家利益，该国有义务采取协调包容的移民政策，保障移民权益。摩洛哥内政部经常强调，打击人口贩运、恐怖主义的犯罪网络需要加强边境防卫，但接收来自兄弟国家的学生、教士和劳工则需要开放边境，摩洛哥会将二者区分开来。①

此前，许多非洲国家坚持认为摩洛哥是西方的盟友，冷战时期更把其视为法国和美国在北非的代理人，这种情况令其十分担忧。穆罕默德六世继位后，摩洛哥更加注重泛非洲思想的宣传，希望能重获非洲信任。同时，摩洛哥在非洲的投资逐渐增多，但并不愿自身被视为"经济入侵者"。② 对此，摩洛哥建议以人道主义方式对待移民，保障移民安全，尝试以此方式提升自己的国际形象。因此，移民问题不仅关乎经济发展，也是其在对外交往时改善国家形象的重要因素。

近年来，为在非洲国家中赢得良好声誉，摩洛哥在移民问题上愈加倾向捍卫非洲利益，主张开启区域移民治理新模式。这一立场也明确体现在国王关于"非洲移民与发展倡议"的讲话中，国王穆罕默德六世指出："治理移民问题的倡议基于非洲的共同愿景和人道主义原则，亦基于原籍国、过境国和接收国在移民问题中的密切联系和共同责任。"③

国王穆罕默德六世在非洲联盟的讲话中也直接体现出这一点："正如我们所言，撒哈拉以南非洲人民受到了我国的欢迎：我们已经启动了两项

---

① "European Commission and Morocco Launch Renewed Partnership on Migration and Tackling Human Smuggling Networks. Directorate-General for Neighbourhood and Enlargement Negotiations," https://neighbourhood-enlargement.ec.europa.eu/news/european-commission-and-morocco-launch-renewed-partnership-migration-and-tackling-human-smuggling-2022-07-08_en, accessed: 2023-03-05.

② "Morocco's New Africa Policy: Expanding Economic Links with Continental Africa," https://www.lse.ac.uk/ideas/podcasts/moroccos-new-africa-policy, accessed: 2023-03-05.

③ "Migration and Development Initiative," African Development Bank Group, https://www.afdb.org/en/topics-and-sectors/initiatives-partnerships/migration-and-development-initiative, accessed: 2023-03-05.

合法化行动；第一阶段已经使数万人受益。数周前，第二个项目也本着同样的人道主义精神正式启动。我们为这些行动感到自豪。合法化运动是必不可少的，对这些东躲西藏、饱受苦难折磨的男男女女来说是至关重要的。我们正在采取行动，使这些人不再因为生活在边缘地带而没有工作，没有医疗保障，没有住房，更没有受教育机会。我们的行动让异国婚姻，特别是使摩洛哥人和其撒哈拉以南非洲地区的配偶不被分离。"[①]

2017 年 1 月 31 日，摩洛哥重新加入非洲联盟，上述演讲体现了国王对非洲内部团结的肯定，以及对边境控制的谨慎态度。经济和政治利益并不是国家展开移民外交的唯一标准。欧洲的移民控制政策耗资巨大，谈判耗时长，谈判效果却不尽如人意，所付出的代价又极其高昂，并不完全符合摩洛哥的经济利益和外交政策。并且，欧洲移民政策的最终目标是杜绝发展中国家移民到发达国家这一现象，这在目前看来似乎遥不可及，但在利用群众对移民问题的未知与恐慌拉动选票时却十分奏效，这也是移民问题被欧盟反复提及的重要原因。不过，摩洛哥的政治体制与欧盟不同，摩洛哥国王同时控制着负责安全维稳的内政部和负责对外交流的外交与国际合作部，民众的选举既不能决定，也不会影响移民政策。正如海外侨民事务部所述，新的移民政策目的是使移庇战略在国内外产生共鸣，提升摩洛哥的国际形象。[②]

第四，争取国家领土安全利益。

摩洛哥与西班牙在休达、梅利利亚和佩雷希尔岛等地的归属问题方面存在争议；与阿尔及利亚的边界划分也未达成统一意见；在这些领土争议中，摩洛哥最为重视的是西撒哈拉问题。为维护本国的领土安全，摩洛哥对撒哈拉以南非洲移民的管理相对较为宽松，以争取其原籍国在西撒哈拉问题上对摩方立场的支持。

西撒哈拉位于非洲西北部，地处撒哈拉沙漠西部，濒临大西洋，与摩

---

① Maroc. Ma, "Full Speech of HM the King at 28th African Union Summit," https://www. maroc. ma/en/royal-activities/full-speech-hm-king-28th-african-union-summit, accessed：2023-03-05.

② Anitta Kynsilehto, "Making Do as a Migrant in Morocco: Between Formal Recognition and True Integration," *Journal of Immigrant & Refugee Studies*, Vol. 21, No 2, 2023, pp. 1-13.

洛哥、毛里塔尼亚、阿尔及利亚相邻，主要居民为阿拉伯人、柏柏尔人和撒哈拉人。西撒哈拉占地面积达 26.6 万平方千米，但沙漠几乎占据了西撒哈拉全境，所以当地仅 50 万人口，是世界上人口最稀少的地区之一。

　　该地区的主权存在争议。虽然摩洛哥 1957 年就正式宣布拥有对西撒哈拉的领土主权，联合国也在 1963 年将其列入非自治领土名单，但该地区在 1975 年之前一直处于西班牙的控制之下。① 1973 年 5 月，"波利萨里奥阵线"宣布成立，并表示将以武装斗争的形式争取西撒哈拉独立。1976 年 2 月 26 日，西班牙撤离该地区后，摩洛哥随即与毛里塔尼亚签订西撒哈拉分治协定。次日，"波利萨里奥阵线"宣布成立阿拉伯撒哈拉民主共和国（The Sahrawi Arab Democratic Republic，SADR）。摩洛哥、毛里塔尼亚两国军队与阿尔及利亚支持的"波利萨里奥阵线"武装力量不断发生冲突。1979 年 8 月，毛里塔尼亚放弃对西撒哈拉的领土主张，该地区便由摩洛哥和"波利萨里奥阵线"共同控制，双方针锋相对，摩擦不断。1991 年 9 月 6 日，双方正式宣布停火，结束了长达 16 年的军事冲突。

　　世界上大部分国家都对双方的主张表现出模糊、中立的立场和态度，并敦促双方和平解决问题。因此，摩洛哥和"波利萨里奥阵线"都在游说各国，以赢得国际对其主张的认可，非洲、亚洲和拉丁美洲的发展中国家的承认尤为重要。根据笔者统计，截止到 2022 年 9 月，联合国 193 个成员国中有 46 个国家承认阿拉伯撒哈拉民主共和国，非洲联盟也将其纳入其中；而摩洛哥也赢得了数个非洲国家以及大多数伊斯兰国家和阿拉伯国家联盟的支持，但这种支持经常受其与摩洛哥关系的影响而撤回。2020年，为促使摩洛哥与以色列关系正常化，美国承认摩洛哥对西撒哈拉的主权。

　　尽管如此，西撒哈拉问题作为国际争议议题一直未得到最终解决，反而时常处于冲突之中。在摩洛哥于 2007 年重新加入非洲联盟后，非洲联盟与联合国特派团共同维持停火协议，并促使双方达成和平协议。② 非洲

---

① 它是该名单上人口最多的领土，也是迄今为止面积最大的领土。
② Oxford Analytica, "Morocco's European Policy Will Bring in Lower Returns," *Emerald Expert Briefings*, 2023（oxan-db），p. 5.

联盟向联合国特派团提供维和特遣队，并将其部署在西撒哈拉边界墙附近的缓冲区。

对西撒哈拉问题的立场也影响到了境外移民在摩洛哥的待遇。一些移民在接受采访时说，"塞内加尔人和其他撒哈拉以南讲法语的移民比其他移民的待遇好"，因为"移民在摩洛哥受到的待遇与他们的国籍有关。如果你来自西非国家，你就是摩洛哥的朋友。但如果你来自一个支持'波利萨里奥阵线'的国家，那就麻烦了。警察也默认是这样的，但他们不会告诉你，移民之间也不会讨论这个，但大家都心知肚明"。① 这表明，不同国籍的移民在摩洛哥受到的待遇不同，这取决于移民的原籍国与摩洛哥政府之间的合作程度，特别是其对西撒哈拉问题的态度。新移民政策有利于撒哈拉以南非洲移民，因为摩洛哥对西撒哈拉的主权要求也是该国颁布这项新政策的重要原因。不论是学习、旅行还是工作，移民都可以在两国间自由往返。赋予移民合法化身份，并将这种激励措施作为游说工具和国家外交政策的延伸，这是说服非洲国家在西撒哈拉问题上支持摩洛哥政策的重要因素。②

四　摩洛哥移民外交的路径选择

第一，加强与欧洲的移民合作。

2005 年以来，欧盟逐步制定政策框架——全球移民对策（GAM），作为平衡伙伴关系和移民政策的基础，后于 2012 年将其修订为全球移民和流动对策（GAMM）。后者主要有四个正式目标：①优化合法移民的管理，鼓励合法移民；②防止和打击非常规移民，杜绝人口贩运；③尽可能地发挥移民和人口流动对发展的益处；④优化国际保护方式和措施。

2011 年 10 月，摩洛哥与欧盟开始就移民、人口流动和安全问题展开对话。2013 年 6 月 7 日，经过漫长的谈判，摩洛哥成为第一个与欧盟及

---

① Yousra Abourabi, Ferrié Jean-Noël, "La Nouvelle Politique Migratoire Comme Instrument Diplomatique," in Alioua, M. and Ferrié, J.-N., eds., *La Nouvelle Politique Migratoire Marocaine*, Rabat: Konrad Adenauer Stiftung, 2017, pp. 123-143.

② Frédéric Vairel and Joel Beinin, "Protesting in Authoritarian Situations," *Social Movements, Mobilization, and Contestation in the Middle East and North Africa*, 2011, pp. 27-42.

其 9 个成员国签署"流动伙伴关系"（Mobility Partnership）的地中海国家。通过签署流动伙伴关系协议，摩洛哥与欧盟制定相关措施，有效进行移民管理。流动伙伴关系的主要内容如下：

1. 双方就欧盟对摩洛哥公民的签证发放进行谈判，摩方希望欧盟加快对摩洛哥的学生、研究人员和劳工等特殊人群的签证审核和发放速度；

2. 为摩洛哥公民在欧盟的就业、教育和培训提供更多机会，简化双方高等教育的互认程序，促进摩洛哥公民在欧盟成员国的融入；

3. 双方也希望在非常规移民管控方面加强合作，打击人口贩运和偷渡现象；

4. 双方就难民问题展开合作，以期在摩洛哥建立国家庇护和保护制度。①

根据欧盟委员会的说法，这一伙伴关系旨在确保人员流动管理发挥最大作用，并进一步推动欧盟和摩洛哥之间的移民合作。然而，流动伙伴关系中概述的条款更关注对非常规移民的管理，而不是促进两国移民流动：欧盟呼吁摩洛哥部署必要的设施来打击非常规移民。② 尽管双方关于重新接纳协议（Readmission Agreement）的谈判已持续数年，但收效甚微，协议的签订依然前景黯淡，欧盟便决定通过财政奖励来激励移民合作，这标志着其政策方向的改变。

2018 年，在摩洛哥与欧盟重启对话后，欧盟提供大量援助，而摩洛哥则进一步加强移民流动管理。欧盟对摩洛哥的移民管理技术和财政支持主要是通过欧洲睦邻政策实施的。③ 欧盟承诺，2014~2020 年，欧盟将根据"欧洲睦邻工具"（ENI），为摩洛哥提供 14 亿欧元的双边援助。移民问题是欧洲睦邻政策针对的五项领域之一，为此欧盟特地制订一项经济和

---

① European Commission Press, "Migration and Mobility Partnership Signed Between the EU and Morocco," https：//ec. europa. eu/commission/presscorner/detail/en/ip_13_513, accessed：2023-03-06.

② European Commission Press, "Migration and Mobility Partnership Signed Between the EU and Morocco," https：//ec. europa. eu/commission/presscorner/detail/en/ip_13_513, accessed：2023-03-06.

③ 欧洲睦邻政策向摩洛哥提供政治和财政援助，摩洛哥是通过此政策接受欧盟援助资金最多的国家之一。

投资计划，促进摩洛哥的社会经济长期稳定发展。

移民问题有时被摩洛哥直接用作与欧盟谈判的筹码。2016年12月21日，欧洲法院的裁决将西撒哈拉领土排除在《1996年协议和农产品、鱼类和渔业产品互惠自由化措施协议》之外。鉴于此，时任摩洛哥农业大臣阿齐兹·阿赫努什起初向欧盟发出含蓄警告，在未收到欧盟的明确表态后，阿赫努什又于2017年2月6日采取强硬语气发表声明，还特别指出"执行该协议的任何动机都是恢复移民流动的真正风险"。① 声明发布后，紧接着发生了多起移民成功进入休达和梅利利亚，或从海上抵达西班牙海岸的事件。这表明，摩洛哥在这一时期有意减少对其北部陆地和海上边界的管理，以强硬态度和移民控制换取欧盟的妥协。

2019年，联合国种族主义问题特别报告员在访问该国后指出，"鉴于摩洛哥王国的地缘政治意义，摩洛哥目前在移民治理的问题上面临欧盟的无形压力。近年来，欧盟加大了限制移民的力度，对非洲的移民更是施加了诸多限制，这早已不是什么秘闻。这种平衡随时都有被打破的可能，摩洛哥必须采取积极措施，避免后期过于被动"②。尽管如此，欧洲各国政府仍将摩洛哥视为输出遣返移民的关键地区。2020年9月，《卫报》对未公开文件的报道显示，摩洛哥是英国政府计划将寻求庇护者送往境外"处理"的目标国家之一。具体而言，英国外交、联邦和发展办公室计划在摩洛哥设立类似"澳大利亚在巴布亚新几内亚设立的庇护遣返处理中心"的地方。③ 2019年12月，欧盟宣布向摩洛哥提供1.017亿欧元援助，以督促该国努力打击非常规移民和人口贩运。④ 根据"欧盟2021～2027年的七年财政计划"，欧盟将采用新金融合作方式："邻国、发展和国际

---

① "Morocco Threatens to Cut EU Ties if Farm Deal Founders," Reuters, https：//www. reuters. com/article/eu – morocco/morocco – threatens – to – cut – eu – ties – if – farm – deal – founders – idINKBN15L1ME, accessed：2023-03-06.

② United Nations, "Morocco：UN Expert Urges Action on Anti-discrimination and Racial Equality Commitments," https：//www. ohchr. org/en/press – releases/2019/07/morocco – un – expert – urges-action-anti-discrimination-and-racial-equality, accessed：2023-03-06.

③ "No 10 Explores Sending Asylum Seekers to Moldova, Morocco and Papua New Guinea," Guardian, https：//www. theguardian. com/uk-news/2020/sep/30/revealed-no-10-explores- sending-asylum-seekers-to-moldova-morocco-and-papua-new-guinea, accessed：2023-03-06.

④ 通过非洲紧急信托基金援助。

合作工具"（NDICI），这将是欧盟与摩洛哥合作的基础。

总体而言，摩洛哥与欧盟就人口流动和移民管控达成合作，是双边关系的重要转折点。早在 1995 年巴塞罗那会议上，欧盟就与地中海东岸和南岸国家建立了特殊的欧洲-地中海伙伴关系。如今，不论对欧盟还是对摩洛哥来说，这都是一个绝好时机，双方可以重新评估彼此的伙伴关系，制定出更适合移民流动和国家发展的重要政策。

第二，商讨重新接纳协议。

20 世纪末，欧盟成员国逐步取消了对摩洛哥的免签政策，但这并没有激起摩洛哥对欧盟的敌意，反而为双方的合作开辟了新途径。流动伙伴关系有四个全球目标，其中一个目标是在考虑到签署国的劳动力市场容量的同时，更有效地管理短期人员流动以及合法移民和劳工移民的来往，打击非常规移民、人口贩卖和走私网络，并在尊重基本权利、相关法律法规和确保有关人员尊严的情况下，实施有效的遣返和重新接纳措施。[①] 然而，摩洛哥和欧盟均对重新接纳协议的谈判情况不甚满意。对于摩洛哥人来说，他们获取申根签证的条件过于严格；欧洲人不满意的原因是，经过16 轮的谈判，他们依然没能使摩洛哥签署重新接纳协议。

欧盟认为，重新接纳协议是打击非常规移民的快速有效机制。由于移民问题一直是欧盟国家和摩洛哥的合作领域，双方签署了一系列关于边境管理的双边联合协议。1999 年，欧盟委员会获得欧盟成员国处理移民问题的授权，便与第三国启动重新接纳协议的谈判。[②] 其目的是解决双边协议的具体问题，如欧盟成员国如何与原籍国领事官员沟通合作、如何确认移民的原籍国、如何签发入境证件等问题。欧盟主张，在与第三国的谈判中，给予欧盟的话语权应高于其成员国。[③] 摩洛哥是最早与欧盟启动重新接纳协议谈判的国家之一。摩洛哥是重要的原籍国和过境国，尽管双方已

① Mohamed Limam and Raffaella A. Del Sarto, "Periphery Under Pressure: Morocco, Tunisia and the European Union's Mobility Partnership on Migration," Robert Schuman Centre for Advanced Studies Research Paper No. RSCAS, 2015, p. 75.

② Sarah Wolff, "The Politics of Negotiating EU Readmission Agreements: Insights from Morocco and Turkey," *European Journal of Migration and Law*, Vol. 16, No. 1, 2014, pp. 69-95.

③ Nora El Qadim, "The Symbolic Meaning of International Mobility: EU-Morocco Negotiations on Visa Facilitation," *Migration Studies*, Vol. 6, No. 2, 2018, pp. 279-305.

签署类似的双边协议，但欧盟与摩洛哥在驱逐移民方面未能达成一致意见。2003年，双边谈判开始启动。然而，尽管双方在边境防控等移民问题的合作取得进展，但在15轮谈判后仍未能达成结果，会谈最终于2010年中止。之后，尽管欧盟向摩洛哥增加了财政援助，但2015年的新一轮谈判仍未能取得进展。并且，不久之后，欧盟法院对2012年签署的农业和渔业协议做出裁决，双方关系紧张，政治对话再次暂停。

重新接纳协议和签证便利化在欧洲睦邻政策中是相辅相成的。① 欧洲国家利用签证作为激励，主要是为了获得更好的边境管制合作；换句话说，以流通自由换取边境管控。签证不仅是筛选进入欧盟领土的外国人的安全工具，也是监控移民、进行国际谈判的直接工具。② 也就是说，签证可以作为国际谈判的筹码，以激励原籍国和过境国在边境和移民控制中与欧盟进行合作。③

签证激励措施在与巴尔干半岛国家的谈判中十分奏效。相比之下，摩洛哥在谈判中的态度更加强硬，也不愿意承诺接纳欧盟遣返的第三国移民，来换取其公民进入欧盟的便利程序。与其他非洲国家相比，通过摩洛哥到欧洲的移民构成更为复杂，显然该国政府更关注其阻断海上移民路线的预期责任，以及接收他国移民的隐性负担。④

海外侨民事务部的一位官员解释说，"签证便利化是一个重要的因素，因为它也可以成为移民遣返的解决方案。但无论如何，我们都不打算在没有签证的情况下签署重新接纳协议"⑤。言下之意为，如果摩洛哥和欧盟之间往来更加便捷，去往欧洲的移民就会减少，因为签证程序得到了简化，离开后也能再次返回，不需要一直坚守在欧洲。欧盟委员会也承

---

① 包括对第三国免签和简化签证手续、放宽签证条件等。

② Sarah Wolff, "The Politics of Negotiating EU Readmission Agreements: Insights from Morocco and Turkey," *European Journal of Migration and Law*, Vol. 16, No. 1, 2014, pp. 69-95.

③ Federica Infantino, "State-Bound Visa Policies and Europeanized Practices. Comparing EU Visa Policy Implementation in Morocco," *Journal of Borderlands Studies*, Vol. 31, No. 2, 2016, pp. 171-186.

④ Nora El Qadim, "The Symbolic Meaning of International Mobility: EU-Morocco Negotiations on Visa Facilitation," *Migration Studies*, Vol. 6, No. 2, 2018, pp. 279-305.

⑤ Sergio Carrera, et al., "EU-Morocco Cooperation on Readmission, Borders and Protection: A Model to Follow?" CEPS Papers in Liberty and Security in Europe, 2016, pp. 13-14.

认，目前并没有监测重新接纳协议实施效果的方式。因此，在加强边界安全的同时，拘留仍是欧盟成员国应对非常规移民的首选解决方案。目前，欧盟尚未为摩洛哥的拘留中心提供资金。若是重新接纳协议得以签署，欧盟或会为拘留中心的建设提供援助，以防摩洛哥接纳的他国移民再次离开该国。

第三，实行边境管控合作。

20 世纪 90 年代以来，欧盟不断向摩洛哥施压，要求其实行更严格的移民政策，加强边境控制。02-03 号法律颁布后，受益于欧盟资助，摩洛哥和西班牙当局展开密切合作，使用高科技监控技术拦截了大量非常规移民。雷达、卫星和无人机等各种监控技术和设备均用于此。①西班牙当局开发了外部警戒综合系统实时监控南部海域，还构建了地中海和西非海岸的边境网络，以便双方信息共享。

欧盟和西班牙在对西摩边境的监控方面投入了大量资金。此外，西班牙国民警卫队还与摩洛哥宪兵队进行联合巡逻。欧洲边境及海岸警卫队（Frontex，以下简称"边海警卫队"）也一直在海上领域积极开展行动。这些行动由西班牙领导，摩洛哥以船只和其他资产的形式提供行动支持，边海警卫队也共同为这些行动出资。两国共同巡逻，加强边境管控的效果十分显著，仅在 2014 年的行动中，巡逻队就拦截了 4114 名移民，还查获多种违禁物品。② 边海警卫队通过欧洲边境监控系统（EUROSUR）掌握了西班牙南部海上边界监控系统的数据信息。

这些严格的控制措施和联合行动虽有一定效果，但也使移民路线南移到加那利群岛，偷渡方法也更加多样化。③在阿拉伯剧变爆发前，过境移民路线已经改道，从阿尔及利亚前往西班牙，或从突尼斯海岸前往意大

---

① Joaquin Arango and Fernando González Quiñones, "The Impacts of the Current Financial and Economic Crisis on Migration in the Spain-Morocco Corridor," Europear University Institute, 2009.

② Joaquin Arango and Fernando González Quiñones, "The Impacts of the Current Financial and Economic Crisis on Migration in the Spain-Morocco Corridor," European University Institute, 2009.

③ Hein De Haas, "The Myth of Invasion: The Inconvenient Realities of African Migration to Europe," *Third World Quarterly*, Vol. 29, No. 7, 2008, pp. 1305-1322.

利，抑或从利比亚前往意大利和马耳他都是可行之道。尽管如此，在欧盟看来，积极的边境管制措施仍是不可或缺的防卫措施。①

边境管理方式的转变显示出欧盟，特别是西班牙和摩洛哥之间强有力的合作程度，欧盟的财政援助帮助其实现了移民治理的外扩。多年来，欧盟一直向摩洛哥提供资金，为其培训警察、优化边境监测，以协助摩洛哥封锁其北部入欧通道。

2019 年，摩洛哥和西班牙达成一项遣返协议，根据该协议，西班牙的海上救援服务将会把获救移民直接送回摩洛哥港口。近年来，西班牙当局还在休达和梅利利亚展开越来越多的"热遣返"（Hotreturns）行动，在非常规移民抵达后立即将其遣送到摩洛哥，不给予他们申请庇护的机会。②

与思想、文化和商品一样，移民的流动将各国联系起来。欧洲各国可以在二战后开放边境，鼓励大量移民入境，也可以在石油危机后限制移民入境：从某种程度上说，欧洲显然在欧非外交中处于主导地位。但是，作为一个非洲国家，摩洛哥的发展离不开与其他非洲国家的区域合作，该国在非洲的领导地位也与其对撒哈拉以南非洲移民采取的政策息息相关。

第四，建立摩洛哥-非洲-欧盟大多边合作机制。

经由摩洛哥前往欧洲的非洲移民主要来自塞内加尔、马里、刚果（金）、尼日利亚、几内亚等国家，移民动机复杂多样。③ 这些国家大都社会动荡，经济发展缓慢甚至停滞，人民生活极度困难。大多数移民为单身男性青年，其中文化程度高者不在少数，由于生活贫困，且生活条件长期无法改善，这些移民选择前往欧洲寻求发展机遇。也有一部分移民因为强制婚姻、家庭暴力或者政治迫害等而不得不逃离原籍国，采取各种方式到达马格里布国家，再越境进入欧洲。

此前，摩洛哥的移民政策一直是限制性的。但近年来，摩洛哥开始从非洲视角考虑移民问题，努力在欧盟和非洲之间维持平衡。欧盟中的地中

---

① Hein De Haas, "The Myth of Invasion: The Inconvenient Realities of African Migration to Europe," *Third World Quarterly*, Vol. 29, No. 7, 2008, pp. 1305–1322.

② "Return Mania. Mapping Policies and Practices in the EuroMed Region," 2021, p. 6.

③ Rim Berahab, "Relations Between Morocco and Sub-Saharan Africa: What Is the Potential for Trade and Foreign Direct Investment?" OCP Policy Center, 2017, p. 1.

海沿岸国家限制非洲人进入欧洲，但摩洛哥则完全相反，公开接收撒哈拉以南非洲移民，开展移民外交。在 2013 年新移民政策出台仅三周后，摩洛哥便在一次非洲国家的高级别对话中提议，在欧非双方共同认可的责任基础上，加强非洲各国在移民领域的合作，建立"非洲移民和发展联盟"。① 同时，摩洛哥代表团也建议，应积极发挥现有的区域性组织优势，在其管辖范围内开展移民管控合作。在西非国家经济共同体、阿拉伯马格里布联盟等区域组织内部建立合作机制，以便更好地管理移民，保障移民的尊严和基本权利。②

2001 年以来，摩洛哥一直是萨赫勒－撒哈拉地区国家共同体（CENSAD，以下简称"撒共体"）的成员国。2011 年卡扎菲政府倒台后，摩洛哥主办了撒共体的多项活动，包括 2013 年撒共体关于加强撒哈拉和马格里布国家之间边界安全的区域会议和 2014 年撒共体成员国的首脑会议。事实证明，由于没有阿尔及利亚的参与，撒共体有助于摩洛哥向非洲联盟靠拢，摩洛哥的亲非形象也得到加强。在 2014~2015 年埃博拉病毒暴发期间，非洲各国飞往病毒肆虐的利比里亚的航班几乎全都停运，唯一坚持运营的航空公司是摩洛哥皇家航空，这些都对摩洛哥国际形象的提升大有裨益。③

2016 年，摩洛哥请求加入非洲联盟，成为正式成员。2017 年 1 月 30 日，出席亚的斯亚贝巴④非洲联盟峰会的非洲领导人同意将西撒哈拉问题留待将来解决（同时也保留阿拉伯撒哈拉民主共和国的非洲联盟成员资格），并接受摩洛哥的回归。⑤ 摩洛哥此前一直以"阿拉伯和伊斯兰"的

① "Towards the 2013 High-Level Dialogue on International Migration and Development," https：//publications. iom. int/system/files/pdf/hld_ series_ finalreport_ iom_ undesa_ unfpa_ english. pdf, accessed：2023-03-06.

② IOM， "Towards the 2013 High-Level Dialogue on International Migration and Development," https：//publications. iom. int/system/files/pdf/hld_ series_ finalreport_ iom_ undesa_ unfpa_ english. pdf, accessed：2023-03-06.

③ "Morocco Keeps Flying to Ebola-hit States in 'Solidarity'，" Vanguard, https：//www. vanguardngr. com/2014/08/morocco-keeps-flying-ebola-hit-states-solidarity/, accessed：2023-03-04.

④ 亚的斯亚贝巴是东非国家埃塞俄比亚的首都，同时也是非洲联盟及其前身非洲统一组织的总部所在地，位于海拔 2400 米的高原之上。

⑤ 1984 年，摩洛哥因西撒哈拉问题退出非洲联盟，此次回归与国王穆罕默德六世在西非和东非领导的多次外交活动紧密相关。

形象对外活动。但是，摩洛哥在 2011 年颁布的宪法更是明确表明其民族身份的多元性："摩洛哥王国有意维护其统一不可分割的民族特性。其统一性由阿拉伯-伊斯兰、阿马齐格和撒哈拉-哈萨尼各成分汇聚而成，得到了非洲、安达卢西亚、希伯来和地中海支流的滋养和充实。"①

在重新加入非洲联盟后，摩洛哥在 2018 年设立了非洲事务部这一特别机构。第二年，外交部更名为外交与国际合作部，这进一步突出非洲在摩洛哥外交政策中的重要性。在加入非洲联盟后，摩洛哥继续争取非洲国家对其西撒哈拉主张的直接支持，还将外国领事馆设在摩洛哥在西撒哈拉地区的首府阿尤恩。在摩洛哥实际控制的西撒哈拉地区，外国领事馆已有 20 余家，其中非洲国家占到 80% 左右。新冠疫情暴发后，摩洛哥在对抗国内疫情的同时，也向 13 个非洲国家提供医疗资源设备和疫苗援助。这些都是摩洛哥扩大其非洲利益的有效措施。通过加入非洲各项机制，以摩洛哥为中心的摩洛哥-非洲-欧盟大多边移民外交路径事实上也形成了。

总而言之，摩洛哥正在实行由国家部署的移民外交，并跟随自身的移民状况不断调整。2013 年以来，这种外交的主要目标是使摩洛哥能够在其所属的各类移民系统中占据核心地位。为从欧洲-地中海地区的移民监管机制中获益，摩洛哥加入了欧盟制定的各类合作机制，并发挥了重要作用。此举不仅能深化与欧盟的合作关系，也能谋得更多财政资源，促进其行政机构现代化改革，进而提升国家治理能力。

然而，与欧洲不对等的利益输送并没有将摩洛哥王国局限于全盘接受欧洲领土外化战略。恰恰相反，摩洛哥制定了恰当的应对政策，以移民控制政策不断进行外交谈判，充分利用其在欧洲移民政策中的参与程度谋取最大利益。摩洛哥多年以来对重新接纳协议的暧昧态度便是其移民外交政策的最佳体现。摩洛哥移民政策的转变十分明显，该国已将初期由欧盟主导的被动局面扭转为符合摩洛哥政治利益的主动局面。同时，摩洛哥政府对改善其国际形象尤为关注，通过积极参与对话合作，摩洛哥树立起自身形象，将自己视为发达国家与发展中国家，以及原籍国、过境国和接收国

---

① 摩洛哥 2011 年颁布的宪法。

之间的调解人。通过移民外交战略，摩洛哥营造出一个能服务其非洲利益的大国形象，也维护了其与欧洲的密切关系。

第三节　摩洛哥发展战略规划与向东看战略

独立以来，摩洛哥一直在探索适合本国国情的发展模式。20 世纪70~90 年代，摩洛哥的经济发展先后经历了"摩洛哥化"和"新自由主义改革"两个阶段，前者以进口替代战略为核心，后者集中在以资本主义为核心的私有化改革。① 1999 年，穆罕默德六世继位后，在充分汲取哈桑二世时期发展经验的基础上，逐步形成了"新自由主义+国家干预"的混合发展模式。② 该模式的核心特点是王室和政府主导，社会广泛参与，与国际接轨，由政府制定中长期发展规划、提供融资渠道，国企、私企和外资企业共同参与。2020 年，在穆罕默德六世继位 21 周年之际，摩洛哥结合国内外发展局势以及第四次工业革命的要求，提出了新发展模式，强调向包容性的可持续发展方向转型，继续加强对传统部门和新兴部门的战略规划。无论是混合发展模式还是新发展模式，都强调积极与全球新兴经济体的战略对接，尤其是与中国共建"一带一路"对接，通过战略规划来推动国家治理的现代化。

一　摩洛哥中长期发展战略规划及其实施情况

21 世纪以来，尤其是阿拉伯剧变以来，摩洛哥制定了多领域、跨部门的国家发展规划，其总体目标是保持较高的经济增长率，减少失业、消除贫困，核心政策涉及宏观经济调控、公共行政管理、改善投资环境等，大力发展汽车、航空航天、纺织等劳动密集型产业，继续推进私有化改革、加快对外开放等。2020 年 7 月，为应对新冠疫情带来的经济冲击，支持相关产业复苏，穆罕默德六世国王在登基 21 周年的讲话中宣布：启动后疫情时代国家重振计划，加快相关战略规划调整与实施。

---

① 张玉友：《国家资本主义在摩洛哥》，《文化纵横》2020 年第 2 期，第 105~106 页。
② Eve Sandberg and Seth Binder, *Mohammed VI's Strategies for Moroccan Economic Development*, London：Routledge, 2019, pp. 98-104.

总体而言，摩洛哥中长期发展战略规划可归纳为以下六大方向：①加入全球产业链，向出口导向型经济转型；②提高制造业在国民经济中的比重；③提高农业生产率，保障国家的粮食安全；④加强基础设施建设，推进城市化和交通便利化；⑤发展数字经济、绿色经济、清洁能源和可再生能源产业，以吸引投资、创造就业和实现可持续发展；⑥打造具有本国比较优势的生态产业。[①] 以上六大方向可分为产业发展、基础设施发展、数字经济发展和可持续发展四大战略。

（一）产业发展战略

产业发展是摩洛哥经济的重要领域，也是中长期发展规划的核心内容。

第一，农业发展战略。农业是摩洛哥经济的重要支撑。从20世纪60年代以来，摩洛哥的农业发展战略规划共经历了四个阶段：第一，"大坝政策"阶段（20世纪60年代中期至80年代中期）；第二，"农业部门中期调整计划"阶段（1985~1993年）；第三，"摩洛哥农业2020年战略"阶段（1993~2008年）；第四，"绿色摩洛哥计划"阶段（2008年至今）。[②] 20世纪90年代初，摩洛哥开始将农业发展作为一项国家大战略。为实施"摩洛哥农业2020年战略"，摩洛哥政府于2000年制定第一个针对农业发展的五年计划，确定了农业收入提高，粮食安全，市场一体化，技术人员培训、研究和推广等战略方向。

2008年，摩洛哥政府开始制定部门发展规划，农业发展也被纳入其中。该年，摩洛哥政府提出了"绿色摩洛哥计划"的农业发展战略。该计划旨在增加农业产量，使农业更具竞争力，并提高应对气候变化的能力。该计划的主要内容包括：①推动农业现代化，加快发展农业高附加值产业；②推动私人和国际资本在农业领域的投资；③支持边远地区的农业项目；④推动摩洛哥在气候、水资源等诸多领域实现农业可持续发展；⑤

---

① Jiuzhou Duan and Gangzheng She, "Initiative and Visions: Synergy between Development Strategies of China and the Arab States," *Asian Journal of Middle Eastern and Islamic Studies*, Vol. 15, No. 3, 2021, pp. 279-387.

② 张玉友、孙德刚：《"一带一路"国别报告：摩洛哥卷》，中国社会科学出版社，2020，第95~98页。

解决土地占有制等跨区域问题。[①] 其中发展高附加值的现代农业和支持边远地区的农业发展是该项目的两大核心。

为保障该计划的顺利实施，摩洛哥成立了农业发展署，负责促进农业投资。2018 年 12 月底，时任摩洛哥农渔大臣阿齐兹·阿赫努什对"绿色摩洛哥计划"实施 10 年以来的成就做出总结。阿赫努什强调，2018 年，摩洛哥农业 GDP 达 1250 亿迪拉姆，与计划推出的 2008 年相比上升了60%，年均增长率为 5.25%。2019 年摩洛哥农业总产值达 1280 亿迪拉姆。10 年来，农业领域累计投资总额为 1040 亿迪拉姆，其中 60% 来自私营部门。据农渔大臣估计，2019 年摩洛哥累计投资达 1150 亿迪拉姆，国际机构和其他出资方共提供 340 亿迪拉姆的融资，其中 37% 是无偿援助。[②] 在该计划推动下，摩洛哥在农业灌溉、农业机械化、农产品加工业以及传统的谷物、橄榄和渔业等领域均取得了长足的进步。2020 年，为进一步落实"绿色摩洛哥计划"，摩洛哥又提出了"绿色一代计划（2020~2030 年）"（le plan Génération Green 2020-2030）。

第二，工业发展战略。工业是支撑摩洛哥经济发展最重要的部门，也是国家发展战略规划的核心内容。2009 年，在提出农业发展规划之后，摩洛哥政府又提出了发展工业的"国家工业振兴计划"（National Plan for Industrial Emergence）。2014 年，在顺利完成阿拉伯剧变"政治转型"后，摩洛哥政府又提出了雄心勃勃的 2014~2020 年"工业加速计划"，力图将工业占 GDP 比重由 14% 提高至 23%，并新增 50 万个就业岗位，以实现三个宏观目标：一是维护国家政治经济稳定，以在快速转型的时代维持相对优势；二是增强在国际市场的竞争力；三是大规模建设基础设施，促进货物和人员的互联互通。[③]

---

① 张玉友、孙德刚:《"一带一路"国别报告:摩洛哥卷》，中国社会科学出版社，2020，第 618 页。
② 《摩洛哥"绿色摩洛哥计划"实施十年成效显著》，中华人民共和国驻摩洛哥王国大使馆经济商务处，2019 年 1 月 15 日，http://ma.mofcom.gov.cn/article/ztdy/201901/20190102827044.shtml，最后访问日期:2022 年 4 月 3 日。
③ 摩洛哥工业、贸易、绿色与数字经济部官方网站，Industrial Acceleration Plan 2014-2020，http://www.mcinet.gov.ma/en/content/industrial-acceleration-plan-2014-2020，最后访问日期:2022 年 4 月 3 日。

2019 年末，摩洛哥政府开启覆盖 2021～2025 年的"工业加速计划 2.0"。新一轮"工业加速计划"强调创新和科研，并把更多的摩洛哥本地资本引入工业领域。具体来说，新计划将发展物联网技术和航天制造业，建设创新中心，并制定企业间科研创新的鼓励政策，设立支持摩洛哥工业项目的专门银行。①

"工业加速计划 2.0"主要侧重于汽车、航空航天、纺织品和皮革、离岸产业、食品加工、电子和制药工业等产业，其核心措施是建立"工业生态系统"。其中，汽车和航空航天是该计划的优先支持产业。汽车产业凭借附加值高、产业链长、带动能力强和解决就业的特点成为摩洛哥重点发展的产业。根据该计划，到 2020 年摩洛哥汽车产业产能从目前的 40 万辆提高至 80 万辆，本土化率提高 20%～65%，就业岗位增加 9 万个，达到 17 万个。② 2018 年，摩洛哥就已接近完成 2020 年的目标，实现了 50.5% 的本土化率。2021 年，在新冠疫情的影响下，摩洛哥汽车行业表现依然强劲。2021 年，摩洛哥汽车行业出口总额为 837.8 亿迪拉姆，比 2020 年增长 15.9%。截至 2022 年 1 月，大约有 250 家不同的摩国内和跨国公司在摩投资办厂，其中包括雷诺、东风标致、雪铁龙、福特、菲亚特等公司，装机产能为每年 70 万辆，2021 年本地化率达到 63%，长期目标是达到 80%。③

与汽车行业一样，在穆罕默德六世执政初期，航空航天产业也得到了政府的重点支持，并吸引原始设备制造商（OEM）波音和空客在摩洛哥开设工厂。在"工业加速计划 2.0"的支持下，该行业目标是到 2020 年增加 2.3 万个新工作岗位，出口额达 160 亿迪拉姆，增加 100 家新公司，

① Abdellah Ouardirhi, "PAI 2021/25: L'industrie se met au 2.0, au Moment où Les Acteurs du Secteur se Font Rares au Maroc," Hespress, Janvier 6, 2020, https: //fr. hespress. com/ 119037-pai-2021-25-lindustrie-se-met-au-2-0-au-moment-ou-les-acteurs-du-secteur- se-font-rares-au-maroc. html, accessed: 2022-04-03.

② 《摩洛哥汽车产业概述》，中华人民共和国驻摩洛哥王国大使馆经济商务处，2016 年 1 月 18 日，http://ma. mofcom. gov. cn/article/ztdy/201601/20160101237004. shtml，最后访问日期：2022 年 4 月 3 日。

③ Amine Kadiri, "Industrie Automobile au Maroc: le Chiffre D'affaires à L'export Dépasse 83,7 Milliards de Dirhams en 2021, Un Record," Le 360, https: //fr. le360. ma/economie/ industrie-automobile-au-maroc-le-chiffre-daffaires-a-lexport-depasse-837-milliards-de- dirhams-en-254131, accessed: 2022-04-03.

本土化率进一步提升。此外，摩政府希望该行业能够充分参与全球价值链的各个层面，包括生产、服务和工程，并确定了建设若干生态系统：装配、电线、维护和维修以及工程等。为实现该目标，摩洛哥在土地批复、基础设施、职业培训、投资和免征进口税方面提供了政策支持。截至2018 年底，摩洛哥航空航天产业出口额达到 17 亿美元，比 2014 年增长了 88%；就业人数达到 16700 人，比 2014 年增长了 67%；本地化率达到38%，已超过 2014~2020 年"工业加速计划"中 2020 年的预期目标。①

整体来看，摩洛哥 2014~2020 年"工业加速计划"基本实现。在工业园区建设方面，截至 2020 年底，摩洛哥境内共有 11 个工业加速区（原名为"自由贸易区"），分布在六大片区，面积共 1800 公顷，包括 300家企业，主要行业为汽车、航空航天、新能源、电子和纺织等。② 在执行率方面，根据摩洛哥工贸部 2019 年发布的 2014~2020 年"工业加速计划"的总结报告，截至 2018 年底，2014~2020 年"工业加速计划"已完成 81%。摩对外出口总额从 2013 年的 1610 亿迪拉姆增长至 2018 年的2400 亿迪拉姆，5 年间增长了约 50%。③

新冠疫情暴发后，摩洛哥政府提出"2021~2023 年工业重振计划"，宣布实施进口替代战略，大力发展本土制造业，推动工业脱碳战略，培育新一代本土企业家，做大做强"摩洛哥制造"，将本国打造成面向欧洲的最具竞争力的全球工业基地，以实现每年以本土制造替代 340 亿迪拉姆进口产品的目标。④ 在 2020 年新政府上台后，该计划仍被作为重点发展战略之一。

① 《摩洛哥航空业本地化率达到 38%》，中华人民共和国驻摩洛哥王国大使馆经济商务处，2019 年 10 月 30 日，http：//ma. mofcom. gov. cn/article/ztdy/201910/20191002908896. shtml，最后访问日期：2022 年 4 月 3 日。

② 《摩洛哥工业加速区建设情况》，中华人民共和国驻摩洛哥王国大使馆经济商务处，2020年 11 月 25 日，http：//ma. mofcom. gov. cn/article/ztdy/202011/20201103018322. shtml，最后访问日期：2022 年 4 月 3 日。

③ 《摩工贸部发布工业加速计划总结报告》，中华人民共和国驻摩洛哥王国大使馆经济商务处，2019 年 4 月 15 日，http：//ma. mofcom. gov. cn/article/jmxw/201904/20190402852765. shtml，最后访问日期：2020 年 4 月 3 日。

④ Moncef Ben Hayoun," La Stratégie 2021 - 2023 Mise sur le Green et la Substitution aux Importations," Le Matin, Septembre 27, 2020, https：//lematin. ma/journal/2020/strategie-2021-2023-mise-green-substitution-aux-importations/345080. html, accessed：2022-04-03.

第三，服务业发展战略。服务业是摩洛哥的第三产业，在摩洛哥工业发展中起到重要的辅助作用。摩洛哥在服务业方面重点布局的是旅游业。旅游业是战略性行业，对创造财富和增加就业具有积极作用。为全面发展旅游业，2008年摩政府成立旅游发展署。2010年，在延续"摩洛哥旅游业2010年远景发展战略"的基础上，提出了更为系统的"摩洛哥旅游业2020年远景发展战略"，目标是到2020年成为世界前20大旅游目的地。摩洛哥旅游业战略规划包括：实施旅游区域化战略；公共部门和私营企业为旅游业的发展建立更为密切的伙伴关系；注重扩大国际客源市场；促进旅游产品多样化。同时，摩洛哥将增加政府投资并引进外资，扩大对旅游部门和旅游设施的投入，加强与先进旅游国家的合作，加强对旅游从业人员的培训。①

2018年，在"摩洛哥旅游业2020年远景发展战略"的支持下，摩洛哥首次成为非洲接待游客人数最多的国家，共计1230万人次，旅游收入达78亿美元，仅次于埃及与南非。尽管如此，从实施情况来看，到2018年，摩洛哥在旅游基础设施和游客接待方面均未达到预期目标。摩洛哥审计院2018年的一份报告也指出，"摩洛哥旅游业2020年远景发展战略"的规划过于乐观，对行业缺乏实际调查。② 2020年开始，受新冠疫情的影响，摩洛哥旅游业发展几乎停滞。为恢复和刺激旅游业发展，摩洛哥政府于2022年1月批准了总计20亿迪拉姆（约合2.16亿美元）的五项应急计划，以支持该国受新冠疫情影响的旅游业，直接使受新冠疫情影响的旅游机构受益。③

（二）基础设施发展战略

穆罕默德六世继位以来，基础设施是最为重要的发展规划内容之一。

---

① 《摩洛哥发布旅游业2020年远景发展战略》，旅讯网，2014年9月30日，https://www.travelweekly-china.com/32729，最后访问日期：2022年4月30日。

② "Morocco Seeks to Increase Tourism's Contribution to Economy," Oxford Business Group, https://oxfordbusinessgroup.com/overview/next-stage-sector-growth-continues-policymakers-focus-more-robust-offering-and-aim-attract-visitors, accessed：2022-04-03.

③ Safaa Kasraoui, "Morocco's Tourists Flow Increased by 34% by End of 2021," Morocco World News, Februray 24, 2021, https://www.moroccoworldnews.com/2022/02/347267/moroccos-tourists-flow-increased-by-34-by-end-of-2021, accessed：2022-04-03.

2020 年 7 月，摩洛哥设备部宣布了未来 10 年 41.6 亿美元的基础设施预算，主要如下。

第一，公路发展规划。2016 年，摩洛哥政府发布《2035 年道路规划》，计划到 2035 年高速通车里程达 3000 千米，修建 3400 千米的高速公路和 2100 千米的快速路，总投资额约为 960 亿迪拉姆。此外，摩洛哥还将对现有的 7000 千米道路进行翻新，投资额约为 550 亿迪拉姆；在乡村地区新建 3 万千米道路，投资额约为 300 亿迪拉姆。目前，摩洛哥已建设公路总里程达 57334 千米，其中高速公路里程达 1800 千米。

第二，铁路发展规划。2014 年，摩洛哥政府发布《2040 年国家铁路规划》，计划投资 3750 亿迪拉姆，加大摩洛哥铁路网络的覆盖面。摩洛哥铁路连接城市数将从 23 座提高到 43 座，包括 2035 年高铁线路超过 1500 千米，全国铁路线路长度翻番，达到 3800 千米，将大部分线路电气化等；受益人口从 51% 提高到 87%，连接港口从 6 个增加到 12 个，连接机场从 1 个增加到 15 个。

截至 2019 年 7 月，在铁路网布局方面，摩洛哥铁路里程总长 2295 千米，位列马格里布地区第一、非洲第二，仅次于南非。2018 年底，从卡萨布兰卡至丹吉尔的高铁开通，摩洛哥已成为非洲铁路产业发展的领先国家。[①] 2022 年 2 月初，摩洛哥计划启动两条高铁线路建设，一条连接马拉喀什与阿加迪尔，另一条将卡萨布兰卡—丹吉尔线延长至马拉喀什。目前，摩洛哥铁路已修至东部边境，具备与阿尔及利亚铁路互通的条件。

第三，海运港口发展规划。2011 年，摩洛哥发布《2030 年国家港口发展战略》，计划每年投资 30 亿迪拉姆，到 2030 年港口年货物吞吐量由 1.4 亿吨提高到 3.7 亿吨。开发六大中心港，主要有北方中心港、西北中心港、肯尼特拉-卡萨布兰卡中心港、阿卜达-杜卡拉中心港、苏斯中心港以及南方中心港。[②] 目前，在港口战略支持下，摩洛哥共建有 38 个港

[①] 《摩洛哥铁路产业准备就绪》，中华人民共和国驻摩洛哥王国大使馆经济商务处，2019 年 7 月 19 日，http://ma.mofcom.gov.cn/article/tzzn/201907/20190702883342.shtml，最后访问日期：2022 年 4 月 3 日。

[②] 《对外投资合作国别（地区）指南：摩洛哥》，中华人民共和国驻摩洛哥王国大使馆经济商务处，2021，第 26 页。

口，其中 13 个商业港、19 个渔港和 6 个游艇停泊港。主要港口有丹吉尔地中海港、卡萨布兰卡港、萨菲港以及纳祖尔港等。

作为港口战略的重要组成部分，丹吉尔地中海港目前成为地中海最大的集装箱港口之一，并不断拉开与地区其他港口的吞吐量差距。2019 年，在港口升级改造战略下，该港口吞吐量跃居非洲第一。2021 年，丹吉尔地中海港吞吐量达到了 717 万标准箱，同比增长 24%。① 截至 2022 年 4 月，摩洛哥重点扩建港口项目主要有纳祖尔西地中海港口、达赫拉大西洋港和索维拉渔港。其中纳祖尔西地中海港口于 2022 年下半年完成港口建设工程，工程包括港口基础设施建设，工业、物流和服务自贸区的规划和开发，港口码头初始容量为 300 万装运集装箱。另一个港口为达赫拉大西洋港，位于西撒哈拉地区一个狭长的半岛上。2020 年，国王宣布将在摩洛哥南部地区进行重大投资，其中就包括达赫拉的大型港口。该港口将促进渔业、采矿、能源、旅游等产业的发展，每年吞吐量约 220 万吨。该港口耗资约 11 亿美元，在 2026 年建成后将提升非洲、欧洲和美洲之间的直接贸易，港区包括 1650 公顷的工业和物流服务空间。②

（三）数字经济发展战略

数字经济是当前摩洛哥发展新经济形态的重要内容，这在摩洛哥新发展模式中多次被提及。过去 20 年，摩洛哥共提出了三个数字化发展规划："电子摩洛哥 2010"（2005~2010 年）、"数字摩洛哥 2013"（2009~2013 年）和"数字摩洛哥 2020"（2015~2020 年）。③ 这三项战略展示了摩洛哥政府为实现公共机构现代化和数字化所做的持续努力。如前所述，为推进数字化战略，摩洛哥政府成立了摩洛哥数字化发展署。

新冠疫情暴发以来，摩洛哥坚定走数字化道路。2020 年 3 月，摩洛

---

① Crézia Ndongo, "Tanger Med: Les Dessous d'un Pari Royal Réussi," Jeune Afrique, Juin 16, 2021, https://www.jeuneafrique.com/1188662/economie/port-de-tanger-med-les-dessous-dun-succes-africain/, accessed: 2022-04-03.

② Lineb Williams, "The Growth of Mega Ports in Morocco," The Borgenproject, August 5, 2021, https://borgenproject.org/mega-ports-in-morocco/, accessed: 2022-04-03.

③ Souad Anouar, "Minister: The Digitalization of Moroccan Administration a Reality in the Making," Morocco World News, June 5, 2022, https://www.moroccoworldnews.com/2022/01/346352/minister-the-digitalization-of-moroccan-administration-a-reality-in-the-making, accessed: 2022-04-03.

哥数字化发展署发布《2025 年摩洛哥国家数字发展纲要》，重点加强三个领域的数字化：一是大力发展电子政务以提高行政效率，使民众和企业对政府服务满意度超过 85%；二是将摩洛哥建设成为非洲数字经济中心，将摩洛哥在联合国在线服务指数（Online Services Index）中的排名提升至非洲前 3 位、全球前 40 位，并在 5 年内创立 2500 家数字经济初创企业；三是建设数字社会，提高民众生活质量，减少数字鸿沟，在该领域培养 5 万名青年人才。[①]

2020 年以来，摩洛哥在电子政务、数字卫生治理、线上教育和电子金融业等领域取得长足的进展，如针对新冠疫情建立了专门的官方门户服务网站，针对线上教育推出了远程学习平台等。此外，摩洛哥数字化发展署还设立了名为"数字一代"的数字领域国家培训计划，旨在从学历教育、继续教育和科学研究等层面整合新技能、新领域、新内容和新举措。数字化转型已成为摩洛哥推动社会包容性发展的重要工具，尤其是通过数字技术解决不平等、社会歧视等社会问题。

（四）可持续发展战略

"可持续发展"一直是摩洛哥国家战略规划的重要内容，也是 21 世纪以来摩洛哥推动经济发展的基础性工程。2017 年，摩洛哥提出了"2017~2030 可持续发展战略规划"。2020 年摩洛哥国王穆罕默德六世提出的新发展模式，更是将可持续发展战略视为该模式的核心内容之一。摩洛哥持续发展战略的目的是确保该国到 2030 年向绿色和包容性经济转型，主要有七大方向：加强可持续发展的治理能力；加快向绿色经济转型；规范自然资源的管理和开发，促进生物多样性；加快执行国家气候变化政策；加强对脆弱生态土地的管理；促进人类发展，减少社会不平等；促进文化可持续发展。[②] 其中绿色经济是实施可持续发展战略的必要步骤，也是被单独纳入部门发展规划的战略内容。

---

① 参见摩洛哥可持续发展与能源转型官方网站：https：//www. mem. gov. ma/Pages/secteur. aspx？ e=2，最后访问日期：2022 年 4 月 5 日。

② "Stratégie Nationale de Développement Durable, 2017-2030," Royaume du Maroc, https：// fr. unesco. org/creativity/policy-monitoring-platform/strategie-nationale-de#：～：text=Cet% 20axe%20contient%203%20Objectifs, soci%C3%A9t%C3%A9%20marocaine%20inclusive% 20et%20tol%C3%A9rante，p. 20.

摩洛哥绿色经济主要集中在可再生能源领域，2009 年摩洛哥政府发布《国家可再生能源发展规划》，制定了 2020 年摩洛哥可再生能源装机容量达到国家总发电能力的 42%，2030 年达到 52% 的宏伟目标。该计划将环境问题置于所有发展项目的核心，并以风能、太阳能和水电的日益发展以及减少对化石燃料的补贴为基础。为了更好地实施该战略，摩洛哥政府同时制定了支持太阳能发展的《摩洛哥太阳能计划》和支持风能发展的《风能综合开发计划》。①

在《国家可再生能源发展规划》的支持下，摩洛哥已完成世界上最大的太阳能聚热电站项目——努奥项目建设，发电装机总量达 500 兆瓦。另外，位于摩洛哥东北部的努奥米德尔特（Noor Midelt）太阳能项目于 2021 年启动，装机容量达 1600 兆瓦。截至 2021 年 3 月，摩洛哥境内已经有近 4000 兆瓦的可再生能源电站在运行（太阳能 750 兆瓦、风力 1430 兆瓦和水力发电 1770 兆瓦），占摩全国总装机容量的 37% 以上。② 由此看出，摩洛哥实现了到 2020 年可再生能源装机容量达到 42% 的目标。尽管新冠疫情影响多个项目的按期投产，但对于一个发展中国家来说，这已经算是可观的进步。为进一步展现发展绿色经济的决心，摩洛哥先后于 2020 年和 2021 年提出了上调可再生能源发展的目标，如提前到 2025 年实现可再生能源在国家能源结构中占比超过 52% 的目标，2040 年使可再生能源在国家能源中占比达到 70%，2050 年达到 80%。

二　"一带一路"倡议与摩洛哥战略对接

作为发展中国家，战略对接是中摩两国发展战略伙伴关系的重要领域。两国发展战略对接具有良好的现实基础。第一，从国家政策来看，中摩两国均从 20 世纪 80 年代左右实行对外开放政策。进入 21 世纪，中国实施"走出去"战略和"一带一路"倡议，而摩洛哥则提出"外交多元

① 张玉友、孙德刚：《"一带一路"国别报告：摩洛哥卷》，中国社会科学出版社，2020，第 377~379 页。

② 《摩洛哥可再生能源装机容量接近 4000 兆瓦》，中华人民共和国驻摩洛哥王国大使馆经济商务处，2021 年 3 月 15 日，http：//ma. mofcom. gov. cn/article/jmxw/202103/20210303044019. shtml，最后访问日期：2022 年 4 月 3 日。

化"战略，双方都将扩大伙伴关系作为重要的国家政策。两国在外交需求上具有互补基础。第二，从国际合作的优势来看，作为阿拉伯世界中最早与中国建交的国家之一，摩洛哥优越的地理位置、稳定的政治环境、完善的经济治理体系，为中摩进一步开展经贸合作提供了条件，也成为中资企业开拓非洲和欧洲市场的桥梁。对摩洛哥来说，中国是重要的贸易对象与境外投资方。第三，从产能合作来看，摩洛哥不断扩大的工业化需求与中国的产能技术转移具有极大的互动空间。在摩洛哥中长期发展战略规划中，工业发展战略是核心，其中产能投资是关键。摩洛哥正在大力发展劳动密集型产业，而中国需要创新，拓展国内市场并维持成本优势，双方具有互补优势。[1] 第四，从"互联互通"来看，摩洛哥对基础设施建设（包括交通、能源、电信以及医疗卫生基础设施）有长期需求，而中国无论在交通基础设施还是在互联网基础设施方面均具有"出海"意愿与能力。"一带一路"倡议下，中摩战略对接的实施包括官方机制对接与企业项目对接两个层面。

（一）官方机制对接情况

从机制角度来看，中摩战略对接机制主要包括中阿合作论坛机制、中非合作论坛机制与中摩双边机制。中国与阿盟、非盟国家在战略对接方面拥有成熟与完备的顶层设计。2000年设立的"中非合作论坛"和2004年设立的"中阿合作论坛"分别是中非、中阿战略合作的引领性官方机制，其下属的定期或不定期协商机制为双边战略对接提供了沟通渠道，同时也指明了双方合作的重要方向。在两大合作论坛框架的推动下，中摩首先确立了产业促进、设施联通、贸易便利、绿色发展、能力建设、健康卫生、人文交流、和平安全等领域的战略对接。2016年发布的《中国对阿拉伯国家政策文件》，进一步确定了能源、基础设施、贸易投资、核能、航天卫星、新能源等多维合作格局。[2] 在此基础上，中阿还共同设立了对接不

<hr>

[1] Jiuzhou Duan and Gangzheng She, "Initiative and Visions: Synergy between Development Strategies of China and the Arab States," *Asian Journal of Middle Eastern and Islamic Studies*, Vol. 15, No. 3, 2021, p. 390.

[2] 《中国对阿拉伯国家政策文件》，新华网，2016年1月13日，http://www.xinhuanet.com/world/2016-01/13/c_1117766388.htm，最后访问日期：2022年4月4日。

同领域的职能机构，其中尤以中国–阿拉伯国家技术转移中心为代表。2015 年开始成立的中国–阿拉伯国家技术转移中心以及后来组建的中阿技术转移协作网络为中阿和中摩在北斗卫星、旱作节水、防沙治沙等领域的战略对接提供了机制基础。在 2020 年 12 月 21～25 日举办的第十六届"一带一路"中国–阿拉伯国家技术转移与国际合作创新论坛中，主办方专门设立了中国–摩洛哥环境技术转移国际研讨会、中国–摩洛哥农业技术转移国际研讨会、中国–摩洛哥工业 4.0 等分论坛。

在双边机制方面，中摩两国已设立或签署诸多政府间战略对接机制。2016～2022 年，为更好地进行战略对接，中摩先后签署了《关于建立两国战略伙伴关系的联合声明》（2016 年 5 月）、《中华人民共和国政府与摩洛哥王国政府关于共同推进丝绸之路经济带和 21 世纪海上丝绸之路的谅解备忘录》（2017 年 11 月）、《中华人民共和国政府与摩洛哥王国政府关于共同推进"一带一路"建设的合作规划》（2022 年 1 月）。这三大文件为中摩战略对接提供了顶层设计基础，进一步明确了合作原则、重点任务和协调机制，不断深化两国基础设施建设和物流、贸易和投资、农业和渔业、能源、财政和金融、文化体育和旅游、教育科技和绿色发展、健康、安全、非政府组织等领域务实合作，更好地推动共建"一带一路"倡议和摩"经济起飞计划"、"工业发展战略"等对接。[①] 同时，这也进一步促进中摩贸易投资便利化，鼓励中国企业扩大在摩投资，推动更多大型项目在摩落地，深化双方在科技、能源、农业、人员培训等领域的合作，加快摩港口、高铁、机场、工业园区等基础设施建设，帮助摩提升自身工业实力，在全球产业布局和价值链中扮演更重要的角色。[②]

在上述顶层设计的基础上，中摩两国还签订了多个重点领域的战略对接协议。2016 年 5 月，两国签署了《基础设施领域合作谅解备忘录》。2019 年 5 月，两国签署了《水资源领域的合作谅解备忘录（2020—2022

---

① 《中国与摩洛哥政府签署共建"一带一路"合作规划》，中华人民共和国国家发展和改革委员会，2022 年 1 月 5 日，https://www.ndrc.gov.cn/fzggw/wld/njz/lddt/202201/t20220105_1311482.html? code=&state=123，最后访问日期：2022 年 4 月 4 日。

② 《摩洛哥媒体高度评价中摩签署共建"一带一路"合作规划》，中华人民共和国驻摩洛哥王国大使馆，2022 年 1 月 14 日，http://ma.china-embassy.org/xwdts/202201/t20220114_10495685.htm，最后访问日期：2022 年 4 月 4 日。

年执行方案）》。同月，摩洛哥数字化发展署与贵州省大数据发展管理局签署合作备忘录。双方将共同推进在云计算、信息安全、数字政府平台建设、企业数字化转型等领域的合作。2021 年 10 月，摩洛哥正式加入"一带一路"能源合作伙伴关系，并与其他成员国共同通过并发布《"一带一路"能源合作伙伴关系章程》。此外，中摩还在农业、文化、产能、本币互换、旅游等领域进行了双边磋商，如 2020 年 1 月，时任摩洛哥农业大臣阿齐兹·阿赫努什表示愿意与中国建立农业合作机制。虽在有些领域，如产能合作、可再生能源合作等尚未形成文本化的机制，但双方在顶层设计的基础上已达成了战略共识。

（二）企业项目层面的对接情况

战略对接的核心是将一系列合作方案和理念落到实处，让两国企业和社会力量充分参与其中，以达到造福两国人民的目的。中摩战略对接在企业层面主要有两个特点：一个是以国有企业主导参与的大型标志性建设项目；另一个是以私有企业主导参与的部门发展规划。

在摩洛哥的发展战略中，大型建设项目（Mega Projects）占据重要位置，其不仅是摩洛哥中长期发展规划的重要载体，也是提升摩洛哥作为非洲新兴经济体的重要象征性项目。这些项目的实施需要强大资本、基建与生产能力，这也是摩洛哥寻求国际合作伙伴的重要考量，而中国提出的"一带一路"倡议契合摩洛哥建设大型项目的战略规划。

1. 大型建设项目

2012 年以来，中国参与的摩洛哥标志性大型建设项目主要有以下几个。

第一，高铁项目。摩洛哥已于 2018 年开通非洲第一条高铁"卡萨布兰卡—丹吉尔高铁"。该项目的土建项目（承担丹吉尔至肯尼特拉路段）由中国中铁负责、电建参建，具体由中铁下属中海外公司承包，负责具体施工。2016 年 5 月摩洛哥国王穆罕默德六世访华期间，中国铁路总公司和摩洛哥国家铁路局（ONCF）签署了一项谅解备忘录。中铁公司有望承建包括从马拉喀什到阿加迪尔总长 300 千米的高铁、丹吉尔—卡萨布兰卡线延长至马拉喀什高铁、摩洛哥南部省份的普通铁路以及从摩洛哥南部延伸到西非国家的普通铁路，且中国方面有可能通过援助或优惠贷款资助项目建设。①

第二，境外园区。中国在摩洛哥当地投资开发的境外园区为丹吉尔穆罕默德六世科技城项目。2019 年 4 月，中国交通建设集团与摩洛哥合作方在第二届"一带一路"国际合作高峰论坛上签署合作备忘录。2020 年11 月，中国交通建设集团与摩洛哥签署入股丹吉尔穆罕默德六世科技城项目开发公司（SATT）股权协议，中方占股 35%。该项目总占地面积2167 公顷，拟采取分期开发模式。第一期占地面积 486 公顷，拟投资 1.7亿美元，建成工业自贸区，产业将集中在汽车、航空航天、消费电子、家用电器等领域。② 该项目也是中国对接丹吉尔地中海港的一部分。中资企业入驻之后，将利用丹吉尔地中海港的联通优势，拓展非洲与欧洲市场。此外，中摩在港口企业合作、互联互通方面也有较大潜力。

第三，可再生能源项目。中摩在新能源领域的合作主要集中在太阳能电站建设、沼气发电、新能源汽车等领域。中国参与的可再生能源大型建设项目主要是努奥光热电站项目。2015 年 5 月，中国电力建设集团下属山东电建三公司签订了项目金额 20 亿美元的摩洛哥努奥二期和三期光热电站项目总承包合同。摩洛哥努奥二期 200 兆瓦和努奥三期 150 兆瓦光热电站项目均已竣工投产，分别为目前全球单机容量最大的槽式和塔式光热电站，采用全球最先进的清洁能源技术，实现发电过程"零污染"。该工程是中资企业在海外建设的首个大型塔式光热电站，是"一带一路"倡议在摩洛哥落地的重大项目。③ 中国还参与了努奥-米德尔特太阳能电站二期项目的设计、融资、建设、运营和维护工作。

此外，由中国铁建国际承建的拉巴特穆罕默德六世塔项目已于 2016 年 3 月开工，该项目是摩洛哥最重要的大型建设项目之一，也是中摩基础

①　《摩将重点推进两条铁路建设》，中华人民共和国驻摩洛哥王国大使馆经济商务处，2022年 2 月 3 日，http://ma.mofcom.gov.cn/article/jmxw/202202/20220203278067.shtml，最后访问日期：2022 年 4 月 4 日。

②　《对外投资合作国别（地区）指南：摩洛哥》，中华人民共和国驻摩洛哥王国大使馆经济商务处，2021，第 33 页。

③　《摩洛哥努奥三期 150MW 塔式光热电站喜获国家优质工程金奖》，CSPPLAZA 光热发电网，2020 年 12 月 4 日，http://www.cspplaza.com/article-16969-1.html，最后访问日期：2022 年 4 月 4 日。

设施战略对接的另一重要项目。穆罕默德六世塔建成后将成为非洲大陆最高的建筑和北非马格里布国家的文化象征。① 整体而言，中国在与摩洛哥战略对接过程中大型项目并不多，参与的方式也多以工程承包和劳务合作的形式，一些敏感性重大项目，中国未能参与其中。另外，在项目参与过程中，资本介入与技术标准仍掌握在法国、西班牙等西方国家公司手中，中国参与深度还相对较低。

2. 私企参与的项目对接

"一带一路"倡议提出以来，中国大型和中小型私有企业积极参与摩洛哥各类项目建设，对标摩洛哥重点部门的发展项目。

在农业领域，中资企业以"绿色摩洛哥计划"为契机参与了摩诸多农业投资项目。2015 年，保利新能源科技有限公司与摩洛哥进行了名为"可持续发展"太阳能水泵的安装项目，有效解决了摩洛哥农村耕地灌溉、人畜用水等问题。2018 年 10 月，中国亿利资源集团与摩洛哥东部大区政府签署了农业合作项目，旨在推广中国的治沙模式。远洋渔业、茶叶、农产品贸易与投资等领域也是中国私企参与的重要方向。以远洋渔业为例，2009 年，摩洛哥提出"Halieutis 渔业发展计划"之后，中国水产集团和上海水产集团积极参与摩洛哥的渔业项目，并以 100% 控股的形式参与摩洛哥水产品捕捞。该项目是中摩企业合作的成功案例，为摩洛哥当地提供了稳定的就业，带动了周边配套企业并培养了大量的从业人员。②

在产能合作领域，中摩两国虽然尚未签订官方合作协议，但中国已有多家私企对接摩洛哥"工业加速计划"。中信戴卡、南京协众、南京奥特佳、重庆瑞格和中国航空汽车工业控股有限公司控股的耐世特五家中国汽车零部件制造商在肯尼特拉保税区投资设厂，均于 2019 年正式投产，目前运营良好。③ 其中，中信戴卡摩洛哥铝车轮生产基地项目是摩洛哥"工

---

① Jorge Ortiz, "Mohammed VI Tower Is Already the Tallest Building in Africa," Atalayar, October 25, 2021, https：//atalayar. com/en/content/mohammed-vi-tower-already-tallest-building-africa, accessed：2022-04-04.

② 参见上海水产集团官网，https：//www.sfgc.com.cn/html/zjjt/xxpl/mlgdbc/77153.html，最后访问日期：2022 年 4 月 5 日。

③ 《对外投资合作国别（地区）指南：摩洛哥》，中华人民共和国驻摩洛哥大使馆经济商务处，2021，第 33 页。

业加速计划"和中国"一带一路"倡议对接框架下产能合作的重要成果，也是中资公司在摩投资的旗舰项目。该项目的建成和顺利运营对其他中资企业赴摩洛哥投资兴业具有示范作用。该项目成为新冠疫情期间肯尼特拉工业区内唯一持续运营的项目，为摩洛哥乃至全球汽车产业链顺畅运转做出了积极贡献。① 目前来看，中摩产能合作主要集中在劳动密集型的制造业领域，尤其是汽车产业，且已出现产业集聚效应。②

在数字经济领域，中资私企也开始在摩洛哥布局，致力于提高与摩在数字化设备、基础设施、通信、金融、教育、数字经济、平安城市等领域的合作水平。数字化基础设施虽然占摩洛哥 GDP 的比重较小，但其重要性在不断提升，特别是对出口来说，未来有望成为"摩洛哥制造"的名片。近年来，许多欧洲制造商和电子公司将其电缆和部件生产转移到摩洛哥，大大促进了摩洛哥电气和电子行业的发展。江苏中天科技在丹吉尔汽车城投资设立的光缆工厂已于 2019 年 6 月投产，进行导线和光缆产品生产。③ 2020 年 9 月，中国华为成功击败欧洲电信运营商爱立信，与摩洛哥达成 5G 网络建设新合作协议，对接摩洛哥数字化战略规划，推动摩洛哥数字生态系统的发展。此外，新冠疫情期间，华为还提供了线上服务，如网上商店及配送服务等。④ 数字行业不仅是摩洛哥国内重要的发展部门，而且是其对外投资的重要领域。因此，中摩数字战略对接不仅体现在双边层面，而且还能外溢到摩洛哥周边国家，形成良好的"数字化发展"示范效应。

在绿色经济和旅游等领域，受新冠疫情影响，中摩私企层面的合作较少，尤其是旅游行业，几乎处于停滞状态。总体而言，在重点项目与部门

---

① 《中国摩洛哥经贸合作有看点》，中国国际贸易促进委员会东莞市委员会，2021 年 9 月 18 日，http://www.dg.gov.cn/dgsmch/gkmlpt/content/3/3614/post_3614760.html#1540，最后访问日期：2022 年 4 月 5 日。

② 刘冬：《摩洛哥工业发展战略与中摩产能合作》，《阿拉伯世界研究》2019 年第 2 期，第 105~117 页。

③ 李春顶、年一帆：《"摩洛哥制造"释放产业机遇》，《进出口经理人》2020 年第 12 期，第 49 页。

④ 李雪婷、李婷婷：《摩洛哥的数字化抗疫与后疫情时代中摩合作》，澎湃新闻网，2022 年 6 月 22 日，https://www.thepaper.cn/newsDetail_forward_7945205，最后访问日期：2022 年 4 月 5 日。

发展规划的对接上，中国大型国企和私企均有参与，诸多项目也在顺利实施中。尽管如此，双方在对接的深度上，还有待进一步深化，如在汽车行业，目前更多是零部件的生产，缺乏整机组装、研发设计等系统性的行业对接。

三 摩洛哥发展战略的趋势与前景

摩洛哥发展战略规划大多制定于 2010~2015 年，完成的时间节点多为 2020 年或者 2030 年。在国家中长期战略规划的支持下，摩洛哥政治、社会和经济发展取得重要进展。2020 年以来，摩洛哥陆续更新了部门战略规划，对摩洛哥未来发展方向进行了战略性的指引。

第一，新增的国家标志性大型建设项目日趋减少。在 21 世纪前 20 年里，摩洛哥经济社会发展的重要特征是不断新增大型建设项目，这些项目被摩洛哥学者称为"新自由主义项目"，如卡萨布兰卡港口、布赖格莱格河项目、城市棚户区改造、豪华酒店、摩天大楼、穆罕默德六世塔和高铁项目等。大型建设项目不仅可以促进就业、发展金融业和增加旅游业收入，而且能够获取国际投资、改善摩洛哥的国际形象等。但是这些项目的实施也遭到了社会的批评与不满，一些项目甚至因国际组织的反对而被迫叫停，如联合国教科文组织就以破坏环境为由阻止了部分项目的推进。在国内民众看来，过多的大型项目不仅消耗财政、增加债务，而且对民众的基本生活并无多大用处，甚至在"城市现代化"过程中拉大了社会贫富差距，使得底层民众更加边缘化。① 因此，可以预见的是，为平衡社会压力与重大战略发展，摩洛哥政府在未来一段时间内不会新增太多的大型建设项目，而是维持现有大型项目的开发，如高铁与可再生能源建设项目。新冠疫情以来，经济的低迷使摩洛哥政府更加倾向维持现有项目的推进，将更多的公共投资放在民生项目上。

第二，继续大力发展重点产业。在 2020 年摩洛哥提出的后疫情时代国家振兴计划中，汽车、航空航天、数字化和旅游等领域被认为是未来发

① Koenraad Bogaert, *Globalized Authoritarianism: Megaprojects, Slums, and Class Relations in Urban Morocco*, Minneapolis: University of Minnesota Press, 2018, pp. 169-171.

展的重点产业。例如，就汽车行业而言，摩洛哥乘用车生产目前排非洲第
1、全球第 24 位。摩汽车工业仍蕴藏着较大的发展潜力，将进一步紧抓国
际发展趋势。摩经济财政部财政研究和预测司发布报告提出 4 项建议，积
极承接欧洲车企的产能转移，加大研发投入，把握外部需求的发展趋势
（电动汽车、自动驾驶等），加强人力资源投入，从而进一步增强摩汽车
产业的竞争力。[①] 就数字化产业而言，虽然目前摩洛哥在数字化领域已取
得了一定的成效，但仍有进一步发展的空间，主要体现在电信基础设施、
数字经济转型、数字化知识社会和电子政务方面。加速数字化转型已成为
摩洛哥未来发展计划的紧迫性项目。此外，数字化与农业、工业、金融业
等领域的结合将是摩洛哥未来大力推进的方向。在旅游业方面，尽管旅游
业未能实现其"2020 年愿景"的所有目标，但仍有望在未来 10 年继续保
持稳定增长。

　　第三，全面推进可持续发展战略。摩洛哥的发展规划始终强调对国际
规范的"承诺"，这也是摩洛哥长期以来受到西方各类评价机构好评的关
键因素。2020 年以来，穆罕默德六世和摩洛哥政府官员在多个场合承诺
在气候变化、低碳、生物多样性、环境保护和人类发展方面进行积极有为
的改革，并为之制定了详细的行动计划。例如，在 2020 年提出的
"2021～2023 年工业重振计划"中，摩洛哥政府将低碳战略作为工业发展
的重要内容。近年来，在摩洛哥新发展模式中，包容性的绿色经济更是成
为未来发展的重点产业。其中，可再生能源的开发与利用是重要组成部
分，目前摩洛哥在太阳能、水电和风能的开发方面均取得非洲领先地位。
下一步，摩洛哥将加大清洁能源的利用，跻身世界领先行列，争取将大规
模清洁电力出口作为绿色经济发展的重点方向。

　　第四，摩洛哥响应"全球发展倡议"意义重大。2021 年 9 月，
习近平主席在联合国大会发表主旨演说，首次系统提出"全球发展倡
议"：一是坚持发展优先，将发展置于全球宏观政策框架的突出位置；二
是坚持以人民为中心，在发展中保障和改善民生；三是坚持普惠包容，关

---

① 《摩洛哥经济财政部发布汽车工业发展报告》，中华人民共和国驻摩洛哥王国大使馆经济商务
　处，2022 年 2 月 6 日，http://ma.mofcom.gov.cn/article/ztdy/202002/20200202934034.shtml，
　最后访问日期：2022 年 4 月 5 日。

注发展中国家特殊需求；四是坚持创新驱动，抓住新一轮科技革命和产业变革的历史性机遇；五是坚持人与自然和谐共生，完善全球环境治理；六是坚持行动导向，加大发展资源投入。① 2022 年 1 月，"全球发展倡议之友小组"在联合国总部正式成立，100 多个国家和 20 多个国际组织积极响应。摩洛哥响应"全球发展倡议"，有助于实现联合国《2030 年可持续发展议程》设立的目标，也有助于摩洛哥经济转型与"绿色摩洛哥计划"、"工业加速计划"、"数字经济发展规划"、"2040 年国家铁路规划"、《2025 年摩洛哥国家数字发展纲要》等中长期发展规划的落实。

　　总之，中摩两国在中阿和中非框架下开展战略对接具有良好的互补基础，机遇与挑战并存，中国需要审慎评估形势，积极更新战略。首先，中国应注意战略对接过程中的"顺势而为"，不可盲目推进。"顺势而为"讲究的是对摩洛哥战略需求的准确把握，采取的是"精准对接"策略。例如，汽车、新能源、数字化就是精准对接的重要领域。其次，中摩两国应积极寻求第三方合作，探索"2+X"的战略对接模式。法国、美国等西方国家对摩洛哥加强与中国的产能合作一直颇有微词。中摩在合作过程中可邀请法国、日本、意大利、西班牙、德国等开展第三方市场合作，即"摩洛哥+中国+X"，以发挥各自优势，开展产能合作。最后，中国在推进与摩洛哥战略对接中应注意加强与王室、重要家族企业和青年群体的联系与交流。在摩洛哥，家族企业掌握摩洛哥主要行业，如农业、工业和电信等。青年群体是摩洛哥重要的意见领袖来源，对社会的影响力巨大。因此，加强与青年群体的联系有助于中资企业更好地与摩洛哥开展项目对接。

小　结

　　外交是考察国家治理的重要维度。本章将摩洛哥外交政策调整置于国家治理的视域下进行考察，得出以下几点结论。第一，摩洛哥外交与内政

---

① 《习近平出席第七十六届联合国大会一般性辩论并发表重要讲话——提出全球发展倡议，强调携手应对全球性威胁和挑战，推动构建人类命运共同体》，《人民日报》2021 年 9 月 21 日，第 1 版。

具有高度互动性，外交深受国内政治的影响，同时国内政治又受地区和国际局势的深刻影响。第二，摩洛哥国家治理中的国家治理策略与移民外交具有相关性。移民外交的本质目的在于通过利用外部资源加强国家治理能力，而国家能力是国家治理的核心内容。因此，移民外交已经成为摩洛哥开展国家治理的重要工具。第三，发展战略规划本身就是摩洛哥国家治理的重要内容，其涉及摩洛哥的重要外交对象——新兴经济体，后者是摩洛哥国家治理现代化巨大的推动力。

结　论

本书从国家治理的视角探讨了摩洛哥自 1956 年独立以来为何保持程度如此高的政治稳定性，通过案例分析的方法剖析了国家治理的重点议题，从而初步总结出了摩洛哥国家治理的一般特征与模式。

一　摩洛哥国家治理评估与特征

本书研究的基本假设是，摩洛哥王室政权进行了正确的国家治理，保持了社会秩序的平稳发展，进而维持和提升了国家的政治稳定性。因此，评估国家治理的绩效应从政治稳定的角度来判断，亦即是否带来了政治稳定，如果是，带来了多大程度上的政治稳定性。一般而言，政治稳定性是一国政治体系存在的有序性和连续性，表现为政局稳定、政府运转民主高效、公民有序政治参与。① 简言之，政治稳定性可以从两个维度来衡量，即有序性和连续性，前者意指没有全局性政治动荡和社会骚乱，后者意指政权没有发生更迭。

从政治稳定的有序性来看，摩洛哥自 1956 年独立以来，发生的较大规模的民众运动有 7 次，分别发生于 1965 年、1974 年、1981 年、1983 年、1990 年、2011 年和 2016 年（见表 11-1）。

① Samuel P. Huntington, *Political Order in Changing Societies*, New Haven: Yale University, 2006, pp. 80-100.

表 11-1　　1965~2016 年摩洛哥民众骚乱统计

时间	地点	背景	诉求	伤亡人数	国王应对方式	结果
1965	开始于卡萨布兰卡,后来扩散至其他城市	哈桑二世登基后不久,就开始进行宪法的制订,宪法通过后,哈桑二世就开始独揽大权,大大地限制了民众的政治自由	由"摩洛哥全国学生联合会"组织,骚乱当天人数最多达到 15000 人。他们的诉求是反对独裁,争取受教育权	超过 1000 人死亡	国王采用了严厉的威逼方式,出动了军队和武警以及坦克,甚至还用直升机向学生开火	国王试图与反对派达成和解,组建政府,但遭拒绝。随即,国家进入"紧急状态"
1974	全国范围内	葡萄牙和西班牙国内危机,西撒哈拉出现权力真空	以独立党为首的民族主义派提出"收回"西撒哈拉	无死亡	积极响应,向葡萄牙、西班牙提出收回领土,并于次年组织了规模庞大的"绿色进军"行动	国王利用此次运动,与反对派达成了短期的共识
1981	卡萨布兰卡	20 世纪 70 年代末开始,摩洛哥发生经济危机,到了 80 年代初导致严重的食物供应危机	抗议政府糟糕的经济表现,寻求政府降低物价,提高食物供应等	66 人死亡,110 人受伤	国王提出进行宪法修订,并督促政府准备1983 年的议会选举	暂时平息了食物供应危机导致的民众暴乱
1983	卡萨布兰卡	1983 年议会选举被曝出现大范围作假;经济依然处于糟糕状态	民众和部分反对派政党一方面继续抗议高物价,另一方面指责政府操控议会选举	少量受伤者	摩洛哥开启经济自由化政策	部分地解决了食物供应危机
1990	全国范围内	海湾危机爆发,摩洛哥派兵支持联军	反对摩洛哥派兵支援美国领导的联军	无死亡	开始推行政治自由化策略	近 20 年没有发生大规模民众骚乱
2011	全国范围内	阿拉伯剧变爆发	指责政府的低效率、高失业率、高物价以及社会不公等	无死亡	穆罕默德六世发表电视讲话,承诺进行宪法改革以及议会选举	2012 年议会选举后,组建了新的政府,骚乱得到了平息

续表

时间	地点	背景	诉求	伤亡人数	国王应对方式	结果
2016	里夫地区	2016 年 10 月，北部城市胡塞马一个鱼贩被警察打死。该死亡事件引发了一系列抗议活动	第一，尊重和保存柏柏尔文化与语言；第二，对鱼贩之死进行认真调查；第三，里夫地区非军事化；第四，加强对里夫地区的基础设施投资	数百人被捕	穆罕默德六世承诺对该地区进行发展投资，对相关官员进行问责与罢免	经过政府的一系列处理，抗议得到了平息

注：该表只统计影响力较大的民众运动，小规模的民众游行不在本书讨论的范围内。
资料来源：笔者根据现有相关文献整理而成。

　　从表 11-1 可以看出，除了 1965 年和 1981 年两次民众骚乱外，其他几次均未发生人员死亡。虽然 20 世纪 80 年代以来，摩洛哥发生了多达 5 次的大规模民众骚乱，但从结果来看，并没有造成社会动荡以及政治秩序的紊乱。因此，可以说从 20 世纪整个 90 年代至今，摩洛哥一直保持着基本有序的政治和社会状况，这满足了政治稳定性的第一个条件。

　　从政治稳定的连续性来看，摩洛哥已经存续了长达数百年，如果按照 1956 年独立后，摩洛哥实行事实上的君主立宪制来算，至今没有发生更换。2011 年摩洛哥"2·20"运动后，诸多学者都对摩洛哥产生了浓厚兴趣，甚至有学者指出，摩洛哥对民众暴动已经产生了"免疫力"。[1] 事实上，确实如此。从表 11-1 可以看出，无论民众暴动是城市级别的还是全国范围内的，摩洛哥都没有受到根本性的影响。此外，1970 年和 1971 年发生的两次未遂军事政变，虽然哈桑二世差点遭人暗算，但是最终政权还是得以维持下去。从国家治理的角度来看，维持政权的存活性是其一大重要指标，同时也是政治稳定的重要特征。

　　通过对政治稳定的有序性和连续性分析，可以看出摩洛哥的国家治理基本上达到了治理的目标：维持政治和社会秩序的基本稳定。本书通过国

① Bruce Maddy-Weizman，"Is Morocco Immune to Upheaval?" *Middle East Quarterly*，Vol. 19，No. 1，2012，pp. 87-93.

家治理的多维考察，初步得出了摩洛哥国家治理的一般特征。

从宏观角度来看，摩洛哥国家治理有以下三个特征。第一，渐进式治理，是指在现有政治制度基础上进行的国家治理，强调利用已有的组织资源推进改革，在基本不触动既得利益格局的前提下实行增量改革。[①] 综观摩洛哥独立至今的国家治理，最大的"不变"就是摩洛哥的君主立宪制下的王权统治没有发生根本性的变化，因为政权稳定是任何改革的基础。从"变"的角度来看，摩洛哥的国家治理是分阶段进行的。第一阶段国家面临内忧外患的局面，穆罕默德五世虽然在独立之时强调"一定要把我们的国家建成民主的国家"[②]，但独立后，摩洛哥并没有进行全方位的民主改革，而是将精力放在"国家建设"上；到了第二阶段，摩洛哥开始进行政党开放以及一定程度的政治经济改革；到了第三阶段，摩洛哥实行政治自由化。第二，"温和式"[③] 治理，是指在国家治理过程中，不以极端或者武力的方式处理治理议题。摩洛哥的国家治理，实际就是处理与军队、反对派、公民运动团体等的关系。整体来看，摩洛哥国王在处理治理议题时，均采用了"温和"的处理手段，如处理与反对派的关系时，国王主要采用"政治吸纳"与"平衡"的策略，只是在部分情况下才运用武力。第三，"离岸式"治理，是指国家治理的主体在具体的治理过程，扮演"操控者"的角色而不是"棋子"的角色，简单地说就是调解者角色。摩洛哥国王虽然是国家的最高权力象征以及权力掌控者，但是在国家治理过程中，并没有扮演直接的"行动者"，而是扮演冲突的调解者角色，如调解政府和反对派、王室内温和派和强硬派等。

从微观的角度来看，摩洛哥的国家治理有如下几个特征（见表11-2）。在议题设置上，第一，合理性，这要求国家治理主体能够洞察

---

① Nic Cheeseman, Gabrielle Lynch and Justin Willis, "Democracy and Its Discontents: Understanding Kenya's 2013 Elections," *Journal of Eastern African Studies*, Vol. 8, No. 1, 2014, pp. 3-10. 增量改革参见陈志敏、苏长和主编《2014复旦全球治理报告：增量改进：全球治理体系的改进与升级》，第24~27页。

② Hassan II, *The Challenge: The Memoirs of King Hassan II of Morocco*, London: Macmillan London Limited, 1978, p. 86.

③ 这种"温和式"治理并不是绝对的温和，而是控制在一定范围内。

国家稳定的潜在威胁以及潜在依靠者，也就是按照议题的紧急性进行排序。如在国家建设时期，国王穆罕默德五世认识到建立国家的暴力系统比进行民主改革更为重要。第二，及时性，要求国家治理主体及时地判断出应该治理的议题，如在"改革开放"时期，公民运动和伊斯兰复兴运动刚出现苗头，哈桑二世就将其列为治理议题。第三，连续性，议题设置的连续性事实上与渐进式治理相呼应，因为针对某一议题的治理，不能一蹴而就，而是分阶段进行，如左翼反对派势力，从第一阶段国家建设时期作为治理议题一直延续至第三阶段。在路径选择上，第一，针对性，这毋庸置疑是路径选择的首要原则，同时它也是摩洛哥国家治理过程的重要特征，如针对左翼势力采取"政治吸纳"和"平衡"的策略，针对地方贵族势力采用"恩惠主义"的策略等。第二，灵活性，要求国家治理主体能够灵活运用治理策略，如在国家建设时期，政府试图去"政治吸纳"亚辛领导的正义与慈善会，但是当即遭到拒绝，而后，政府立即对班基兰领导的统一与改革运动进行了政治吸纳，以此来平衡亚辛领导的伊斯兰组织。第三，保守性，意指在治理路径的选择和施行上保持一定的保守性，1956 年以来，虽然摩洛哥三届国王都进行了诸多的政治改革，但他们在国家治理的路径选择上均有所保留，如无论是政治多元化、自由化还是平衡策略，都是在国王可控的范围内进行。

表 11-2　摩洛哥国家治理的一般特征

微观特征		宏观特征
议题设置	路径选择	渐进式治理 "温和式"治理 "离岸式"治理
合理性 及时性 连续性	针对性 灵活性 保守性	

资料来源：笔者自制。

二　摩洛哥国家治理的前景分析

摩洛哥现任统治者穆罕默德六世已在位 20 多年。在他继位初期，摩洛哥社会经济面临巨大的挑战，如高贫困率、高失业率和经济对农业的过度依赖等。经过 20 多年的改革发展，摩洛哥在政治和经济领域取得了诸多的成就。结论部分重点分析和评估穆罕默德六世治下摩洛哥政治和经济发展中的多元化战略，并在此基础上探究该战略对摩洛哥外交新趋势的影响。

（一）政治多元化

独立以来，多元化战略便构成了摩洛哥国家政治治理的重要组成部分。独立后的最初几年，摩洛哥君主制主要的挑战来自独立党。随着 1959 年独立党的分裂，阿拉维王室在 20 世纪 60 年代初成为主要的统治力量。当哈桑二世在 1961 年 2 月登基，于 1962 年 11 月制定国家首部宪法时，摩洛哥没有任何一个政党有足够的力量决定或影响摩洛哥权力行使的规则。目前，摩洛哥的多元化政治体系是根据 1962 年宪法所规定的政党多元化原则建立的。摩洛哥的政治多元化不仅体现在政治改革领域，市民社会的多样化也是摩洛哥国家治理中关键的要素。

1. 政治改革

20 世纪 90 年代，摩洛哥进入了政治开放时期，一院制立法机关被两院制取代，并成立了交替政府，反对党第一次上台执政并具有实施改革的能力。在摩洛哥众多的政党中，一些政党是由与王室密切联系的政治经济精英创建的，旨在遏制其他正在获得更多权力的政党。例如，穆罕默德六世统治初期将伊斯兰力量纳入政治体系，目的是化解他们构成的潜在挑战。之后，他开始推动成立新的政党——真实性与现代党，其目的是遏制公正与发展党的发展。[①] 君主立宪制是该国最重要、最牢不可破的政治制度，同时也树立了该国现代化和民主化的形象。

除了政党的多元化，摩洛哥政府还通过一系列政治改革展现了现代化的形象。例如，在公民自由和人权方面，穆罕默德六世开启了对过去权力滥用的讨论，平等与和解委员会成为政治过渡的基石。另一个重要步骤是 2004 年对《家庭法》的改革，这极大地提高了妇女的法律地位，该法赋

---

① Driss Maghraoui, "Working Under Constraints：The PJD in the Aftermath of the 2016 Elections," https：//www.bakerinstitute.org/media/files/files/9d75aeca/bi - brief - 052918 - cme-carnegie-morocco3.pdf, accessed：2023 - 03 - 01.

予妇女离婚权、子女监护权和自我监护权，同时将最低结婚年龄提高到18 岁。此项改革促进了妇女在政治活动和社会活动中的参与度。2019 年，在摩洛哥的议会席位中，妇女的比重为 17%，对比 15 年前的 1% 有了显著的增加。① 此外，国王还建立了区域咨询委员会（Advisory Committee for Regionalization），该委员会被认为是通过将某些行政职能委派给地方当选代表来迈向更加负责任的政治制度的一步。②

2011 年，摩洛哥的许多城市爆发了街头抗议。为回应民众对更多政治权利、结束腐败和降低失业率的要求，国王于 2011 年 3 月 9 日发表讲话。他承诺对 1996 年宪法进行修改，指定了起草新宪法的委员会，并于2011 年 7 月 1 日举行了全民公投。新宪法赋予了首相和议会更大的权力，司法部门获得了更大的独立性，并成立了一个高级司法委员会来执行调查任务。宪法还致力于实现普遍人权、透明选举、负责任的治理和两性平等。在新宪法的指导下，政府成立了竞争委员会，该机构是负责相关法规实施的透明度、善政和平等原则的监管机构。在加强平等方面，政府还设立了负责平等和打击一切形式歧视的机构（Authority for Parity and Combating All Forms of Discrimination）。③ 通过这些改革，摩洛哥避免了政权更迭的动荡。

宪法改革之后，摩洛哥举行了议会选举，公正与发展党与其他三个政党组成了联合政府。伊斯兰政党与世俗主义政党之间的分歧导致了 2013年的政府改组，同时也加剧了伊斯兰主义者和左翼分子之间的媒体战争。政党的分裂加强了国王作为政治参与者之间唯一的仲裁者的形象。④ 在2016 年第二次选举获胜之后，公正与发展党未能组建第二个联合政府。

---

① Celia Konstantellou, "Morocco's King Mohammed VI Celebrates 20 Years on the Throne," https://www.moroccoworldnews.com/2019/07/279212/moroccos - king - mohammed - iv - throne-day/, accessed: 2023-03-01.

② Yossef Ben-Meir, "Morocco's Regionalization Roadmap and the Western Sahara," *Mediterranean Quarterly*, Vol. 21, No. 4, 2010, pp. 63-86.

③ Saloua Zerhouni, "'Smartness' Without Vision: The Moroccan Regime in the Face of Acquiescent Elites and Weak Social Mobilization," SWP Comments, February 2014, p. 2.

④ Mohammed Masbah, "His Majesty's Islamists: The Moroccan Experience," https://carnegie-mec.org/2015/03/23/his-majesty-s-islamists-moroccan-experience-pub-59442, accessed: 2023-03-01.

为加快政府组建，国王免除了前首相兼公正与发展党领导人班基兰的职务，并任命了前外交大臣萨阿德丁·欧斯曼尼为新政府的负责人，负责组建新政府。

2012 年，成千上万的抗议者在卡萨布兰卡、拉巴特等大城市集会，民众的不满情绪一度威胁着摩洛哥的政治与社会稳定，他们抱怨政府没有兑现改革的承诺。解决腐败和政治改革步伐的缓慢，加上人们对政府机构信任的不足，促使大批摩洛哥人以抗议和抵制等形式表达他们的要求。在摩洛哥，抗议活动在 2016~2017 年越来越频繁地传播到该国的不同地区。公民通常要求更好的经济和社会条件以及更多的发展机会，他们诉诸抗议和抵制，向政府施加压力。① 面对民众的不满，国王在他的一些讲话中，严厉批评政府和政党未能应对该国的社会和经济挑战，并责怪他们改革的步伐缓慢。在 2017 年议会的开幕会议上，他指示加快行政权力下放，以配合该国的行政去中心化改革。2017 年 10 月，穆罕默德六世主导了摩洛哥当代史上罕见的"政治大地震"，以住房大臣和教育大臣为主的多名高级政府官员因对社会经济项目的管理不当而被解职。② 为适应长期的发展，2019 年，穆罕默德六世呼吁成立新发展模式特别委员会（Special Commission for the New Development Model），负责在经济和社会层面制定该国发展的新战略。

近年来，针对经济问题的社会抗争运动对社会稳定造成了一定的影响。例如，2018 年 4 月，摩洛哥民众在"脸书"上发起针对物价上涨的抵制运动，呼吁为燃油、奶制品和矿泉水设置价格上限，以符合摩洛哥人的购买力。③ 摩洛哥当局通过一系列改革试图满足民众的社会经济需求。如于 2005 年启动的"国家人类发展倡议"就是经济社会改革的重要体现

---

①　Intissar Fakir and Sarah Yerkes, "Governance and the Future of the Arab World," https：//carnegieendowment. org/2018/10/16/governance - and - future - of - arab - world - pub - 77501, accessed：2023-03-01.

②　Intissar Fakir, "Morocco's Islamist Party：Redefining Politics Under Pressure," https：//carnegieendowment. org/2017/12/28/morocco - s - islamist - party - redefining - politics - under - pressure-pub-75121, accessed：2023-03-01.

③　Hamza Guessous, "Boycott：Sales Figures Drop for Sidi Ali, Centrale Danone," https：//www. moroccoworldnews. com/2018/09/253972/boycott-sidi-ali-centrale-danone/, accessed：2023-03-01.

之一，该项目主要是用于基础设施项目、社会和文化振兴以及地方各级创造就业活动的国家基金。为解决社会发展问题，摩政府启动了第二期（2018~2023 年）预算，资金达 19 亿美元。① 2019 年"阿拉伯晴雨表"（Arab Barometer）的调查发现，在公众看来，摩洛哥面临的重大挑战包括经济和公共服务质量。摩洛哥人不信任该国大多数政治机构，特别是议会和大臣理事会，对政府表现的满意程度也很低。② 2019 年 7 月，国王指派新发展模式特别委员会研究并提出实质性和变革性的解决方案以应对该国的社会和经济问题。该委员会由来自各个领域和行业的代表和专家组成，已经于 2020 年夏天将相关的研究报告提交给国王，其中包括必要的改革修正案和旨在改善和更新国家发展模式的具体举措。

2. 市民社会组织

20 世纪 80 年代中期以前，摩洛哥政府和政党的关系抑制了市民社会中协会利益的自由表达，这不仅体现在工会、人权组织、青年组织和妇女权利协会的工具化，而且也体现在伊斯兰组织的工具化。政党利用女权主义组织和人权组织来加强对中央政府和君主制的反对，青年组织以及学生组织的创建也发挥了类似的作用。由于这种紧密的政党-协会关系，在摩洛哥独立后的 30 年中，市民社会的主要特征是协会与政治进程息息相关。在这种情况下，市民社会组织自主性的缺失阻碍了其利益或宗旨的明确表达。在这种政治斗争的背景下，新闻媒体也缺乏参与建设公共领域的独立性。③

当摩洛哥市民社会的活动遵循政党的政治框架时，摩洛哥政府的反应遵循了同样的逻辑。20 世纪 70 年代以来，摩洛哥政府创建了自己的协会，以扩大其在社会中的影响力。在 20 世纪 80 年代摩洛哥进行经济结构调整期间，这种以官办市民社会组织为主的政府机构不仅旨在提供管控与

---

① The North Africa Post, "King Mohammed VI Launches 3rd Phase of the National Initiative for Human Development," https：//northafricapost.com/25489-king-mohammed-vi-launches-3rd-phase-of-national-initiative-for-human-development.html, accessed：2023-03-01.

② Arab Barometer V., "Morocco Country Report," https：//www.arabbarometer.org/wp-content/uploads/ABV_Morocco_Report_Public-Opinion_Arab-Barometer_2019.pdf, accessed：2023-03-01.

③ James Sater, *Civil Society and Political Change in Morocco*, London：Routledge, 2007, p. 40.

稳定机制，还试图组建新的精英群体。这些组织的核心作用在于吸纳与整合，尤其是将新的精英带入政党和行政部门。① 同时，这些协会保证了政治精英与广大民众之间的社会联系，是政府与民众之间重要的缓冲地带。

20 世纪 90 年代末，在政治和经济发生深刻变革的背景下，摩洛哥市民社会组织的独立性获得了较大的发展。在政治、经济发展、宗教、人权、商业和新闻自由问题方面，摩洛哥的市民社会组织均部署了针对其特定行动领域的策略。这些组织的共同点是尽可能地扩大自己的群众基础，在公共领域更有效地进行干预。最典型的例子是摩洛哥企业家联合会，在 1995 年组织变更之前，该协会与摩洛哥政府的关系十分密切。该组织受到的批评集中在其代表性上，该协会通过组织转型对这种外部动力做出了回应。它增加了部门联合会的成员，并成立了委员会。所有公司，不论类型如何，都具有共同利益。为了保证其独立性，该协会将会员费作为筹集资金的主要方式。三方会议（雇主、工会和政府）的制度化以及该协会对内政和外交事务的深入参与体现了国家与市民社会组织的合作与联盟。

柏柏尔文化运动的发展被视为政府对市民社会组织吸纳的主要案例之一。1999 年新国王穆罕默德六世的继位为摩洛哥的柏柏尔运动带来了新的希望。21 世纪初，该运动中的柏柏尔主义者草拟了一份文件，该文件被称为"柏柏尔宣言"。该宣言要求政府将柏柏尔语定为官方语言，将柏柏尔语引入行政和教育体系，在官方历史和经济发展计划中，柏柏尔人应享有比以前更高的地位。为回应这些要求，穆罕默德六世于 2001 年建立了皇家阿马齐格文化研究院。2011 年，在摩洛哥的示威活动中，柏柏尔主义者发挥了突出的作用，他们要求在宪法中将柏柏尔语列为官方语言。穆罕默德六世国王对示威游行者作出了回应，在新宪法中加入了承认柏柏尔语为官方语言的条款，这被视为该运动的重大胜利。

摩洛哥 2011 年新宪法加强了市民社会的地位：宪法规定非政府组

---

① Ahmed Ghazali, "Contribution à l'analyse du phémomène associatif au Maroc," in *Annuaire de l'Afrique du Nord*, Vol. 28, 1989, pp. 252-253.

织应参与国家制度的起草、实施和评估（第12条）。国家有义务建立使非国家行为体发挥这些职能的制度，如咨议机构（第13条）。公民也有权提出法案草案（第14条）和提出请愿书（第15条）。[1] 如果执行得当，新宪法将为市民社会提供更大的空间来扩大其政治参与，进而激励公民创建和加入市民社会团体。在不越过政治红线的前提下，摩政府对市民社会的活动也多采取宽容的态度，如民主安法斯运动（Democratic Anfass Movement）和普罗米修斯民主与人权研究所（Prometheus Institute for Democracy and Human Rights）的活动。一部分极端分子被纳入市民社会的组织中，这些组织的分散和不断变化的理论基础限制了他们在摩洛哥举行大规模抗议活动的可能性和前景。[2]2016年，摩洛哥北部里夫地区胡塞马爆发了大规模的游行示威运动——"希拉克运动"，该运动过后，许多市民社会组织的活动家呼吁有必要通过拟订总体的社会经济替代方案而不是对抗议者采取镇压措施来解决这一问题。2018年，由21个市民社会组织组成的联盟呼吁释放希拉克运动中的被拘留者。这种批评和呼吁表明，市民社会组织正在监督政府对社会抗议活动的应对。[3]

（二）经济多元化

穆罕默德六世登基后，采取了包括经济自由化、完善产业结构以及减少贫困在内的旨在改善经济的多元化战略。摩洛哥GDP从1999年的420亿美元增长到2022年的1309亿美元。经济增长虽然仍受天气变化对农业的影响，但年均增长3%~4%。世界银行将摩洛哥列为全球开展业务的最佳地的第53名，在西亚和北非地区排名第3，仅次于阿联酋和巴林。[4] 在减贫方面，摩洛哥取得了显著的成果。1999年，全国大约16%的居民（农村地区30%的居民）生活在贫困线以下。2019年，这些数字分别是

---

① "摩洛哥2011年宪法"，http：//www.maroc.ma/en/system/files/documents_page/bo_5964bis_fr_3.pdf，最后访问日期：2023年3月1日。

② Dörthe Engelcke, "Morocco's Changing Civil Society," https：//carnegieendowment.org/sada/62417, accessed：2023-03-01.

③ Kathya Berrada, "'Independent' Civil Society's Struggle for Impact," https：//mipa.institute/6713, accessed：2020-07-21.

④ World Bank, *Doing Business 2020*, p.4.

4%和19%。① 摩洛哥经济的平稳发展离不开经济多元化战略的实施，其中贸易伙伴和经济战略部门的多元化构成了摩洛哥经济发展的两大特点。

1. 贸易伙伴的多元化

独立以来，摩洛哥逐步建立了牢固的国际贸易协议网络，其中包括与欧盟、加拿大、美国和土耳其的自由贸易协定。此外，根据 2001 年《阿加迪尔协定》（Agadir Agreement），摩洛哥与约旦、埃及和突尼斯消除了非关税壁垒并逐渐建立了自由贸易区。为了使出口市场多样化，摩洛哥加强了与非洲大陆和海湾国家之间的经济联系。② 摩洛哥已与非洲多个国家签订了数项协议和条约，在非洲大陆 20 多个国家和地区扩大了摩洛哥银行的业务范围。沙特阿拉伯和阿联酋通过外国直接投资和投资性援助，成为摩洛哥最重要的投资者。2011 年阿拉伯剧变爆发之后，海湾阿拉伯国家合作委员会（Gulf Cooperation Council）对摩洛哥的支持有所增加，承诺提供总计 50 亿美元的援助，以支持该国的政治、经济和社会发展。摩洛哥和卡塔尔之间的联系也日益紧密，卡塔尔的外国直接投资流入量在 2013~2018 年增长了两倍多，达到 1.39 亿美元，使该国成为海湾第二大流入摩洛哥的外国直接投资来源（阿联酋第一，为 8.2%），占 2018 年总流入量的 2.6%。③

在加强与欧洲和非洲经济贸易联系的同时，近年来，摩洛哥还着力拓展与新兴经济体经贸往来，尤其是中国。2011~2015 年，中国在摩洛哥的直接投资总量增长了 195%，其中在 2014~2015 年增长了 93%。2016 年国王穆罕默德六世访华以来，中摩贸易出现了显著的增长，尤其是中国对摩洛哥的出口明显增加。两国贸易总额从 2016 年的 40 亿美元增加到 2018 年的 53 亿美元。贸易总量的增长主要得益于中国对摩出口的大幅增长，其从同期的 38 亿美元增加到 50 亿美元。中国在摩洛哥进口总额中所占的

① Celia Konstantellou, "Morocco's King Mohammed VI Celebrates 20 Years on the Throne," https://www.moroccoworldnews.com/2019/07/279212/moroccos - king - mohammed - iv - throne-day/, accessed：2023-03-01.

② Oxford Business Group, "Moroccan Authorities Target Diversification to Secure Long-term Economic Growth," https://oxfordbusinessgroup.com/overview/transition-phase-authorities-target-diversification-secure-long-term-growth-0, accessed：2023-03-01.

③ *Morocco: An Emerging Economic Force*, Castlereagh Associates, December 2019, p.25.

份额从2014年的7.5%上升到2018年的近10%。① 从合作领域来看，主要如下。第一，农业。农业是双方经贸合作的重要增长领域，摩洛哥已开始向中国出口柑橘。中国还扩大了与摩洛哥在渔业领域的合作，特别是在水产养殖和海鲜加工方面。第二，制造业。2005年以来，摩洛哥通过建立工业园区和提供职业培训，为其制造业奠定了坚实的基础。摩洛哥在劳动密集型工业制造业的发展上具有许多有利条件，它们构成了摩洛哥承接中国劳动密集型制造业对其转移的比较优势基础。② 摩洛哥的"工业加速计划"注重发展高附加值产业，2016年以来，汽车行业已成为该国出口收入的主要驱动力。中信戴卡在摩洛哥设立的两座铝制汽车轮毂工厂将为中摩两国在高附加值产业的合作奠定基础。此外，在基础设施领域，中国的建筑公司已在摩洛哥完成了摩洛哥伊阿高速公路、塔乌高速公路、摩洛哥拉巴特斜拉桥等标志性基础设施项目的建设。这些项目不仅促进了摩洛哥经济的发展，也为中国建筑公司在当地开发新项目和拓展新领域注入了源源不断的动力。

2. 产业多元化

摩洛哥政府旨在利用其与撒哈拉以南非洲、中东和欧洲的地理和文化联系，将摩洛哥发展为区域性商业和出口的枢纽。为实现这一目标，摩洛哥工业、贸易、绿色与数字经济部发布了一系列针对各种工业领域的发展框架。最值得注意的是，2014～2020年"工业加速计划"是践行上述目标的重要战略性计划，其旨在创建包括本地供应商和大型外国公司在内的众多行业生态系统。这些战略包括传统部门（如农业、渔业）和高附加值产业部门，新兴制造业、信息通信技术、电力和旅游业等产业已成为摩洛哥经济发展的重点。短期内，摩洛哥的基本战略目标是将制造业和可再生能源打造成重要的出口产业。

农业占摩洛哥国内生产总值的15%左右，农业部门的从业人口约占

---

① Yahia H. Zoubir, "Expanding Sino-Maghreb Relations: Morocco and Tunisia," https://www.chathamhouse.org/publication/expanding-sino-maghreb-relations-morocco-and-tunisia, accessed: 2023-03-01.

② 刘冬:《摩洛哥工业发展战略与中摩产能合作》,《阿拉伯世界研究》2019年第2期，第111页。

摩洛哥就业人数的 39%。① 2008 年启动的"绿色摩洛哥计划"需要国内外的投资以提高农业的劳动生产率和技术附加值，促进农业的生产力和可持续性，以及通过农业更好地使摩洛哥与世界经济融合。该计划寻求发展现代农业，提高生产力和出口，并支持农村地区小农场的发展。② 2017年，摩洛哥皇家磷酸盐集团提出了向非洲扩展业务的战略目标。到 2050年，世界人口预计超过 90 亿，撒哈拉以南非洲地区的人口增长速度最快，将达到 108%。要在 2050 年满足全球粮食的需求，估计粮食产量需提高70%，而非洲——约有世界上 65% 的未利用耕地——是解决这个问题的关键。③ 该集团估计，通过改善农业实践，非洲的农业产值可能会从 2016年的 2800 亿美元增加到 2030 年的 8800 亿美元。④

在过去 10 年中，汽车部门带动了摩洛哥制造业出口的兴起。汽车销售量在 2009~2018 年的年均增长率为 39%，从 2009 年的 2.24 亿美元增长到 2018 年的 39 亿美元。雷诺、标致和雪铁龙等欧洲主要汽车公司已承诺在未来几年继续在摩洛哥投资。标致和雪铁龙于 2015 年进入摩洛哥市场，计划向其位于肯尼特拉的工厂投资 6 亿美元。⑤ 由于为一些最大的国际汽车公司提供生产设施，摩洛哥为工业零件和服务的供应商提供了越来越有吸引力的机会。本地和国际零件供应商在建立汽车接线、内饰和座椅、电机和变速器的生产生态系统方面一直发挥着举足轻重的作用。⑥ 对丹吉尔地中海港的改善为丹吉尔的汽车生产中心提供了服务。2019 年，雷诺在摩洛哥生产了约 40 万辆汽车，其位于丹吉尔的工厂交付了约 31 万

①　Jean-Pierre Chauffour, *Morocco 2040: Emerging by Investing in Intangible Capital*, World Bank, 2017, p. 21.

②　Morocco Investment Development Agency, "Investment Opportunities – Agriculture," http：// www. invest. gov. ma/? Id = 25&lang = en&RefCat = 5&Ref = 148, accessed：2023 - 03 - 01.

③　Food and Agriculture Organization of the United Nations, "2050：A Third More Mouths to Feed," http：//www. fao. org/news/story/en/item/35571/icode/, accessed：2023 - 03 - 01.

④　Karim Lotfi Senhadji, "Comment：How Africa Can Turn a Food Deficit to a Surplus," https：// www. ft. com/content/91dcb59a-afdb-11e6-a37c-f4a01f1b0fa1, accessed：2023 - 03 - 01.

⑤　*Morocco: An Emerging Economic Force*, Castlereagh Associates, December 2019, p. 14.

⑥　Moroccan Ministry of Industry, "Ecosystems of the Automotive Sector," http：//www. mcinet. gov. ma/en/content/automotive, accessed：2023 - 03 - 01.

辆汽车。① 2019 年 11 月，中信戴卡在肯尼特拉开设了第二家铝制汽车轮毂工厂。公司投资 3.5 亿欧元，建成了 3 万平方米的项目，该项目能创造 1200 多个就业机会。②

在可再生能源领域，在推动大规模电气化之后，摩洛哥着手进行了可再生能源开发的项目，其目的一方面是减少对碳氢化合物进口的依赖，另一方面是减轻气候变化产生的不利影响。对可再生能源产能的重大投资将在风能、太阳能以及输配电领域创造大量机会。太阳能在可再生能源行业中具有最大的增长潜力，摩洛哥政府目前优先考虑 5 个重大项目。第一个是旗舰项目努奥一期太阳能发电项目，该项目预计将为超过 100 万人提供清洁电力，同时每年可抵消 76 万吨的碳排放量，最终可能使摩洛哥成为欧洲和非洲的能源出口国。法国电力可再生能源公司 EDF Renewables、阿联酋可再生能源开发商和运营商 Masdar 以及摩洛哥绿色非洲公司（Green of Africa）正在开发该项目。此项目将涉及约 20 亿美元的投资，这表明国际社会对摩洛哥可再生能源领域有着较大的兴趣。③ 在风能领域，意大利国家电力公司（Enel）2016 年宣布计划与西门子合作建造 5 个风力发电场，该风电场总价值达 12 亿美元。同时，美国公司索鲁纳（Soluna）将在达赫拉开发一个价值 25 亿美元的 900 兆瓦风电场，旨在为区块链技术提供动力。④

为提高对国际投资者的吸引力，摩洛哥政府大力发展基础设施项目。在过去的 10 年中，政府立法和随之而来的投资极大地改善了摩洛哥物流基础设施，并降低了企业的运营成本。2014 年颁布的新公私合营法为交通部门的投资提供了动力。耗资 40 亿美元的卡萨布兰卡—丹吉尔高速铁路和耗资 8 亿美元的丹吉尔地中海港口二期为物流和企业的运营带来了

① Morgan Hekking, "The Renault Clio Is Morocco's Most Popular Car," https：//www. moroccoworldnews. com/2020/01/291241/renault-maroc-2019/, accessed：2023-03-01.

② Safaa Kasraoui, "China's Citic Dicastal Opens New Aluminum Plant in Morocco," https：// www. moroccoworldnews. com/2019/11/287665/china - citic - dicastal - aluminum - plant - morocco/, accessed：2023-03-01.

③ "Noor Midelt Solar Power Project, Morocco," https：//www. nsenergybusiness. com/projects/ noor-midelt-solar-power-project-morocco/, accessed：2023-03-01.

④ *Morocco: An Emerging Economic Force*, Castlereagh Associates, December 2019, p. 16.

极大的便利。主要道路、铁路、机场和港口等基础设施的升级将继续按照政府长期基础设施战略设定的目标逐步推进。2019 年 6 月，摩洛哥政府与阿拉伯经济及社会发展基金（Arab Fund for Economic and Social Development）签署了价值 2.37 亿美元的投资协议，以改善其水坝和道路网络。7 月，摩洛哥首相萨阿德丁·欧斯曼尼宣布，到 2021 年将向区域基础设施项目投入 10 亿美元，以实现更公平的发展。11 月，非洲开发银行批准了 1.106 亿美元的贷款，以资助进一步的基础设施项目。到 2040 年，摩洛哥每年的基础设施投资需求估计为 98 亿美元，主要用于电力和公路领域。[①]

此外，旅游业也是摩洛哥的重点发展领域。在为旅游业量身打造的 2020 年愿景计划中，摩洛哥政府的目的是成为全球前二十大旅游目的地之一，该计划有几个旗舰项目，旨在开发沿海地区，并扩大商务、体育、休闲、文化遗产、养生和生态等领域的旅游产品，对这些领域的开发将增加该国对运输和接待服务的需求。2017 年以来，摩洛哥游客人数的增长每年达 8% 以上，基础设施的改善正在增强摩洛哥作为旅游目的地的吸引力。2016 年，摩洛哥正式实施中国公民赴摩洛哥免签的政策。2015 年，摩洛哥约有 1 万名中国游客；2018 年，这一数字超过了 13 万。[②] 2019 年 9 月，摩洛哥旅游部与中国旅游公司携程签署了"合作营销伙伴关系"协议，以促进中国和摩洛哥在旅游业领域的合作。为了加速旅游业的发展，摩洛哥皇家航空于 2019 年 9 月宣布，将于 2020 年 1 月开始开通每周三班卡萨布兰卡和北京之间的直航。2023 年，在联合国宣布新冠疫情不再是全球公共威胁之后，摩洛哥旅游业已经逐步恢复到疫情前水平。

（三）外交多元化

阿拉伯剧变之后，摩洛哥经济状况变化，导致该国在加强和巩固传统

---

① Barclay Ballard, " Morocco's Infrastructural Investment Gap Is Hitting Rural Areas Hardest," https://www.worldfinance.com/featured/moroccos－infrastructural－investment－gap－is－hitting-rural-areas-hardest, accessed：2023－03－06.

② Lucas M. Peters, " What Is the Impact of Chinese Tourism in Morocco?" https://www.journeybeyondtravel.com/blog/chinese-tourism-in-morocco.html, accessed：2023－03－06.

伙伴关系的同时寻找新的伙伴从而使其伙伴关系多样化。除了经济问题外，后阿拉伯剧变时代，摩洛哥对安全因素的关注也越来越多。随着恐怖主义和极端主义在北非马格里布地区的蔓延，摩洛哥外交政策制定者越来越注重与非洲国家在安全领域的合作。经济和安全因素的双重考量促进了外交多元化的发展，穆罕默德六世在位 20 多年来，战略伙伴关系的多元化和加强多维的南南合作构成了摩洛哥外交政策在国际和地区两个维度的特点。

1. 战略伙伴关系的多元化

2004 年 7 月 30 日，穆罕默德六世在登基日的演讲中首次提出战略伙伴多元化的政策：在巩固与美国和欧盟的战略伙伴关系的同时，积极发展与俄罗斯、中国、印度、加拿大和日本等其他国家的关系。① 此后，在多次登基日的演讲中，穆罕默德六世均提到了外交多元化的战略。摩洛哥的官方智库，如皇家战略研究院和"OCP 政策研究中心"发布了多篇关于摩洛哥与金砖国家关系的分析报告。摩洛哥经济与金融大臣穆罕默德·布赛义德（Mohamed Boussaid）在接受《青年非洲》（*Jeune Afrique*）采访时谈道，摩洛哥应该从主要"向北看"转向联系包括撒哈拉以南非洲、拉丁美洲和东亚等地区的新兴经济体，以实现伙伴关系多元化。②

2011 年以前，摩洛哥的外交战略伙伴多元化更多地停留在理论层面。2011 年爆发的社会抗议使摩洛哥王室意识到只有从根本上解决民众的社会经济诉求，才能维持国家的政治稳定。为了缓解国内的经济压力，摩洛哥开始积极拓展海外市场，落实扩展伙伴关系的战略。2011 年 12 月，摩洛哥与海合会国家建立了战略伙伴关系。2016 年 3 月，穆罕默德六世访问了俄罗斯，两国元首宣布深化两国的战略伙伴关系，计

---

① "Full Text of Royal Speech on the Occasion of the Throne Day," http：//www. maroc. ma/fr/ discours-royaux/discours-de-sm-le-roi-%C3%A0-loccasion-de-la-f%C3%AAte-du-tr% C3, accessed：2023-03-01.

② Mehdi Michbal, "Mohamed Boussaid：'La chance n'a pas sa place en économie'," *Jeune Afrique*, Septembre 22, 2015, https：//www. jeuneafrique. com/mag/252847/economie/mohamed- boussaid-la-chance-na-pas-sa-place-en-economie/, accessed：2023-03-01.

划在能源、旅游、高科技、农业、渔业和交通基础设施领域加强合作。① 同年 5 月，中国和摩洛哥签署了战略伙伴关系声明。2017 年，摩洛哥成为马格里布地区首个同中国签署共建"一带一路"谅解备忘录的国家。2018 年，摩洛哥成为亚洲基础设施投资银行的成员，中摩关系正在实现加快发展。此外，摩洛哥还加强了与非洲国家的伙伴关系，其中以 2017 年摩洛哥返回非洲联盟和申请加入西非国家经济共同体为重要标志。

2. 与非洲国家的合作

穆罕默德六世于 1999 年登基以来，就对非洲国家进行了一系列访问，在访问期间通常伴随着大规模投资的宣布。2003～2017 年，摩洛哥在非洲的外国直接投资总额达 370 亿迪拉姆，约占该国海外投资的 60%。到 2017 年，摩洛哥已成为仅次于南非的主要非洲投资国。摩洛哥的投资主要集中在银行和电信领域，由诸如阿提贾法里瓦法银行、摩洛哥中央银行和摩洛哥电信等大型企业领导。② 该国最初的投资集中在摩洛哥传统的西非盟友，如塞内加尔和科特迪瓦。近年来，该国扩大了投资的范围。与卢旺达、坦桑尼亚和埃塞俄比亚签署的协议表明，摩洛哥试图将经济、基础设施和农业项目变成其与东非国家关系的基石。摩洛哥皇家磷酸盐集团向非洲的扩张是摩洛哥对非洲的新经济战略的例证，该公司在非洲拥有 12 个子公司，并计划在埃塞俄比亚、尼日利亚、加纳、科特迪瓦和塞内加尔进行投资。2014 年和 2016 年，摩洛哥皇家磷酸盐集团先后与加蓬和埃塞俄比亚签署了合作协议，以发展化肥制造业，并致力于满足撒哈拉以南非洲的需求。2018 年 6 月，摩洛哥和尼日利亚商定了在两国之间修建 5700 千米的天然气管道的计划，该项目将为西非 15 个国家和地区供电。2019 年，尼日利亚和摩洛哥均完成了尼日利亚-摩洛哥天然气管道建设的可行

---

① 《摩洛哥国王访问俄罗斯》，中华人民共和国驻摩洛哥王国使馆经济商务处，2020 年 7 月 25 日，http://ma.mofcom.gov.cn/article/jmxw/201603/20160301280659.shtml，最后访问日期：2023 年 3 月 6 日。

② Anthony Dworkin, "A Return to Africa: Why North African States Are Looking South," https://www.ecfr.eu/publications/summary/a_return_to_africa_why_north_african_states_are_looking_south, accessed: 2023-03-01.

性研究。①

除了经济领域外，摩洛哥与其他非洲国家的合作还体现在移民和安全领域。摩洛哥是撒哈拉以南非洲移民的中转国和目的地国，摩洛哥移民的人数从 2005 年的 54400 人增加到了 2019 年的 98600 人。2013 年，摩洛哥发起了全面的移民改革计划，为近 50000 名移民提供了法律地位，其中大多数来自撒哈拉以南非洲。② 国家移民和庇护战略详细规定了新的移民政策，该政策旨在促进正规移民的融入，为移民和庇护建立新的法律和体制框架，并坚持以人权为基础管理移民潮。该战略在摩洛哥国内产生了广泛的影响，它涵盖了从卫生到教育和安全的一系列国内政策领域，并保证了成千上万的边缘化移民的经济和社会融合。2018 年，摩洛哥与非洲联盟达成协议，将成立一个新的非洲移民发展观察站，该观察站将追踪移民动态并协调非洲大陆的政府政策，这被视为摩洛哥在该地区发挥领导作用的最实际成果。

在安全领域，2011 年阿拉伯剧变之后，摩洛哥在帮助西非和萨赫勒地区国家应对其艰巨又复杂的安全挑战方面扮演了重要的角色。摩洛哥举办了一系列国际会议，讨论了打击包括毒品在内的跨国有组织犯罪和恐怖主义的方式方法。2012 年初以来，摩洛哥一直在领导复兴和改组萨赫勒-撒哈拉国家共同体的工作，以解决该地区不稳定的安全局势。在国内反恐方面，摩洛哥通过宗教事务改革巧妙地抵制了宗教激进主义和恐怖主义。在与非洲国家合作反恐方面，摩洛哥通过培训本地宗教学者来满足非洲国家的需求，通过限制瓦哈比主义的影响来防止宗教极端主义。2013 年，穆罕默德六世访问马里期间，摩洛哥宗教基金与伊斯兰事务部同意为 500 名马里的伊玛目提供培训。科特迪瓦、尼日利亚、突尼斯和利比亚等其他国家也已邀请摩洛哥为其伊玛目提供同样的培训，以便从摩洛哥通过对话和交流解决极端主义的经验中受益。为了满足对宗教工作人员培训需求的

---

① Safaa Kasraoui, "Morocco-Nigeria Pipeline Feasibility Study Is Complete," https://www.moroccoworldnews.com/2019/01/264630/morocco-nigeria-pipeline/, accessed: 2023-03-01.

② Christina Lowe, Nathalie Both and Marta Foresti, et al., "What Drives Reform? A Political Economy Analysis of Migration Policy in Morocco," https://www.odi.org/sites/odi.org.uk/files/resource-documents/morocco_pea_case_study_updated_v2.pdf#page=13, accessed: 2023-03-06.

增长，2015 年，摩洛哥成立了穆罕默德六世伊玛目与训导师学院和穆罕默德六世非洲乌莱玛基金会。[①]

总之，在不稳定、宗教极端主义、恐怖主义和大规模暴力蔓延的地区背景下，摩洛哥的稳定发展被许多学者定义为这一地区的例外。穆罕默德六世执政 20 多年来，政治、经济和外交多元化构成摩洛哥国家治理的三个维度，其协同发展促进了摩洛哥的整体稳定。然而，近年来发生的社会抗议凸显出该国不容忽视的经济问题。为了优化该国的经济结构，2014 ~ 2020 年"工业加速计划"呼吁企业在非洲扩展业务，以发展摩洛哥作为非洲大陆国际投资门户的地位。穆罕默德六世国王近年来对整个非洲大陆进行的多次正式访问支持了这一战略。更明显的是，摩洛哥在中断了 30 多年之后重新加入了非洲联盟，并试图加入西非国家经济共同体。

摩洛哥近年来的外交趋势表明，该国的主要政治和地缘战略目标之一是加强其在非洲大陆的政治和经济影响力。这一目标的意义不仅在于它构成了摩洛哥非洲外交政策其他目标的基础，而且其影响并不局限于非洲大陆。摩洛哥在非洲的地位和影响力的增强最终将加强其整体的外交能力。[②] 作为经济发展和安全战略的一部分，摩洛哥将继续与撒哈拉以南非洲建立更紧密的政治和经济联系。然而，摩洛哥的外交多元化战略并不仅局限在加强南南合作。在 2016 年海湾合作委员会峰会期间，穆罕默德六世提出摩洛哥仍致力于与传统伙伴建立战略关系，同时寻求发展与俄罗斯、中国、巴西和印度等新兴经济体的全面战略伙伴关系。[③] 近年来，从外交行动来看，为缓解对欧洲的战略依赖，摩洛哥积极与撒哈拉以南非洲国家和俄罗斯寻求建立战略伙伴关系。因此，摩洛哥外交政策行动的两个基本方向是突出的：①巩固与传统同盟地区（即欧洲和海湾地区）的

① Mohammed El-Katiri, *From Assistance to Partnership: Morocco and Its Foreign Policy in West Africa*, U. S. Army War College Press, 2015, p. 25.

② Said Saddiki, "Morocco's Foreign Policy Treads on the Shifting Sands of Africa," https：// mipa. institute/5620, accessed：2023-03-06.

③ Yasmina Abouzzohour, Beatriz Tomé-Alonso, "Moroccan Foreign Policy after the Arab Spring：A Turn for the Islamists or Persistence of Royal Leadership?" *The Journal of North African Studies*, Vol. 24, No. 3, 2018, https：//www. tandfonline. com/doi/full/10. 1080/13629387. 2018. 1454652, accessed：2023-03-06.

关系；②扩大和加深与其他地区的关系，特别是与具有强大国际地位的新兴国家和大国（俄罗斯和中国）以及与非洲的关系，以免过度依赖其传统盟友。

三　摩洛哥国家治理的挑战

正如本书绪论所言，无论从经济发展、教育水平还是贫富差距等方面来看，摩洛哥都处于世界的中等偏下水平。在这种情况下，摩洛哥拥有相对较高的政治稳定性，与摩洛哥良好的政治治理有不可磨灭的联系。从威权政体的角度来看，这与摩洛哥国王高超的治理技术有很大的关系，他维持统治集团内部各势力的平衡以及懂得如何应对群众运动。然而，随着2011 年国王穆罕默德六世宣布宪法改革和议会选举后，摩洛哥的政治图景事实上第一次发生了重大变化，伊斯兰主义政党首次成为政府的"掌控者"。尽管 2021 年摩洛哥政府再次回到"世俗派"手中，但政治伊斯兰已经成为摩洛哥国家治理的重要因素。

基于此，本书认为，摩洛哥未来国家治理面临以下几个方面的挑战。第一，摩洛哥国王面临事实上的宪法改革与"虚假"宪法改革的矛盾。在摩洛哥独立后的历史上，每当摩洛哥面临重大危机，国王都提出进行宪法改革。然而，改革的步伐却是异常缓慢，甚至"没有改革"。如 2011年 2 月 20 日，当摩洛哥的民众运动达到高潮时，摩洛哥国王进行了著名的"电视演讲"，并承诺进行宪法改革。但是这次宪法改革与前几次一样，改革的主动权仍然掌握在国王的手里，并不是由人民组成的群体来决定。① 结果是，国王并没有赋予政府更大的权力，国家的重大事务仍然由国王领导的马赫赞集团掌控。从国王本身的角度来看，形式上的宪法改革更加符合自己的需求。然而从其影响来看，这种应对危机的模式还能维持多久？根据英国《卫报》的调查，2011 年群众运动后，新生一代的摩洛哥人民，特别是年轻人，对追求更多的公民权，甚至是完全的公民权，拥

---

① Nagham Assaad, " Gradual Reforms Fail in Morocco," Al-monitor, February 16, 2014, http://www.al-monitor.com/pulse/politics/2014/02/failure-gradual-reforms-morocco-february-20-movement.html#, accessed：2023-03-06.

有极大的热情。① 那么，当下一次出现大规模群众运动时，国王的宪法改革模式是否能奏效？

第二，政府低效的表现可能会削弱国家治理的绩效。虽然公正与发展党前领导人班基兰从 2012 年开始，连续三年担任摩洛哥首相一职，但这并不是民意的结果。事实上，虽然摩洛哥政府是由各党派组成的联合政府，但是由于不满班基兰的表现，2013 年 7 月 9 日，来自独立党的 6 位大臣提交了辞职信，两个月后，独立党宣布离开政府，加入反对派阵营。② 班基兰政府发生破裂最直接原因是其极为"保守"的改革态度，特别是在经济和政治方面的改革。然而，深究可知，2012 年班基兰当选为首相后，在处理与国王的关系时，他采用了"合作"的态度，即不在意国王干涉政府事务，从而能够形成低限度的"权力分享"。因此，班基兰的"不作为"与国王有莫大的联系，这是一种结构性矛盾。具体来说，班基兰虽然领导政府，但是只能负责一些社会事务，以及少量的经济和政治事务，而诸如外交和大部分政治经济事务均由国王及其"影子内阁"来处理。因此，这一矛盾的存在，使得国家经济和政治改革的表现自然就转嫁至政府的头上。而摩洛哥王室的改革始终遵循"保守"的态度，改革的幅度自然很慢。长此以往，必然会造成民众对政府的不满，进而给摩洛哥的政治治理带来潜在的麻烦。作为班基兰的继承者，欧斯曼尼同样也面临上述问题。2021 年阿赫努什上台后，虽然提出了诸多改革措施，但执行效率仍然较低。

第三，领土纠纷问题。从 1975 年哈桑二世领导的"绿色进军"行动以来，国际社会关于摩洛哥是否应该拥有西撒哈拉意见不一，而西撒哈拉问题也成为马格里布地区最重要的领土纠纷。1975～1990 年，摩洛哥与阿尔及利亚支持的民兵组织——"波利萨里奥阵线"之间发生了多次冲突。1991 年，在联合国的调解下，摩洛哥与"波利萨里奥阵线"达成了停火

①　Charlotte Bozonnet, "Political Stability in Morocco Cannot Silence the Murmurs of Discontent," The Guardian, March 9, 2015, http：//www. theguardian. com/world/2015/mar/09/morocco-reform-protest-arab-spring, accessed：2023-03-01.

②　Caroline Abadeer, "The Government Coalition Splits：What Future for Morocco?" Muftah, July 11, 2013, http：//muftah. org/the-government-coalition-splits-what-future-for-morocco/#. VYoQTvSl8Ws, accessed：2023-03-01.

协议，并形成了"联合国西撒哈拉全民投票特派团"。① 然而，在之后的 20 年里，由于摩洛哥的干涉以及国际社会的"配合"，所谓的全民公投一直都未得到真正的落实。相反，摩洛哥要求的"自治"虽然没有得到国际社会正式承认，但已经在事实上控制了西撒哈拉的大片领土（被称为摩洛哥的"南方省"）。② 此外，作为西撒哈拉问题的关系方，阿尔及利亚一直秉持着"不干涉原则"，但同时认为摩洛哥的这种行为是一种"地区霸权主义"。对此，摩洛哥极为不满，认为阿尔及利亚在国际社会上破坏摩洛哥形象。③ 所以，领土问题已经成为摩洛哥与邻国产生分歧的一种潜在"发动机"。另外，摩洛哥保持在西撒哈拉的存在，是以大量军费开支为代价的。长期以来，摩洛哥经济都处于不景气状态，高额的军费开支，使得摩洛哥对国家民生建设的预算必然降低，从而导致民众可能会出现不满。④ 此外，北部的休达和梅利利亚问题一直困扰着摩洛哥和西班牙关系。2021 年 5 月以来，摩西两国因领土和移民问题一度陷入僵局。领土问题的存在是未来摩洛哥王室必须面对的一种挑战，它会在一定程度上影响其国家治理的进程。

第四，国际压力。摩洛哥的国际压力主要来自欧盟。一直以来，摩洛哥是欧盟在北非地区，甚至整个中东地区最"喜欢"的国家之一。从地理位置上看，摩洛哥属于南地中海地带，交通便利，成为欧盟"地中海联盟"构想的重要合作伙伴；另外，摩洛哥长期以来稳定的政局以及较为民主化的政治

①　Anouar Boukhars and Ali O. Amar, "Trouble in Western Sahara," *The Journal of Middle East and Africa*, Vol. 2, No. 2, July 2011, p. 225.

②　"Alex Chitty: Western Sahara-Territorial Dispute, Self-determination and the UN," Exploring Geopolitics, May 1, 2015, http://www.exploringgeopolitics.org/publication_chitty_alex_western_sahara_territorial_dispute_self_determination_un_polisario_sahrawi_plebiscite_minurso_morocco_rio_de_oro_terrritory_algeria_mauritania/, accessed: 2023-03-06.

③　Mohammad al-Ashab and Ater Kadadra, "Tensions Rise Between Morocco, Algeria over Western Sahara," Translated by Kamal Fayad, Al-monitor, November 8, 2013, http://www.al-monitor.com/pulse/politics/2013/11/morocco-algeria-tensions-western-sahara-human-rights.html, accessed: 2023-03-06.

④　Natasha White, "Conflict Stalemate in Morocco and Western Sahara: Natural Resources, Legitimacy and Political Recognition," *British Journal of Middle East Studies*, Vol. 42, No. 3, 2015, pp. 339-357.

制度为双方的经济交流、人员交流以及文化联系打下了基础。① 从欧盟的外交政策来看，推广民主和维护欧式人权是其重要目标之一。因此，在对待摩洛哥的政策上，欧盟国家均是以民主和人权为其核心原则，特别是当摩洛哥出现较大规模的民众运动以及出现人权问题时。由上文分析可知，摩洛哥采用的是一种渐进式治理，然而欧盟却不这么看，认为应该尽快实行民主制度以及提升人权水平。长期来看，这显然会增加摩洛哥国家治理的压力。

四　比较视野下阿拉伯国家治理路径透视

作为中东地区传统的阿拉伯君主制国家，摩洛哥独立以来，尤其是阿拉伯剧变以来在国家治理方面进行了卓有成效的现代化改革，也取得了良好的效果。从比较的视野来看，中东8个君主制国家在平衡社会稳定与经济发展方面均取得了较好的成效。相反，阿拉伯共和制国家不仅在历史上爆发了多次社会革命，而且在阿拉伯剧变之后仍有很多国家处于漫长的政治转型中，如突尼斯、黎巴嫩、伊拉克等国至今还在寻求社会稳定与经济发展之间的平衡。究其缘由，本书认为造成这种差异性的重要原因在于国家治理方式的历史基础与现实选择的不同。

在历史基础方面，阿拉伯君主制国家的合法性建立在"君权"和"教权"的基础上，具有坚实的稳定性。"君权"一般是杂糅了政治传统、祖先继承、君臣规范等要素。"教权"一般是指君主在国家治理过程中以伊斯兰教为核心塑造自我的神圣性。例如，摩洛哥君权合法性主要是来自谢里夫家族于17世纪中叶创建的阿拉维王朝，以及由此形成的国王与人民之间特殊的忠诚关系。在此基础上，摩洛哥国王还对教权进行了加强，并强调作为代表伊斯兰身份的国王所具有的神圣属性。与摩洛哥相似，约旦的君权合法性主要是来自阿拉伯半岛麦加古莱什部落哈希姆家族，具有深厚的宗教属性。在汉志国王侯赛因之子阿卜杜拉一世入主外约旦之后，君权合法性还体现在

---

① Susi Dennison, Nicu Popescu and José Ignacio Torreblanca, "A Chance to Reform: How the EU Can Support Democratic Evolution in Morocco," European Council on Foreign Relations: Policy Brief, May 2011, p. 4, http://www.ecfr.eu/publications/summary/a_chance_to_reform_how_the_eu_can_support_democratic_evolution_in_morocco, accessed: 2023-03-06.

外约旦与传统贝都因部落之间的联盟关系，这也是阿拉伯政治传统的一部分。约旦在国家治理过程中将"君权"和"教权"进行结合，并创造了集宗教认同、政治认同和阿拉伯民族主义认同的"哈希姆认同"。[①] 与摩洛哥和约旦相比，海湾阿拉伯国家的君权合法性除了政治传统之外，还在于祖先继承。例如，沙特王室的君权合法性很大一部分是来自"18 世纪祖先对这片土地的统治"。[②] 科威特、卡塔尔和巴林三个君主制国家的君权合法性分别来源于萨巴赫家族、阿勒萨尼家族和哈利法家族建立的独立酋长国。由此可以看出，阿拉伯君主制国家的这种君权与教权的结合是现代"宪政合法"无法比拟的。正如沙特学者哈立德·达希尔（Khalid al-Dakhil）所言："君主制符合阿拉伯世界独特的历史传统、社会结构和政治文化，相反，共和制却是新近的舶来品……君主制易于得到阿拉伯人民的尊崇和支持。"[③] 总而言之，仅从效用来看，阿拉伯君主制国家的"君权神授"要比阿拉伯共和制国家的"公权民授"更具韧性。

在现实选择方面，一个是国内的政治治理，另一个是外交政策。相较而言，阿拉伯君主制国家比共和制国家更善于统筹国内治理资源之间及其与外交政策之间的关系。这与阿拉伯君主制国家的国家治理方式的选择有关。整体而言，当代阿拉伯君主制国家可分为三类治理方式。第一，沙特、巴林、卡塔尔、阿联酋等君主国采用"宫廷式君主政体"的治理方式，政治稳定的核心逻辑是"家族式民主＋地租型经济"。总体而言，这四个国家都具有宫廷式特点，即政治过程、政治决策和政治继承都在宫廷内完成，民主化的对象也是家族内成员。政治机器（家族）与经济基础（油气产业）的结合可以保证现代化、有限制度改革与对外合作等稳步推进。第二，摩洛哥和约旦采用"个人式君主政体"的治理方式，政治稳定的核心逻辑是"多元化改革＋包容性社会"。由于摩洛哥和约旦属于

---

① 闫伟、田鸿涛：《"哈希姆认同"：约旦政治文化的意涵与建构路径》，《西亚非洲》2021 年第 5 期，第 130 页。

② Madawi Al-Rasheed, *A History of Saudi Arabia*, Cambridge：Cambridge University Press, 2010, pp. 3-4, 转引自胡雨《"阿拉伯之春"与中东君主制国家政治稳定》，《国际论坛》2014 年第 2 期，第 64 页。

③ F. Gregory Gause III, "Kings for All Seasons：How the Middle East's Monarchies Survived the Arab Spring," Brookings Doha Center Analysis Paper, No. 8, September 2013, p. 25.

"缺油少气"的君主制国家，它们的合法性必须通过向民众提供更多的政治和社会参与来获得，国王扮演着"仲裁者"的角色。个人式的统治方式不是指个人独裁统治，而是体现了全社会在唯一领导的指引下平稳运行。第三，科威特和阿曼采用"参与式君主政体"的统治方式，政治稳定的核心逻辑是"包容性制度＋地租型经济"。科威特和阿曼在一定程度上结合了上述两种统治方式，即在拥有食利工具的基础上，通过引入"宪法"和"议会"来保证公民的最大限度参政，使其拥有包容文化制度。当然，两国在具体操作层面也存在一定的区别。科威特虽然拥有宪法和议会，但家族成员深度参政，而尽管阿曼只有名义上的宪法——阿曼基本法和议会——阿曼委员会，但家族参政的比重为海湾国家中最低。①

　　上述治理方式一方面充分发挥了阿拉伯君主制国家治理资源调配的合理性，如油气与社会福利、政治现代化改革与社会稳定等之间的关系，另一方面确保了国家治理机制"一体多元"模式的推进，亦即以王室为主体，多元行为体参与的治理模式。在此基础上，根据本书的研究，政治社会稳定背后的国家治理还在于统筹国内国际两个大局。相比阿拉伯共和制国家，阿拉伯君主制国家有着更为成熟的"以外交促进国家治理"的传统和机制。从外交政策的模式来看，两种政体具有以下四个方面的外交倾向。第一，阿拉伯共和制国家倾向伙伴外交，阿拉伯君主制国家倾向联盟外交。前者倾向在大国之间保持战略平衡，后者由于长期实行家族统治，更担心出现政治合法性危机，故比前者更容易选择结盟，从而在安全上依附外部大国。第二，阿拉伯君主制国家的政治合法性基础是"君权神授"，共和制国家的政治合法性基础是"公权民授"。与共和制国家通过结盟追求国际政治地位不同，君主制国家的结盟动机更加单纯，即以服务国内政治核心议程为主要目标，以维护统治家族的王权安全为核心利益，以维护伊斯兰教在政治意识形态中的主导地位（教权）和维护王室的统

① 罗素·卢卡斯（Russell E. Lucas）也提出了阿拉伯君主制国家的分类，其分成了家族君主制和共主君主制（Linchpin monarchies），主要强调了王室统治方式的"工具性"特征，如利用王室的官僚阶层来应对威胁，强调政体的"威权性"，带有深刻的西方中心主义色彩。参见 Russell E. Lucas, "Monarchical Authoritarianism: Survival and Political Liberalization in a Middle Eastern Regime Type," *International Journal of Middle East Studies*, Vol. 36, No. 1, 2004, pp. 2-5。

治（君权）为"两翼"。第三，君主制国家的联盟外交具有鲜明的务实主义特点，执政者基于某一时期王权安全的最大威胁决定结盟对象、合作形式及资源配置。第四，阿拉伯君主制国家更容易选择依附性安全合作关系，通过牺牲联盟主导权寻求安全，以外交让步为条件维护王权安全。当然，近年来，阿拉伯国家纷纷通过发展战略规划来对接新兴经济体的发展规划，以此促进国家治理能力的提升。尽管如此，从对接的积极性和效果来看，沙特、卡塔尔、阿联酋、摩洛哥等君主制国家的"对接外交"也更为成功。

国家治理是世界各国进行现代化改革、促进政治文明发展的重要体现。习近平总书记在"全球文明倡议"中指出要尊重世界文明的多样性。而政治文明正是其中的重要组成部分。阿拉伯国家有着千年以上的政治文明传统，现代民族国家构建的历史也要追溯至 20 世纪上半叶。因此，无论是阿拉伯君主制国家，还是阿拉伯共和制国家，其国家治理的路径选择均是多样文明的体现。当然，对于中东地区不同阿拉伯国家治理经验的探索，一方面是为了从多样性中寻求共性，尤其是其发展自主性的部分，另一方面也可以为推进新时代中国与发展中国家开展治国理政交流提供镜鉴。

参考文献

一 中文文献

（一）中文图书

〔英〕爱德华·卡尔：《20 年危机（1919—1939）：国际关系研究导论》，秦亚青译，世界知识出版社，2005。

〔美〕彼得·卡赞斯坦主编《国家安全的文化：世界政治中的规范与认同》，宋伟、刘铁娃译，北京大学出版社，2002。

陈志瑞、刘丰主编《国际体系与国内政治：新古典现实主义的探索》，北京大学出版社，2015。

邓嘉等：《北非花园摩洛哥》，天津大学出版社，2009。

丁俊：《伊斯兰文明的反思与重构——当代伊斯兰中间主义思潮研究》，中国社会科学出版社，2016。

〔德〕弗里德里希·李斯特：《政治经济学的国民体系》，邱伟立译，华夏出版社，2013。

〔荷兰〕格劳秀斯：《战争与和平法》，〔美〕A. C. 坎贝尔英译，何勤华等译，上海人民出版社，2005。

〔美〕海伦·米尔纳：《利益、制度与信息：国内政治与国际关系》，曲博译，上海人民出版社，2010。

〔美〕汉斯·摩根索：《国家间政治：权力斗争与和平》，徐昕、郝望、李保平译，北京大学出版社，2006。

〔法〕亨利·康崩：《摩洛哥史》，上海外国语学院法语系翻译组译，上海人民出版社，1975。

〔美〕杰克·斯奈德：《帝国的迷思：国内政治与对外扩张》，于铁军等译，北京大学出版社，2017。

〔德〕康德：《历史理性批判文集》，何兆武译，商务印书馆，2005。

〔美〕理查德·哈斯：《外交政策始于国内——办好美国国内的事》，胡利平、王淮海译，格致出版社、上海人民出版社，2015。

刘胜湘：《全球化与美国：安全利益的冲突分析》，北京大学出版社，2006。

刘中民：《当代中东伊斯兰复兴运动研究》，香港社会科学出版社，2004。

刘中民：《民族与宗教的互动：阿拉伯民族主义与伊斯兰教关系研究》，时事出版社，2010。

刘中民：《挑战与回应——中东民族主义与伊斯兰教关系评析》，世界知识出版社，2005。

〔美〕罗伯特·基欧汉、〔美〕海伦·米尔纳主编《国际化与国内政治》，姜鹏、董素华译，北京大学出版社，2003。

〔英〕洛克：《政府论：论政府的真正起源、范围和目的》，叶启芳等译，商务印书馆，1983。

〔法〕马塞尔·佩鲁东：《马格里布通史：从古代到今天的摩洛哥、阿尔及利亚、突尼斯》，上海师范大学《马格里布通史》翻译组译，上海人民出版社，1974。

〔美〕玛莎·芬尼莫尔：《国际社会中的国家利益》，袁正清译，上海世纪出版集团，2012。

敏敬主编《当代中东改革——沙特、土耳其、埃及、摩洛哥》，甘肃文化出版社，2015。

〔法〕莫朗迪·布鲁诺摄影《摩洛哥》，何漫撰文，上海书店出版社，2006。

〔加拿大〕诺林·里普斯曼、〔美〕杰弗里·托利弗、〔美〕斯蒂芬·洛贝尔：《新古典现实主义国际政治理论》，刘丰、张晨译，上海人民出版社，2017。

秦亚青：《权力、制度、文化：国际关系理论与方法研究论文集》，北京大学出版社，2011。

〔埃〕萨米尔·阿明：《不平等的发展》，高铦译，社会科学文献出版社，2017。

〔美〕苏珊·吉尔森·米勒：《摩洛哥史》，刘云译，东方出版中心，2015。

孙德刚：《多元平衡与"准联盟"理论研究》，时事出版社，2007。

孙德刚：《冷战后欧美大国在中东的军事基地研究》，世界知识出版社，2015。

孙德刚：《美国在大中东地区军事基地的战略部署与调整趋势研究》，时事出版社，2018。

孙德刚：《危机管理中的国家安全战略》，上海人民出版社，2010。

孙德刚：《准联盟外交的理论与实践——基于大国与中东国家关系的实证分析》，世界知识出版社，2012。

孙海潮主编《中国和摩洛哥的故事》，五洲传播出版社，2019。

汪波：《美国冷战后世界新秩序的理论与实践》，时事出版社，2005。

汪波：《欧洲穆斯林问题研究》，时事出版社，2017。

汪波：《中东与大国关系》，时事出版社，2013。

王鸣鸣：《外交政策分析：理论与方法》，中国社会科学出版社，2008。

韦民：《小国与国际安全》，北京大学出版社，2015。

〔法〕夏尔-安德烈·朱利安：《北非史：突尼斯、阿尔及利亚、摩洛哥》，上海新闻出版系统"五·七"干校翻译组译，上海人民出版社，1973。

肖克编著《列国志·摩洛哥》，社会科学文献出版社，2010。

〔英〕亚当·斯密：《国民财富的性质和原因的研究》，郭大力等译，商务印书馆，1974。

〔美〕亚历山大·温特：《国际政治的社会理论》，秦亚青译，上海人民出版社，2000。

张历历编著《新兴国家外交决策》，清华大学出版社，2018。

中国银行股份银行、社会科学文献出版社编《摩洛哥》，社会科学文献出版社，2016。

（二）中文论文

蔡国栋：《对实施进口替代战略模式的研究》，《企业经济》2006 年第 5 期。

冯伟、邵军、徐康宁：《贸易多元化战略下的贸易联系持续期分析——以我国纺织品出口为例》，《经济评论》2013 年第 2 期。

关培凤：《20 世纪后半叶国外非洲边界和领土争端问题研究述评》，《世界史》2017 年第 4 期。

黄琪轩：《国际秩序始于国内——领导国的国内经济秩序调整与国际经济秩序变迁》，《国际政治科学》2018 年第 4 期。

李彬：《浅析北非剧变与摩洛哥政治改革》，《西亚非洲》2013 年第 2 期。

李庆四：《试析少数族群对美国外交决策的影响》，《国际论坛》2004 年第 4 期。

宋伟：《外交与内政如何得以有机统一——基于位置现实主义的视角》，《国际政治科学》2018 年第 4 期。

孙德刚：《结盟外交与国际安全竞争中的"三层博弈"模式》，《国际论坛》2008 年第 6 期。

唐世平、王凯：《族群冲突研究：历程、现状与趋势》，《欧洲研究》2018 年第 1 期。

田德文：《解析欧盟中东北非战略》，《当代世界与社会主义》2016 年第 1 期。

王伟、孙蕾：《全球化进程中离散者与民族冲突间关系的影响因素》，《烟台大学学报》（哲学社会科学版）2017 年第 2 期。

吴传华：《摩洛哥与西班牙领土争端解析》，《亚非纵横》2012 年第 1 期。

夏友富：《进口替代战略与出口导向战略的系统理论研究》，《对外经济贸易大学学报》1990 年第 5 期。

徐刚：《欧盟"条件性"的运用：扩大政策与邻国政策的比较》，《国外理论动态》2014 年第 7 期。

袁正清：《建构主义与外交政策分析》，《世界经济与政治》2004 年第 9 期。

岳汉景：《外交政策分析诸视角》，《理论导刊》2007 年第 6 期。

曾爱平：《国际学术界对摩洛哥政治研究概述》，《西亚非洲》2009 年第 11 期。

曾爱平：《君主制主导下的摩洛哥议会政党体制》，《当代世界》2009 年第 2 期。

曾爱平：《摩洛哥阿拉维君主制统治合法性分析》，《阿拉伯世界研究》2009 年第 4 期。

张文喜：《美国全球战略中的人权外交》，《外交学院学报》2000 年第 2 期。

张玉友：《当前摩洛哥国内政党形势：分裂与崛起》，《当代世界》2018 年第 4 期。

张玉友：《中国参与摩洛哥港口建设的前景与风险》，《当代世界》2017 年第 6 期。

张玉友、孙德刚：《摩洛哥政党治理的理念与实践》，《阿拉伯世界研究》2017 年第 5 期。

张玉友、孙德刚：《摩洛哥政治治理的议题设置与路径选择》，《国际论坛》2016 年第 6 期。

张玉友、王泽壮：《王权安全与联盟外交：摩洛哥结盟政策的国内根源探析》，《世界经济与政治论坛》2019 年第 2 期。

钟龙彪：《双层博弈理论：内政与外交的互动模式》，《外交评论》（外交学院学报）2007 年第 2 期。

朱骅：《离散研究的学术图谱与理论危机》，《世界民族》2018 年第 3 期。

二 英文文献

（一）英文图书

Anne Braveboy-Wagner, Jacqueline, ed. , *The Foreign Policies of the Global South: Rethinking Conceptual Frameworks*, Boulder: Lynne Rienner Publishers, 2003.

Ashford, Douglas E. , *Political Change in Morocco*, New Jersey: Princeton University Press, 1961.

Aslan, Nesem, *Nation-Building in Turkey and Morocco: Governing Kurdish and Berber Dissent*, Cambridge: Cambridge University Press, 2015.

Boukhars, Anouar, *Politics in Morocco: Executive Monarchy and Enlightened Authoritarianism*, London: Routledge, 2010.

Brand, Laurie A. , *Citizens Abroad: Emigration and the State in the Middle East and North Africa*, Cambridge: Cambridge University Press, 2006.

Bremberg, Niklas, *Diplomacy and Security Community-Building: EU Crisis Management in the Western Mediterranean*, London: Routledge, 2015.

Brett, Michael and Elizabeth Fentress, *The Berbers : The Peoples of Africa*, Oxford: Wiley Blackwell, 1996.

Breuning, Marieke, *Foreign Policy Analysis: A Comparative Introduction*, Berlin: Springer, 2007.

Brubaker, Rogers, *Nationalism Reframed: Nationhood and the National Question in the New Europe*, Cambridge: Cambridge University Press, 1996.

Brummer, Klaus, and Valerie M. Hudson, eds. , *Foreign Policy Analysis Beyond North America*, Boulder: Lynne Rienner Publishers, 2015.

Burke III, Edmund, *Prelude to Protectorate in Morocco: Precolonial Protest and Resistance, 1860-1912*, Chicago: University of Chicago Press, 1976.

Connolly, William E. , *Identity, Difference: Democratic Negotiations of Political Paradox*, Minneapolis: University of Minnesota Press, 2002.

Cornell, Vincent J. , *Realm of the Saint: Power and Authority in Moroccan Sufism*, Austin: University of Texas Press, 2010.

Deeb, Mary-Jane, *Libya's Foreign Policy in North Africa*, Boulder: Westview Press, 1990.

Degang, SUN and LIU Zhongmin, eds. , *The New Frontier of the Middle East Politics and Economy*, Beijing: World Affairs Press, 2017.

Eban, Abba Solomon, *Abba Eban: An Autobiography*, New York: Random House, 1977.

EL-Katiri, Mohammed, *From Assistance to Partnership: Morocco and Its Foreign Policy in West Africa*, PA: United States Army War College Press, 2015.

Eriş, Özgür Ünal and Ahmet Salih İkiz, eds., *The Political Economy of Muslim Countries*, Cambridge: Cambridge Scholars Publishing, 2018.

Evera, Stephen Van, *Causes of War: Power and the Roots of Conflict*, Ithaca: Cornell University Press, 2013.

Fernandez-Molina, Irene, *Moroccan Foreign Policy Under Mohammed VI, 1999-2014*, London: Routledge, 2015.

Feuer, Sarah J., *Regulating Islam: Religion and the State in Contemporary Morocco and Tunisia*, Cambridge: Cambridge University Press, 2017.

Geertz, Clifford, *Islam Observed: Religious Development in Morocco and Indonesia*, Chicago: University of Chicago Press, 1971.

Gellner, Ernest and Charles Micaud, eds., *Arabs and Berbers: From Tribe to Nation in North Africa*, London: Duckworth, 1973.

Gerring, John, *Case Study Research: Principles and Practices*, Cambridge: Cambridge University Press, 2006.

Gilpin, Robert, *War and Change in World Politics*, Cambridge: Cambridge University Press, 1981.

Goemans, H. E., and Giacomo Chiozza, *Leaders and International Conflict*, Cambridge: Cambridge University Press, 2011.

Göl, Ayla, *Turkey Facing East: Islam, Modernity and Foreign Policy*, Manchester: Manchester University Press, 2013.

Hermann, Charles F., Charles W. Kegley and James N. Rosenau, eds., *New Directions in the Study of Foreign Policy*, Boston: Allen and Unwin, 1987.

Hey, Jeanne A. K., ed., *Small States in World Politics: Explaining Foreign Policy Behavior*, Boulder: Lynne Rienner Publishers, 2003.

Hinnebusch, Raymond A., and Anoushiravan Ehteshami, eds., *The Foreign Policies of Middle East States*, Boulder: Lynne Rienner Publishers, 2002.

Hudson, Valerie M., *Foreign Policy Analysis: Classic and Contemporary*

Theory, Maryland: Rowman & Littlefield Publishers, 2013.

Hufbauer, Gary Clyde and Claire Brunel, eds. , *Maghreb Regional and Global Integration: A Dream to be Fulfilled*, New York: Columbia University Press, 2008.

Idang, Gordon J. , *Nigeria: Internal Politics and Foreign Policy, 1960 - 1966*, Ibadan: Ibadan University Press, 1973.

James, Patrick, *International Relations and Scientific Progress: Structural Realism Reconsidered*, Columbus: Ohio State University Press, 2002.

Jensen, Erik, *Western Sahara: Anatomy of a Stalemate?*, Co: Lynne Rienner Publishers, 2005.

Jervis, Robert, *Perception and Misperception in International Politics*, New Edition, Princeton: Princeton University Press, 2017.

Kaplan, Morton A. , *System and Process in International Politics*, ECPR Press, 2005.

Kelstrup, Morten, Michael Williams, eds. , *International Relations Theory and the Politics of European Integration: Power, Security and Community*, New York: Routledge, 2006.

Keohane, Robert O. , *After Hegemony: Cooperation and Discord in the World Political Economy*, Princeton: Princeton University Press, 1984.

Korany, Bahgat, and Ali E. Hillal Dessouki, eds. , *The Foreign Policies of Arab States: The Challenge of Globalization*, Cairo: American University in Cairo Press, 2008.

Korany, Bahgat, *How Foreign Policy Decisions Are Made in the Third World: A Comparative Analysis*, Boulder: Westview Press, 1986.

Kostiner, Joseph, ed. , *Middle East Monarchies: The Challenge of Modernity*, Boulder: Lynne Rienner Publishers, 2000.

Kubálková, Vendulka, *Foreign Policy in a Constructed World*, London: Routledge, 2016.

Laroui, Abdallah, *The History of the Maghrib: An Interpretive Essay*, Princeton: Princeton University Press, 1977.

Laskier, Michael M. , *North African Jewry in the Twentieth Century: The Jews of Morocco, Tunisia, and Algeria*, New York: New York University Press, 1994.

Liska, George, Nations in Alliance: The Limits of Independence, Baltimore: Johns Hopkins University Press, 1962.

Lofgren, Mike, *The Deep State: The Fall of the Constitution and the Rise of a Shadow Government*, New York: Viking, 2016.

Lucas, Russell E. , *Institutions and the Politics of Survival in Jordan: Domestic Responses to External Challenges, 1988 - 2001*, New York: SUNY Press, 2012.

Luckas, Yehuda, ed. , *The Israeli-Palestinian Conflict: A Documentary Record, 1967-1990*, Cambridge: Cambridge University Press, 1992.

Maddy-Weitzman, Bruce and Daniel Zisenwine, eds. , *Contemporary Morocco: State, Politics and Society under Mohammed VI*, New York: Routledge, 2012.

Maddy-Weitzman, Bruce, *The Berber Identity Movement and the Challenges to North African States*, Austin: University of Texas Press, 2011.

Maggi, Eva-Maria, *The Will Change: European Neighborhood Policy, Domestic Actors and Institutional Change in Morocco*, Berlin: Springer, 2016.

Markides, Constantinos C. , *Diversification, Refocusing, and Economic Performance*, Cambridge: MIT Press, 1995.

McCormick, James M. , ed. , *The Domestic Sources of American Foreign Policy: Insights and Evidence*, Lanham: Rowman & Littlefield Publishers, 2018.

Mearsheimer, John and Stephen Walt, *The Israel Lobby and U. S. Foreign Policy*, New York: Farrar, Straus and Giroux, 2008.

Mearsheimer, John J. , *The Tragedy of Great Power Politics*, New York: W. W. Norton & Company, 2001.

Miller, Susan Gilson, *A History of Modern Morocco*, Cambridge: Cambridge University Press, 2013.

Mintz, Alex and Karl Derouen Jr. , *Understanding Foreign Policy Decision*

Making, Cambridge: Cambridge University Press, 2010.

Monga, Célestin, *The Anthropology of Anger: Civil Society and Democracy in Africa*, Boulder: Lynne Rienner Publisher, 1996.

Moreno Almeida, Cristina, *Rap Beyond Resistance: Staging Power in Contemporary Morocco*, New York: Palgrave Macmillan, 2017.

Muedini, Fait, *Sponsoring Sufism: How Governments Promote "Mystical Islam" in their Domestic and Foreign Policies*, New York: Palgrave Macmillan, 2015.

Nejjar, Bassam, *Cultural Cooperation between Morocco and Sub-Saharan Africa: The Weigh of History and the Significance of National Interests*, London: Lap Lambert Academic Publishing, 2010.

Nonneman, Gerd, ed., *Analysing Middle East Foreign Policies: The Relationship with Europe*, London: Routledge, 2005.

Noueihed, Lin, and Alex Warren, *The Battle for the Arab Spring: Revolution, Counter-Revolution and the Making of a New Era*, New Haven: Yale University Press, 2012.

Ojeda-Garcia, Raquel and Irene Fernández-Molina, and Victoria Veguilla, eds., *Global, Regional and Local Dimensions of Western Sahara's Protracted Decolonization: When a Conflict Gets Old*, New York, Palgrave Macmillan, 2016.

Olimat, Muhamad S., *China and North Africa since World War II: A Bilateral Approach*, Lanham: Lexington Books, 2014.

Organski, A. F. Kenneth and J. Kugler, *The War Ledger*, Chicago: University of Chicago Press, 1980.

Pennell, C. Richard, *Morocco: From Empire to Independence*, London: Oneworld Publications, 2013.

Perthes, Volker, ed., *Arab Elites: Negotiating the Politics of Change*, Boulder: Lynne Rienner Publishers, 2004.

Petrič, Ernest, *Foreign Policy: From Conception to Diplomatic Practice*, Leiden: Martinus Nijhoff, 2013.

Porch, Douglas, *The Conquest of Morocco: A History*, New York: Farrar, Straus and Giroux, 2005.

Price, Daniel E. , *Islamic Political Culture, Democracy, and Human Rights: A Comparative Study*, London: Praeger, 1999.

Rana, Kishan S. , *Inside Diplomacy*, New Delhi: Manas Publications, 2000.

Risse-Kappen, Thomas, ed. , *Bringing Transnational Relations Back in: Non-State Actors, Domestic Structures and International Institutions*, Cambridge: Cambridge University Press, 1995.

Rittberger, Volker, ed. , *German Foreign Policy Since Unification: Theories and Case Studies*, Manchester: Manchester University Press, 2001.

Rosenuau, James N. , *Scientific Study of Foreign Policy*, New York: Nicholas Publishing Company, 1980.

Ross, Michael L. , *The Oil Curse: How Petroleum Wealth Shapes the Development of Nations*, Princeton: Princeton University Press, 2012.

Ryan, Curtis R. , *Inter-Arab Alliances: Regime Security and Jordanian Foreign Policy*, Gainesville: University Press of Florida, 2009.

Segalla, Spencer D. , *Moroccan Soul: French Education, Colonial Ethnology, and Muslim Resistance, 1912-1956*, Lincoln: University of Nebraska Press, 2009.

Shapiro, Michael J. , *Reading the Postmodern Polity: Political Theory as Textual Practice*, Minneapolis: University of Minnesota Press, 1992.

Snyder, Glenn H. , *Alliance Politics*, Ithaca and London: Cornell University Press, 1997.

Synder, Richard C. , H. W. Bruck and Burton Sapin, eds. , *Foreign Policy Decision Making*, New York: Free Press of Glencoe, 1962.

Uzer, Umut, *Identity and Turkish Foreign Policy: The Kemalist influence in Cyprus and the Caucasus*, New York: I. B. Tauris, 2010.

Wainscott, Ann Marie, *Bureaucratizing Islam: Morocco and the War on Terror*, Cambridge: Cambridge University Press, 2017.

Walt, Stephen M. , *Theory of International Politics*, Illinois: Walveland Press, 2010.

Walt, Stephen M. , *The Origins of Alliances*, Ithaca: Cornell University

Press，1987.

Waterbury，John，*The Commander of the Faithful: The Moroccan Political Elite-A Study in Segmented Politics*，London：Weidenfeld & Nicolson，1970.

Weeks，Jessica L. P.，*Dictators at War and Peace*，Ithaca，N. Y.：Cornell University Press，2014.

Wendt，Alexander，*Social Theory of International Politics*，Cambridge：Cambridge University Press，1999.

White，Gregory，*A Comparative Political Economy of Tunisia and Morocco：On the Outside of Europe Looking in*，New York：State University of New York Press，2014.

Wittkopf，Eugene R.，Christopher M. Jones，and Charles W. Kegley Jr.，*American Foreign Policy: Pattern and Process*，Boston：Cengage Learning，2007.

Wyrtzen，Jonathan，*Making Morocco: Colonial Intervention and the Politics of Identity*，Ithaca：Cornell University Press，2016.

Yıldız，Ayselin Gözde，*The European Union's Immigration Policy：Managing Migration in Turkey and Morocco*，Berlin：Springer，2016.

Zoubir，Yahia H. and Louisa Dris-Aït-Hamadouche，eds.，*Global Security Watch—The Maghreb: Algeria, Libya, Morocco, and Tunisia*，Santa Barbara：ABC-CLIO，2013.

Zoubir，Yahia H.，ed.，*North Africa in Transition: State, Society, and Economic Transformation in the 1990s*，Florida：University Press of Florida，1999.

Zoubir，Yahia H.，ed.，*International Dimensions of the Western Sahara Conflict*，London：Praeger，1993.

Zunes，Stephen and Jacob Mundy，*Western Sahara: War, Nationalism, and Conflict Irresolution*，New York：Syracuse University Press，2010.

（二）英文论文

Abadi，Jacob，"The Road to the Israeli-Moroccan Rapprochement，" *The Journal of North African Studies*，Vol. 5，No. 1，2000.

Abdelmalki，Lahsen，Mustapha Sadni Jallab，and René Sandretto，"An

Assessement of the United States-Morocco Free Trade Agreement," *The 9th Annual Conference on Global Economic Analysis*, Addis Ababa, Ethiopia, 2006.

Abouzzohour, Yasmina and Beatriz Tomé-Alonso, " MoroccanForeign Policy after the Arab Spring: A Turn for the Islamists or Persistence of Royal Leadership?" *The Journal of North African Studies*, Vol. 24, No. 3, 2018.

Allan, Bentley B. , Srdjan Vucetic, and Ted Hopf, "The Distribution of Identity and the Future of International Order: China's Hegemonic Prospects," *International Organization*, Vol. 72, No. 4, 2018.

Altman, Dan, " By Fait Accompli, Not Coercion: How States Wrest Territory from Their Adversaries," *International Studies Quarterly*, Vol. 61, No. 4, 2017.

Andrews, Bruce, "Social Rules and the State as a Social Actor," *World Politics*, Vol. 27, No. 4, 1975.

André Levy, "Homecomings to the Diaspora: Nation and State in Visits of Israelis to Morocco," in Fran Markowitz and Anders H. Stefansson, eds. , *Homecomings: Unsettling Paths of Return*, Lanham: Lexington Books, 2004.

Ansoff, H. Igor, " Strategies for Diversification," *Harvard Business Review*, Vol. 35, No. 5, 1957.

Ayadi, Rym and Carlo Sessa, "What Scenarios for the Euro-Mediterranean in 2030 in the Wake of the Post-Arab Spring?" *MEDPRO Policy Paper*, No. 2, October 2011.

Barnett, Michael N. , " Identity and Alliances in the Middle East," in Peter J. Katzenstein, ed. , *The Culture of National Security: Norms and Identity in World Politics*, New York: Columbia University Press, 1996.

Beck, Paul Allen, and M. Kent Jennings, "Family Traditions, Political Periods, and the Development of Partisan Orientations," *The Journal of Politics*, Vol. 53, No. 3, 1991.

Bendourou, Omar, "Power and Opposition in Morocco," *Journal of Democracy*, No. 7, Vol. 3, 1996.

Benstead, Lindsay J. , " Differentiation and Diffusion: Shifting Public

Opinion Attitudes Toward Foreign Policy in North Africa," *The Journal of North African Studies*, Vol. 24, No. 4, 2019.

Ben-Meir, Yossef, "Morocco's Regionalization 'Roadmap' and the Western Sahara," *Mediterranean Quarterly*, Vol. 21, No. 4, 2010.

Berahab, Rim, "Relations between Morocco and Sub-Saharan Africa: What Is the Potential for Trade and Foreign Direct Investment?" OCP Policy Center, February 2017.

Bogaert, Koenraad, "Urban Politics in Morocco: Uneven Development, Neoliberal Government and the Restructuring of State Power," Ph. D. Dissertation, Ghent University, 2011.

Brecher, Michael, Blema Steinberg, and Janice Stein, "A Framework for Research on Foreign Policy Behavior," *The Journal of Conflict Resolution*, Vol. 13, No. 1, 1969.

Cadot, Olivier, Céline Carrere, and Vanessa Strauss-Kahn, "Trade Diversification, Income, and Growth: What Do We Know?" *Journal of Economic Surveys*, Vol. 27, No. 4, 2012.

Cantir, Cristian and Juliet Kaarbo, "Contested Roles and Domestic Politics: Reflections on Role Theory in Foreign Policy Analysis and IR Theory," *Foreign Policy Analysis*, Vol. 8. No. 1, 2012.

Catalano, Serida L. and Paolo R. Graziano, "Europeanization as a Democratization Tool? The Case of Morocco," *Mediterranean Politics*, Vol. 21, No. 3, 2016.

Cavatorta, Francesco, Raj S. Chari, Sylvia Kritzinger and Arantza Gomez Arana, "EU External Policy-Making and the Case of Morocco: Realistically Dealing with Authoritarianism," *European Foreign Affairs Review*, Vol. 13, No. 3, 2008.

Cavatorta, Francesco, "Civil Society, Islamism and Democratisation: The Case of Morocco," *The Journal of Modern African Studies*, Vol. 44, No. 2, 2006.

Cherkaoui, Mouna and Driss Ben Ali, "ThePolitical Economy of Growth in Morocco," *The Quarterly Review of Economics and Finance*, Vol. 46, No. 5, 2007.

Clarke, Michael, "The Impact of Ethnic Minorities on China's Foreign Policy: The Case of Xinjiang and the Uyghur," *China Report*, Vol. 53, No. 1, 2017.

Da Silva, Thomas Awazu Pereira, "Addressing the Youth Unemployment Challenge: International Lessons Learned that Can Be Useful for Morocco," OCP Policy Center, 2018.

Damis, John, "United States Relations with North Africa," *Current History*, Vol. 84, No. 502, 1985.

Dandashly, Assem, "EU Democracy Promotion and the Dominance of the Security-Stability Nexus," *Mediterranean Politics*, Vol. 23, No. 1, 2018.

David, Steven R., "Explaining Third World Alignment," *World Politics*, No. 43, No. 2, 1991.

Davis, David and Will Moore, "Ethnicity Matters: Transnational Ethnic Alliances and Foreign Policy Behavior," *International Studies Quarterly*, Vol. 41, No. 1, 1997.

Davis, Diana K., "Neoliberalism, Environmentalism, and Agricultural Restructuring in Morocco," *Geographical Journal*, Vol. 172, No. 2, 2006.

De Haas, Hein, Maria Villares-Varela and Simona Vezzoli, "Uncovering International Migration Flow Data: Insights from the DEMIG Databases," International Migration Institute, University of Oxford, *DEMIG Working Paper*, 2014.

De Larramendi, Miguel Hernando, "Doomed Regionalism in a Redrawn Maghreb? The Changing Shape of the Rivalry Between Algeria and Morocco in the Post - 2011 Era," *The Journal of North African Studies*, Vol. 24, No. 3, 2019.

Degang Sun and Yahia Zoubir, "China's Response to the Revolts in the Arab World: A Case of Pragmatic Diplomacy," *Mediterranean Politics*, Vol. 19, No. 1, 2014.

Del Sarto, Raffaella A. and Tobias Schumacher, "From EMP to ENP: What's at Stake with the European Neighbourhood Policy towards the Southern

Mediterranean," *European Foreign Affairs Review*, Vol. 10, No. 1, 2005.

Denoeux, Guilain P. and Abdeslam Maghraoui, "The Political Economy of Structural Adjustment in Morocco," in Azzedine Layachi, ed., *Economic Crisis and Political Change in North Africa*, London: Praeger, 1998.

Deutsch, Karl W., and J. David Singer, "Multipolar Power Systems and International Stability," *World Politics*, Vol. 16, No. 3, 1964.

Dimitrovova, Bohdana, "Re-shaping Civil Society in Morocco: Boundary Setting, Integration and Consolidation," *Journal of European Integration*, Vol. 32, No. 5, 2010.

Doyle, Michael W., "Liberalism and Foreign Policy," in Smith Steve, Amelia Hadfield, and Tim Dunne, eds., *Foreign Policy: Theories, Actors, Cases*, 2016.

Elman, Colin, "Horses for Courses: Why nor Neorealist Theories of Foreign Policy?" *Security Studies*, Vol. 6, No. 1, 1996.

El-Katiri, Mohammed, "The Institutionalisation of Religious Affairs: Religious Reform in Morocco," *The Journal of North African Studies*, Vol. 18, No. 1, 2013.

El-Said, Hamed and Jane Harrigan, "Economic Reform, Social Welfare, and Instability: Jordan, Egypt, Morocco, and Tunisia, 1983 – 2004," *The Middle East Journal*, Vol. 68, No. 1, 2014.

E. Gross, Joan and David A. McMurray, "Berber Origins and the Politics of Ethnicity in Colonial North African Discourse," *Political and Legal Anthropology Review*, No. 16, No. 2, 1993.

Fanés, Jordi Vaquer I, "The Domestic Dimension of EU External Policies: The Case of the EU-Morocco 2000 – 01 Fisheries Negotiations," *Mediterranean Politics*, Vol. 8, No. 1, 2003.

Fearon, James D., "Domestic Political Audiences and the Escalation of International Disputes," *American Political Science Review*, Vol. 88, No. 3, 1994.

Fernández-Molina, Irene, "Morocco and the Middle East Under Mohammed VI," Discussion Paper, Durham University, 2014.

Ferrer-Gallardo, Xavier, "The Spanish – Moroccan Border Complex: Processes of Geopolitical, Functional and Symbolic Rebordering," *Political Geography*, Vol. 27, No. 3, 2008.

Gaub, Florence, "Saudi Arabia and the Islamic Alliance," *European Union Institute for Security Studies: Issue Brief*, Vol. 1, 2016.

Gershovich, Moshe, "Democratization in Morocco: Political Transition of a North African Kingdom," *Policy Brief*, Vol. 7, 2008.

Goldberg, Harvey E., "The Mellahs of Southern Morocco: Report of a Survey," *The Maghreb Review*, Vol. 8, No. 34, 1983.

Gourevitch, Peter, "The Second Image Reversed: The International Sources of Domestic Politics," *International Organization*, Vol. 32, No. 4, 1978.

Gränzer, Sieglinde, "Changing Discourse: Transnational Advocacy Networks in Tunisia and Morocco," in Thomas Risse-Kappen, Stephen C. Ropp and Kathryn Sikkink, eds., *The Power of Human Rights: International Norms and Domestic Change*, Cambridge: Cambridge University Press, 1999.

Guennoun, Ihssane and Ritika Passi, "Securing the 21st Century: Mapping India-Africa Engagement," OCP Policy Center, September 7, 2018.

Hagan, Joe D., "Domestic Political Explanations in the Analysis of Foreign Policy," in Laura Neack, Jeanne AK Hey, and Patrick Jude Haney, eds., *Foreign Policy Analysis: Continuity and Change in Its Second Generation*, 1995.

Hall, Richard L. and Alan V. Deardorff, "Lobbying as Legislative Subsidy," *American Political Science Review*, Vol. 100, No. 1, 2006.

Hart, David M., "The Berber Dahir of 1930 in Colonial Morocco: Then and Now (1930 – 1996)," *The Journal of North African Studies*, Vol. 2, No. 2, 1997.

Heggoy, Alf Andrew, "Colonial Origins of the Algerian-Moroccan Border Conflict of October 1963," *African Studies Review*, Vol. 13, No. 1, 1970.

Hermann, Margaret G., and Charles F. Hermann, "Who Makes Foreign Policy Decisions and How: An Empirical Inquiry," *International Studies*

Quarterly, Vol. 33, No. 4, 1989.

　　Heydemann, Steven and Reinoud Leenders, "Authoritarian Learning and Authoritarian Resilience: Regime Responses to the 'Arab Awakening'," *Globalizations*, Vol. 8, No. 5, 2011.

　　Hooghe, Liesbet, "Several Roads Lead to International Norms, but Few Via International Socialization: A Case Study of the European Commission," *International Organization*, Vol. 59, No. 4, 2005.

　　Hudson, Valerie M., "Foreign Policy Analysis: Actor-Specific Theory and the Ground of International Relations," *Foreign Policy Analysis*, Vol. 1, No. 1, 2005.

　　James Damis, John, "TheImpact of the Saharan Dispute on Moroccan Foreign and Domestic Policy," in Ira William Zartman, ed., *The Political Economy of Morocco*, Westport: Praeger Publishers, 1987.

　　J. Haney, Patrick and Walt Vanderbush, "The Role of Ethnic Interest Groups in US Foreign Policy: The Case of the Cuban American National Foundation," *International Studies Quarterly*, Vol. 43, No. 2, 1999.

　　Kalpakian, Jack, "Morocco and the United States: ALobbying Opportunity," *South African Journal of International Affairs*, Vol. 11, No. 2, 2004.

　　Karrouche, Norah, "Becoming Berber: Ethnicity and IdentityPolitics among Moroccans in Belgium," in Christiane Timmerman, Nadia Fadil, Idesbald Goddeeris, Noel Clycq and Karim Ettourki, eds., *Moroccan Migration in Belgium: More than 50 Years of Settlement*, Leuven: Leuven University Press, 2018.

　　Karrouche, Norah, "Memomory as Protest: Mediating Memories of Violence and the Bread Riots in Rif," in Norman Saadi Nikro, Norman Saadi, and Sonja Hegasy, eds., *The Social Life of Memory: Violence, Trauma, and Testimony in Lebanon and Morocco*, New York: Palgrave Macmillan, 2017.

　　Katzenstein, Peter J., "International Relations and Domestic Structures: Foreign Economic Policies of Advanced Industrial States," *International Organization*, Vol. 30, No. 1, 1976.

Kazimi, Nibras, "Saudi Arabia's 'Islamic Alliance': Major Challenge for Al-Baghdadi's Islamic State, or Potential Opportunity?" *Current Trends in Islamist Ideology*, No. 20, Vol. 5, 2016.

Kenbib, Mohammed, "Moroccan Jews and the Vichy Regime, 1940-42," *The Journal of North African Studies*, Vol. 19, No. 4, 2014.

Khakee, Anna, "Democracy Aid or Autocracy Aid? Unintended Effects of Democracy Assistance in Morocco," *The Journal of North African Studies*, Vol. 22, No. 2, 2017.

Kliman, Daniel M. and Daniel Twining, "Japan's Democracy Diplomacy," The German Marshall Fund of the United States, 2014.

Knowles, Warwick, "Two Decades of Liberalisation Reforms in Morocco: Successes and Failures," in Jane Harrigan and Hamed El-Said, eds., *Globalisation, Democratisation and Radicalisation in the Arab World*, Basingstoke: Palrave Macmillan, 2011.

Landau, Zachary, "Jordan's Entry into the 1967 Arab-Israeli War: A Study in Omnibalancing," *NIMEP Insights*, Vol. 3, 2007.

Laskier, Michael M., "Israeli-Moroccan Relations and the Arab-Israeli Conflict, 1977-2002," *Israel Affairs*, 2004.

Lawless, Rechard, "Morocco's Foreign Policy: The Struggle for Influence and Dominance in North-West Africa," in Richard Lawless, ed., *Foreign Policy Issues in the Middle East: Afghanistan-Iraq-Turkey-Morocco*, Durham: University of Durham, 1985.

Lefèvre, Raphaël, "The Impact of the Gulf Crisis on the Maghrib," *The Journal of North African Studies*, Vol. 22, No. 5, 2017.

Lehtinen, Terhi, "The Transnational Nation-State of the Amazigh Cultural Movement: Class, Gender and Marginalization in a Virtual Perspective," in Nabil Boudraa and Joseph Krause, eds., *North African Mosaic: A Cultural Reappraisal of Ethnic and Religious Minorities*, Cambridge: Cambridge Scholars Publishing, 2009.

Leveau, Rémy, "The Moroccan Monarchy: A Political System in Quest of a New Equilibrium," in Lewis, William H. , "Morocco: The Impact of Social and Political Evolution on Foreign Policy," Ph. D. Dissertation, American University, 2006.

Love, James, "A Model ofTrade Diversification Based on the Markowitz Model of Portfolio Analysis," *The Journal of Development Studies*, Vol. 15, No. 2, 1979.

Madani, Mohamed, Driss Maghraoui and Saloua Zerhouni, "The 2011 Moroccan Constitution: A Critical Analysis," *International IDEA Resources on Constitution Building*, 2011.

Maddy-Weitzman, Bruce, "A Turning Point? The Arab Spring and the Amazigh Movement," *Ethnic and Racial Studies*, Vol. 38, No. 14, 2015.

Maddy-Weitzman, Bruce, "Contested Identities: Berber, 'Berberism' and the State in North Africa," *The Journal of North African Studies*, Vol. 6, No. 3, 2001.

Maddy-Weitzman, Bruce, "Israel and Morocco: A Special Relationship," *The Maghreb Review*, Vol. 21, Nos. 1-2, 1996.

Maghraoui, Abdeslam, "Morocco: The King's Islamists," in Robin Wright, ed. , *The Islamists Are Coming: Who They Really Are*, United States Institute of Peace, 2017.

Maghraoui, Abdeslam, "Political Authority in Crisis: Mohammed VI's Morocco," *Middle East Report*, Vol. 218, 2001.

Maghraoui, Driss, "Introduction: Interpreting Reform in Morocco," *Mediterranean Politics*, Vol. 14, No. 2, 2009.

Maghraoui, Driss, "The Strengths and Limits of Religious Reforms in Morocco," *Mediterranean Politics*, Vol. 14, No. 2, 2009.

Martín, Iván, "EU-Morocco Relations: How Advanced is the 'Advanced Status'? ," *Mediterranean Politics*, Vol. 14, No. 2, 2009.

Masbah, Mohammed, "The Amazigh in Morocco: Between the Internal and the External," Arab Center for Research & Policy Studies, October 2011.

Migdal, Joel S. , "Internal Structure and External Behavior: Explaining

Foreign Policies of Third World States," *International Relations*, Vol. 4, No. 5, 1972.

Migdalovitz, Carol, "Maghreb Facing New Global Challenges: U. S. - Moroccan Relations How Special?" *Note de l'Ifri*, October 2001.

Moore, Will H. , "Ethnic Minorities and Foreign Policy," *SAIS Review*, Vol. 22, No. 2, 2002.

Moravcsik, Andrew, "Taking Preferences Seriously: A Liberal Theory of International Politics," *International Securities*, Vol. 51, No. 4, 1997.

Mordi, Emmanuel Nwafor, "The Western Sahara Confict: The Dilemma of National Liberation War, Reffrendum and Terrorism in Africa's Last Conony, 1973 – 2013," *Jebat: Malaysian Journal of History, Politics & Strategy*, Vol. 42, No. 1, 2015.

Mouhib, Leila, "EU Democracy Promotion in Tunisia and Morocco: Between Contextual Changes and Structural Continuity," *Mediterranean Politics*, Vol. 19, No. 3, 2014.

Nacik, Lhaj Mohamed, "The Emigration of Moroccan Jews to Palestine After the Six-Day War: A Report by Mr. P. M. Johnston the British Consul, Casablanca (February 1968)," *Hespéris-Tamuda*, Vol. 53, No. 3, 2018.

Nonneman, Gerd, "Determinants and Patterns of Saudi Foreign Policy: 'Omnibalancing' and 'Relative Autonomy' in Multiple Environments," in Paul Aarts and Gerd Nonneman, eds. , *Saudi Arabia in the Balance: Political Economy, Society, Foreign Affairs*, London: Hurst & Company, 2005.

Nourzhanov, Kirill, "Omnibalancing in Tajikistan's Foreign Policy: Security-Driven Discourses of Alignment with Iran," *Journal of Balkan and Near Eastern Studies*, Vol. 14, No. 3, 2012.

Ojeda-Mata, Maite, "Moroccan Jewish Emigration in the Age of Independence Movement: A Reappraisal," *Hespéris-Tamuda*, Vol. 50, No. 3, 2018.

Ouraich, Ismail and Wallace E. Tyner, "Agricultural Climate Change Impacts on Moroccan Agriculture and the Whole Economy Including an Analysis of the Impacts of the 'Plan Maroc Vert' in Morocco," Helsinki: WIDER

Working Paper, No. 2014/083.

O'reilly, Marc J., "Omanibalancing: Oman Confronts an Uncertain Future," *The Middle East Journal*, Vol. 52, No. 1, 1998.

Pairault, Thierry, "Chinese Direct Investment in Africa: A State Strategy?" *Région et Développement*, L'Harmattan, n° 37-2013, 2014.

Pennell, C. Richard, "How and Why to Remember the Rif War (1921-2021)," *The Journal of North African Studies*, Vol. 22, No. 5, 2017.

Potter, William C., "Issue Area and Foreign Policy Analysis," *International Organization*, Vol. 34, No. 3, 1980.

Prebisch, Raúl, "The Economic Development of Latin America and Its Principal Problems," *Economic Bulletin for Latin Amertca*, Vol. 7, No. 1, February 1962.

Putnam, Robert D., "Diplomacy and Domestic Politics: The Logic of Two-Level Games," *International Organization*, Vol. 42, No. 3, 1988.

Rio, Sandra Polónia, Pedro da MottaVeiga and Eduardo Augusto Guimarães, "Morocco-Brazil Economic Relations: Current Situation and Strategies for a Deeper Relationship," OCP Policy Center, February 2017.

Ronen, Yehudit, "Libya, the Tuareg and Mali on the Eve of the 'Arab Spring' and in its Aftermath: An Anatomy of Changed Relations," *The Journal of North African Studies*, Vol. 18, No. 4, 2013.

Rosenau, James N., "Pre-Theories and Theories of Foreign Policy," in Robert Barry Farrell, ed., *Approaches to Comparative and International Politics*, Evanston: Northwestern University Press, 1966.

Rousselet, Lélia, "Evolutions in the relations between Morocco and the Gulf Cooperation Council (GCC): A Singular Illustration of Multilateralism in the Arab World," *Sociologie Des Relations Internationales Dans Le Monde Arabe*, 2014.

Rubenzer, Trevor, and Steven B. Redd, "Ethnic Minority Groups and US Foreign Policy: Examining Congressional Decision Making and Economic Sanctions," *International Studies Quarterly*, Vol. 54, No. 3, 2010.

Saideman, Stephen M. , "The Power of the Small: The Impact of Ethnic Minorities on Foreign Policy," *SAIS Review*, Vol. 22, No. 2, 2002.

Saidy, Brahim, "Army and Monarchy in Morocco: Rebellion, Allegiance and Reforms," *The International Spectator*, Vol. 53, No. 2, 2018.

Sakthivel, Vish, "Morocco's Move in Mali: What Rabat Gained in the Battle Against Islamic Extremism," *Foreign Affairs*, Vol. 14, 2014.

Schimmelfennig, Frank, "International Socialization in the New Europe: Rational Action in an Institutional Environment," *European Journal of International Relations*, Vol. 6, No. 1, 2000.

Schweller, Randall L. , "Bandwagoning for Profit: Bringing the Revisionist State Back in," *International Security*, Vol. 19, No. 1, 1994.

Segev, Samuel and Yvette Shumacher, "Israel-Morocco Relations from Hassan II to Muhammad VI," *Israel Journal of Foreign Affairs*, Vol. 2, No. 3, 2008.

Shah, Nasra M. , "Labour Migration from Asian to GCC Countries: Trends, Patterns and Policies," *Middle East Law and Governance*, Vol. 5, Nos. 1–2, 2013.

Smith, Alastair M. , "Fair Trade, Diversification and Structural Change: Towards a Broader Theoretical Framework of Analysis," *Oxford Development Studies*, Vol. 37, No. 4, 2009.

Stephan, Maria and Jacob Mundy, "A Battlefield Transformed: from Guerilla Resistance to Mass Nonviolent Struggle in the Western Sahara," *Journal of Military and Strategic Studies*, Vol. 8, No. 3, 2006.

Sun, Degang and Yahia H. Zoubir, "The Eagle's Nest in the Horn of Africa: US Military Strategic Deployment in Djibouti," *Africa Spectrum*, Vol. 51, No. 1, 2016.

Sun, Degang and Yahia Zoubir, "China's Economic Diplomacy towards the Arab Countries: Challenges Ahead?" *Journal of Contemporary China*, Vol. 24, No. 95, 2015.

Taliaferro, Jeffrey W. , et al. , "Correspondence: Neoclassical Realism and Its Critics," *International Security*, Vol. 43, No. 2, 2018.

Tzur, Doron, "Reinventing Democratic Diplomacy for Resolving Intractable Conflicts and Cleavages," *Presented to the 4th Annual Graduate Conference in Political Science in Memory of Yitzhak Rabin*, Hebrew University, Jerusalem, December 18, 2008.

Van Amersfoort, Hans and Anja Van Heelsum, "Moroccan Berber Immigrants in the Netherlands, Their Associations and Transnational Ties: A Quest for Identity and Recognition," *Immigration and Minorities*, Vol. 25, No. 3, 2007.

Van Hüllen, Vera, "Europeanisation through Cooperation? EU Democracy Promotion in Morocco and Tunisia," *West European Politics*, Vol. 35, No. 1, 2012.

Veguilla, Victoria, "Social Protest and Nationalism in Western Sahara: Struggles around Fisheries and Housing in El Ayun and Dakhla," *Mediterranean Politics*, Vol. 22, No. 3, 2017.

Wainscott, Ann Marie, "Defending Islamic Education: War on Terror Discourse and Religious Education in Twenty-First-Century Morocco," *The Journal of North African Studies*, Vol. 20. No. 4, 2015.

Wainscott, Ann Marie, "Religious Regulation as Foreign Policy: Morocco's Islamic Diplomacy in West Africa," *Politics and Religion*, Vol. 11, No. 1, 2018.

Walkenhorst, Peter and Mariem Malouche, "Trade Policy and Export Performance in Morocco," World Bank, 2006.

Walker, Rob BJ., "Realism, Change, and International Political Theory," *International Studies Quarterly*, Vol. 31, Vol. 1, 1987.

Walt, Stephen M., "International Relations: One world, Many Theories," *Foreign Policy*, No. 110, 1998.

Walt, Stephen M., "Realism and Security," in *Oxford Research Encyclopedia of International Studies*, Oxford: Oxford University Press, 2018.

Walt, Stephen M., "The Renaissance of Security Studies," *International Studies Quarterly*, Vol. 35, No. 2, 1991.

Waltz, Kenneth N. , "International Politics Is Not Foreign Policy," *Security Studies*, Vol. 6, No. 1, 1996.

White, Gregory W. , "Free Trade as a Strategic Instrument in the War on Terror? The 2004 US-Moroccan Free Trade Agreement," *The Middle East Journal*, No. 59, Vol. 4, 2005.

Willis, Michael and Nizar Messai, "Analyzing Moroccan Foreign Policy and Relations with Europe," in Gerd Nonneman, ed. , *Analysing Middle East Foreign Policies: The Relationship with Europe*, New York: Routledge, 2005.

Willis, Michael J. , "After Hassan: A New Monarch in Morocco," *Mediterranean Politics*, No. 4, Vol. 3, 1999.

Willis, Michael J. , "Containing Radicalism Through the Political Process in North Africa," *Mediterranean Politics*, Vol. 11, No. 2, 2006.

Willis, Michael J. , "Between Alternance and the Makhzen: At-Tawhid wa Al-Islah's Entry into Moroccan Politics," *The Journal of North African Studies*, Vol. 4, No. 3, 1999.

Winslett, Gary, "Differential Threat Perceptions: How Transnational Groups Influence Bilateral Security Relations," *Foreign Policy Analysis*, Vol. 12, No. 4, 2016.

Wyrtzen, Jonathan, "Performing theNation in Anti-colonial Protest in Interwar Morocco," *Nations and Nationalism*, Vol. 19, No. 4, 2013.

Yamada, Makio, "Saudi Arabia's Look-East Diplomacy: Ten Years On," *Middle East Policy*, Vol. 22, No. 4, 2015.

Youngs, Richard, "The European Union and Democracy Promotion in the Mediterranean: A New or Disingenuous Strategy?" *Democratization*, Vol. 9, No. 1, 2002.

Zartman, Ira William, "Morocco's Saharan Policy," in Anouar Boukhars and Jacques Roussellier, eds. , *Perspectives on Western Sahara: Myths, Nationalisms, and Geopolitics*, Lanham: Rowman & Littlefield, 2013.

Zerhouni, Saloua, "Morocco: Reconciling Continuity and Change," in Volker Perthes, ed. , *Arab Elites: Negotiating the politics of Change*, Boulder:

Lynne Rienner Publishers, 2004.

Zerhouni, Saloua, "The Moroccan Parliament," in Ellen Lust-Okar and Saloua Zerhouni, eds. , *Political Participation in the Middle East*, Boulder and London: Lynne Rienner, 2008.

Zimmerman, William, "Issue Area and Foreign Policy Process: AResearch Note in Search of a General Theory," *The American Political Science Review*, Vol. 67, No. 4, 1973.

Zoubia, Yahia H. and Karima Benabdallah-Gambier, "The United Sates and the North Africa Imbroglio: Balancing Interests in Algeria, Morocco, and the Western Sahara," *Mediterranean Politics*, Vol. 10, No. 2, 2005.

Zoubir, Yahia H. and Anthony G. Pazzanita, "The United Nations' Failure in Resolving the Western Sahara Conflict," *The Middle East Journal*, Vol. 49, No. 4, 1995.

Zoubir, Yahia H. and Louisa Aït-Hamadouche, "Anti-Americanism in North Africa: Could State Relations Overcome Popular Resentment?" *The Journal of North African Studies*, Vol. 11, No. 1, 2006.

Zoubir, Yahia H. , and Karima Benabdallah-Gambier, "The United States and the North African Imbroglio: Balancing Interests in Algeria, Morocco, and the Western Sahara," *Mediterranean Politics*, Vol. 10, No. 2, 2005.

Zoubir, Yahia H. , "Algerian-Moroccan Relations and Their Impact on Maghribi Integration," *The Journal of North African Studies*, Vol. 5, No. 3, 2007.

Zoubir, Yahia H. , "Algerian-MoroccanRelations and Their Impact on Maghribi Integration," *The Journal of North African Studies*, Vol. 5, No. 3, 2000.

Zoubir, Yahia H. , "Stalemate in Western Sahara: Ending international legality," *Middle East Policy*, Vol. 14, No. 4, 2007.

Zoubir, Yahia H. , "Tipping the Balance Towards Intra-Maghreb Unity in Light of the Arab Spring," *The International Spectator*, Vol. 47, No. 3, 2012.

三　法文文献

Abouddahab, Zakaria, "La politique étrangère du Maroc: Diagnostic actuel et scénarios d'avenir," in Saloua Zerhouni, dir., *L'avenir se discute: Débats sur les scénarios du Maroc à l'horizon 2025*, Rabat: FES, 2006.

Abourabi, Yousra, "Diplomatie et politique de puissance du Maroc en Afrique sous le règne de Mohammed VI," Ph. D. Dissertation, Lyon, 2016.

Adimi, Pierre Afouda, "Nouvelle Offensive Diplomatique Du Maroc En Afrique Subsaharienne: Quel Regard?" *Paix et Sécurité, Internafionales – Revue Maroco-Espagnoles de Droit Internal et Relafions Internafionale*s, No. 3, Janvier-Décembre 2015.

Alami, Rajaa Mejjati, "Femmes et marché du travail au Maroc," L'Année du Maghreb, 2006.

Ali Amar, *Mohammed VI, le Grand Malentendu*, Paris: Calmann-Lévy, 2009.

Anssari, Ouafae, "La politique étrangère du Maroc en direction de l'Afrique: mécanisme d'une politique publique diplomatique," Ph. D. Dissertation, L'Université Grenoble Alpes, 2009.

Antil, Alain et Mansouria Mokhefi. (dir.), *Le Maghreb et son Sud: Vers de s liens renouvelés*, Ifri, Paris: CNRS Éditions, 2012.

Antil, Alain "Le Maroc et sa 'nouvelle frontière': Lecture Critique du Versant Économique de la Stratégie Africaine du Maroc," *Notes de l'Ifr*i, Paris, Février 2010.

Ayache, Germaine, "La Minorité juive dans le Maroc Précolonial," *Hespéris-Tamuda*, Vol. 25, 1987.

Azirar, Ahmed, Rachid El Houdaïgui, Radouna Taouil and Hicham Hanchane, "Diversification des Alliances Stratégiques du Maroc: Potentiel de Relations avec les BRICS et la Turquie," *Institut Royal des Etudes Stratégiques*, Décembre 2012.

Aït Mous, Fadma, "Les enjeux de l'amazighité au Maroc," Confluences Méditerranée, Vol. 3, 2011.

Baudouin Dupret, Zakaria Rhani, Assia Boutaleb and Jean-Noël Ferrié, eds., *le Maroc au Présent: D'une époque à l'autre, une Société en Mutation*, Centre Jacques-Berque, 2015.

Baylocq, Cédric et Aziz Hlaoua, "Diffuser un 'Islam du Juste Milieu'?" *Afrique Contemporaine*, N° 257, 2016.

Belhabib, Aicha, "Mobilisation collective et internationalisation de la question amazighe," in Hassan Rachik, dir. , *Usages de l'identité Amazighe au Maroc*, Casablanca: Imprimerie Najah El Jadida, 2006.

Belhaj, Abdessamad. La dimension islamique dans la politique étrangère du Maroc: déterminants, acteurs, orientations, Louvain: Press Universitaires de Louvain, 2009.

Benjamin Stora, "Maroc-Algérie: Retour du passé et écriture de l'histoire," *Vingtieme siècle, Revue d'histoire*, 2000.

Berramdane, Abdelkhaleq, *Le Maroc et l'Occident: 1800 – 1974*, Paris: Editions Karthala, 1987.

Brouksy, Omar, *Mohammed VI Derrière les Masques*, Paris: Nouveau Monde éditions, 2014.

Centre d'Etudes Internationales, dir. , *Maroc-Algérie: Analyses croisées d'un voisinage hostile*, Paris: Éditions Karthala, 2011.

Charillon, Frédéric, "Les pays arabes à l'épreuve de la privatisation de la politique étrangère," *Parlement Européen : Direction-Générale Politiques Externes de L'Union*, Février 2006.

Collado, Ángela Suárez, "L'activisme de la diaspora amazighe en Espagne: opportunités et limites pour une action continue," in Mohand Tilmatine and Thierry Desrues, dir. , *Les revendications amazigh dans la tourmente des "printemps arabes"*, Centre Jacques-Berque, 2017.

Cubertafond, Bernard, "Mohamed VI, Commandeur des croyants au secours de la laïcité?" *Confluences Méditerranée*, No. 4, 2004.

Cubertafond, Bernard, *La Vie Politique au Maroc*, Paris: L'Harmattan, 2001.

Dafir, Amine, "La Diplomatie économique Marocaine en Afrique Subsaharienne: réalités et enjeux," *Géoéconomie*, Vol. 4, 2012.

Dafir, Amine, "La diplomatie économique marocaine en Afrique subsaharienne: réalités et enjeux," *Géoéconomie*, 2012.

Daguzan, Jean-François, *Le dernier Rempart? Forces Armées et Politiques de Défense au Maghreb*, Paris: Publisud, 1998.

Dalle, Ignace, *Le règne de Hassan II, 1961-1999: une espérance brisée*, Paris: Maisonneuve & Larose, 2001.

De la Serre, Françoise, "Les revendications marocaines sur la Mauritanie," *Revue française de science politique*, Vol. 16, No. 2, 1966.

de Verdière, Hubert Colin, "Le Maghreb, l'UMA, l'Union européenne et la France," Maghreb-Machrek, n° 208, 2, 1er Septembre 2011.

El Houdaïgui, Rachid, "La politique étrangère du Maroc: vers quel positionnement?" OCP Policy Center, Décembre 2014.

El Houdaïgui, Rachid, "La politique étrangère de Mohammed VI ou la renaissance d'une 'puissance relationnelle'," Centre d'Études Internationales, Ed., *Une décennie de réformes au Maroc (1999-2009)*, 2010.

El Houdaïgui, Rachid, "La politique étrangère de Mohammed VI ou la renaissance d'une 'puissance relationnelle'," in Centre d'Études Internationales, dir., *Une décennie de réformes au Maroc (1999-2009)*, 2010.

El Houdaïgui, Rachid, "Le Maroc et la Politique Européenne de Voisinage," Alberto Morillas e Irene Blázquez, eds., *La Cooperación Territorial en el Mediterráneo: la política europea de vecindad*, Universidad Internacional de Andalucía, 2009.

El Houdaïgui, Rachid, *La politique étrangère sous le règne de Hassan II*, París: L'Harmattan, 2003.

Faivre, Maurice, "L'organisation de Renseignement face au Pacte de Varsovie avant 1989," in Pierre Pascallon, dir., *Défense et Renseignement*, Ed. L'Harmattan, 1995.

Ihrai, Said, *Pouvoir et Influence: état, partis et politique étrangère au Maroc*, Rabat: Edino, 1986.

Jamaâ Baida, "Le communisme au Maroc pendant la période coloniale (1912-1956)," *Proceedings of the Conference European Totalitarianism in the Mirrors of Contemporary Arab Thought*, 2010.

Jean Schmitz, "L'Islam en Afrique de l'Ouest: les méridiens et les parallèles, Afrique Noire et Monde Arabe: Continuité et Ruptures," *Éditions de L'Aube-IRD*, 2000.

Karim El Aynaoui et Aomar Ibourk, dir., *Les enjeux du marché du travail au Maroc*, Rabat: OCP Policy Center, 2018.

Laurent Pointier, *Sahara Occidental: La controverse devant les Nations-Unies*, Paris: Karthala-Institu Magbreb-Europe, 2004.

Leveau, Remy, "Aperçu de l'évolution du système politique marocain depuis vingt ans," *Maghreb Machrek: monde arabe*, No. 106, 1984.

Leveau, Rémy and Abdellah Hammoudi, dir., Monarchies Arabes: Transitions et Dérives Dynastiques, No. 5158-5159, *La Documentation Francaise*, 2002.

Leveau, Rémy, le Fellah Marocain, Défenseur du Trône, 2é edition, *F. N. S. P*, 1985.

Mohamed, Abdelaziz Riziki, *Sociologie de la diplomatie Marocaine*, Paris: L'Harmattan, 2014.

Mohammed Lamouri et Zakaria Abouddahab dir., *Institutions*, *Développement et Relations Internationales*, Casablanca: DK Editions, 2017.

Mohsen-Finan K., dir., Le Maghreb dans les Relations Internationales, Paris, *IFRI*, CNRS Éditions, 2011.

Oualalou, Fathallah, "Chine-Maroc-Afrique: Un Partenariat Agroalimentaire Novateur," OCP Policy Center, November 16, 2017.

Paciello, Maria Cristina and Jean-Yves Moisseron, "L'Impact Social de la Crise Financière au Maroc," *Maghreb-Machrek*, Vol. 4, 2010.

Pairault, Thierry, "La Chine dans la Mondialisation: L'insertion de la filière automobile Chinoise en Algérie et au Maroc," *Revue Internationale des Economistes de Langue Française*, Vol. 2, No. 2, 2018.

Pairault, Thierry, "Les Relations économiquesentre la Chine et les Pays du Maghreb," *Monde Chinois*, N°45, 2016.

Pouessel, Stéphanie, *Les identités amazighes au Maroc*, Paris: Non Lieu, 2011.

Rhattat Rachid, "La relation économique et commerciale sino-marocaine: de la coopération au partenariat stratégique," L'Année du Maghreb, IX, 2013.

Rhattat, Rachid, "La relation économique et commerciale sino-marocaine: De la coopération au partenariat stratégique," *L'Année du Maghreb*, Vol. 9, 2013.

Rollinde, Marguerite, *Le Mouvement Marocain des Droits de l'homme: Entre Consensus National et Engagement Citoyen*, Paris: Editions Karthala, 2002.

Rousselet, Lélia, *La Stratégie Africaine du Maroc: Nouveau Role pour la Politique Étrangère Marocaine?* London: Éditions Universitaires Européennes, 2016.

Régragui, Ismaïl, *La diplomatie publique Morocaine: une Stratégie de Marque Religieuse?*, Paris: L'Harmattan, 2013.

Saaf, Abdallah, "L'Inde et le Maghreb," OCP Policy Center, August 1, 2018.

Sambe, Bakary, *Islam et diplomatie: La politique Africaine du Maroc*, Rabat: Marsam, 2010.

Santucci, Jean-Claude and Habib Malki, dir. , *État et Développement dans le Monde Arabe: Crises et Mutations au Maghreb*, Paris: CNRS, 1990.

Solà-Martín, Andreu, "Conflict Resolution in Western Sahara," *African Journal on Conflict Resolution*, Vol 9, No. 3, 2009.

Van Ruychevelt, Jérôme, *La Politique étrangère du Maroc envers Israêl, Acteurs et Facteurs Déterminants: une mise à jour théorique (2000–2010)*, Louvain: Dictus Publishing, 2012.

Vermeeren, Pierre, "Maghreb: la démocratie impossible?" *Fayard*, 2004.

Younés, Zakari et Abou El Farah Yahia, "La politique africaine du Maroc: Caractéristiques, Acteurs et Enjeux," in Mohammed Derouiche dir. , *Maroc-Afrique: Success-Story*, Fikr, 2014.

Yousra, Abourabi, "Les relations internationales du Maroc: Le Maroc à la recherche d'une identité stratégique," in Baudouin Dupret, Zakaria Rhani, Assia Boutaleb et Jean-Noël Ferrié, Le Maroc au present, Centre Jacques-Berque, 2016.

Zouitini, Hammad, "L'Affaire du Sahara Marocian depuis L'independence du Maroc," in *Annuaire Marocain de la Stratégie et des Relations Internationales*, L'Harmattan, 2013.

Zouitni, Hammad, *La politique ètrangère Marocaine: De quelques étapes et repères*, Imprimerie Info-Print, 2013.

Zouitni, Hammad, "Les compétences de l'exécutif et du législatif en matière de politique étrangère: L'exemple du Maroc avec une référence au cas français," *Revue Marocaine d'Administration Locale et de Développement*, No. 41, 2001.

Álvarez-Coque, José Maria García, Victor Martinez-Gomez, and Josep Maria Jordán Galduf, "Mondialisation Agricole et Produits Méditerranéens," *MediTERRA*, Presses de Sciences Po (PFNSP), 2012.

四　阿文文献

١.البشير المتاقي، الحركة الإسلامية والمشاركة السياسية بالمغرب: حركة التوحيد والإصلاح وحزب العدالة والتنمية نموذجا، مؤسسة كونراد أديناور، ٢٠٠٩.

٢. عبد اللطيف أكنوش، السلطة والمؤسسات السياسية في مغرب الأمس واليوم، مكتبة بروفانس، الدار البيضاء، ١٩٨٨.

٣. محمد الطوزي، الملكية والإسلام السياسي في المغرب، ترجمة: محمد حاتمي وخالد شكراوي، نشر الفنك، الدار البيضاء، ١٩٩٩.

٤.محمد جحاح، الزاوية بين القبيلة والدولة: في التاريخ الاجتماعي والسياسي للزاوية الخمليشية بالريف، أفريقيا الشرق، ٢٠١٥

٥. محمد معتصم، الحياة السياسية المغربية (١٩٦٢-١٩٩١)، منشورات إيزيس، الدار البيضاء، ١٩٩٢.

٦. محمد منار، الانتخابات بالمغرب: ثبات في الوظائف وتغير في السمات، دار أبي رقراق للطباعة والنشر، ٢٠١١.

٧. نور الدين الزاهي، الزاوية والحزب: الإسلام والسياسة في المجتمع المغربي، أفريقيا الشرق، ٢٠٠١.

٨.بن فايز سعيد. العلاقات بين دول الخليج العربية ودول المغرب العربي الواقع والمستقبل. الرياض: دار الملك عبد العزيز، ٢٠٠٩ .

٩.عادل بن علي الفرحان. العلاقات السعودية المغربية ودورها في تعزيز الامن. الرياض: جامعة نايف للعلوم الأمني .

١٠.عنيس عبد الرحيم. السياسة الخارجية المغربية الشرق أوسطية. فاس: جامعة فاس

五　主要报刊与媒体

《求是》（Telquel）：http：//telquel. ma.

《晨报》（Le Matin）：http：//www. lematin. ma/.

《摩洛哥公报》（La Gachette du Maroc）：http：//www. lagachettedumaroc. com/.

《经济学家》（L'Economiste）：http：//www. leconomiste. com/.

《经济生活报》（La Vie Eco）：https：//www. lavieeco. com/.

《今日报》（Aujourd'hui Le Maroc）：http：//aujourdhui. ma/.

《国际周刊》（Maroc Hebdo International）：http：//www. maroc-hebdo. press. ma/.

《晨报》（Assabah）：https：//assabah. ma/.

《旗帜报》（Assabah）：http：//www. alalam. ma/def. asp？codelangue＝23.

《巴黎竞赛》：https：//www. parismatch. com/.

《世界报》：https：//www. lemonde. fr/.

《青年非洲》：https：//www. jeuneafrique. com/.

阿拉伯马格里布通讯社：http：//www. map. ma/ar/.

"祖国！"网：https：//www. yabiladi. com/.

Le 360 网站：http：//fr. le360. ma/.

摩洛哥国际新闻网：https：//www. moroccoworldnews. com/.

《赫芬迪邮报》马格里布分社：https：//www. huffpostmaghreb. com/maroc/.

摩洛哥外交新闻网：https：//maroc-diplomatique. net/.

后 记

本书是我关于摩洛哥专题研究的一本原创性成果。该书最早的想法来自我 2016 年完成的硕士学位论文——《摩洛哥王国政治治理研究（1956~2015 年）》。进入博士阶段后，在导师孙德刚研究员的建议和支持下，我得以继续从事摩洛哥相关研究，并在政治治理的基础上拓展了摩洛哥在其他领域的治理研究，如经济治理、极端主义治理等。2019 年进入西北大学中东研究所工作后，我继续将摩洛哥研究作为重点关注方向，并开始系统研究摩洛哥国家治理，2020 年底完成了"摩洛哥国家治理研究"初稿。2021 年 6 月，在韩志斌教授的建议下，我以"摩洛哥国家治理多维研究"为题申报了国家社科基金后期资助项目，并有幸获批（批准号：21FGJB001）。项目获批后，我对之前的初稿在结构、理论、最新政策等方面进行较大幅度修改，同时也收录了国内其他学者关于摩洛哥国家治理的相关研究。该书的最终安排如下：绪论、第一章、第四章、第六章、第七章、第十章（与上海外国语大学国际关系与公共事务学院博士研究生雷蕾合作）和结论部分主要由我完成，第二章由中共中央党校（国家行政学院）国际战略研究院江琪博士完成，第三章由四川大学历史文化学院林友堂博士完成，第五章由北京大学外国语学院李睿恒助理教授完成，第八章和第九章分别由北京大学区域与国别研究院博士研究生何则锐和大连外国语大学亚非语言学院副教授张婧姝完成。

我对摩洛哥的关注 10 年有余，该书可以说是我多年来对摩洛哥政治发展研究的一次全面总结。近 10 年来，我对摩洛哥的政治发展研究均可归结为一个问题：摩洛哥何以在长期动荡的西亚北非地区维持如此长时间的稳定统治和治理？摩洛哥早期国家可追溯至公元 8 世纪的伊德里斯王朝，该王朝奠定了现代摩洛哥国家的雏形。公元 11~15 世纪，摩洛哥境内出现了由本土民族柏柏尔人建立的多个大型家产制王朝——穆拉比特王朝、穆瓦希德王朝、马林王朝，部分王朝还一度统治了整个马格里布地区和西班牙南部地区。至 16 世纪，摩洛哥开始进入谢里夫家族统治时期，先后经历了阿萨德王朝和今天的阿拉维王朝。摩洛哥现代国家的诸多制度、文化、宗教、领土范围等均起源于 16 世纪开始的"中央集权制改革"。1912~1956 年，在法国和西班牙的殖民统治下，摩洛哥的传统性依然保存下来。独立后，穆罕默德五世、哈桑二世、穆罕默德六世三位国王一直在传统与现代之间寻求摩洛哥式发展模式。该书正是基于上述历史事实，探寻现代摩洛哥如何通过恰当的国家治理实践来实现长期的政治社会稳定。

本书的最终成稿及顺利出版离不开诸多师友的帮助与支持。首先，我想感谢我的硕士生和博士生导师孙德刚老师，孙老师在我的学术生涯中给予了极大的帮助与支持，尤其是让我坚持深耕摩洛哥和北非研究。没有孙老师在我求学期间的鼓励与指导，我不可能完成这本著作。其次，我想感谢西北大学中东研究所诸多前辈、同事和学界同人的帮助与指导。西北大学中东研究所是我国成立最早的中东研究机构之一，为我国培养了大量的中东研究人才。本书在完稿过程中得到了王铁铮教授、黄民兴教授、王新刚教授、韩志斌教授、李福泉教授、蒋真教授、闫伟教授、王猛研究员、赵广成副教授、李玮副教授、王晋副教授、曹峰毓副教授、谢志斌副教授、白胜洁副教授、张向荣博士、龙沛博士等前辈和同事的支持。此外，我还要感谢段九州、丁辰熹、李睿恒、江琪、林友堂、张婧姝、何则锐、雷蕾等学界青年才俊的支持。再次，我想感谢社会科学文献出版社李明伟先生在本书出版过程中付出的努力。最后，我最想感谢的是我的家人，尤其是我的爱人苏欣、岳母何涛对家庭的无私奉献，让我有时间能够从事学术研究，进而完成这本著作。

当然，由于我精力和能力有限，本书肯定还存在诸多不足之处，还请学界同人批评指教！